Trademark Law
in the Cases

판례와 읽는
상표법

이 영 훈

머 리 말

즐기는 사람이 열심히 하는 사람보다 앞선다는 말이 있다. 논어(論語)에 나오는 유명한 말이다. 즐기기 위해서는 재미라는 요소가 필요한데 재미라는 것이 어떠한 일을 하도록 하는 강력한 원동력이 되기 때문이다. 이와 같은 측면에서 상표법을 살펴보는데 조금이나마 재미있게 접해보고자 이 책을 쓰게 되었다. 말하자면 상표법에 당의(糖衣)를 입히려고 이 책을 쓰게 된 것이다. 예를 들어 정로환 당의정(糖衣錠)처럼 말이다. 정로환 당의정은 정로환이 그 특유의 역한 냄새 때문에 복용이 매우 불편하다는 점에 착안하여 만들어진 것이다. 말 그대로 달달한 옷을 입혀 정로환의 역한 냄새와 맛을 가린 것이 정로환 당의정이다.

구체적으로 이 책에서는 두 가지 사항을 당의(糖衣)적 요소로 사용하였다. 그 첫 번째는 사례와 판례이다. 각 장의 내용을 살펴보기에 앞서 주변에서 쉽게 접할 수 있는 사례를 읽어볼 거리로 제시함으로써 해당 장의 내용에 대한 관심을 유도하였다. 물론 각 장의 본론에 들어가기에 앞서 제시한 사례들은 해당 장의 내용을 이해하는 데 도움을 줄 수 있는 내용의 것들이다. 또한 각 장에서 설명하는 상표법 조문의 내용과 관련된 판례를 세시함으로써 해당 상표법 조문이 실제 어떻게 적용되는지에 대하여 쉽게 이해할 수 있도록 하였다.

두 번째 요소로 그림을 추가하여 다소 복잡할 수 있는 상표법 조문에 대한 쉬운 이해를 도모하였다. 상표법 조문을 이해함에 있어 그림을 통한 시각적 설명을 추가함으로써 상표법 조문에 대한 직관적 이해가 가능하도록 한 것이다. 상표법 조문에 대한 글로 표현된 설명과 함께 그림을 통한 시각적 설명이 부가됨으로써 상표법 조문을 보다 쉽고 재미있게 입체적으로 이해할 수 있지 않을까 생각한다.

같은 값이면 다홍치마라는 말이 있다. 이왕(已往) 가는 길이라면 가시밭길보다는 꽃길이 좋지 않을까? 이 책을 통해 상표법으로 들어서는 길이 즐거운 꽃길이 될 수 있기를 조심스레 바래본다.

2022년 4월

이 영 훈

차 례

제 2 장　　　상표법상 상표　　　　27

제 3 장　　상표등록의 요건　　　　　　　　　　**43**

제9장　상표권 침해　　285

제10장　심판, 재심, 소송　351

판례 차례

들어가며

오뚜기...
청와대 호프미팅 하더니 매출 훌쩍

중견기업으로는 유일하게 청와대 간담회에 초청된 주식회사 오뚜기의 제품이 상한가이다. 오뚜기의 컵라면인 참깨라면이 2017년 7월 27일과 28일의 매출이 지난주 대비 13%, 16% 증가한 것이다. 참깨라면의 매출 증가는 2017년 7월 27일에 있은 청와대 간담회에의 참석과 무관하지 않다.

청와대 간담회 참석 이전에도 주식회사 오뚜기에 대한 소비자들의 호감도는 높았다. 기업문화가 바람직하다는 의미에서 주식회사 오뚜기를 갓(GOD)뚜기라 부르고 있었으니 말이다. 오뚜기 라면의 시장 점유율은 판매액 기준으로 21.6%다. 청와대 간담회를 계기로 점유율 53.5%을 보이고 있는 농심 중심의 라면 시장에 변화가 생길지 주목된다.

■ 중앙일보(http://news.joins.com/article/21802047?cloc=joongang|mhome|group25) 2019년 10월 2일 방문.

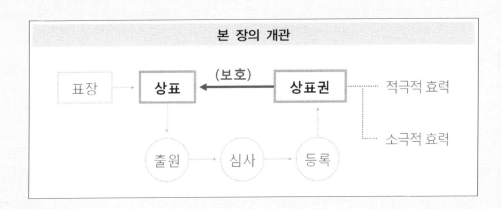

본 장의 개관

표장 → 상표 ← (보호) ← 상표권 ─ 적극적 효력

상표 → 출원 → 심사 → 등록 → 상표권

소극적 효력

"일요일은 오뚜기 카레~." 나른한 일요일 아침에 TV를 켜면 마주하였던 광고의 내용이다. 카레 광고로 유명한 주식회사 오뚜기는 식품과 관련하여 잘 알려진 회사이다. 물론 그 회사가 사용하는 오뚜기 형상의 상표도 우리에게 잘 알려져 있다. 우리에게 너무나도 잘 알려진 오뚜기 형상의 상표가 지금부터 살펴 볼 상표법의 보호 대상이다.

Ⅰ. 무엇을 보호하는가?

2017년 7월 27일, 청와대에서는 이른바 호프미팅이 있었다. 주식회사 오뚜기도 청와대의 호프미팅에 참석하였는데 호프미팅을 기점으로 주식회사 오뚜기의 컵라면인 참깨라면의 매출이 13~16% 증가하였다. 한 주 사이에 매출이 급등한 것으로, 이는 단순히 한 주 사이에 참깨라면의 품질이 월등히 높아지고 그 사실이 수요자들 사이에 순식간에 입소문이 퍼지게 된 때문은 분명 아닐 것이다. 그보다는 참깨라면의 포장에 사용된 오뚜기 형상의 상표가 가지는 가치의 상승이 참깨라면의 매출에 영향을 미친 때문이다. 참깨라면의 매출에 영향을 미친 오뚜기 형상의 상표가 가지는 가치, 이것이 바로 상표법이 보호하고자 하는 내용이 된다.

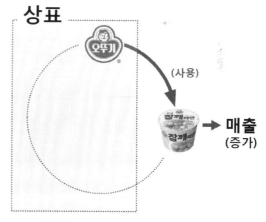

그림 상표의 사용에 따른 매출의 증가

1. 상표에 화체된 무형의 요소

누군가가 라면을 구매하기 위하여 매장을 찾았다고 가정하자. 그 사람은 참깨라면의 포장에서 오뚜기 형상의 상표를 발견하였다. 오뚜기 형상의 상표를 발견한 그 사람은 오뚜기 형상의 상표가 주식회사 오뚜기의 상표라는 사실과 특히 최근 인터넷에 게재된 주식회사 오뚜기의 청와대 호프미팅 참석 기사를 본 기억

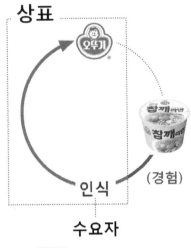

그림 수요자 인식의 형성

을 떠올릴 것이다. 주식회사 오뚜기에 관한 기사 내용을 뇌리에 떠올리면서 다른 회사의 라면보다는 주식회사 오뚜기의 참깨라면에 보다 더 호감을 느끼게 된다. 주식회사 오뚜기에 대한 호감이 그 회사가 생산 및 판매하는 참깨라면에 대한 호감으로 이어진 결과이다. 회사에 대한 호감이 그 회사의 상품에 대한 호감으로 이어지면서 그 사람은 참깨라면을 구매할 가능성이 커지게 된다.

상품에 대한 호감은 그 상품에 대한 좋은 경험에서 비롯된다. 뿐만 아니라 상품에 대한 호감은 그 상품을 생산 및 판매하는 회사에 대한 좋은 경험을 통해서도 형성됨은 앞서 오뚜기의 사례를 통해서도 확인하였다. 어떤 회사 또는 그 회사의 상품과 관련된 좋은 경험을 하게 되고 그 좋은 경험이 계속됨에 따라 수요자는 그 상품과 관련된 경험을 그 상품에 사용된 상표와 연관시켜 인식하게 된다. 그리고 수요자가 자신이 경험한 내용을 그 경험과 관련된 상품에 사용된 상표와 연관시켜 인식함에 따라 그 상표는 무형의 가치를 가지게 된다.

2. 상표에 형성된 재산적 가치

오뚜기 형상의 상표가 참깨라면의 매출에 영향을 미치게 된 이유는 그 상표가 주식회사 오뚜기의 참깨라면에 사용된 때문이다. 예를 들어 주식회사 오뚜기의 상표가 사용된 상품과 이제 막 처음 등장한 생소한 상표가 사용된 상품이 시장에서 경쟁한다고 가정하자. 당연한 이야기지만 선택에 영향을 미치는 다른 요소를 배제한다면 수요자들은 대부분 주식회사 오뚜기의 상표가 사용된 상품을 선택할 것이다. 이는 생소한 상표가 가지는 영업력과 주식회사 오뚜기의 상표가 가지는 영업력의 차이 때문이다. 수요자가 어떤 상품과 관련하여 경험한 내용과 그 상품에 사용된 상표를 연관시켜 인식함에 따라 그 상표는 영업력을 가지게 된다.

상표가 가진 영업력은 청와대 호프미팅에 참석한 주식회사 오뚜기가 생산한

참깨라면의 매출을 청와대 호프미팅 참석
전 주에 비해 13~16% 증가시켰다. 또한
청와대 미팅을 계기로 점유율 53.5%을 보
이고 있는 농심 중심의 라면 시장에서의
변화에 대한 기대도 그 중심에는 수요자의
인식을 토대로 얻게 된 상표의 영업력이
큰 영향력을 발휘한 덕분이다. 이렇게 상
표는 영업력이라고 하는 매출 또는 시장
점유율의 증가를 가져오는 재산적 가치를
가진다.

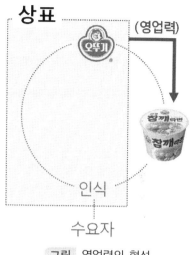

그림 영업력의 형성

Ⅱ. 어떻게 보호하는가?

상표는 지적재산[1]으로서 산업재산권법에 속하는 상표법에 의해 보호를 받는
다.[2] 지적재산은 크게 산업발전에 이바지하기 위한 수단이 되는 상표, 발명, 디
자인과 문화 및 관련 산업의 향상발전에 이바지하기 위한 수단이 되는 저작물로
나뉜다. 이들 지적재산들은 각각이 가지는 지적재산으로서의 가치에 따라 상표
는 상표법, 발명은 특허법, 디자인은 디자인보호법, 저작물은 저작권법에 의해
보호된다. 이 중 상표법, 특허법, 디자인보호법은 모두 그 보호의 대상은 다르지
만 공통적으로 산업발전에 이바지함을 목적으로 한다.[3] 따라서 상표법, 특허법,
디자인보호법을 산업재산권법이라고 한다. 또한 산업재산권법과 저작권법은 모
두 권리를 통하여 그 보호대상인 지적재산을 보호한다는 특징을 가지므로 이들
을 합쳐 지적재산권법이라고 하는 것이다.

한편 상표는 일정한 경우 부정경쟁방지 및 영업비밀보호에 관한 법률에 의해
서도 보호된다. 상표법이 상표권이라고 하는 권리를 통하여 상표를 보호하는 반
면, 부정경쟁방지 및 영업비밀보호에 관한 법률[4]은 부정경쟁의 행위를 금지함으

---

1) **지적재산**이란 인간의 정신적 활동의 결과로 창출된 정신적, 무형적 자산을 말한다.
2) 상표가 지적재산이라는 것은 상표에 형성된 영업력이라고 하는 재산적 가치에서 그 근거를 찾을
   수 있다(이영훈, 「상표는 왜 지적재산인가?」, 지적재산&정보법연구 제13집 제1호, 한양대학교 출
   판부, 2021년 3월, 74면).
3) 반면 저작권법은 문화 및 관련 산업의 향상발전에 이바지함을 목적으로 한다(저작권법 제1조).

로써 상표를 보호한다는 점에서 커다란 차이를 보인다.

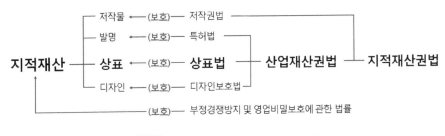

그림 상표법과 지적재산권법의 관계

1. 상표권의 취득에 의한 보호

우리는 여러 가지 물건들을 소유하고 있다. 입고 있는 의류들로부터 시작하여 매일 착용하는 안경, 일상생활에서 없어서는 안 될 휴대폰에 이르기까지 많은 물건을 나의 것으로 소유한다. 어떤 물건을 소유한다는 것은 민법에서 말하는 소유권을 전제로 한다. 역설적으로 어떤 물건에 대해 소유권이 인정되기 때문에 그 물건에 대해 나의 것이라고 할 수 있는 것이다.

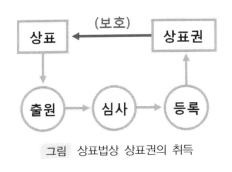

그림 상표법상 상표권의 취득

상표의 경우에도 그 상표를 나의 것이라고 주장하기 위해서는 상표권이 필요하다. 상표권은 상표법에서 규정하는 일련의 절차를 통해 취득할 수 있다.[5] 상표권의 취득과 관련하여 상표법은 대략적으로 출원, 심사, 등록 단계로 구분되는 출원 및 심사 절차를 규정하고 있다.

2. 상표권의 효력을 통한 보호

인지하고 있건 아니건 모든 개인은 자신의 것으로 소유하는 모든 물건에 대하여 민법에서 규정하는 소유권을 가진다. 민법상 소유권에 따라 누구나 자신이

---

4) 부정경쟁방지 및 영업비밀보호에 관한 법률은 부정경쟁행위를 방지하여 건전한 거래질서를 유지함을 목적으로 한다(부정경쟁방지 및 영업비밀보호에 관한 법률 제1조).
5) 물론 상표권도 다른 사람과의 계약이나 상속을 통해서도 취득할 수 있다.

가지는 소유권의 목적물인 물건의 사용 등을 독점할 수 있고 타인의 침해 행위를 배제할 수 있게 된다. 마찬가지로 상표법상 인정되는 상표권에 따라 상표권자는 적극적으로 상표권의 대상인 등록상표의 사용 등을 독점할 수 있는 한편, 소극적으로 등록상표에 대한 타인의 무단 사용 등의 침해 행위를 배제할 수 있게 된다.

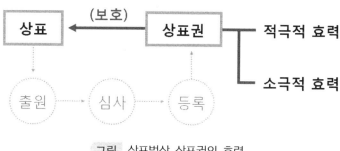

그림 상표법상 상표권의 효력

상표법의 목적

맛은 혀가 아닌 눈으로 먼저 느낀다

67명의 지원자들을 대상으로 한 가지 흥미로운 실험을 실시하였다. 코카콜라 상표를 붙인 잔에 콜라를 담아 보여주고 fMRI 촬영을 실시한 것이었다. 그 결과 대뇌 위쪽·앞쪽에 자리한 등쪽 이마앞피질과 해마가 흥분한 것으로 나타났다. 대뇌 위쪽·앞쪽에 자리한 등쪽 이마앞피질은 정서적인 정보에 따라 어떤 행동을 하도록 하는 기능을 하고, 해마는 기억·학습과 관련된 영역으로 알려져 있다.

실험 결과에 대해 연구팀은 "코카콜라 상표를 보면 뇌는 자신에게 호감을 준 광고와 마케팅과 같은 정보를 되살려 그 상표에 반응하여 그 상표가 표시된 상품을 선택하도록 행동을 이끌어 낸다."고 설명하였다.

■ 김재영, BRAND and BRANDING, 비·앤·엠·북스, 2007년 1월, 84면.

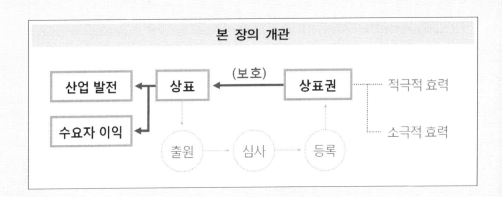

본 장의 개관

| 산업 발전 | ← | 상표 | ← (보호) | 상표권 | ┈ 적극적 효력 |

수요자 이익

출원 → 심사 → 등록

소극적 효력

람보와 코만도가 싸우면 누가 이길까? 짜장면과 짬뽕 중 무엇을 먹을 것인가? 살다 보면 종종 답이 안 나오는 문제들과 마주하게 된다. 비슷한 질문으로 '코카콜라와 펩시콜라 중 어느 것을 선호하는가?'라는 문제는 어떨까? 이번에는 답하기에 그리 어렵지 않고 논리적인 선택의 이유를 제시할 수 있을 것도 같다. 과연 그럴까?

코카콜라와 펩시콜라의 선호도 조사에서 사람들은 자신이 선호하는 콜라에 관해 나름의 논리를 가지고 설명할 것이다. 그러나 콜라의 선호도는 입맛과 아무런 상관이 없다. 단지 그 사람의 뇌가 특정 상표의 콜라를 선호하게 된 결과[1]라는 것이 연구를 통해 밝혀진 사실이다. 그 사람의 뇌가 특정 상표의 콜라를 선호하게 된 것은 광고와 마케팅 등과 같은 정보가 지속적으로 영향을 끼친 결과이다.

Ⅰ. 상표의 보호

상표법은 상표를 보호한다.[2] 상표법에서 규정하는 출원 및 심사 절차에 따라 취득되는 상표권을 통하여 상표는 보호를 받게 된다.

1. 관련 조문의 해석

상표법 제1조는 상표의 보호와 관련하여 상표를 '보호함으로써'라는 표현을 사용한다. "으로써"라는 표현은 어떤 일의 수단이나 도구임을 나타내는 부사격 조사이다.[3] 따라서 상표법 제1조에 명시된 "상표를 보호함으로써"의 의미는 산업발전에 이바지하고 수요자의 이익을 보호함이라는 목적을 이루기 위한 수단이나 도구로써 상표를 보호한다는 의미이다.

2. 보호의 특징

상표법은 상표권을 통하여 상표를 보호한다. 그러나 경우에 따라서는 상표등록을 받지 않은 미등록 상표에 대해서도 상표법에 의한 보호가 가능하다. 상표법 제34조 제1항 제9호는 타인의 상품을 표시하는 것이라고 수요자들에게 널리 인식되어 있는 상표와 동일·유사한 상표로서 그 타인의 상품과 동일·유사한

---

1) 김재영, BRAND and BRANDING, 비·앤·앰·북스, 2007년 1월, 83면.
2) 상표법 제1조.
3) 다음 국어사전(https://dic.daum.net/word/view.do?wordid=kkw000200995&supid=kku000255191) 2020년 3월 9일 방문.

상품에 사용하는 상표에 대해 상표등록을 받을 수 없도록 규정하고 있다. 또한 상표법 제34조 제1항 제11호에 따라 수요자들에게 현저하게 인식되어 있는 타인의 상품이나 영업과 혼동을 일으키게 하거나 그 식별력 또는 명성을 손상시킬 염려가 있는 상표는 상표등록을 받을 수 없다.

상표법 제34조 제1항 제9호 또는 제11호에 명시된 수요자들에게 널리 인식되어 있는 상표 내지 수요자들에게 현저하게 인식되어 있는 상표는 특히 미등록인 상표를 그 대상으로 한다. 상표가 수요자들에게 널리 인식되어 있거나 수요자들에게 현저하게 인식되어 있는 경우 미등록인 상표라 하더라도 예외적으로 상표법의 보호를 받을 수 있도록 한 것이다.

3. 특허법과의 비교

특허법과 상표법 모두 권리를 통해 각각의 보호 대상인 발명과 상표를 보호한다. 다만 상표법은 수요자들에게 널리 인식되어 있거나 수요자들에게 현저하게 인식되어 있는 상표에 대해서는 그 상표가 미등록 상표라 하더라도 예외적으로 보호가 가능하다는 특징을 가진다.

II. 업무상 신용의 유지

"호의가 계속되면 권리인 줄 안다." 영화 부당거래에 나오는 유명한 대사이다. 이 말인즉슨 호의가 계속되면 그 호의가 계속될 것이라는 것에 대한 믿음이 생긴다는 것이다. 그리고 이렇게 형성된 믿음에 의해 호의가 당연한 것으로 받아들여져 권리인 줄 알게 된다는 것이다.

마찬가지로 신용이 쌓이면 단골이 된다. TV를 켜면 맛집이나 노포를 소개하는 방송 프로그램을 종종 보게 된다. 이들 프로그램에 등장하는 단골들의 인터뷰 내용을 살펴보면 변함없는 음식 맛에 관한 내용이 빠지지 않고 등장한다. 손님이 이른바 단골이 되기 위해서는 변함없이 한결같은 맛과 관련한 노포와 손님 사이의 신용이 전제가 되는 때문이다. 상표법 제1조에서 말하는 상표사용자의 업무상 신용은 말하자면 노포와 단골 사이에 형성된 신용 관계로 설명이 가능하다.

1. 개 념

상표와 수요자 사이에서 형성된 신용 관계는 수요자가 상품을 구매하는 데 있어서 종종 큰 역할을 한다. 상표법은 상표와 수요자 사이에서 형성된 신용을 상표 사용자의 업무상 신용이라 표현한다. 예를 들어 평소 코카콜라를 즐기는 사람이 있다고 가정하자. 코카콜라 캔에 표시된 코카콜라 상표와 마주한 순간 뇌는 자신에게 호감을 준 광고와 마케팅과 같은 정보를 되살릴 것이다. 그리고 코카콜라 상표가 표시된 그 음료수를 선택하면 이전에 느꼈던 그 만족감을 다시 느낄 수 있을 것이라 판단한다. 광고와 마케팅 또는 코카콜라 음료와 관련한 경험을 바탕으로 하는 상표와 수요자 사이에 형성된 신용 관계 때문에 가능한 일이다. 그 결과 뇌는 손에게 코카콜라 상표가 표시된 음료수를 집어 들게 한다. 상표와 수요자 사이에 형성된 신용에 의해 코카콜라 상표를 본 뇌가 자신에게 호감을 준 광고와 마케팅 등과 같은 정보를 되살려 코카콜라를 구매하게 된다는 것이다.

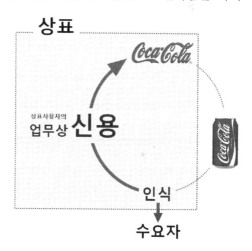

그림 업무상 신용의 형성

2. 관련 조문의 해석

결국 편의점 음료수 코너에서 코카콜라를 집어 들게 하는 것은 혀가 아닌 뇌이다. 수요자가 코카콜라 상표를 코카콜라 상품과 관련한 경험과 연관시켜 인식함에 따라 코카콜라 상표와 수요자 사이에는 그 인식을 내용으로 하는 신용관계가 형성되었기 때문이다. 이에 따라 수요자는 논리적인 판단의 결과라기보다는 코카콜라 상표와 수요자 사이에서 형성된 신용 관계에 따라 코카콜라를 구매하게 된다는 것이다. 이와 같이 수요자와 상표 사이에 형성된 신용은 동종의 여러 상품 중 그 신용과 관련된 상표가 표시된 상품에 대한 선호로 표출된다. 이와 관련하여 상표법 제1조를 살펴보면 "상표 사용자의 업무상 신용 유지를 도모하여"

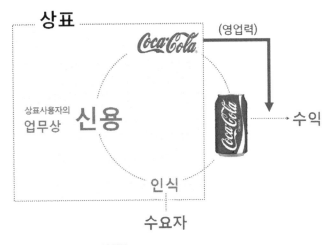

그림 영업력의 형성과 작용

라는 표현이 있다. 이는 상표를 보호함으로써 상표의 영업력과 직결되는 상표와 수요자 간에 형성된 신용 관계가 방해받지 않고 잘 유지되도록 도모하겠다는 의미인 것이다.

3. 부정경쟁방지법과의 비교

부정경쟁방지 및 영업비밀 보호에 관한 법률(이하 부정경쟁방지법이라 한다)은 국내에 널리 알려진 타인의 상표·상호 등을 부정하게 사용하는 등의 부정경쟁 행위를 방지하여 건전한 거래질서를 유지함을 목적으로 한다.[4] 따라서 부정경 쟁방지법을 통해서도 상표를 보호함으로써 상표 사용자의 업무상 신용 유지를 도모할 수 있다. 다만 상표법이 상표권을 통해 상표를 보호하는 반면, 부정경쟁 방지법은 부정경쟁행위를 방지함으로써 상표를 보호하는 점에서 차이가 있다.

4. 관련 판례 - 대법원 2000. 5. 12. 선고 98다49142 판결

본 판례에는 상표권자 C, 상표권자 B, 그리고 C로부터 상표권을 승계 받은 A 가 등장한다. C는 본 건 등록상표를 상품류 구분 제27류의 샌들, 가죽신 등을 지정상품으로 1981년 6월 10일에 상표등록 출원하여 1982년 1월 16일에 상표등

---

4) 부정경쟁방지 및 영업비밀 보호에 관한 법률 제1조.

록을 받았다. A는 구두, 핸드백 기타 피혁제품을 비롯하여 각종의류, 장신구 등의 제조, 판매업을 영위하는 법인으로서 A의 계열회사인 C를 1995년 6월 30일 흡수 합병하면서 C의 상표권을 승계하였다. B는 본 건 등록상표와 동일 또는 유사한 상표를 1988년 3월경부터 시계제품에 사용하는 한편, 상품류 구분 제35류 시계 등을 지정상품으로 하여 1988년 3월 30일 상표등록 출원하여 1989년 5월 13일 상표등록을 받았다. 이에 1996년 4월 12일, A는 소송을 제기하면서 B의 상표등록 및 사용 행위가 부정경쟁방지법상 부정경쟁행위에 해당한다고 주장하였다.

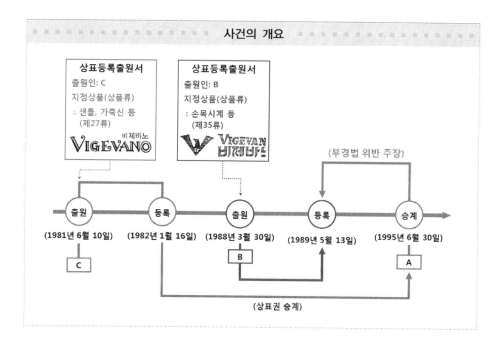

(1) A의 주장

A는 "B는 국내에서 주지 저명한 A의 표장이 시계 등의 상품에는 상표등록이 되어 있지 아니한 사실을 알고 A의 표장이 가진 주지 저명성에 편승할 목적으로 시계 등을 지정상품으로 상표등록을 한 후 시계 제품을 제조, 판매하여 일반 수요자들로 하여금 상품주체의 혼동을 일으키는 부정경쟁행위를 함으로써 원고회사의 영업상의 이익을 침해하고 있다."[5]고 주장하였다. B가 자신의 등록상표를 사용하는 행위는 일반 수요자들로 하여금 A가 승계한 C의 본 건 등록상표와

오인·혼동을 일으키는 이른바 부정경쟁방지법상 부정경쟁행위에 해당한다는 것이다.

(2) 상표권자 B의 주장

B는 "B가 상표법에 의하여 등록한 등록 상표를 사용하는 것은 B의 권리로서 부정경쟁행위에 해당하지 아니하고, 비록 부정경쟁방지법이 상표법에 우선하여 적용된다고 하더라도 B가 제조하는 시계는 A가 제조하고 있는 구두와는 그 생산자, 수요자, 판매처 등이 달라 오인, 혼동을 일으킬 우려가 없다."[6]고 주장하였다. B가 자신의 등록상표를 사용한 행위는 상표법상 인정되는 정당한 권리행사에 해당하는 행위로 부정경쟁방지법상 부정경쟁행위에 해당하지 않는다. 그리고 B의 등록상표와 A가 승계한 C의 본 건 등록상표는 지정상품이 서로 상이하여 일반 수요자들이 오인·혼동할 우려가 없다는 것이다.

(3) 대법원의 판단[7]

"저명한 상품표지와 동일 또는 유사한 상품표지를 사용하여 상품을 생산·판매하는 경우 비록 그 상품이 저명 상품표지의 상품과 다른 상품이라 하더라도 한 기업이 여러 가지 이질적인 산업분야에 걸쳐 여러 가지 다른 상품을 생산·판매하는 것이 일반화된 현대의 산업구조에 비추어 일반 수요자들로서는 그 상품의 용도 및 판매거래의 상황 등에 따라 저명 상품표지의 소유자나 그와 특수관계에 있는 자에 의하여 그 상품이 생산·판매되는 것으로 인식하여 상품의 출처에 혼동을 일으킬 수가 있으므로 부정경쟁방지법상의 부정경쟁행위에 해당한다. 세계 유명 피혁업체 및 패션업체에서는 1980년대 이전부터, 국내 제화업계 및 패션업체에서는 1980년대 중반부터 이른바 토탈패션의 경향에 따라 단순히 의류나 구두 또는 가방 등 그 업체 고유의 전문상품 생산·판매에만 그치지 아니하고 저명성을 가진 동일한 상표를 사용하여 의류, 구두, 피혁제품, 악세사리, 가방, 시계 등의 제품을 동시에 생산하여 동일 매장에서 판매하는 추세에 있는 실정이고 A도 1980년대 중반부터 토탈패션 상품의 생산과 동일 매장에서의 판매 품목의 다양화를 추진하여 왔음이 인정된다. 토탈패션의 일환으로 판매되는

---

5) 서울고등법원 1998. 9. 8. 선고 96나49515 판결.
6) 서울고등법원 1998. 9. 8. 선고 96나49515 판결.
7) 대법원 2000. 5. 12. 선고 98다49142 판결.

시계류는 가격이 비교적 저렴한 패션용 시계로부터 고가의 예물용 시계까지도 포함되어 있고 A의 경우도 그와 같이 패션용 시계뿐만 아니라 예물용 시계까지도 제조·판매하고 있는 사실이 인정되는 바, B가 그 등록상표를 사용하여 시계 제품을 생산·판매하는 경우 일반의 거래자나 수요자가 그 시계 제품이 원고 회사의 상표를 사용한 상품과 동일한 출처에서 나온 것으로 오인·혼동할 우려가 있음이 인정된다."

Ⅲ. 산업발전에 이바지

상표법은 상표를 보호함으로써 상표 사용자의 업무상 신용 유지를 도모하여 산업발전에 이바지함을 목적으로 한다. 상표법은 산업발전에 이바지함이라는 목적을 이루기 위한 수단으로 상표를 보호하는 것이다.

1. 개 념

상표가 가진 영업력은 그 상표가 표시된 상품의 판매를 촉진하거나 증가하게 한다. 그리고 상품의 판매 촉진이나 증가는 그만큼의 수익으로 연결된다. 이렇게 얻어진 수익이 관련 상품에 투자되면서 수익과 투자의 선순환 구조가 이루어진다. 수익과 투자의 선순환이 계속되면 결국 관련 산업의 발전을 가져오게 되는 것이다.

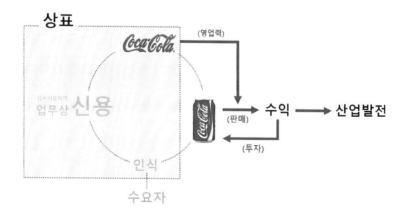

그림 상표를 통한 관련 산업의 발전

2. 관련 조문의 해석

상표법은 제1항에서 "이 법은 상표를 보호함으로써 상표 사용자의 업무상 신용 유지를 도모하여 산업발전에 이바지하고"라 명시하고 있다. 상표가 가진 영업력은 산업발전의 수단이 된다. 상표법은 산업발전의 수단이 되는 상표를 보호함으로써 산업발전에 이바지할 수 있다. 따라서 상표법 제1조의 의미는 상표법이 산업발전에 이바지라는 목적을 달성하기 위하여 그 목적을 위한 수단이 되는 상표를 보호한다는 의미이다.

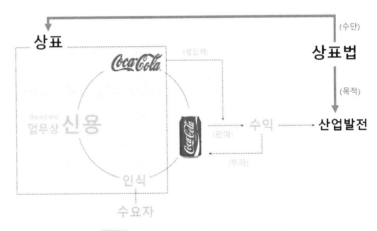

그림 수단인 상표와 목적인 산업발전

3. 저작권법과의 비교

저작권법과 상표법은 모두 지적재산권법에 속한다. 각각 저작물과 상표라고 하는 지적재산을 저작권과 상표권이라는 각각의 권리를 통해 보호한다. 그러나 상표법이 산업발전에 이바지함을 목적[8]으로 하는 반면, 저작권법은 문화 및 관련 산업의 향상발전에 이바지함을 목적[9]으로 하는 것에서 차이가 존재한다.

4. 관련 판례 – 대법원 1995. 9. 26. 선고 95다3381 판결

본 판례에는 상표권자 A, 출판업자 B, 그리고 번역가 C가 등장한다. A는 본

---

8) 상표법 제1조.
9) 저작권법 제1조.

건 등록상표인 녹정기를 상품류 구분 제52류의 서적, 소설을 지정상품으로 1992년 3월 2일에 상표등록 출원을 하여 1993년 5월 27일에 상표 등록을 받았다. B는 1994년 1월 26일에 본 건 서적에 대한 출판권설정등록을 하였다. 본 건 서적은 1979년경부터 중국 무협소설을 전문적으로 번역해 오던 C가 홍콩작가인 김용이 저작한 녹정기를 번역한 것으로, C는 1994년 1월 26일에 본 건 서적에 대한 저작권을 등록하였다.

　A는 서적출판업을 하면서 1987년 10월 30일경부터 1990년 12월경까지 C가 번역한 녹정기라는 제목의 서적 전11권을 출판한 바가 있다. 1991년 4월경 노사 분규로 인해 A가 폐업을 한 후, C는 A가 출판하던 녹정기를 일부 수정 및 가필하여 1992년 7월 30일경 B와 출판권설정계약을 체결하였고 1992년 10월경부터 B는 본 건 서적을 출판하였다. 이에 A는 B를 상대로 소송을 제기하면서 B가 본 건 서적에 A의 등록상표인 녹정기와 동일한 제호를 붙여 출판하는 것은 A의 상표권을 침해하는 행위에 해당한다는 것과 함께 본 건 서적에 대한 출판금지를 주장하였다.

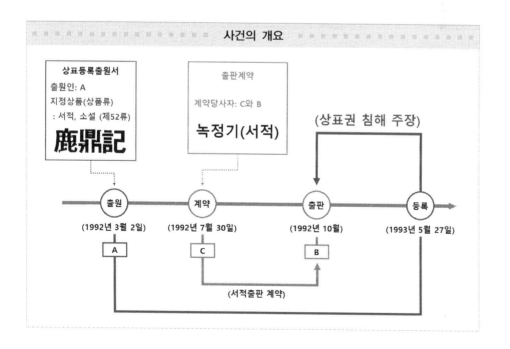

(1) 상표권자 A의 주장

A는 "자신이 본 건 서적의 제호를 상표로 등록받은 상표권자이므로 B가 본 건 서적에 동일한 제호를 붙여 출판하는 것은 A의 상표권을 침해하는 것인 바, 이에 기하여 B의 본 건 서적에 대한 출판은 금지되어야 한다."[10]고 주장하였다. B가 본 건 서적을 출판하는 행위는 A의 상표권을 침해하는 행위이다. 따라서 B가 본 건 서적을 출판하는 행위는 금지되어야 한다는 것이다.

(2) B의 주장

B는 "서적의 제호를 상표로 등록한 경우 이 문자를 동일한 서적의 제호로 사용하는 것은 그 해당저작물의 명칭 내지는 그 내용을 나타내는 것으로 상표법 제90조에서 말하는 상품의 보통명칭·산지·품질 등을 보통으로 사용하는 방법으로 표시하는 상표와 같은 성격을 가지는 바, 상표권의 효력이 미치지 않는다고 해석하여야 한다."[11]고 주장하였다. 본 건 서적의 제호인 녹정기는 본 건 서적의 명칭 내지는 그 내용을 나타내는 것이다. 따라서 상표법 제90조('제90조'는 현행 상표법(법률 제18817호)으로 수정하여 표시한 것이다. 이하 같다.)에서 명시하는 보통명칭 내지 기술적 표장에 해당하는 것으로 A가 가진 상표권의 효력이 미치지 않는다는 것이다.

(3) 대법원의 판단[12]

"상표법 제90조는 제1항 제2호에서 등록상표의 지정상품과 동일·유사한 상품의 보통명칭·산지·품질·원재료·효능·용도·수량·형상·가격 또는 생산방법·가공방법·사용방법 및 시기를 보통으로 사용하는 방법으로 표시하는 상표에 대해서는 상표권의 효력이 미치지 아니한다고 규정하고 있다. 서적의 제호는 그것이 보통 일반적으로 사용되는 것이 아니고 그 저작물의 내용을 직접 표시하는 것이 아닌 한은 서적이나 필름 등의 상표로서 사용되는 경우에는 다른 상품과 식별하는 능력이 있고 출처표시로서의 기능도 있다. 그러나 이들 문자도 서적류의 제호로서 사용되는 경우에는 그것은 당연히 해당 저작물의 창작물로서의 명칭 내지 그 내용을 나타내는 것이다. 따라서 그와 같은 창작물을 출판하고

---

10) 서울민사지방법원 1994. 6. 1. 선고 94카합3724 제51부 판결.
11) 서울민사지방법원 1994. 6. 1. 선고 94카합3724 제51부 판결.
12) 대법원 1995. 9. 26. 선고 95다3381 판결.

제조·판매하고자 하는 자는 저작권법에 저촉되지 않는 한 누구든지 사용할 수 있는 것으로서 품질을 나타내는 보통명칭·산지·품질 등을 보통으로 사용하는 방법으로 표시하는 상표와 같은 성격을 가지는 것이므로 제호로서의 사용에 대하여는 상표법 제90조(현행 상표법으로 수정 표시: 저자 주)의 규정에 의하여 상표권의 효력이 미치지 않는다."

IV. 수요자 이익의 보호

상표법은 상표를 보호함으로써 수요자의 이익을 보호함을 목적으로 한다. 수요자의 측면에서 보면 상표를 통해 자신이 원하는 상품을 정확히 식별해 낼 수 있는 이익을 상표법을 통해 보호받게 되는 것이다.

또한 상표법을 통해 수요자의 이익이 보호됨에 따라 수요자가 느끼게 될지도 모를 민망함과 모욕감도 미연에 방지하게 된다. 예를 들어 장성한 아들과 함께 어릴 적 자신이 살던 동네를 방문한 사람이 있다고 가정하자. 자신의 어릴 적 추억이 깃든 동네를 거닐다 그 시절 자주 찾던 식당을 발견한다. 낯익은 할머니의 캐리커처 그림이 있는 할머니 설렁탕이라는 상호의 식당이었다. 어릴 적 기억이 선명한 간판이다. 그 식당에서 아들과 자신의 어릴 적 추억을 이야기하며 그 시절로 돌아간 기분에 즐거운 시간을 보내었다. 식사를 마치고 계산대에 앉아 있는 사람에게 식당 주인이었던 할머니의 근황을 묻자 뜻밖의 이야기를 듣게 된다. 그 식당이 아니라는 것이다. 그 식당은 맞은 편 건물에 있었는데 이전하였고 간판은 이전한 그 식당의 간판이 마음에 들어 임의로 자신의 식당에 가져다 사용한 것이란다. 식당 간판 속 할머니는 그때 그 시절과 마찬가지로 여전히 인자한 미소를 보내고 있는데 말이다. 옆에 서있는 아들에 대한 민망함이 물밀 듯 밀려온다. 간판을 바라보며 왠지 모를 원망감과 함께 갑자기 영화 달콤한 인생의 한 장면이 떠오른다. "넌 내게 모욕감을 주었어."라는 대사와 함께 말이다.

이와 같은 상황에서 할머니 설렁탕이라는 상호를 상호가 아닌 상표라고 가정해보자. 그렇다면 상표법을 통해 그 식당을 방문한 사람의 민망함과 모욕감을 미연에 방지할 수 있게 된다. 상표법이 상표를 보호하여 상품 출처의 오인·혼동을 방지함으로써 수요자의 이익이 보호됨에 따라 그 사람의 민망함과 모욕감은 미연에 방지될 것이기 때문이다.

1. 개 념

상표법은 상표를 통해 수요자가 자신이 원하는 상품을 식별하는 것을 수요자의 이익이라 표현한다. 상표로부터 수요자가 얻게 되는 이익이라는 의미에서이다. 예를 들어 코카콜라를 마시고 싶은 누군가가 편의점에 들렀다고 가정하자. 그는 편의점에서 판매하는 여러 가지 음료수 중 코카콜라 상표가 표시된 음료수를 선택하여야만 한다. 음료수 병이나 캔에 표시된 코카콜라 상표를 통해 그가 그토록 마시고 싶어 하는 코카콜라를 식별할 수 있는 이익을 얻게 되는 것이다.

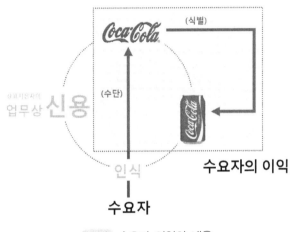

그림 수요자 이익의 내용

2. 관련 조문의 해석

상표법은 제1조에서 이 법은 상표를 보호함으로써 ... 수요자의 이익을 보호함을 목적으로 한다고 명시하고 있다. 상표법 제1조의 의미는 상표법이 수요자의 이익을 실현하기 위한 수단이 되는 상표를 보호함으로써 상표법의 목적인 수요자의 이익을 보호한다는 의미이다. 예를 들어 코카콜라를 마시고 싶은 누군가는 음료수 병이나 캔에 표시된 코카콜라 상표를 통해 코카콜라를 식별할 수 있는 이익을 얻게 된다. 상표를 수단으로 수요자는 자신이 원하는 상품을 식별해내는 이익을 얻게 되는 것이다. 그리고 상표를 수단으로 수요자가 얻게 되는 이익은 상표법이 상표를 보호함에 따라 보호를 받게 된다.

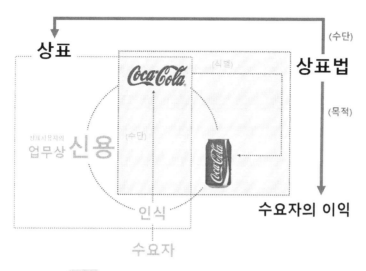

그림 수단인 상표와 목적인 수요자의 이익

3. 디자인보호법과의 비교

디자인보호법과 상표법은 모두 산업발전에 이바지함을 목적으로 한다. 다만 상표법의 경우 산업발전에 이바지함과 아울러 수요자의 이익을 보호함을 목적으로 한다는 점에서 디자인보호법과 구별되는 특징을 가진다.

4. 관련 판례 – 대법원 2013. 1. 24. 선고 2011다18802 판결

본 판례에는 상표권자 A, 크리스털 제품 도소매업을 영위하는 법인 B가 등장한다. A는 본 건 등록상표를 상품류 구분 제14류의 귀금속제 키홀더, 시계줄 등을 지정상품으로 1998년 8월 28일에 상표등록 출원을 하여 2001년 6월 29일에 상표 등록을 받았다. B는 크리스털 제품의 도소매업 등을 영위하는 법인으로 국내에서 크리스털로 만든 미니 펜던트 및 문제가 된 목걸이용 펜던트를 판매하였다. 2008년 12월 26일, A는 B를 상대로 소송을 제기하면서 상표권 침해행위를 중지하고 침해행위에 의하여 조성된 물품의 폐기 및 침해행위로 인하여 얻은 이익을 A에게 손해배상으로서 지급할 것을 주장하였다.

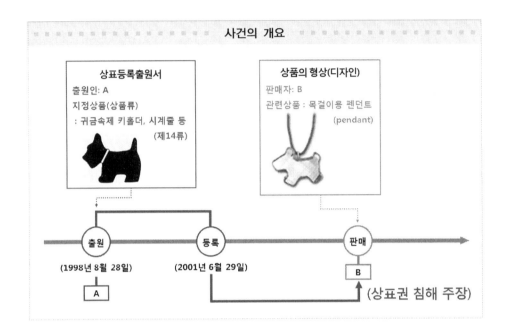

사건의 개요

상표등록출원서

출원인: A

지정상품(상품류)

: 귀금속제 키홀더, 시계줄 등

(제14류)

상품의 형상(디자인)

판매자: B

관련상품 : 목걸이용 펜던트

(pendant)

출원 ─── 등록 ─── 판매

(1998년 8월 28일) (2001년 6월 29일)

A

B

(상표권 침해 주장)

(1) 상표권자 A의 주장

A는 "A의 등록상표와 B의 목걸이용 펜던트는 개 또는 강아지를 단순화하여 형상화한 것으로 머리 부분이 몸통에 비하여 비교적 크게 표현되고 좌우 귀 부분이 서로 포개어진 형태라는 점에서 유사하다."[13]고 주장하였다. 또한 "B가 판매하는 목걸이용 펜던트의 형상이 A의 등록상표와 유사할 뿐만 아니라 그 상품(목걸이용 펜던트) 역시 A가 가지는 상표권의 지정상품과 동일 또는 유사하므로 B가 국내에서 B의 상품을 판매하는 것은 A의 상표권을 침해하는 것이다."[14]라고 주장하였다. B가 판매하는 목걸이용 펜던트가 A의 등록상표와 동일 또는 유사하다. 따라서 B가 목걸이용 펜던트를 판매하는 행위는 A의 상표권을 침해하는 행위에 해당한다는 것이다.

(2) B의 주장

B는 "A의 등록상표와 B의 상품 외관은 목줄의 유무, 양 발의 모습 및 꼬리와 귀 부분에서 서로 상이하다. 또한 양자는 모두 '개' 또는 '강아지'로 관념되고 호칭될 것이지만 A의 등록상표를 이미 알고 있는 사람들에게는 A의 등록상표가

---

13) 서울고등법원 2011. 1. 19. 선고 2010나51989 판결.
14) 서울고등법원 2011. 1. 19. 선고 2010나51989 판결.

'아가타' 또는 '스콧테리어'로 관념되고, '아가타'로 호칭될 것이어서, 이러한 경우에는 양자의 관념 및 호칭이 상이하다."[15]고 주장하였다. 또한 "B의 상품인 목걸이용 펜던트는 A가 가지는 상표권의 지정상품에 속하는 것임이 인정된다. 그러나 B의 상품은 A의 등록상표와 외관, 호칭, 관념에서 서로 상이하므로 B가 국내에서 B의 상품을 판매하는 것은 A의 상표권을 침해하는 것이 아니다."[16]라고 주장하였다. B가 판매하는 목걸이용 펜던트가 A의 등록상표와 서로 상이하다. 따라서 B가 목걸이용 펜던트를 판매하는 행위는 A의 상표권을 침해하는 행위가 아니라는 것이다.

(3) 대법원의 판단[17]

"타인의 등록상표와 동일 또는 유사한 표장을 이용한 경우라고 하더라도 그 것이 상표의 본질적인 기능이라고 할 수 있는 출처표시를 위한 것이 아니라 순전히 디자인적으로만 사용되는 등 상표의 사용으로 인식될 수 없는 경우에는 등록상표의 상표권을 침해한 행위로 볼 수 없다. 상표로서 사용되고 있는지의 여부를 판단하기 위해서는 상품과의 관계, 당해 표장의 사용 태양, 등록상표의 주지저명성 그리고 사용자의 의도와 사용경위 등을 종합하여 실제 거래계에서 그 표시된 표장이 상품의 식별표지로서 사용되고 있는지 여부를 종합하여 판단하여야 한다.[18] 지정상품을 귀금속제 목걸이 등으로 하는 A의 등록상표와 B의 상품형상은 모두 강아지 또는 개를 형상화한 것으로 비록 양자가 모두 '강아지'로 관념되고 '강아지 표'로 호칭될 수 있다고 하더라도 그와 같이 통칭적인 호칭 및 관념이 유사하다는 점만으로 서로 유사하다고 단정할 수는 없을 뿐만 아니라 외관도 차이가 있으므로, 결국 A의 등록상표와 B의 상품 형상은 전체적으로 상품출처의 오인·혼동을 피할 수 있는 것이어서 유사하지 아니하다. B의 상품과 같은 목걸이용 펜던트의 형상은 주로 시각적, 심미적 효과를 통해 소비자의 구매욕구를 자극하는 요소이고 펜던트의 형상 자체가 당해 상품의 출처를 표시하기 위한 목적으로 사용되는 것이 일반적이라고 보기 어려운 점, B의 상품 이면은 물론 B의 상품 포장 및 보증서에 B의 등록상표가 표시되어 있고 B의 주요매장

---

15) 서울고등법원 2011. 1. 19. 선고 2010나51989 판결.
16) 서울고등법원 2011. 1. 19. 선고 2010나51989 판결.
17) 대법원 2013. 1. 24. 선고 2011다18802 판결.
18) 대법원 2004. 10. 15. 선고 2004도5034 판결.

은 모두 B의 상품들만을 판매하는 점포로서 그 간판 등에 B의 등록상표를 표시하고 있는 점 등을 종합하여 살펴보면 B의 상품 형상은 디자인으로만 사용된 것일 뿐 상품의 식별표지로 사용된 것이라고는 볼 수 없다."

제 2 장

상표법상 상표

스타벅스 브랜드는 커피 이상의 것을 의미한다

스타벅스 브랜드는 정교하게 의도된 감성적 자극들로 구성된다. 스타벅스 매장에 들어서면서 들리는 클래식 음악, 그리고 그 음악과 절묘한 조화를 이루는 에스프레소 기계의 커피 가는 소리. 매장을 가득 채우는 풍부한 커피 향도 빼놓을 수 없다. 커피의 깊은 맛과 함께 옹기종기 모여 있는 사람들의 대화에서 편안함을 만끽하게 된다.

감성적 자극들이 모여 형성된 스타벅스 브랜드는 소비자들이 스타벅스를 생활의 일부분으로 받아들이도록 만든다. 스타벅스 브랜드를 구성하는 감성적 자극들이 고객들로 하여금 스타벅스를 선택하도록 만들기 때문이다.

■ 하워드 슐츠 · 도리 존스 양 지음 / 홍순영 옮김. 스타벅스 커피 한잔에 담긴 성공신화. 김영사. 2002년 6월 15일. 278~283면.

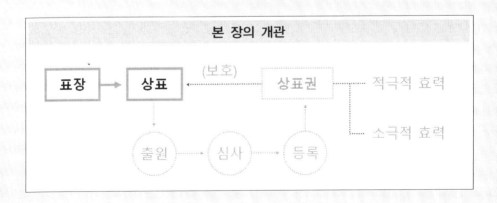

본 장의 개관

표장 → 상표 ← (보호) ─ 상표권 ─┬ 적극적 효력
              ↓   └ 소극적 효력
          출원 → 심사 → 등록

커피는 이제 우리의 일상과 떼려야 뗄 수 없는 기호식품이 되었다. 오전의 아직 남아있는 졸음을 떨쳐낼 수 있는 것도, 점심식사 후 나른한 오후를 버티게 하는 것도 다름 아닌 커피이기 때문이다.

커피이야기를 하면서 빼놓을 수 없는 단어가 있다. 바로 스타벅스(STARBUCKS)이다. 스타벅스는 인어를 형상화한 표장을 상표로 사용한다. 테이크아웃 종이컵에 인쇄된 인어를 형상화한 표장은 우리에게 그 커피가 스타벅스 커피임을 알려준다.

Ⅰ. 상표의 정의

상표법은 상표에 대해 자기의 상품과 타인의 상품을 식별하기 위하여 사용하는 표장(標章)으로 정의한다.[1] 표장이란 상품의 출처(出處)를 나타내기 위하여 사용하는 모든 표시를 말한다.[2] 상표법에 따르면 상표란 상품의 출처를 나타내는 표장이다. 자기의 상품에 사용하는 것으로 상품의 식별을 위한 것을 말한다. 예를 들어 스타벅스 상표를 생각해보자. 편의점 음료코너에 진열되어 있는 알루미늄 캔에 담겨진 스타벅스 커피를 통해서 말이다. 우리는 알루미늄 캔에 표시된 스타벅스 상표를 통해 그 알루미늄 캔에 담겨있는 커피가 스타벅스 커피임을 알수 있다. 인어를 형상화한 도형으로 구성된 스타벅스 상표는 스타벅스의 커피를 식별하기 위하여 그 커피가 담겨진 알루미늄 캔에 사용되는 것이기 때문이다.

1. 출처를 나타내기 위한 표장

상표란 상품의 출처를 나타내기 위해 사용하는 표장이다.[3] 예를 들어 편의점 음료코너에 진열된 알루미늄 캔에서 발견할 수 있는 인어를 형상화한 도형은 스타벅스가 자사 커피의 출처를 나타내기 위해 사용하는 표장이다. 따라서 스타벅스 커피를 마시고 싶은 경우 스타벅스 상표로 사용되는 인어를 형상화한 도형을 찾으면 된다. 다만 상품의 출처를 나타내기 위해 사용하는 표장만을 상표라고 정의할 수 있는 바, 우리 주변에서 흔히 볼 수 있는 신호등 표시[4]나 화장실 표

---

1) 상표법 제2조 제1항 제1호.
2) 상표법 제2조 제1항 제2호.
3) 표장이란 기호, 문자, 도형, 소리, 냄새, 입체적 형상, 홀로그램·동작 또는 색채 등으로서 그 구성이나 표현방식에 상관없이 상품의 출처를 나타내기 위하여 사용하는 모든 표시를 말한다(상표법 제2조 제1항 제2호).

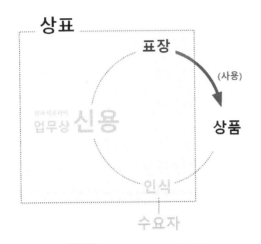

상표

표장

(사용)

업무상 신용

상품

인식

수요자

그림 상표법상 상표의 태양

시[5] 등은 상표에 해당하지 않는다. 물론 인어를 형상화한 도형이나 화장실 표시 모두 우리가 원하는 바를 정확히 찾을 수 있도록 하지만 말이다. 인어를 형상화한 도형이 상품의 출처를 나타내기 위해 사용되는 반면 화장실 표시는 상품의 출처를 나타내기 위해 사용되는 것이 아니기 때문이다.

2. 자기의 상품에 사용하는 것

알루미늄 캔 표면에 스타벅스 상표가 표시된 것에 대하여 상표법은 상표의 사용이라 정의한다. 상표법은 제2조 제11호 및 동조 제2항 각 호에서 상표의 사용에 대해 정의하고 있다. 상표법 제2조 제11호 및 동조 제2항 각 호는 상표를 상품에 표시하는 것 이외에 여러 가지 상표의 사용 행위 유형에 대해 정의한다.

구체적으로 상표법 제2조 제1항 제11호는 상표의 사용 행위에 대해 ① 상품 또는 상품의 포장에 상표를 표시하는 행위; ② 상품 또는 상품의 포장에 상표를 표시한 것을 양도·인도하거나 전기통신회선을 통하여 제공하는 행위 또는 이를 목적으로 전시하거나 수출·수입하는 행위[6]; ③ 상품에 관한 광고·정가표(定價表)·거래서류, 그 밖의 수단에 상표를 표시하고 전시하거나 널리 알리는 행위로 정의한다. 그리고 상표를 표시하는 행위에는 ① 표장의 형상이나 소리 또는 냄새로 상표를 표시하는 행위; ② 전기통신회선을 통하여 제공되는 정보에 전자적 방법으로 표시하는 행위가 포함된다.[7]

---

4) 녹색의 걸어가는 사람 도형 또는 붉은 색의 서 있는 사람 도형을 말한다.
5) 파란색 또는 빨간색 사람 도형을 말한다.
6) 이는 온라인상 상표를 표시하거나 온라인을 통해 일방적으로 다운로드하는 방식의 다양한 디지털 상품(Digital Goods)이 유통되고 있으나, 현행법상 상표의 사용 행위는 기존의 전통적 유형만을 규정하고 있어 이러한 시대변화를 반영하지 못하고 있으므로 디지털 상품의 온라인 유통행위를 상표의 사용 행위에 포섭시킨 것이다[상표법 일부개정법률(법률 제18817호) 공포문(2022년 2월 3일)].
7) 상표법 제2조 제2항.

3. 자타 상품의 식별을 위한 것

상표란 자기의 상품과 타인의 상품을 식별하기 위하여 사용하는 것이다.[8] 편의점 음료코너에 진열되어 있는 스타벅스 커피의 알루미늄 캔에는 다른 브랜드 캔커피와의 식별을 위해 스타벅스 상표가 사용된다. 따라서 우리는 알루미늄 캔에 사용된 스타벅스 상표를 통해 편의점 음료코너에 진열된 여러 가지 브랜드의 캔커피 중 스타벅스 커피를 정확히 식별할 수 있다.

4. 관련 판례 – 대법원 2012. 12. 20. 선고 2010후2339 전원합의체 판결

본 판례에는 상표출원인 A, 특허청이 등장한다. A는 본 건 출원상표를 상품류 구분 제25류의 스포츠셔츠, 스포츠재킷, 풀오버를 지정상품으로 2007년 6월 12일에 상표등록 출원을 하였다. 이에 대하여 특허청은 본 건 출원상표가 지정상품인 스포츠셔츠의 형상을 보통으로 사용하는 방법으로 표시하는 상표라는 이유로 상표등록을 거절하였다. 2008년 11월 3일, A는 상표등록 거절결정 불복심판을 청구하고 특허청의 상표등록 거절결정에 대한 취소를 주장하였다.

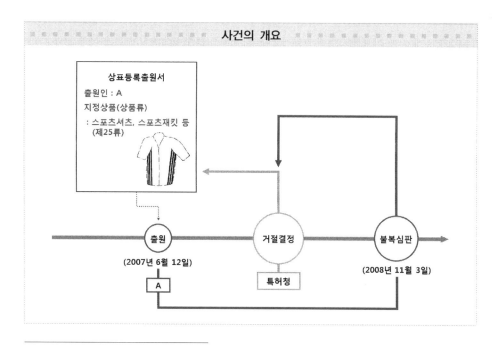

---

8) 상표법 제2조 제1항 제1호.

(1) 상표출원인 A의 주장

A는 "본 건 출원상표가 점선으로 표시한 스포츠셔츠 형상에 식별력이 미약한 3선 줄무늬가 표시되어 있는 표장이나, 우리나라에서도 1967년부터 3선 줄무늬를 스포츠셔츠 등에 사용함으로써 일반 수요자들이 본 건 출원상표를 일견하였을 때 A의 상표로 인식하기에 충분하다."[9]고 주장하였다. A는 1967년부터 본 건 출원상표를 상표로 사용하여 왔다. 본 건 출원상표를 오랫동안 접해 온 수요자들은 본 건 출원상표를 상표로 인식하고 있다는 것이다.

(2) 특허청의 주장

특허청은 "본 건 출원상표가 지정상품 스포츠셔츠의 형상을 보통으로 사용하는 방법으로 표시한 상표에 해당하고, 또한 본 건 출원상표가 출원 전 사용한 결과 일반 수요자간에 누구의 상표인지를 인식할 정도로 알려져 있다고 보기도 어려운 바, 상표등록을 거절한 것이다."[10]라고 주장하였다. 본 건 출원상표는 스포츠셔츠의 형상을 보통으로 사용하는 방법으로 표시한 상표이다. 상표라기보다는 디자인에 해당하는 것이다. 본 건 출원상표가 수요자들에게 잘 알려져 있지 않고 상표로 인식하지도 않을 것이라는 것이다.

(3) 대법원의 판단[11]

"상표의 정의 규정은 기호·문자·도형 또는 그 결합을 사용하여 시각적으로 인식할 수 있도록 구성하는 모든 형태의 표장을 상표의 범위로 포섭하고 있다. 따라서 이러한 규정에 따르면, '기호·문자·도형 각각 또는 그 결합이 일정한 형상이나 모양을 이루고, 이러한 일정한 형상이나 모양이 지정상품의 특정 위치에 부착되는 것에 의하여 자타상품을 식별하게 되는 표장'[12]도 상표의 한 가지로서 인정될 수 있다. 본 건 출원상표는 실선이 아닌 일점쇄선으로 표시된 상의 형상의 옆구리에서 허리까지의 위치에 실선으로 표시된 세 개의 굵은 선이 부착되어 있는 형태의 표장으로 이루어져 그 표장 중 상의 형상 부분과 세 개의 굵은 선 부분이 서로 확연하게 구분되어 있다. 또한 그 지정상품은 스포츠셔츠, 스

---

9) 특허심판원 2009. 11. 17. 2008원11599 심결.
10) 특허심판원 2009. 11. 17. 2008원11599 심결.
11) 대법원 2012. 12. 20. 선고 2010후2339 전원합의체 판결.
12) 이와 같은 표장을 '위치상표'라고 한다.

포츠재킷, 풀오버로서 모두 상의류에 속하므로 실제 상품들의 옆구리에서 허리까지의 위치에 위 표장에 도시된 바와 같은 형태로 일정한 형상이나 모양이 부착될 수 있다. 따라서 본 건 출원상표는 위 세 개의 굵은 선이 지정상품의 옆구리에서 허리까지의 위치에 부착되는 것에 의하여 자타상품을 식별하게 되는 위치상표이고, 위 일점쇄선 부분은 본 건 출원상표의 표장 자체의 외형을 이루는 도형이 아니라고 봄이 상당하다."

Ⅱ. 상표의 기능

상표가 상품에 사용됨에 따라 그 상표에는 수요자와의 관계에서 업무상 신용이 형성된다. 상표에 형성된 업무상 신용에 의해 그 상표는 영업력을 가진다. 이와 같은 과정에서 상표는 여러 가지 기능을 가지게 된다.

1. 상표의 사용에 따른 기능

상표란 자기의 상품과 타인의 상품을 식별하기 위하여 사용하는 표장을 말한다.[13] 그리고 표장이란 기호, 문자, 도형, 소리, 냄새, 입체적 형상, 홀로그램·동자 또는 색채 등으로서 그 구성이나 표현방식에 상관없이 상품의 출치를 나타내기 위하여 사용하는 모든 표시를 말한다.[14] 따라서 상표는 그 상표가 사용된 상품과 관련한 식별 기능과 출처표시 기능을 수행하게 된다.

(1) 상품식별 기능

상표는 그 상표가 사용된 상품과 관련한 식별 기능을 가진다. 상표법이 제2조 제1항 제1호에서 정의한 바와 같이 상표란 자기의 상품과 타인의 상품을 식별하기 위하여 사용하는 것이기 때문이다. 따라서 스타벅스 상표를 통해 다른 커피 전문점의 커피와 스타벅스 커피를 식별할 수 있는 것은 상표가 가진 식별 기능에 의해 가능해진다.

(2) 출처표시 기능

상표는 그 상표가 사용된 상품과 관련한 출처표시 기능을 가진다. 거리를 걷

---

13) 상표법 제2조 제1항 제1호.
14) 상표법 제2조 제1항 제2호.

는 사람들의 손에 들려있는 테이크아웃 종이컵에 표시된 스타벅스 상표를 통해 그 사람들이 인근 스타벅스 매장에 들렀음을 알 수 있는 것은 상표가 가진 출처 표시 기능 때문이다.

2. 신용의 형성에 따른 기능

상표가 상품에 사용되면서 그 상표와 수요자 사이에는 상품에 관한 수요자의 인식을 내용으로 하는 신용이 형성된다. 그리고 신용 관계를 바탕으로 수요자는 상표를 상품 식별의 수단으로 활용하게 된다. 이에 따라 상표는 그 상표가 사용된 상품에 관한 품질을 보증하거나 그 밖의 상품에 관한 정보를 제공하는 기능을 하게 된다.

(1) 품질보증 기능

상표는 수요자에게 그 상표와 관련한 상품의 품질을 보증하는 기능을 한다. 그 시작은 경험에서 출발한다. 우연한 기회에 스타벅스 커피를 마셔본 후 그 풍부한 향과 깊은 맛에 대한 좋은 경험을 하게 되었다고 가정하자. 스타벅스 커피에 관한 좋은 경험이 계속되면서 스타벅스 커피의 품질에 대해 가지고 있던 좋은 경험을 스타벅스 커피잔에 사용된 스타벅스 상표와 연관시켜 인식하게 된다. 이와 같은 과정이 계속되면서 소비자들과 스타벅스 상표 사이에서는 스타벅스 커피의 품질과 관련한 신용 관계가 형성된다. 품질과 관련된 신용이 형성됨에 따라 스타벅스 상표는 수요자에 대한 품질보증 기능을 가지게 되는 것이다.

(2) 정보제공 기능

상표는 수요자에게 상품의 품질 이외에도 상품과 관련된 정보를 수요자에게 제공하는 기능을 한다. 사람들이 스타벅스를 찾는 이유가 단지 커피가 맛있어서만은 아니기 때문이다. 예를 들어 클래식 음악과 절묘한 조화를 이루는 에스프레소 기계의 커피 가는 소리, 옹기종기 모여 있는 사람들의 대화에서 느껴지는 편안함 또한 사람들을 스타벅스 매장으로 이끄는 요인이 된다. 이와 같은 독특하고 차별화된 경험이 계속되면서 소비자들과 스타벅스 상표 사이에서는 그 경험을 내용으로 하는 신용 관계가 형성된다. 그 경험과 관련된 신용이 형성됨에 따라 스타벅스 상표는 수요자에 대한 정보제공 기능을 가지게 되는 것이다.

3. 영업력의 형성에 따른 기능

상표와 수요자 사이에 신용 관계가 형성됨에 따라 상표는 영업력을 가지게 된다. 상표가 가진 영업력은 그 상표가 사용된 상품의 매출에 영향을 미치는 주된 요인으로 작용한다. 또한 다른 동종 상품과의 관계에서 그 상표와 관련된 상품에게 경쟁의 우위를 제공하는 요인이 된다. 이렇게 상표는 그 상표가 가진 영업력을 통하여 그 상표와 관련된 상품에 대한 영업 또는 경쟁 수단으로서의 기능을 하게 된다.

(1) 영업 수단으로서의 기능

상표가 가진 영업력은 그 상표와 관련된 상품에 대한 영업의 수단으로서 기능을 하게 된다. 감성적인 자극들이 모여 형성된 스타벅스 브랜드는 소비자들이 스타벅스를 생활의 일부분으로 받아들이도록 만든다. 그리고 스타벅스 브랜드를 형성하는 감성적인 자극들에 대한 경험이 스타벅스 상표와 연관되어 인식되면서 스타벅스 상표는 스타벅스 커피에 대한 영업의 수단으로서 기능을 훌륭히 수행하게 된다.

(2) 경쟁 수단으로서의 기능

상표가 가지는 영업력은 타인의 동종 상품과의 관계에서 경쟁의 수단이 된다. 스타벅스 브랜드를 형성하는 감성적인 자극들에 대한 경험이 스타벅스 상표와 연관되어 인식되면서 스타벅스 상표는 타인의 동종 상품과의 관계에서 경쟁의 수단이 된다는 것이다. 스타벅스 상표와 연관되어 고객들에게 인식된 감성적 자극들이 그 고객들로 하여금 스타벅스를 선택하도록 만들기 때문이다.

4. 관련 판례 - 대법원 2005. 6. 10. 선고 2005도1637 판결

본 판례에는 상표권자 A, 리모콘 판매자 B가 등장한다. A는 본 건 등록상표를 상품류 구분 제9류의 원격조정기(리모콘) 등을 지정상품으로 1961년 7월 24일에 상표등록 출원하여 1961년 8월 17일에 상표등록을 받았다. B는 2004년 2월 중순경부터 같은 해 5월 6일까지 본 건 원격조정기(일명 리모콘) 150개를 구입하여 그중 31개를 판매하고, 나머지 119개를 판매목적으로 전시 및 보관하였다. 본 건 원격조정기는 다른 출처표시가 없이 제품의 하단 중앙부분에 '만능eZ

소니전용'이라고만 쓰여 있고 본 건 원격조정기 내부기판에 'SONY' 문구가 기재되어 있다. A는 B를 상대로 소송을 제기하면서 B가 본 건 원격조정기(일명 리모콘)를 판매 또는 전시 및 보관한 행위에 대하여 A의 상표권을 침해하는 행위라고 주장하였다.

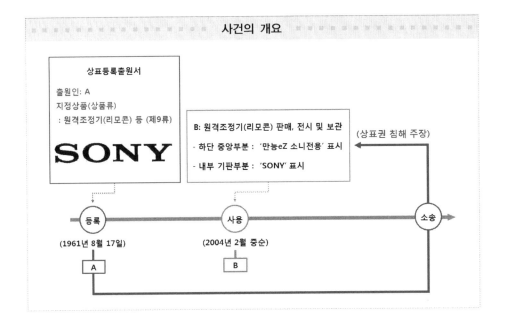

(1) 상표권자 A의 주장

A는 "본 건 원격조정기의 하단 중앙부분에 만능eZ 소니전용이라는 문구와 내부기판에 SONY라는 문구가 본 건 원격조정기의 상표로서 사용된 경우에 해당되는 것으로 일반인은 본 건 원격조정기가 소니사의 제품이거나 또는 소니사와 관련된 제품이라고 오인할 우려가 충분히 있으므로 B의 행위는 A의 상표권을 침해하는 행위에 해당된다."[15]고 주장하였다. 본 건 원격조정기는 소니사의 상품이거나 또는 소니사와 관련된 상품으로 수요자가 오인할 우려가 있다. B가 본 건 원격조정기를 판매 또는 판매를 목적으로 전시 및 보관한 행위는 A의 상표권을 침해하는 행위라는 것이다.

---

15) 대법원 2005. 6. 10. 선고 2005도1637 판결.

(2) 리모콘 판매자 B의 주장

B는 "B의 행위가 타인의 등록상표를 이용한 경우라고 하더라도 그것이 상표의 본질적인 기능이라고 할 수 있는 출처표시를 위한 것이 아니어서 상표의 사용으로 인식될 수 없는 경우에 해당하는 바, A의 상표권을 침해한 행위로 볼 수 없다."[16]라고 주장하였다. 본 건 원격조종기의 하단 중앙부분에 만능eZ 소니전 용이라는 문구와 내부기판에 SONY라는 문구는 출처표시를 위한 것이 아니므로 상표의 사용으로 인식되지 않는다. B가 본 건 원격조정기를 판매 또는 판매를 목적으로 전시 및 보관한 행위는 A의 상표권을 침해하는 행위가 아니라는 것이다.

(3) 대법원의 판단[17]

"상표는 특정한 영업주체의 상품을 표창하는 것으로서 그 출처의 동일성을 식별하게 함으로써 그 상품의 품위 및 성질을 보증하는 작용을 하며, 상표법은 이와 같은 상표의 출처 식별 및 품질 보증의 기능을 보호함으로써 당해 상표의 사용에 의하여 축조된 상표권자의 기업신뢰이익을 보호하고 유통질서를 유지하며 수요자의 이익도 보호하는 것이다. 공산품인 상품의 내부에 조립되어 기능하는 부품에 표시된 표장으로서 그 상품의 유통이나 통상적인 사용 혹은 유지행위에 있어서는 그 존재조차 알 수 없고, 오로지 그 상품을 분해하여야만 거래자나 일반 수요자들이 인식할 수 있는 표장은 그 상품에 있어서 상표로서의 기능을 다할 수 없을 것이므로 이를 가리켜 상표법에서 말하는 상표라고 할 수 없다. B가 판매한 원격조정기(리모콘)의 내부에 조립되어 기능하는 부품의 일종으로서 원격조정기의 유통이나 통상적인 사용 혹은 유지행위에 있어서는 그 존재조치 알 수 없고, 오로지 위 원격조정기를 분해하여야만 거래자나 일반 수요자들이 인식할 수 있는 내부회로기판 위에 표기된 위 'SONY' 표장을 가리켜 이를 상표로서 사용된 상표라고 할 수 없다. 따라서 타인의 등록상표와 유사한 표장을 이용한 경우라고 하더라도 그것이 상표의 본질적인 기능이라고 할 수 있는 출처표시를 위한 것이 아니라 상품의 기능을 설명하거나 상품의 기능이 적용되는 기종을 밝히기 위한 것으로서 상표의 사용으로 인식될 수 없는 경우에는 등록상표의 상표권을 침해한 것이라고 할 수 없다. B가 판매한 원격조정기의 표면에 '만능

---

16) 대법원 2005. 6. 10. 선고 2005도1637 판결.
17) 대법원 2005. 6. 10. 선고 2005도1637 판결.

eZ 소니전용'이라는 표장을 표기한 것은 '여러 가지 기기에 손쉽게 사용될 수 있는 원격조정기로서 소니에서 나온 기기에 사용하기에 적합한 것'이라는 정도의 의미로 받아들여질 수 있어 위 원격조정기의 용도를 표시하는 것으로 보일 수 있을 뿐, A의 등록상표 "SONY"와 동일한 상표를 사용한 것으로 볼 수는 없다."

III. 상표의 종류

상표는 그 상표를 사용하는 자가 누구인지, 사용 대상이 무엇인지 등에 따라 몇 가지의 종류로 구분된다.

1. 구체적 내용

상표법은 제2조 제1항 각호에서 상표법상 인정하고 있는 상표의 종류에 대해 정의하고 있다. 상표법에서 정의하고 있는 상표의 종류로는 상표, 서비스표, 단체표장, 지리적 표시, 증명표장, 업무표장 등이 있다.

(1) 상 표

상표란 자기의 상품과 타인의 상품을 식별하기 위하여 사용하는 표장을 말한다.[18] 인어를 형상화한 스타벅스 상표는 이제 편의점에서도 찾을 수 있다. 편의점 음료수코너에서 타사의 캔커피와 식별하기 위하여 자사 캔커피에 사용된 스타벅스 상표를 찾을 수 있다.

(2) 서비스표

서비스표란 자기의 서비스 또는 서비스의 제공에 관련된 물건과 타인의 서비스 또는 서비스의 제공에 관련된 물건을 식별하기 위하여 사용하는 표장을 말한다.[19] 인어를 형상화한 스타벅스 상표는 스타벅스 매장에서도 쉽게 찾아볼 수 있다. 스타벅스 상표로 사용되는 인어를 형상화한 표장은 음식료품을 제공하는 서비스업(서비스업류 구분 제43류)에 사용할 목적으로 등록된 서비스표이기도 하다.

---

18) 상표법 제2조 제1항 제1호.
19) 상표법 제2조 제1항 제1호.

(3) 단체표장

단체표장이란 상품을 생산·제조·가공·판매하거나 서비스를 제공하는 자가 공동으로 설립한 법인이 직접 사용하거나 그 소속 단체원에게 사용하게 하기 위한 표장을 말한다.[20] 상주곶감은 건시(곶감)(상품류 구분 제29류)를 지정상품으로 상주곶감유통센터 영농조합법인이 직접 사용하거나 그 소속 단체원에게 사용하게 하기 위하여 등록받은 단체표장이다.

(4) 지리적 표시

지리적 표시란 상품의 특정 품질·명성 또는 그 밖의 특성이 본질적으로 특정지역에서 비롯된 경우에 그 지역에서 생산·제조 또는 가공된 상품임을 나타내는 표시를 말한다.[21] 보성 녹차, 상주 곶감, 순창 전통고추장 등이 지리적 표시에 해당한다.

(5) 증명표장

증명표장이란 상품의 품질, 원산지, 생산방법 또는 그 밖의 특성을 증명하고 관리하는 것을 업(業)으로 하는 자가 타인의 상품에 대하여 그 상품이 품질, 원산지, 생산방법 또는 그 밖의 특성을 충족한다는 것을 증명하는 데 사용하는 표장을 말한다.[22] 부안쌀은 쌀의 원산지 증명(상품류 구분 제30류) 및 미가공 벼의 원산지 증명(상품류 구분 제31류) 등에 사용하기 위하여 전라북도 부안군이 등록받은 증명표장이다.

(6) 업무표장

업무표장이란 영리를 목적으로 하지 아니하는 업무를 하는 자가 그 업무를 나타내기 위하여 사용하는 표장을 말한다.[23] YMCA는 한국기독교청년회전국연맹유지재단이 교육업, 훈련제공업 등(서비스업류 구분 제41류)의 업무를 나타내기 위하여 등록받은 업무표장이다.

---

20) 상표법 제2조 제1항 제3호.
21) 상표법 제2조 제1항 제4호.
22) 상표법 제2조 제1항 제7호.
23) 상표법 제2조 제1항 제9호.

2. 관련 판례 – 대법원 2006. 7. 28. 선고 2004후1304 판결

본 판례에는 상표권자 A, 상표권자 B가 등장한다. B는 인용서비스표를 서비스업류 구분 제104류의 건설엔지니어링업, 사무용건물건축업, 주택건축업 등을 지정서비스업으로 1996년 8월 5일에 서비스표등록 출원을 하여 1998년 6월 1일에 등록받았다. A는 본 건 등록상표를 상품류 구분 제19류의 인조석재, 비금속제 마루판자, 비금속제 창문틀 등을 지정상품으로 2000년 2월 12일에 상표등록 출원을 하여 2001년 4월 11일에 등록받았다. 2002년 12월 17일, B는 상표등록 무효심판을 청구하고 A의 본 건 등록상표가 선출원 등록서비스표인 인용서비스표와 표장 및 지정상품이 유사한 상표에 해당한다는 이유로 그 등록 무효를 주장하였다.

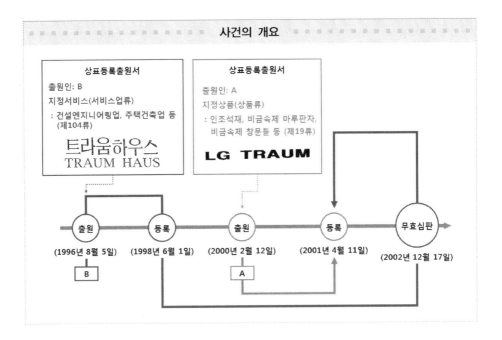

(1) 상표권자 B의 주장

B는 "본 건 등록상표 LG TRAUM은 인용서비스표인 트라움하우스(TRAUM HAUS)와 칭호, 외관, 관념이 유사하고, 본 건 등록상표의 지정상품 또한 인용서비스표의 지정서비스업과 유사한 것이므로 결국 본 건 등록상표는 상표법 제34조 제1항 제7호('제34조 제1항 제7호'는 현행 상표법(법률 제18817호)으로 수정하여

표시한 것이다)의 규정에 의해 그 등록이 무효로 되어야 한다.”[24]고 주장하였다. 선출원 등록상표인 인용서비스표 트라움하우스(TRAUM HAUS)와 후출원 등록상표인 본 건 등록상표 LG TRAUM은 TRAUM(트라움) 부분이 서로 유사하다. 후출원 등록상표인 본 건 등록상표의 등록은 무효가 되어야 한다는 것이다.”

(2) 상표권자 A의 주장

A는 “본 건 등록상표의 지정상품과 인용서비스표의 지정서비스업은 그 상품의 제조・판매자와 서비스의 제공자, 상품의 판매장소와 서비스의 제공 장소, 수요자의 범위 등이 전혀 일치하지 않으므로 서로 유사하다고 할 수 없어 상품이나 서비스 출처의 오인・혼동 우려가 전혀 없다.”[25]라고 주장하였다. 본 건 등록상표의 지정상품을 제조・판매하는 자, 그 상품의 판매장소와 인용서비스표의 지정서비스업을 제공하는 자, 그 서비스의 제공 장소가 서로 일치하지 않는다. 따라서 수요자의 범위도 서로 상이하여 수요자의 오인・혼동의 우려가 전혀 없어 본 건 등록상표는 무효가 아니라는 것이다.

(3) 대법원의 판단[26]

“상표는 상품 그 자체를, 서비스표는 서비스의 출처를 식별하기 위한 표장으로서 각자 수행하는 기능이 다르다. 상품과 서비스 사이의 동일・유사 여부는 서비스와 상품간의 밀접한 관계 유무, 유사한 표장을 사용할 경우 출처의 혼동을 초래할 우려가 있는가 하는 점 등을 따져보아 거래사회의 통념에 따라 이를 인정하여야 한다. LG TRAUM으로 구성된 본 건 등록상표의 지정상품인 인조석재, 비금속제 마루판자, 비금속제 창문틀 등 건축자재의 제조・판매와 선출원 등록서비스표인 인용서비스표의 지정서비스업인 건설엔지니어링업, 사무용건물건축업, 주택건축업 등 건축업의 제공이 일반적으로 동일한 사업자에 의하여 이루어진다고 볼 수 없다. 따라서 본 건 등록상표의 지정상품의 판매장소와 선출원 등록서비스표의 지정서비스업의 제공장소, 수요자 등 거래실정이 서로 달라 본 건 등록상표의 지정상품과 선출원 등록서비스표인 인용서비스표의 지정서비스업이 서로 동일・유사하다고 볼 수 없다.”

---

24) 특허심판원 2003. 9. 22. 2002당3258 심결.
25) 특허심판원 2003. 9. 22. 2002당3258 심결.
26) 대법원 2006. 7. 28. 선고 2004후1304 판결.

제3장

상표등록의 요건

바나나맛 우유의 인기는 독특한 용기 덕분?

　빙그레가 1974년도에 출시한 바나나맛 우유는 지금까지도 꾸준한 인기를 끌고 있다. 빙그레 바나나맛 우유와 관련하여 누구나가 가지고 있을 법한 어린 시절 추억이 인기의 비결이다. 지금은 여러 브랜드의 바나나맛 우유가 있지만 바나나맛 우유하면 독특한 용기에 담겨진 빙그레 바나나맛 우유가 가장 먼저 떠오르는 것도 그 때문이다.

　실제로 소비자는 빙그레의 바나나맛 우유 용기의 입체적 형상만을 보고 이를 다른 바나나맛 우유와 구별할 정도이다. 독특한 형상의 빙그레 바나나맛 우유 용기가 소비자들에게 그들의 어린 시절의 추억 속 바나나맛 우유를 떠올리게 하기 때문이다.

■ 중앙일보(https://news.joins.com/article/22822364) 2019년 10월 22일 방문.

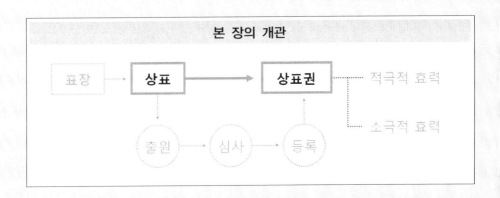

본 장의 개관

표장 → **상표** → **상표권** ---- 적극적 효력

상표 ↓ 출원 --- 심사 --- 등록 ↑

상표권 ---- 소극적 효력

어린 시절 목욕탕을 이용하였던 기억을 되살려보면 빙그레 바나나맛 우유에 대한 기억도 함께 떠오른다. 그 즈음 대중목욕탕에서 목욕 후 마셨던 빙그레 바나나맛 우유의 맛은 많은 사람들의 추억 속에 자리 잡고 있는 기억일 것이다.

빙그레 바나나맛 우유는 독특한 형상의 용기로도 유명하다. 빙그레 바나나맛 우유의 독특한 포장 용기는 그것이 빙그레 바나나맛 우유라는 것을 알게 한다. 빙그레 바나나맛 우유의 포장 용기로 그 독특한 형상의 용기가 사용되면서 빙그레 바나나맛 우유는 사람들과 추억을 공유하게 된 것이다.

Ⅰ. 상표의 사용

국내에서 상표를 사용하는 자 또는 사용하려는 자는 자기의 상표를 등록받을 수 있다.[1] 우리나라에서 상표를 등록받고자 하는 자는 자기의 상표를 사용하고 있거나 사용할 의사를 가지고 있어야 한다는 것이다. 따라서 상표등록은 등록받으려는 상표의 사용 또는 사용의 의사를 요건으로 하고 외국에서 상표를 사용하고자 하거나, 사용하지도 않고 방어적인 목적만으로 상표를 등록받고자 하거나, 또는 타인을 위한 상표등록은 인정되지 않는다.[2]

1. 상표등록 요건인 이유

상표법이 상표권을 통하여 상표를 보호하는 이유는 산업발전에 이바지하고 수요자의 이익을 보호함에 있다. 그리고 상표를 통한 산업의 발전과 수요자 이익의 실현은 그 상표의 사용에서 비롯된다.[3] 예를 들어 사람들의 추억 한 켠에 자리잡고 있는 빙그레 바나나맛 우유는 지금도 여전히 인기를 누리고 있다. 독특한 형상의 용기가 빙그레 바나나맛 우유의 포장 용기로 사용되어 사람들의 뇌리에 추억과 함께 각인되었기 때문이다. 따라서 산업발전에 이바지하고 수요자의 이익을 보호하기 위해서는 무엇보다도 상표의 사용이 전제되어야 하는 바, 상표법은 제3조 제1항에서 상표의 사용 또는 사용 의사를 상표등록의 요건으로

---

1) 상표법 제3조 제1항.
2) 특허청, 조문별 상표법해설, 2004년 4월, 13면.
3) 상표가 사용되면서 수요자와의 관계에서 업무상 신용이 형성됨에 따라 수요자의 이익 또한 커지게 되기 때문이다. 아울러 상표가 사용되면서 그 상표에 영업력이 형성됨에 따라 그 영업력을 통해 결국 관련 산업의 발전을 가져오게 되기 때문이다.

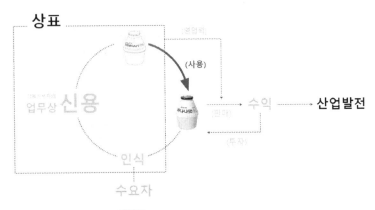

그림 상표의 사용과 산업발전

제시하는 것이다.

2. 관련 판례 – 대법원 2001. 4. 24. 선고 2001후188 판결

본 판례에는 상표권자 A 그리고 B가 등장한다. A는 본 건 등록상표를 상품류 구분 제25류의 서류가방, 핸드백, 명함갑 등을 지정상품으로 1991년 9월 6일에 상표등록 출원을 하여 1992년 11월 13일에 상표등록을 받았다. 2000년 1월 6일, B는 본 건 등록상표에 대한 상표등록 취소심판을 청구하면서 본 건 등록상표가 심판청구일 전 3년 이상 정당한 이유 없이 국내에서 사용되지 않았으므로 그 상표등록이 취소되어야 한다고 주장하였다.

(1) B의 주장

B는 "본 건 등록상표는 본 건 심판청구일 전 3년 이상 정당한 이유 없이 국내에서 계속하여 사용하지 아니하였으므로 그 등록이 취소되어야 한다."[4]고 주장하였다. 상표법은 제119조 제1항 제3호('제119조 제1항 제3호'는 현행 상표법(법률 제18817호)으로 수정하여 표시한 것이다.)에서 상표권자·전용사용권자 또는 통상사용권자 중 어느 누구도 정당한 이유 없이 등록상표를 그 지정상품에 대하여 취소심판청구일 전 계속하여 3년 이상 국내에서 사용하고 있지 아니한 경우에는 그 상표등록의 취소심판을 청구할 수 있도록 하고 있다.

---

4) 특허심판원 2000. 6. 30. 2000당16 심결.

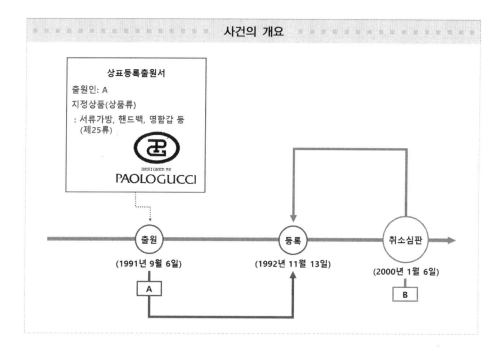

상표가 상표법상 상표등록을 받기 위해서는 상표의 사용이라는 요건을 충족하여야 한다. 그런데 상표등록 후 3년 이상 국내에서 사용되지 않았다면 그 상표권자는 출원 당시부터 그 상표에 대한 사용 의사가 없었던 것으로 볼 여지가 크다. 상표의 사용이라는 상표등록의 요건이 결여된 상표에 대하여 상표등록을 한 것이므로 그 상표등록을 취소하여야 한다는 것이다.

(2) 상표권자 A의 주장

A는 "본 건 등록상표권은 방위적 목적으로 취득한 것인 바, 상표권 침해자에 대하여 상표권을 행사하여 온 것만으로도 불사용의 책임을 면할 수 있다."[5]고 주장하였다. 상표의 사용에는 아무런 권원 없이 등록상표를 사용한 자에 대해 상표권을 행사하여 그 권원 없는 사용을 금지하는 것도 포함된다. 방위적 목적으로 본 건 등록상표에 대한 상표권을 취득하고 상표권을 침해한 자에 대하여 그 상표권을 행사하였으므로 상표를 사용하지 않은 것은 아니다. 따라서 상표의 불사용을 이유로 한 상표등록 취소는 부당하다는 것이다.

---

5) 특허심판원 2000. 6. 30. 2000당16 심결.

(3) 대법원의 판단6)

"상표권 침해자에 대하여 상표권을 행사하여 온 것만으로도 불사용의 책임을 면할 수 있다는 취지의 A의 주장과 관련하여 소송 등을 통하여 상표권을 행사한 것을 두고 상표법 제2조 제1항 제11호 각 목('제2조 제1항 제11호 각 목'은 현행 상표법(법률 제18817호)으로 수정하여 표시한 것이다: 저자 주)에서 규정하는 상표의 사용이라고 할 수는 없을 뿐만 아니라, 방위적 목적의 상표라고 하여 위와 같은 이유만으로는 불사용으로 인한 등록취소를 면할 수 없다. 상표권자로서 불사용으로 인한 등록취소를 면하기 위해서는 본 건 등록상표를 적극적으로 사용하고 광고 등을 통하여 침해상품과의 차이를 분명히 함으로써 일반 수요자나 거래자로 하여금 A가 본 건 등록상표의 진정한 상표권자이고 진정상품과 침해상품을 구별할 수 있도록 홍보해야 할 의무가 있다. 결국 상표권 침해자에 대하여는 법적인 수단을 통하여 침해의 금지를 청구할 수 있는 것이고 단지 침해행위가 쉽게 근절되지 않는다는 이유만으로 그 불사용에 대한 정당한 이유가 있다고 볼 하등의 근거가 없으므로 A의 주장사유만으로는, A가 본 건 등록상표를 사용하지 아니한 데 대한 정당한 이유가 있다고 볼 수 없다."

II. 상표의 식별력

상표란 자기의 상품과 타인의 상품을 식별하기 위하여 사용하는 표장을 말한다.7) 상표법이 상표를 자기의 상품과 타인의 상품을 식별하기 위한 것으로 정의하는 바, 상표등록을 위한 요건으로도 상표가 식별력을 갖추고 있을 것이 요구된다. 따라서 상표법은 제33조 제1항 각 호에서 식별력 없는 표장을 열거하고 이에 해당하는 상표를 제외하고는 상표등록을 받을 수 있도록 하고 있다.

1. 상표등록 요건인 이유

상표란 자기의 상품과 타인의 상품을 식별하기 위한 것이다. 상표가 가진 식별력을 바탕으로 수요자가 자신이 원하는 상품을 정확히 식별하고 상표가 가진

---

6) 대법원 2001. 4. 24. 선고 2001후188 판결.
7) 상표법 제2조 제1항 제1호.

영업력이 십분 발휘될 때 상표법의 목적[8])은 달성된다. 예를 들어 빙그레 바나나 맛 우유의 독특한 포장 용기가 가진 식별력 덕분에 많은 사람들은 옛 친구를 만난 듯 빙그레 바나나맛 우유를 구매하게 된다. 빙그레 바나나맛 우유의 판매를 통해 얻게 된 수익은 관련 산업에 투자될 것이고 결국 관련 산업의 발전을 가져올 것이다. 이와 같이 상표법의 목적을 달성하기 위해서는 상표가 식별력을 가질 것이 전제되어야 하는 바, 상표법은 제33조 제1항에서 상표의 식별력을 상표등록의 요건으로 제시하는 것이다.

2. 식별력 없는 표장

상표법 제33조는 상표법상 상표등록을 위한 요건으로 상표가 식별력을 갖출 것을 요구하고 있다. 동법 제33조 제1항에서 "다음 각 호의 어느 하나에 해당하는 상표를 제외하고는 상표등록을 받을 수 있다."고 명시한다. 그리고 동법 제33조 제1항 각 호에서 식별력이 없는 표장에 대해 구체적으로 열거하고 있다.

(1) 상품의 보통명칭인 표장

한 여름 더위가 한 풀 꺾이고 가을을 맞이할 즈음 잘 익은 햇사과를 맞이하게 된다. 사과는 전국적으로 다수의 지역에서 생산되고 그만큼 많은 사람들이 사과를 생산하고 판매한다. 이 중 누군가가 자신이 생산 또는 판매하는 사과에 대하여 보통의 서체로 쓴 사과라는 단어를 상표로 사용한다고 가정하자.

그 누군가가 생산 또는 판매하는 사과의 포장박스에 표시된 사과라는 단어를 상표로 생각하는 사람은 아무도 없을 것이다. 또한 그 사과 포장박스에 표시된 사과라는 단어를 통해 그 누군가가 생산 또는 판매하는 사과를 다른 사람이 생산 또는 판매하는 사과와 식별할 수도 없다. 사과라는 단어는 사과나무의 열매인 사과의 보통명칭에 해당하는 것으로 상품의 보통명칭은 그 상품과 관련하여 식별력이 없기 때문이다.

가. 의 의

상품의 보통명칭이라 함은 상품의 일반적 명칭을 말한다. 상품의 보통명칭은 그 지정상품을 취급하는 거래계에서 그 상품을 지칭하는 것으로 실제로 사용되

---

8) 상표법 제1조.

고 인식되어 있는 일반적인 명칭, 약칭, 속칭 등으로서 특정인의 업무에 관련된 상품이라고 인식되지 아니하는 것을 말한다.[9]

상품의 보통명칭은 본질적으로 자타상품의 식별력이 없어 특정인에게 이를 독점하여 사용하게 하는 것은 부적당하고 누구라도 자유롭게 사용하게 할 필요가 있다.[10] 상품의 보통명칭은 특정 종류의 상품 명칭으로서 일반적으로 사용되는 것이기 때문이다. 따라서 상표법은 상품의 보통명칭을 보통으로 사용하는 방법으로 표시한 표장만으로 된 상표[11]에 대해서 상표법상 상표등록을 받을 수 없도록 하고 있다.

나. 판 단

상표법 제33조 제1항 제1호가 적용되기 위해서는 표장이 ① 상품의 보통명칭에 해당하여야 한다. 상품의 보통명칭에 해당되기 위해서는 단지 일반소비자가 이를 보통명칭으로 의식할 우려가 있다는 것만으로는 부족하다. 그 명칭이 거래계에서 특정 상품의 일반명칭으로서 현실적으로 사용되고 있는 사실이 인정될 수 있는 경우에만 보통명칭이라고 할 수 있다.[12] ② 보통으로 사용하는 방법으로 표시되어 있어야 한다. 보통으로 사용하는 방법으로 표시한다는 것은 독특한 글씨체나 색채, 도안화된 문자 등 특수한 태양으로 표시하는 등으로 특별한 식별력을 갖도록 함이 없이 표시하는 것을 의미한다.[13] ③ 상품의 보통명칭만으로 된 상표이어야 한다. 보통명칭에 다른 식별력 있는 문자나 도형 등이 결합되어 있어 전체적으로 식별력이 인정되는 경우에는 이에 해당하지 않는 것으로 본다.[14]

다. 관련 판례 - 대법원 2003. 8. 19. 선고 2002후321 판결

본 판례에는 상표출원인 A, 특허청이 등장한다. A는 본 건 출원상표 카페라

---

9) 대법원 1997. 8. 29. 선고 96후2104 판결; 대법원 1997. 10. 10. 선고 97후594 판결; 대법원 2002. 11. 26. 선고 2001후2283 판결; 대법원 2003. 8. 19. 선고 2002후321 판결.

10) 대법원 2003. 1. 24. 선고 2002다6876 판결; 대법원 2005. 10. 14. 선고 2005도5358 판결; 대법원 2003. 8. 19. 선고 2002후321 판결.

11) 상표법 제33조 제1항 제1호.

12) 대법원 1987. 12. 22. 선고 85후130 판결.

13) 대법원 2001. 3. 23. 선고 2000후3708 판결; 대법원 2005. 10. 14. 선고 2005도5358 판결; 대법원 2008. 9. 25. 선고 2006다51577 판결; 대법원 2011. 1. 27. 선고 2010도7352 판결; 대법원 2012. 5. 10. 선고 2010후3387 판결; 대법원 2016. 9. 30. 선고 2014다59712 판결.

14) 특허청, 상표심사기준, 특허청 상표심사정책과, 2019년 1월, 40102면.

테를 상품류 구분 제32류의 커피시럽, 오렌지 주스, 땅콩우유음료, 탄산수 등을 지정상품으로 1999년 3월 8일에 상표등록 출원을 하였다. 이에 대하여 특허청은 본 건 출원상표 카페라테가 인용상표 카페라떼 및 Caffé Latté와 유사하다는 이유로 상표등록을 거절하였다. 2000년 10월 23일, A는 상표등록 거절결정 불복심판을 청구하고 특허청의 상표등록 거절결정에 대한 취소를 주장하였다.

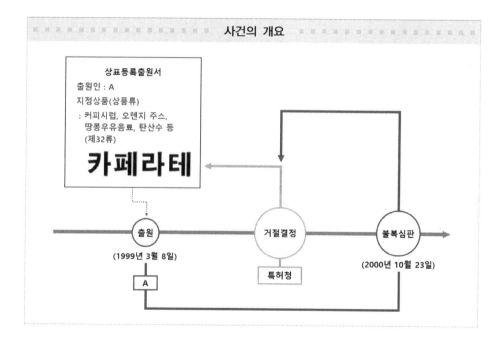

(가) 특허청의 주장

특허청은 "본 건 출원상표 카페라테는 타인의 등록상표인 인용상표 카페라떼 및 Caffé Latté와 외관, 칭호 및 관념이 유사하고, 또한 본 건 출원상표의 지정상품과 인용상표들의 사용상품도 유사한 바, 상표법 제34조 제1항 제12호('제34조 제1항 제12호'는 현행 상표법(법률 제18817호)으로 수정하여 표시한 것이다. 이하 같다.)에 의해 그 등록을 거절하였다."[15]고 주장하였다. 상품의 품질을 오인하게 하거나 수요자를 기만할 염려가 있는 상표에 대해서는 상표등록을 받을 수 없다.[16] 타인의 등록상표인 인용상표 카페라떼 및 Caffé Latté와 본 건 출원상표

---

15) 특허심판원 2001. 7. 30. 2000원2450 심결.
16) 상표법 제34조 제1항 제12호.

카페라테는 표장과 지정상품이 유사하다. 따라서 본 건 출원상표는 타인의 등록상표인 인용상표와의 관계에서 상품의 품질을 오인하게 하거나 수요자를 기만할 염려가 있는 상표에 해당하므로 본 건 출원상표의 상표등록을 거절하였다는 것이다.

(나) 상표출원인 A의 주장

A는 "인용상표인 카페라떼 및 Caffé Latté는 모두 1999년 2월 11일에 상표등록이 취소된 것들인 바, 본 건 출원상표 카페라테는 상표법 제34조 제1항 제12호에 의해 그 등록이 거절될 이유가 없다."[17]고 주장하였다. 선출원 등록상표인 인용상표 카페라떼 및 Caffé Latté는 본 건 출원상표의 상표등록 출원일인 1999년 3월 8일 이전인 1999년 2월 11일에 상표등록이 취소되었다. 따라서 본 건 출원상표 카페라테는 인용상표 카페라떼 및 Caffé Latté와의 관계에서 상표법 제34조 제1항 제12호에 의해 그 등록이 거절될 이유가 없다는 것이다.

(다) 대법원의 판단[18]

"상품의 보통명칭은 특정 종류의 상품의 명칭으로서 일반적으로 사용되는 것이므로 본질적으로 자타상품의 식별력이 없어 특정인에게 이를 독점하게 하는 것은 부적당하고 누구라도 자유롭게 사용하게 할 필요가 있다. 본 건 출원상표가 보통명칭을 보통으로 사용하는 방법으로 표시한 표장만으로 된 경우에는 보통명칭으로 이루어진 사용상표와의 관계에서 특별한 사정이 없는 한 일반 수요자로 하여금 출처의 오인·혼동을 일으켜 수요자를 기만할 염려가 없으므로 상표법 제34조 제1항 제12호(현행 상표법으로 수정 표시: 저자 주)에 따라서는 그 등록을 거절할 수 없다. 인용표장은 이탈리아식 에스프레소 커피에 우유를 넣은 커피를 가리키는 보통명칭의 식별력이 없는 표장으로서 특정인이 이를 특정상품에 사용함으로써 그의 상표나 상품을 표시하는 것으로 식별력을 취득하였다고 볼 수 없는 바, 본 건 출원상표가 인용표장에 대한 관계에서 상표법 제34조 제1항 제12호(현행 상표법으로 수정 표시: 저자 주)에 정하여진 수요자를 기만할 염려가 있는 상표라고 할 수 없다."

---

17) 특허심판원 2001. 7. 30. 2000원2450 심결.
18) 대법원 2003. 8. 19. 선고 2002후321 판결.

(2) 관용표장

봉고차라는 단어를 한 번쯤은 들어 본 적이 있을 것이다. 봉고차라 함은 열 명 안팎으로 탈 수 있는 작은 승합차[19]를 통틀어 이르는 말이다. 원래부터 그랬던 건 아니다. 봉고차는 1981년부터 기아자동차에서 생산한 봉고(BONGO)에서 유래한다. 봉고는 기존 트럭에 박스를 얹어서 미니버스의 형태로 만들어 다양하게 활용하였던 패밀리카의 상표명이었다. 그 당시 기아자동차의 봉고는 저렴한 가격과 운용의 편리성으로 인하여 높은 인기를 누렸다.

세월이 흘러 기아자동차의 봉고가 단종되게 된다. 그 후 다른 자동차회사들이 동일한 목적을 가진 유사한 형태의 자동차들을 생산하게 되면서 봉고라는 상표는 작은 승합차를 통틀어 이르는 것으로 관용적으로 자유롭게 사용되게 되었다. 이와 같이 누구나가 관용적으로 자유롭게 사용하여 보통명사화된 상표를 관용표장이라 한다. 따라서 관용표장은 상표법상 상표등록의 요건인 식별력이 인정되지 않는다.

가. 의 의

상표법은 상품에 대하여 관용(慣用)하는 상표[20]에 대해서 상표등록을 받을 수 없도록 하고 있다. 상품에 대하여 관용하는 상표란 본래 누구의 업무에 관련된 상품을 표시하는 것이었으나 특정 종류의 상품을 취급하는 거래계에서 관용적으로 그 상품의 명칭으로 사용한 결과 그 상품 자체를 가리키는 것으로 인식되는 표장을 말한다.[21] 상품에 대하여 관용하는 상표는 자타 상품을 구별할 수 있는 식별력이 없을 뿐만 아니라 해당 상품의 제조·판매업자 등 누구나 자유롭게 사용할 수 있어야 한다. 따라서 상표법은 상품에 대하여 관용하는 상표에 대해 상표등록을 받을 수 없도록 한 것이다.

나. 판 단

상표법 제33조 제1항 제2호가 적용되기 위해서는 표장이 ① '해당 상품의 동업자들이 자유롭게 사용'한 것으로; ② 동업자들이 자유롭게 사용한 결과 '그 표

---

19) 다음 국어사전 (https://dic.daum.net/search.do?q=%EB%B4%89%EA%B3%A0%EC%B0%A8&dic=kor&search_first=Y) 2019년 11월 17일 방문.
20) 상표법 제33조 제1항 제2호.
21) 대법원 2013. 12. 12. 선고 2013후2446 판결; 대법원 2003. 12. 26. 선고 2003후243 판결.

장이 식별력을 상실'하였을 것; 그리고 ③ '상표권자가 해당 상표의 보호를 위하여 필요한 조치를 취하지 아니'하였을 것을 요한다. 상표의 보호를 위하여 필요한 조치란 상표권을 침해 또는 침해할 우려가 있는 자에 대한 침해금지 경고나 침해금지 청구, 침해자에 대한 형사고소 등 상표권을 보호하기 위한 적절한 조치를 말한다.[22]

어느 상표가 지정상품의 보통명칭화 내지 관용하는 상표로 되었는가의 여부는 그 나라에 있어서 당해 상품의 거래실정에 따라 이를 결정하여야 한다.[23] 따라서 외국의 여러 나라에 등록된 외국의 상표라고 하여 우리나라에서 그 지정상품에 관용하는 표장이 되지 아니한다고는 할 수 없다.[24] 또한 상품에 대하여 관용하는 상표인지 여부는 상표권자의 이익 및 상표에 화체되어 있는 영업상의 신용에 의한 일반 수요자의 이익을 희생하면서까지 이를 인정해야 할 만한 예외적인 경우에 해당하는가를 고려하여 신중하게 판단하여야 한다.[25]

다. 관련 판례 – 대법원 1996. 5. 14. 선고 95후1463 판결

본 판례에는 상표출원인 A, 특허청이 등장한다. A는 본 건 출원상표 VASELINE을 상품류 구분 제12류의 향수, 향유, 콜드크림 등을 지정상품으로 1992년 8월 14일에 상표등록 출원을 하였다. 이에 대하여 특허청은 본 건 출원상표 VASELINE이 지정상품과의 관계에서 관용표장에 해당되는 상표라는 이유로 상표등록을 거절하였다. 1994년 4월 2일, A는 상표등록 거절결정 불복심판을 청구하고 특허청의 상표등록 거절결정에 대한 취소를 주장하였다.

(가) 특허청의 주장

특허청은 "본 건 출원상표 VASELINE이 지정상품인 콜드크림 등에 사용되는 경우 지정상품의 관용표장에 해당되는 상표이므로 상표법 제33조 제1항 제2호('제33조 제1항 제2호'는 현행 상표법(법률 제18817호)으로 수정하여 표시한 것이다. 이하 같다.)의 규정을 적용하여 상표등록 거절결정을 한 것이다."[26]라고 주장하였

---

22) 특허청, 상표심사기준, 특허청 상표심사정책과, 2019년 1월, 40202면.
23) 대법원 1992. 11. 10. 선고 92후414 판결.
24) 대법원 1987. 2. 10. 선고 85후94 판결; 대법원 1987. 7. 7. 선고 86후93 판결; 대법원 1992. 11. 10. 선고 92후414 판결; 대법원 1996. 5. 14. 선고 95후1463 판결.
25) 대법원 1992. 11. 10. 선고 92후414 판결; 대법원 2005. 10. 14. 선고 2005도5358 판결.
26) 항고심판소 1995. 7. 28. 94항원631 심결.

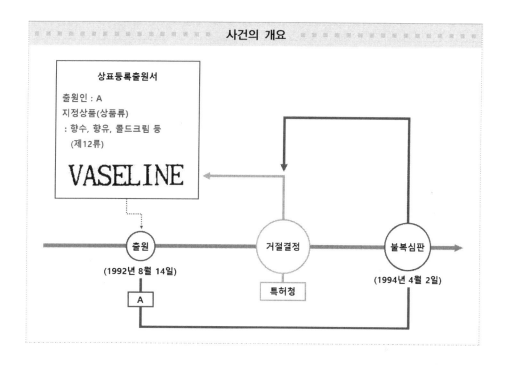

다. 화학약품편람, 이화학사전, 상품백과대사전, 상품대사전, 화학용어사전, 국어
사전 등에서 바세린(vaseline)은 연고, 화장품의 원료, 콜드크림의 원료, 석유에서
추출하는 화학물의 명칭으로 수록되어 있고 일본상품대사전 등에 의해서도 클렌
징크림의 원료로 바세린이 사용되고 있음을 알 수 있다.[27] 특히 국내 일반 수요
자들도 "바세린"을 손등이 트거나 피부가 건조하여 거칠어질 때 바르는 크림으
로 오랫동안 널리 인식하고 있음이 인정되므로 본 건 출원상표의 상표등록을 거
절하였다는 것이다.

(나) 상표출원인 A의 주장

A는 "본 건 출원상표 VASELINE은 상표로서 식별력을 인정받아 영국, 미국
등 세계 30여개 국에 등록된 상표이므로 상표등록 거절결정을 파기하고 상표등
록을 하여야 한다."[28]고 주장하였다. 본 건 출원상표 VASELINE이 영국, 미국 등
세계 30여개 국에서 상표등록이 되었다. 상표등록이 되었다는 것은 본 건 출원
상표가 식별력을 가진다는 것과 함께 관용표장이 아니라는 것을 의미한다. 출원

---

27) 항고심판소 1995. 7. 28. 94항원631 심결.
28) 항고심판소 1995. 7. 28. 94항원631 심결.

상표가 관용표장에 해당하여 식별력이 없음을 이유로 그 등록을 거절하는 것을 내용으로 하는 상표법 제33조 제1항 제2호에 의해 그 등록이 거절될 이유가 없다는 것이다.

(다) 대법원의 판단[29]

"어느 상표가 지정상품의 보통명칭화 내지 관용하는 상표로 되었는가의 여부는 그 나라에 있어서 당해 상품의 거래 실정에 따라 이를 결정하여야 한다. 비록 외국의 여러 나라에 등록된 외국의 상표라 하더라도 우리나라에서 그 지정상품의 보통명칭 또는 지정상품에 관용하는 표장이 되지 아니한다고 할 수는 없다.[30] 국내 일반 수요자나 거래자들은 바세린을 손등이 트거나 피부가 건조하여 거칠어질 때 바르는 크림, 또는 그러한 화장품이나 약품의 원료로 널리 인식하여 왔으므로 본 건 출원상표 VASELINE을 그 지정상품 중 콜드크림 등에 사용할 경우 본 건 출원상표 VASELINE은 그 지정상품의 보통명칭이나 원재료를 표시한 표장만으로 된 상표 또는 관용상표에 해당한다. 따라서 본 건 출원상표 VASELINE은 그 지정상품인 콜드크림 등의 보통명칭이나 원재료를 표시한 표장만으로 된 상표 또는 관용상표에 해당하는 바, 상표법 제33조 제1항 제2호(현행 상표법으로 수정 표시: 저자 주)에 의하여 그 등록이 거절되어야 한다."

(3) 성질표시 표장

1997년 10월 10일, HOTMAIL이라는 단어가 컴퓨터통신업, 전자우편업 등을 지정서비스업으로 하여 출원되었다. 본 건 출원은 특허청에 의해 등록이 거절되었고 출원인은 특허청의 결정에 대하여 불복하였지만 최종적으로 대법원은 특허청의 손을 들어주게 된다. HOTMAIL이라는 단어가 그 지정서비스업과 관련하여 활발한 우편물 전달, 빠른 우편물 전달, 긴급한 우편, 빠른우편 등의 의미로 직감된다는 것이 그 이유였다.[31] 이와 같이 상품의 품질, 효능, 용도 등과 같은 성질을 직접적으로 기술하는 것에 불과한 표장을 성질표시(性質標示) 또는 기술적(記述的) 표장(descriptive mark)이라 한다.[32]

---

29) 대법원 1996. 5. 14. 선고 95후1463 판결.
30) 대법원 1987. 2. 10. 선고 85후94 판결; 대법원 1992. 11. 10. 선고 92후414 판결.
31) 대법원 1999. 12. 24. 선고 99후2563 판결.
32) 특허청, 상표심사기준, 특허청 상표심사정책과, 2019년 1월, 40301면.

가. 의 의

성질표시 또는 기술적 표장은 상품의 특성을 기술하는 목적으로써 표시되는 표장으로 통상 상품의 유통과정에서 필요한 표시이다.[33] 또한 성질표시 또는 기술적 표장은 자타 상품을 식별하는 기능을 상실한 경우가 많다.[34] 설령 상품 식별의 기능이 있는 경우라 하더라도 상품 거래상 누구에게나 필요한 표시이므로 어느 특정인에게만 독점적으로 사용하게 하는 것은 공익상으로 타당하지 아니하다.[35] 따라서 상표법은 상품의 산지(産地)・품질・원재료・효능・용도・수량・형상・가격・생산방법・가공방법・사용방법 또는 시기를 보통으로 사용하는 방법으로 표시한 표장만으로 된 상표는 상표등록을 받을 수 없도록 하고 있다.[36]

나. 판 단

상표법 제33조 제1항 제3호가 적용되기 위해서는 표장이 ① 성질표시 또는 기술적 표장에 해당하여야 한다. 어떤 상표가 성질표시 또는 기술적 표장에 해당하는가를 판단함에 있어서는 국내 거래실정에 비추어 수요자들에게 상표로서의 식별력을 갖는 것으로 인식될 것인가의 여부에 따라야 한다.[37] 수요자가 그 지정상품을 고려하여서 그 품질, 효능, 형상 등의 성질을 표시하고 있는 것으로 직감할 수 있으면 기술적 표장에 해당한다.[38] 특히 모든 상품에 공통적인 기술적 표장인 BEST, No.1, NICE, SUPER, DELUXE, 최고, 정상, 제일 등과 이와 유사한 것은 지정상품을 불문하고 여기에 해당하는 것으로 본다.[39] 반면 상표가 그 지정상품의 품질・효능・용도 등을 암시하거나 강조하는 것으로 보인다고 하

---

33) 대법원 2000. 2. 22. 선고 99후2440 판결; 대법원 2000. 2. 22. 선고 99후2549 판결; 대법원 2000. 5. 12. 선고 98다49142 판결; 대법원 2001. 4. 24. 선고 2000후2149 판결; 대법원 2004. 6. 25. 선고 2002후710 판결; 대법원 2004. 8. 16. 선고 2002후1140 판결; 대법원 2006. 1. 26. 선고 2005후2595 판결; 대법원 2006. 4. 14. 선고 2004후2246 판결; 대법원 2014. 10. 15. 선고 2012후3800 판결; 대법원 2014. 10. 15. 선고 2013후1146 판결; 대법원 2016. 1. 14. 선고 2015후1911 판결; 대법원 2019. 7. 10. 선고 2016후526 판결.
34) 대법원 2019. 7. 10. 선고 2016후526 판결.
35) 대법원 2000. 2. 22. 선고 99후2549 판결; 대법원 2014. 10. 15. 선고 2012후3800 판결.
36) 상표법 제33조 제1항 제3호.
37) 대법원 2010. 5. 13. 선고 2009다47340 판결; 대법원 2012. 10. 18. 선고 2010다103000 전원합의체 판결; 대법원 2014. 9. 25. 선고 2013후3289 판결; 대법원 2016. 1. 14. 선고 2015후1911 판결; 대법원 2019. 7. 10. 선고 2016후526 판결.
38) 대법원 2007. 6. 1. 선고 2007후555 판결; 대법원 2010. 5. 13. 선고 2009다47340 판결.
39) 특허청, 상표심사기준, 특허청 상표심사정책과, 2019년 1월, 40303면.

더라도 상표의 전체적인 구성으로 볼 때 일반 수요자나 거래자들에게 지정상품의 단순한 품질·효능·용도 등을 표시하는 방법으로 인식되지 않는 것은 기술적 표장에 해당하지 않는다.[40] 반드시 거래사회에서 현실적으로 사용되는 것에 대해서만 기술적 표장으로 인정되는 것도 아니다.[41] ② 보통으로 사용하는 방법으로 표시한 것이어야 한다. 기술적 문자 상표의 경우 그 도형화(도안화)된 정도가 특별한 주의를 끌 정도에 이르러 보통의 주의력을 가진 일반인이 문자의 기술적 또는 설명적인 의미를 직감할 수 없을 만큼 문자 인식력을 압도하는 경우에는 식별력을 가진 것으로 보아야 한다.[42] 이와 같은 경우에는 상표법 제33조 제1항 제3호에서 정하는 '보통으로 사용하는 방법으로 표시하는' 표장이라고 볼 수 없다. ③ 성질표시 또는 기술적 표장'만'으로 된 상표일 것이어야 한다.

다. 관련 판례 – 대법원 2004. 5. 13. 선고 2002후2006 판결

본 판례에는 상표권자 A와 A의 상표등록에 대한 무효를 주장한 B가 등장한다. A는 본 건 등록상표를 상품류 구분 제52류의 서적, 잡지, 그림엽서, 캘린더,

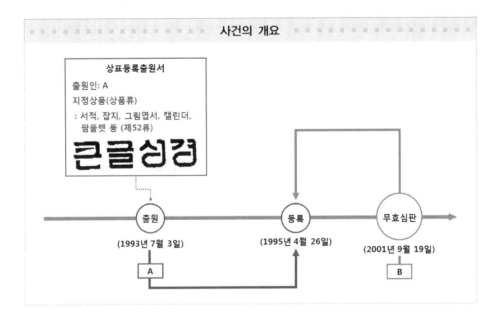

---

40) 대법원 1994. 10. 28. 선고 94후616 판결; 대법원 1995. 2. 10. 선고 94후1770 판결; 대법원 1997. 5. 23. 선고 96후1729 판결; 대법원 1997. 9. 9. 선고 97후327 판결.

41) 대법원 1996. 9. 24. 선고 96후78 판결; 대법원 2001. 4. 24. 선고 2000후3425 판결.

42) 대법원 2000. 2. 25. 선고 98후1679 판결; 대법원 2002. 6. 11. 선고 2000후2569 판결.

팜플렛 등을 지정상품으로 1993년 7월 3일에 상표등록 출원을 하여 1995년 4월 26일에 상표등록을 받았다. 2001년 9월 19일, B는 상표등록 무효심판을 청구하고 A의 본 건 등록상표가 일반화된 상품의 성질, 효능표시의 표장에 해당한다는 이유로 그 등록 무효를 주장하였다.

(가) B의 주장

B는 "본 건 등록상표의 구성 중 큰글은 외형적으로는 큰글자, 큰글씨를 의미하고 내용적으로는 훌륭한 글, 위대한 글 등을 의미한다. 따라서 큰글 성경은 일반화된 상품의 성질, 효능표시의 표장이므로 상표법 제33조 제1항 제3호('제33조 제1항 제3호'는 현행 상표법(법률 제18817호)으로 수정하여 표시한 것이다. 이하 같다.)에 해당하여 그 등록이 무효로 되어야 한다."[43]고 주장하였다. 본 건 등록상표의 구성 중 큰글은 큰글자, 큰글씨를 의미한다. 본 건 등록상표의 구성 중 큰글이 그 지정상품인 서적, 잡지, 그림엽서, 캘린더, 팜플렛 등에 사용되는 경우 수요자들은 큰글자, 큰글씨로 인쇄된 서적, 잡지 등으로 인식할 것이다. 본 건 등록상표의 구성 중 큰글이 그 지정상품의 품질이나 효능 등을 나타내는 성질표시 또는 기술적 표장에 해당하여 그 등록의 무효를 주장한다는 것이다.

(나) 상표권자 A의 주장

A는 "본 건 등록상표는 새롭게 만들어진 조어 상표이기 때문에 본 건 등록상표가 지정상품의 성질을 직접적으로 표시한다는 명제 자체가 성립되지 않으며, 본 건 등록상표는 주지성을 확보한 상표에 해당하므로 상표법 제33조 제1항 제3호에 해당하지 않는다."[44]고 주장하였다. 본 건 등록상표는 상표사용자가 임의로 만든 조어 상표이다. 상표사용자가 임의로 만든 단어에는 사전적 의미가 없으므로 지정상품의 성질을 직접적으로 표시할 수 없다. 또한 본 건 등록상표는 수요자에게 널리 알려진 상표로 수요자들은 본 건 등록상표를 특정인의 상표로 인식하고 있으므로 식별력을 가진다. 본 건 등록상표는 식별력 없는 표장에 대하여 상표등록을 받을 수 없도록 하는 상표법 제33조 제1항 제3호에 해당하지 않는다는 것이다.

---

43) 특허심판원 2002. 2. 28. 2001당1768 심결.
44) 특허심판원 2002. 2. 28. 2001당1768 심결.

(다) 대법원의 판단[45]

"큰글은 국어사전에 풀이가 나와 있지 아니한 조어이지만 크다는 낱말은 "어떤 표준에 비하여 길이나 부피가 많은 공간을 차지하다. 중대하다. 위대하다."로 풀이되어 있고, 글이라는 낱말은 "여러 말이 모여 하나의 완전한 감상·경험 및 여러 현상을 나타낸 것의 총칭. 문장. 말을 글자로 나타낸 적발(적어 놓은 글)"로 풀이하면서 사용례로 "글 잘 쓰는 사람은 필묵을 탓 안 한다."를 들고 있음을 알 수 있다. 크다와 글이 지닌 관념을 본 건 등록상표의 지정상품들의 내용 및 거래실정 등과 함께 고려하여 보면 일반 수요자나 거래자들은 큰글을 외형적 크기(길이, 넓이, 높이)가 큰 글자 또는 훌륭한 글이라는 뜻으로 인식하여 본 건 등록상표의 의미를 큰 글씨로 쓴 성경 또는 훌륭한 글인 성경 등으로 직감할 것이라고 봄이 상당하다. 따라서 본 건 등록상표는 '서적, 잡지, 팸플릿' 등과 같은 지정상품에 사용될 경우 알아보기 쉽도록 큰 글씨로 쓰인 성경에 관한 서적 등으로 인식될 뿐만 아니라, 그 나머지 지정상품에 사용될 경우에도 (훌륭한 글인) 성경에 관한 내용을 다룬 것으로 인식됨으로써 결국 본 건 등록상표는 그 지정상품 전부에 관하여 품질이나 용도 등을 보통으로 사용하는 방법으로 표시한 표장만으로 구성된 상표에 해당한다."

(4) 현저한 지리적 명칭

매년 12월 31일마다 사람들로 북적이는 곳이 있다. 종로구에 위치한 종각이 바로 그곳이다. 해마다 12월 31일에 있는 보신각종 타종행사에 참여하기 위하여 많은 사람들이 종로구를 찾는다. 종로는 그만큼 사람들에게 있어 매우 잘 알려진 지리적 명칭이다. 사람들에게 잘 알려진 종로는 그 유명세로 인하여 우리에게 매우 친숙한 곳이지만 그 현저성과 주지성으로 말미암아 상표로써의 식별력은 인정되지 않는다.

가. 의 의

현저한 지리적 명칭이나 그 약어라 함은 국가명, 국내의 특별시, 광역시 또는 도의 명칭, 특별시·광역시·도의 시·군·구의 명칭, 저명한 외국의 수도명, 대도시명, 주 또는 이에 상당하는 행정구역의 명칭 그리고 현저하게 알려진 국

---

45) 대법원 2004. 5. 13. 선고 2002후2006 판결.

내외의 고적지, 관광지, 번화가 등의 명칭 등과 이들의 약칭을 말한다.[46] 현저한 지리적 명칭·그 약어 또는 지도만으로 된 상표는 상표로써의 식별력이 없다. 따라서 현저한 지리적 명칭이나 그 약어(略語) 또는 지도만으로 된 상표는 상표등록을 받을 수 없다.[47]

나. 판 단

상표법 제33조 제1항 제4호가 적용되기 위해서는 표장이 ① 지리적 명칭이나 그 약어 또는 지도에 해당하여야 한다. 지리적 명칭은 원칙적으로 현존하는 것에 한정한다. 다만 특정 지역의 옛 이름, 애칭이나 별칭 등이 일반 수요자나 거래자들에게 통상적으로 사용된 결과 그 지역의 지리적 명칭을 나타내는 것으로 현저하게 인식되는 경우에는 지리적 명칭에 해당하는 것으로 본다.[48] ② 지리적 명칭이나 그 약어 또는 지도가 현저한 것이어야 한다. 현저함이란 일반 수요자에게 널리 알려져 있음을 말하는 것으로 지리적 명칭이 현저한지 여부는 교과서, 언론 보도, 설문조사 등을 비롯하여 일반 수요자의 인식에 영향을 미칠 수 있는 여러 사정을 종합적으로 고려하여 합리적으로 판단한다.[49] 따라서 특정 지역에서 다수가 사용하는 지리적 명칭인 경우 반드시 전국적으로 현저하게 알려진 경우가 아니더라도 현저한 지리적 명칭으로 볼 수 있다.[50] ③ 현저한 지리적 명칭이나 그 약어 또는 지도'만'으로 된 것이어야 한다.

상표법 제33조 제1항 제4호에서 말하는 현저한 지리적 명칭이란 지리적 명칭이 현저하기만 하면 여기에 해당하고 지정상품과의 사이에 특수한 관계가 있음을 인식할 수 있어야만 하는 것은 아니다.[51] 따라서 현저한 지리적 명칭이라 함

---

46) 특허청, 상표심사기준, 특허청 상표심사정책과, 2019년 1월, 40401면.
47) 상표법 제33조 제1항 제4호. 상표법 제33조 제1항 제4호는 현저한 지리적 명칭이나 그 약어 또는 지도만으로 된 상표에 대해 누구에게나 자유로운 사용을 허용하고 어느 특정 개인에게만 독점사용권을 부여하지 않으려는 취지이다(대법원 1997. 8. 22. 선고 96후1682 판결; 대법원 1988. 2. 23. 선고 86후157 판결; 대법원 1999. 11. 26. 선고 98후1518 판결; 대법원 2012. 12. 13. 선고 2011후958 판결; 대법원 2018. 2. 13. 선고 2017후1335 판결; 대법원 2018. 6. 21. 선고 2015후1454 전원합의체 판결).
48) 특허청, 상표심사기준, 특허청 상표심사정책과, 2019년 1월, 40406면.
49) 대법원 2018. 2. 13. 선고 2017후1335 판결; 대법원 2018. 2. 13. 선고 2017후1342 판결.
50) 또한 시·군·구보다 낮은 행정구역 명칭이라도 현저하게 알려져 있는 경우에는 본 호를 적용할 수 있다(특허청, 상표심사기준, 특허청 상표심사정책과, 2019년 1월, 40401면).
51) 대법원 1988. 10. 25. 선고 86후104 판결; 대법원 2000. 6. 13. 선고 98후1273 판결; 대법원 2012. 12. 13. 선고 2011후958 판결.

은 단순히 지리적, 지역적 명칭을 말하는 것일 뿐, 특정상품과 지리적 명칭을 연관하여 그 지방의 특산물의 산지표시로서의 지리적 명칭임을 요하는 것은 아니다.[52] 반면 상표법 제33조 제1항 제3호에서 말하는 상품의 산지라 함은 그 상품이 생산되는 지방의 지리적 명칭을 말하는 것으로 일반 수요자나 거래자에게 널리 알려진 상품의 주산지만을 말하는 것은 아니다.[53]

다. 관련 판례 – 대법원 2001. 2. 9. 선고 98후379 판결

본 판례에는 상표권자 A와 A의 상표등록에 대한 무효를 주장한 B가 등장한다. A는 본 건 등록서비스표를 서비스업류 구분 제112류의 학원경영업, 독서실경영업, 도서관경영업 등을 지정서비스업으로 1984년 3월 8일에 서비스표등록출원을 하여 1985년 4월 11일에 서비스표등록을 받았다. 1993년 9월 15일, B는 상표등록 무효심판을 청구하고 A의 본 건 등록서비스표가 서울특별시 종로구의 명칭과 동일한 지리적 명칭이라는 이유로 그 등록 무효를 주장하였다.

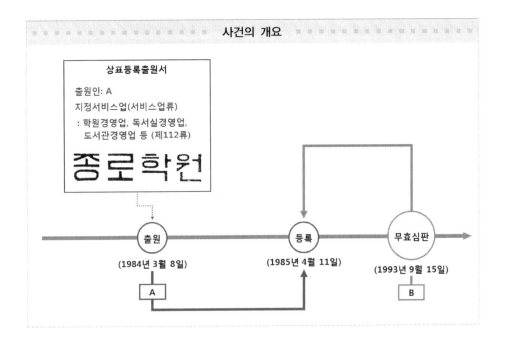

---

52) 대법원 1984. 5. 15. 선고 83후90 판결; 대법원 1988. 10. 25. 선고 86후104 판결; 대법원 2000. 6. 13. 선고 98후1273 판결; 대법원 2012. 12. 13. 선고 2011후958 판결.

53) 대법원 1989. 9. 26. 선고 88후1137 판결.

(가) B의 주장

B는 "본 건 등록서비스표는 그 구성요부인 종로 부분이 우리나라 행정구역인 서울특별시 종로구의 명칭과 동일한 지리적 명칭에 해당하여 상표법 제33조 제1항 제4호('제33조 제1항 제4호'는 현행 상표법(법률 제18817호)으로 수정하여 표시한 것이다. 이하 같다.)의 규정에 따라 그 등록이 무효로 되어야 한다."54)고 주장하였다. 본 건 등록상표의 구성 중 종로는 일반 수요자에게 널리 알려져 있는 서울특별시 종로구를 의미한다. 상표법은 제33조 제1항 제4호에서 현저한 지리적 명칭이나 그 약어 또는 지도만으로 된 상표에 대해 상표등록을 받을 수 없도록 하고 있다. 본 건 등록상표의 구성 중 종로가 현저한 지리적 명칭에 해당하여 그 등록의 무효를 주장한다는 것이다.

(나) 상표권자 A의 주장

"A는 "본 건 등록서비스표는 A의 상호로 식별력이 있는 서비스표이고 지리적 명칭만으로 구성된 서비스표가 아닌 바, 상표법 제33조 제1항 제4호의 규정에 해당하지 않는 것으로 그 등록이 무효가 아니다."55)고 주장하였다. 본 건 등록서비스표는 종로와 학원이 결합된 것으로 지리적 명칭만으로 구성된 것이 아니다. 또한 본 건 등록서비스표 종로학원은 수요자들에게 널리 알려져 있는 A의 상호를 서비스표로 등록받은 것이다. A의 상호로 수요자들에게 널리 알려져 있으므로 그 식별력이 인정된다. 본 건 등록상표는 식별력 없는 표장에 대하여 상표등록을 받을 수 없도록 하는 상표법 제33조 제1항 제4호에 해당하지 않는다는 것이다."

(다) 대법원의 판단56)

"상표법 제33조 제1항 제4호(현행 상표법으로 수정 표시: 저자 주)에서 정한 현저한 지리적 명칭이라 함은 단순히 현저히 알려진 지리적, 지역적 명칭 등을 말하는 것일 뿐 그 지리적 명칭 등이 산지, 판매지, 서비스 제공 장소 등을 나타내는 등 지정상품이나 지정서비스업과 특수한 관계가 있음을 인식할 수 있어야만 하는 것은 아니다. 현저한 지리적 명칭 등이 식별력 없는 업종 표시 또는 관용

---

54) 특허심판원 1994. 9. 27. 93당1150 심결.
55) 특허심판원 1994. 9. 27. 93당1150 심결.
56) 대법원 2001. 2. 9. 선고 98후379 판결.

표장이나 기술적 표장 등과 결합되어 있는 경우라 하더라도 새로운 관념을 낳는다거나 전혀 새로운 조어가 된 경우가 아니면, 지리적 명칭 등과 업종표시 등이 결합된 표장이라는 사정만으로 새로운 식별력이 부여된다고 볼 수 없어 상표법 제33조 제1항 제4호(현행 상표법으로 수정 표시: 저자 주)의 규정의 적용이 배제되지 않는다. 본 건 등록서비스표인 종로학원의 구성 중 종로는 서울특별시 종로구의 명칭 또는 종로3가 등 종로구 소속 행정구역의 일종으로서의 거리의 이름을 나타내는 현저한 지리적 명칭임이 명백하고, 학원은 그 지정서비스업인 학원경영업과 관련하여 볼 때 지정서비스업의 내용 또는 보통명칭을 나타낸다고 볼 수 있어 식별력이 없으므로 본 건 등록서비스표는 전체적으로 살펴볼 때 상표법 제33조 제1항 제4호(현행 상표법으로 수정 표시: 저자 주)에서 정하는 현저한 지리적 명칭 등으로 된 표장에 해당한다.”

(5) 흔히 있는 성 또는 명칭

2014년 6월 24일, 주식회사 김가네는 본 건 출원상표 김家네를 상품류 구분 제29류의 김치, 김치찌개 등을 지정상품으로 상표등록 출원을 하였다. 이에 대하여 특허청은 본 건 출원상표에 대한 상표등록을 거절하였다. 본 건 출원상표 김家네가 전체적으로 김씨 집 안 사람들(무리)이란 정도의 뜻으로서 흔히 있는 성(姓)과 명칭의 결합에 불과하다는 것이 그 이유였다.[57] 흔히 있는 성 또는 명칭은 많은 사람들이 사용하고 있어 자타상품의 식별력이 인정되지 않기 때문이다.

가. 의 의

흔히 있는 성 또는 명칭이라 함은 현실적으로 다수가 존재하거나 관념상으로 다수가 존재하는 것으로 인식되고 있는 자연인의 성 또는 법인, 단체, 상호임을 표시하는 명칭 등을 말한다.[58] 흔히 있는 성 또는 명칭을 보통으로 사용하는 방법으로 표시한 표장만으로 된 상표는 상표등록을 받을 수 없다.[59]

나. 판 단

상표법 제33조 제1항 제5호가 적용되기 위해서는 표장이 ① ‘흔히 있는 성 또는 명칭’에 해당하여야 한다. 흔히 있는 명칭을 보통으로 사용하는 방법으로

---

57) 특허심판원 2016. 8. 9. 2015원2565 심결.
58) 특허청, 상표심사기준, 특허청 상표심사정책과, 2019년 1월, 40501면.
59) 상표법 제33조 제1항 제5호.

표시한 표장에 해당되는지 여부는 이를 반드시 지정상품과의 관계에서 판단하여
야 하는 것은 아니다.[60][61] ② 흔히 있는 성 또는 명칭을 '보통으로 사용하는 방
법으로 표시'한 것이어야 한다. ③ 흔히 있는 성 또는 명칭'만'으로 된 상표일 것
이어야 한다.

다. 관련 판례 – 대법원 1990. 7. 10. 선고 87후54 판결

본 판례에는 상표출원인 A, 특허청이 등장한다. A는 본 건 출원상표
PRESIDENT를 상품류 구분 제35류의 손목시계, 회중시계 등을 지정상품으로
1985년 1월 9일에 상표등록 출원을 하였다. 이에 대하여 특허청은 본 건 출원상
표 PRESIDENT가 흔히 있는 명칭을 보통으로 사용하는 방법으로 표시한 표장만
으로 된 상표라는 이유로 상표등록을 거절하였다. 1986년 7월 24일, A는 상표등
록 거절결정 불복심판을 청구하고 특허청의 상표등록 거절결정에 대한 취소를
주장하였다.

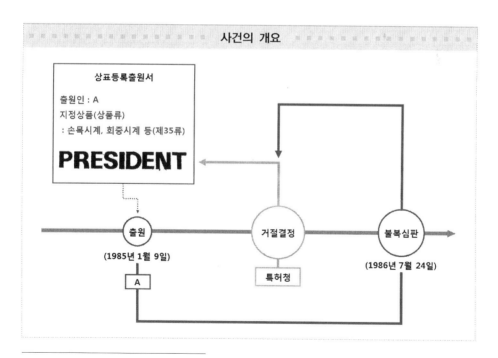

---

60) 대법원 1990. 7. 10. 선고 87후54 판결.
61) 외국인의 성은 비록 당해 국가에서 흔히 있는 성이라고 하더라도 국내에서 흔히 볼 수 있는 외국
    인의 성이 아닌 한 여기에 포함되지 아니한다(특허청, 상표심사기준, 특허청 상표심사정책과, 2019
    년 1월, 40502면).

(가) 특허청의 주장

특허청은 "본 건 출원상표 PRESIDENT는 흔히 있는 명칭을 보통으로 사용하는 방법으로 표시한 표장만으로 된 상표로서 상표법 제33조 제1항 제5호('제33조 제1항 제5호'는 현행 상표법(법률 제18817호)으로 수정하여 표시한 것이다. 이하 같다.)의 규정에 해당되는 바, 상표등록 거절결정을 한 것이다."[62]라고 주장하였다. PRESIDENT는 대통령, 총장, 사장 등의 사전적 의미가 있다. 회장 또는 사장이라는 명칭은 거래계에서 흔히 사용되는 명칭에 해당한다. PRESIDENT라는 영문자만으로 구성된 본 건 출원상표는 상표법 제33조 제1항 제5호의 흔히 있는 명칭을 보통 사용하는 방법으로 표시한 표장만으로 된 상표에 해당되어 그 상표등록을 거절하였다는 것이다.

(나) 상표출원인 A의 주장

A는 "본 건 출원상표 PRESIDENT는 그 지정상품인 손목시계, 회중시계 등의 상품에 흔히 사용하고 있는 명칭이라고 볼 수 없으며, 본 건 출원상표는 세계 곳곳에서 사용되고 있으므로 식별력이 있는 상표에 해당한다."[63]고 주장하였다. PRESIDENT는 그 지정상품인 손목시계, 회중시계 등과 관련하여 흔히 사용되는 명칭이 아니다. 세계 여러 나라에서 본 건 출원상표 PRESIDENT가 A의 상표로 사용되고 있으므로 그 식별력이 인정된다. 본 건 출원상표 PRESIDENT는 식별력이 없음을 이유로 상표등록 거절을 내용으로 하는 상표법 제33조 제1항 제5호에 의해 그 등록이 거절될 이유가 없다는 것이다.

(다) 대법원의 판단[64]

"본 건 출원상표가 흔히 있는 명칭을 보통으로 사용하는 방법으로 표시하는 표장에 해당되는지 여부에 대해서는 이를 반드시 지정상품과의 관계에서 판단하여야 하는 것은 아니다. 본 건 출원상표가 세계 여러 나라에서 A 회사의 시계줄에 사용되고 선전된 일이 있다는 주장 및 자료들만으로는 본 건 출원상표가 그 출원 전에 국내에서 수요자 간에 누구의 상표인지 현저히 인식되어 있었다는 것을 뒷받침하는 근거가 되지 아니한다. 따라서 본 건 출원상표인 PRESIDENT는

---

62) 항고심판소 1987. 3. 17. 86항절481 심결.
63) 항고심판소 1987. 3. 17. 86항절481 심결.
64) 대법원 1990. 7. 10. 선고 87후54 판결.

상표법 제33조 제1항 제5호(현행 상표법으로 수정 표시: 저자 주)에 규정된 흔히 있는 명칭을 보통으로 사용하는 방법으로 표시한 표장만으로 된 상표에 해당하여 등록을 받을 수 없다."

(6) 간단하고 흔히 있는 표장

간단하고 흔히 있는 표장만으로 된 상표는 상거래에서뿐만 아니라 일상에서 흔히 사용되는 것들로 식별력이 인정되지 않는다. 문자상표의 경우 1자의 한글로 구성된 표장이거나 2자 이내의 알파벳(이를 다른 외국어로 표시한 경우를 포함한다.)으로 구성된 표장은 원칙적으로 간단하고 흔히 있는 표장에 해당하는 것으로 본다.[65]

가. 의 의

간단하고 흔히 있는 표장만으로 된 상표는 상표등록을 받을 수 없다.[66] 따라서 표장의 구성이 간단하고(and) 흔한 것이어야 한다. 상표법 제33조 제1항 제6호의 법리는 간단하고 흔히 있는 표장만으로 된 상표일 때에는 등록받을 수 없다는 것이지 간단하거나 흔히 있는 표장만으로 된 상표일 때에는 등록받을 수 없다는 뜻이 아니다.[67] 간단하지만 흔하지 않거나 흔하지만 간단하지 않은 것은 본 호에 해당하지 않는다.

나. 판 단

상표법 제33조 제1항 제6호가 적용되기 위해서는 표장이 ① '간단하고 흔히 있는 표장'에 해당하여야 한다. ② 간단하고 흔히 있는 표장 '만'으로 된 것이어야 한다. 상표법 제33조 세1항 제6호의 간단하고 흔히 있는 표장만으로 된 상표에 해당하여 등록을 받을 수 없는지 여부는 거래의 실정, 그 표장에 대한 독점적인 사용이 허용되어도 문제가 없는지 등의 사정을 참작하여 구체적으로 판단한다.[68]

---

65) 대법원 1997. 2. 25. 선고 96후1187 판결; 대법원 2001. 12. 14. 선고 2001후1808 판결; 대법원 2002. 6. 14. 선고 2000후1078 판결; 대법원 2002. 10. 22. 선고 2001후3132 판결.
66) 상표법 제33조 제1항 제6호.
67) 대법원 1985. 1. 29. 선고 84후93 판결.
68) 대법원 2004. 11. 26. 선고 2003후2942 판결.

다. 관련 판례 - 대법원 2007. 3. 16. 선고 2006후3632 판결

본 판례에는 상표출원인 A, 특허청이 등장한다. A는 본 건 출원상표를 상품류 구분 제25류의 가죽신, 단화, 스웨터, 스포츠 셔츠 등을 지정상품으로 2004년 2월 27일에 상표등록 출원을 하였다. 이에 대하여 특허청은 본 건 출원상표의 구성이 간단하고 흔히 있는 표시로 된 표장으로 식별력이 없다는 이유로 상표등록을 거절하였다. 2005년 9월 23일, A는 상표등록 거절결정 불복심판을 청구하고 특허청의 상표등록 거절결정에 대한 취소를 주장하였다.

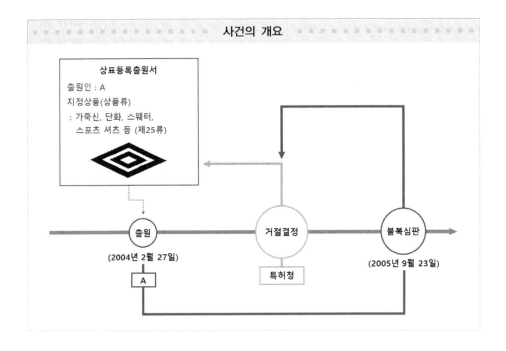

(가) 특허청의 주장

특허청은 "본 건 출원상표는 마름모형의 도형들로 구성된 상표로서 그 구성이 간단하고 흔히 있는 표시로 된 표장이므로 상표법 제33조 제1항 제6호('제33조 제1항 제6호'는 현행 상표법(법률 제18817호)으로 수정하여 표시한 것이다. 이하 같다.)의 규정을 적용하여 거절결정을 한 것이다."[69]라고 주장하였다. 본 건 출원상표는 다이아몬드 모양 안에 작은 크기의 같은 모양이 하나 더 배치된 것으로 구

---

69) 특허법원 2006. 10. 27. 선고 2006허5768 판결.

성되어 있다. 일반적으로 마름모 또는 다이아몬드 모양은 간단하고 흔히 있는 표시로 볼 수 있다. 본 건 출원상표는 간단하고 흔히 있는 표시에 해당하여 식별력을 인정할 수 없으므로 상표법 제33조 제1항 제6호에 의해 상표등록을 거절하였다는 것이다.

(나) 상표출원인 A의 주장

A는 "본 건 출원상표는 일정한 면적을 갖는 검고 두꺼운 마름모 또는 다이아몬드 도형 2개와 하얀 다이아몬드 또는 마름모 도형 2개가 규칙적으로 배열되어 4개의 다이아몬드 또는 마름모 도형으로 구성된 것으로서 그 독특한 조형미를 느끼게 하는 상표이므로 상표법 제33조 제1항 제6호의 간단하고 흔한 표장이 아니다."[70]고 주장하였다. 본 건 출원상표는 4개의 마름모 또는 다이아몬드 도형으로 구성되어 있다. 4개의 다이아몬드 또는 마름모 도형이 전체적으로 본 건 출원상표의 중앙으로 일반 수요자들의 시선을 집중시키도록 구성되어 그 독특한 조형미를 느끼게 하는 상표이다. 본 건 출원상표는 국내에서 A 이외에 이를 사용하는 곳도 없으므로 간단하고 흔한 표장이라 할 수 없다는 것이다.

(다) 대법원의 판단[71]

"흔히 사용하는 도형을 도안화한 표장의 경우에는 그 도안화의 정도가 일반 수요자나 거래자에게 그 도형이 본래 가지고 있는 의미 이상으로 인식되거나 특별한 주의를 끌 정도에 이르러야 간단하고 흔히 있는 표장에 해당하지 아니한다. 본 건 출원상표의 표장은 흔히 볼 수 있는 마름모 내지 다이아몬드 도형과 비교하여 볼 때 다소 옆으로 누운 모양이기는 하나, 마름모 내지 다이아몬드 도형의 기본 형태를 유지하고 있고 그 띠의 폭 또한 넓기는 하지만 같은 폭의 띠를 일정한 형태로 연결한 흔히 볼 수 있는 것이다. 따라서 본 건 출원상표의 도안화 정도만으로는 일반 수요자나 거래자에게 마름모 내지 다이아몬드 도형이 가지는 의미 이상으로 인식되거나 특별한 주의를 끌 정도에 이르렀다고 보기 어려우며, 이는 마름모 내지 다이아몬드 도형을 그 크기를 달리하여 이중으로 배치하였다 하여 달리 볼 수 있는 것도 아니므로 간단하고 흔히 있는 표장만으로 이루어진 것에 해당한다."

---

70) 특허법원 2006. 10. 27. 선고 2006허5768 판결.
71) 대법원 2007. 3. 16. 선고 2006후3632 판결.

(7) 기타 식별력 없는 표장

2002년 11월 25일, 로레알은 주식회사 아모레퍼시픽을 상대로 상표등록 무효심판을 청구하였다.[72] 주식회사 아모레퍼시픽의 등록상표인 "칼라2중주, 우린소중하잖아요"가 로레알의 등록상표인 "로레알, 전 소중하니까요"와 유사하다는 것이 그 이유였다. 이에 대하여 대법원은 양 상표가 유사하지 아니하여 상품 출처의 오인·혼동을 일으킬 염려가 없는 것으로 판단하였다.

아모레퍼시픽의 등록상표 중 "우린소중하잖아요"부분과 로레알의 등록상표 중 "전 소중하니까요"부분이 광고문안 또는 구호 정도로 인식된다는 것이 이유였다. 상품의 출처를 표시하고 있다기보다는 상품구매를 권유하는 압축된 설명문으로 인식되는 광고카피로서 기능하고 있을 뿐이어서 식별력이 인정되지 않는다는 것이다.[73] 이와 같이 광고문안 또는 구호 정도로 인식되는 경우가 상표법 제33조 제1항 제1호부터 제6호까지에는 해당하지 않지만 수요자가 누구의 업무에 관련된 상품을 표시하는 것인가를 식별할 수 없는 경우[74]에 해당한다.

가. 의 의

식별력 없는 표장은 상표법 제33조 제1항 제1호부터 제6호까지 이외의 경우라 하더라도 상표법 제33조 제1항 제7호에 의해 상표등록을 받을 수 없다. 상표법 제33조 제1항 제7호는 상표법 제33조 제1항 제1호 내지 제6호에는 해당하지 않으나 식별력이 없어 출처표시로 인식되지 않거나, 상표법의 목적이나 거래실정을 고려할 때 특정인에게 독점배타적인 권리를 부여하는 것이 타당하지 않은 경우[75] 상표등록을 받을 수 없도록 하는 보충적 규정이다.[76]

---

72) 특허심판원 2003. 7. 11. 2002당3082 심결.
73) 대법원 2006. 5. 25. 선고 2004후912 판결.
74) 상표법 제33조 제1항 제7호.
75) 출처표시로 인식되지 않거나 자유사용이 필요한 일반적인 구호(슬로건), 광고문안, 표어, 인사말이나 인칭대명사 또는 유행어로 표시한 표장은 수요자가 누구의 업무에 관련된 상품을 표시하는 것인가를 식별할 수 없는 표장에 해당하는 것으로 본다(특허청, 상표심사기준, 특허청 상표심사정책과, 2019년 1월, 40701면). 또한 다수가 사용하는 종교단체의 명칭이나 긴급(안내)전화번호로 인식될 수 있는 숫자는 누구나가 자유롭게 사용할 필요가 있어 공익상 특정인에게 독점시키는 것이 적합하지 않다고 인정되는 표장에 해당하는 것으로 본다(특허청, 상표심사기준, 특허청 상표심사정책과, 2019년 1월, 40704면).
76) 특허청, 상표심사기준, 특허청 상표심사정책과, 2019년 1월, 40701면.

나. 판 단

사회통념상 자타상품의 식별력을 인정하기 곤란하거나 공익상 특정인에게 그 상표를 독점시키는 것이 적당하지 않다고 인정되는 경우 그 상표는 식별력 없는 상표에 해당한다.[77] 어떤 상표가 식별력 없는 상표에 해당하는지는 그 상표가 지니고 있는 관념, 지정상품과의 관계 및 거래사회의 실정 등을 감안하여 객관적으로 결정하여야 한다.[78]

다. 관련 판례 – 대법원 1994. 12. 22. 선고 94후555 판결

본 판례에는 상표출원인 A, 특허청이 등장한다. A는 본 건 출원상표 Drink in the Sun을 상품류 구분 제5류의 사이다 등을 지정상품으로 1990년 12월 22일에 상표등록 출원을 하였다. 이에 대하여 특허청은 본 건 출원상표 Drink in the Sun이 구호적인 표장으로 식별력이 없다는 이유로 상표등록을 거절하였다. 1992년 7월 14일, A는 상표등록 거절결정 불복심판을 청구하고 특허청의 상표등록 거절결정에 대한 취소를 주장하였다.

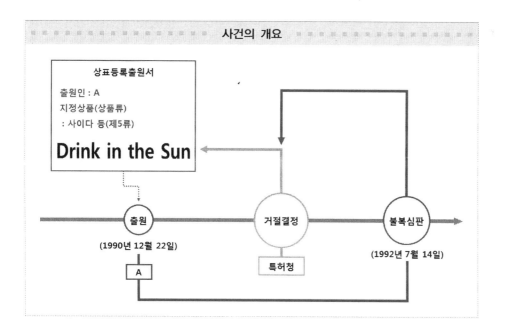

---

77) 대법원 2010. 7. 29. 선고 2008후4721 판결.
78) 대법원 2012. 12. 27. 선고 2012후2951 판결.

(가) 특허청의 주장

특허청은 "본 건 출원상표 Drink in the Sun은 구호적인 표장으로 식별력이 인정되지 않으므로 상표법 제33조 제1항 제7호('제33조 제1항 제7호'는 현행 상표법(법률 제18817호)으로 수정하여 표시한 것이다. 이하 같다.)의 규정을 적용하여 거절결정을 한 것이다."[79]라고 주장하였다. 출처표시로 인식되지 않거나 자유사용이 필요한 구호적인 표장 등은 수요자가 누구의 업무에 관련된 상품을 표시하는 것인가를 식별할 수 없는 표장이다. 식별력 없는 표장은 상표법 제33조 제1항 제1호부터 제6호('제33조 제1항 제1호부터 제6호'는 현행 상표법(법률 제18817호)으로 수정하여 표시한 것이다. 이하 같다.)까지 이외의 경우라 하더라도 상표법 제33조 제1항 제7호에 의해 상표등록을 받을 수 없다. 따라서 상표법 제33조 제1항 제7호의 규정을 적용하여 본 건 출원상표 Drink in the Sun에 대한 상표등록을 거절하였다는 것이다.

(나) 상표출원인 A의 주장

A는 "본 건 출원상표 Drink in the Sun은 일반적으로 사용하는 구호로 구성된 표장이 아니므로 식별력이 인정되는 바, 상표법 제33조 제1항 제7호에 해당하지 않는다."[80]고 주장하였다. 구호의 사전적 정의는 집회나 시위 등에서 어떤 요구나 주장 따위를 나타내는 간결한 말을 뜻한다. 본 건 출원상표 Drink in the Sun은 구호에 해당하지 않으므로 상표법 제33조 제1항 제7호에 해당하지 않는다는 것이다.

(다) 대법원의 판단[81]

"본 건 출원상표인 "Drink in the Sun"은 그 지정상품인 과일주스 등과 관련하여 볼 때 "태양 아래에서 마셔라"라는 뜻의 단순한 권유문으로 직감될 것이어서 일반수요자들로서는 이를 흔히 쓰일 수 있는 구호나 광고문안 정도로 인식할 수 있어 본 건 출원상표 만으로는 그 상품의 출처를 인식하기 어려우므로 상표법상의 식별력을 인정할 수 없다. 따라서 본 건 원상표가 상표법 제33조 제1항 제7호(현행 상표법으로 수정 표시: 저자 주)의 수요자가 누구의 업무에 관련된 상

---

79) 항고심판소 1994. 2. 28. 92항원1437 심결.
80) 항고심판소 1994. 2. 28. 92항원1437 심결.
81) 대법원 1994. 12. 22. 선고 94후555 판결.

품을 표시하는 것인가를 식별할 수 없는 상표에 해당하여 등록을 받을 수 없다고 하여 본 건 출원상표에 대한 상표등록을 거절결정한 것은 정당하다."

(8) 식별력 없는 표장간의 결합상표

결합상표란 기호, 문자, 도형, 입체적 형상 등이 서로 결합하여 구성된 상표를 말한다. 예를 들어 문자와 문자, 도형과 문자가 결합하여 구성된 상표를 결합상표라 한다.

가. 의 의

결합상표는 그 결합상표를 구성하는 기호, 문자, 도형, 입체적 형상 등의 구성으로 말미암아 특별한 관념이 생긴다거나 문자 부분을 압도할 정도의 현저한 식별력을 갖는 것으로 볼 수 있을 정도가 아닌 경우 자타상품을 식별하기 위한 표장으로서의 기능을 할 수 없다.[82] 따라서 이와 같은 결합상표가 상표등록출원이 된 경우라면 상표등록을 받을 수 없을 것이다. 물론 결합상표가 그 결합에 의해 새로운 관념이나 식별력을 형성하는 경우에는 식별력이 있는 것으로 보아 상표등록이 가능하다.

나. 판 단

상표법 제33조 제1항 각호의 식별력 없는 표장들이 서로 결합하여 구성된 상표는 원칙적으로 전체적 관찰을 통해 식별력 유무를 판단한다. 결합되어 있는 전체의 구성을 관찰하여 그것이 거래상 자타상품의 식별력이 있는지 여부와 일반거래자나 수요자들이 그 상표에 의하여 그 상품의 출처를 인식할 수 있는지 여부를 판단한다.[83]

결합상표는 반드시 그 구성부분 전체에 의해서만 호칭, 관념되는 것이 아니라 그 구성 부분 중 식별력이 있는 일부만에 의하여 간략하게 호칭, 관념될 수도 있다.[84] 이 경우 그 부분이 주지·저명하거나 일반 수요자에게 강한 인상을 주는 부분인지, 전체 상표에서 높은 비중을 차지하는 부분인지 등의 요소를 따져

---

82) 대법원 1987. 2. 10. 선고 85후107 판결.
83) 대법원 1987. 2. 10. 선고 85후107 판결; 대법원 1991. 3. 27. 선고 90후1208 판결; 대법원 1992. 2. 11. 선고 91후1427 판결; 대법원 1992. 5. 22. 선고 91후1885 판결; 대법원 1994. 10. 28. 선고 94후616 판결; 대법원 1995. 1. 24. 선고 94후838 판결; 대법원 2015. 2. 26. 선고 2014후2306 판결; 대법원 2019. 7. 10. 선고 2016후526 판결.
84) 대법원 1993. 9. 28. 선고 93후237,244(병합) 판결; 대법원 1995. 12. 22. 선고 95후1395 판결.

보되, 여기에 다른 구성 부분과 비교한 상대적인 식별력 수준이나 그와의 결합 상태와 정도, 지정상품과의 관계, 공익상 특정인에게 독점시키는 것이 적당한지 여부, 거래실정 등까지 종합적으로 고려하여 판단하여야 한다.[85]

다. 관련 판례 – 대법원 1993. 4. 23. 선고 92후1943 판결

본 판례에는 상표출원인 A, 특허청이 등장한다. A는 본 건 출원상표를 상품류 구분 제7류의 냉동요구르트 등을 지정상품으로 1990년 2월 16일에 상표등록출원을 하였다. 이에 대하여 특허청은 본 건 출원상표가 우유로 만든 유산균 발효유를 뜻하는 보통명칭이라는 이유로 상표등록을 거절하였다. 1991년 4월 23일, A는 상표등록 거절결정 불복심판을 청구하고 특허청의 상표등록 거절결정에 대한 취소를 주장하였다.

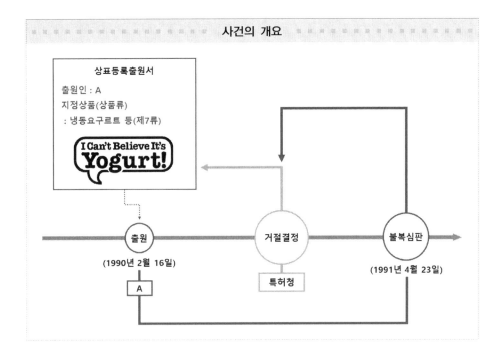

---

85) 대법원 2017. 2. 9. 선고 2015후1690 판결; 대법원 2017. 3. 9. 선고 2015후932 판결; 대법원 2017. 3. 9. 선고 2015후949 판결; 대법원 2017. 3. 15. 선고 2016후2447 판결; 대법원 2018. 3. 29. 선고 2017후2697 판결.

(가) 특허청의 주장

특허청은 "본 건 출원상표는 우유로 만든 유산균 발효유를 뜻하는 보통명칭인 요구르트(Yogurt)로 구성된 상표로 상표법 제33조 제1항 제1호('제33조 제1항 제1호'는 현행 상표법(법률 제18817호)으로 수정하여 표시한 것이다. 이하 같다.)의 규정을 적용하여 거절결정을 한 것이다."[86]라고 주장하였다. 본 건 출원상표의 구성은 영문자와 도형이 결합한 결합상표이다. 본 건 출원상표의 구성 중 도형부분 및 I Can't Believe It's 부분은 단순한 도형 및 선전적인 구호 표장으로서 식별력이 없다. 또한 본 건 출원상표의 요부에 해당하는 Yogurt 부분은 우유로 만든 유산균 발효유를 의미하여 일반거래계에서 보통으로 사용하는 표장에 해당한다. 본 건 출원상표를 요부를 중심으로 관찰하면 그 지정상품의 보통명칭을 보통으로 사용하는 방법으로 표시한 표장에 해당하여 상표법 제33조 제1항 제1호를 근거로 상표등록을 거절하였다는 것이다.

(나) 상표출원인 A의 주장

A는 "본 건 출원상표는 영문자 "I Can't Believe It's Yogurt"와 도형이 결합된 상표로 보통명칭만으로 구성되지 않았으며 또한 전체적으로 볼 때 식별력이 있는 상표에 해당한다."[87]고 주장하였다. 본 건 출원상표는 영문자 "I Can't Believe It's Yogurt"와 도형이 결합된 결합상표이다. 지정상품의 보통명칭인 Yogurt 이외의 영문자와 도형이 결합되어 보통명칭만으로 구성되지 않았고 전체적으로 식별력이 인정되어 상표법 제33조 제1항 제1호에 해당하지 않는다는 것이다.

(다) 대법원의 판단[88]

"상품류구분 제7류 냉동요구르트를 지정상품으로 하는 본 건 출원상표 중 도형부분 및 I Can't Believe It's 부분은 단순한 도형 및 선전적인 구호표장으로서 식별력이 없어 그 요부를 Yogurt 부분으로 보고 이는 우유로 만든 유산균 발효유를 지칭하는 것이다. 따라서 결국 본 건 출원상표는 상표법 제33조 제1항 제1호(현행 상표법으로 수정 표시: 저자 주) 소정의 보통명칭을 보통으로 사용하는 방

---

86) 항고심판소 1992. 10. 31. 91항원628 심결.
87) 항고심판소 1992. 10. 31. 91항원628 심결.
88) 대법원 1993. 4. 23. 선고 92후1943 판결.

법으로 표시한 표장만으로 된 상표에 해당한다."

Ⅲ. 사용에 의한 식별력의 취득

"손이 가요 손이 가 새우깡에 손이 가요~..." 어릴 적 자주 접하였던 TV광고의 내용이다. 새우깡 하면 주식회사 농심에서 생산 및 판매하는 과자 새우깡에 대한 생각과 함께 어릴 적 새우깡과 함께 한 여러 가지 추억이 떠오른다. 대부분의 사람들도 마찬가지의 기억을 가지고 있을 것이다. 새우깡이라는 단어가 오랫동안 특정 식품회사의 특정 상품에 상표로 사용됨에 따라 일반 수요자에게 특정 식품회사의 출처를 표시하고 다른 회사에서 생산 및 판매하는 과자와의 식별력을 가지게 된 때문이다.

1. 의 의

상표법 제33조 제2항에서 명시하는 바와 같이 식별력은 상표를 사용함에 따라 취득되는 경우도 있다. 이 경우 그 상표를 사용한 상품에 한정하여 상표등록을 받을 수 있다. 원래 식별력이 없는 상표라도 특정인이 일정기간 계속하여 사용한 결과 식별력을 획득한 경우에는 이미 상표로서 기능할 뿐만 아니라 더 이상 경쟁업자간의 자유사용을 보장할 공익상의 필요성이 없어졌다고 볼 수 있다. 이와 같은 경우에는 오히려 상표등록을 허용함으로써 제3자에 의한 부정경쟁 목적의 사용을 방지하여 상표사용자의 신용을 보호하고 일반 수요자로 하여금 상품의 품질 오인이나 출처 혼동을 방지하는 것이 상표법의 본래 목적에 부합하는 것이다.[89] 따라서 상표법 제33조 제1항 제3호부터 제6호까지에 해당하는 상표라도 상표등록출원 전부터 그 상표를 사용한 결과 수요자간에 특정인의 상품에 관한 출처를 표시하는 것으로 식별할 수 있게 된 경우에는 그 상표를 사용한 상품에 한정하여 상표등록을 받을 수 있다.[90] 상표법 제33조 제2항은 원래 식별력이 없는 표장이어서 특정인에게 독점사용토록 하는 것이 적당하지 않은 표장이 식별력을 획득한 경우 그 표장에 대하여 대세적 권리를 부여하는 것이다.[91]

---

89) 특허청, 상표심사기준, 특허청 상표심사정책과, 2019년 1월, 40901면.
90) 상표법 제33조 제2항.
91) 대법원 1994. 5. 24. 선고 92후2274 전원합의체 판결; 대법원 1999. 9. 17. 선고 99후1645 판결;

2. 판 단

상표법 제33조 제2항이 적용되기 위해서는 표장이 ① 상표법 제33조 제1항 제3호부터 제6호까지의 상표에 해당하여야 한다.[92] 다만 상표법 제33조 제1항 제7호의 경우 출원인이 그 표장을 사용한 결과 수요자나 거래자 사이에 그 표장이 누구의 업무에 관련된 상품을 표시하는 것으로 현저하게 인식되기에 이른 경우에는 특별한 사정이 없는 한 그 표장은 상표법 제6조 제1항 제7호의 식별력이 없는 상표에 해당하지 않게 된다.[93] 그 결과 상표등록을 받는 데 아무런 지장이 없으며, 같은 조 제2항에 같은 조 제1항 제7호가 포함되어 있지 않다는 사정만으로 이를 달리 볼 것은 아니다.[94] ② 상표등록출원 전부터 상표로 사용된 것이어야 한다. ③ 상표가 수요자간에 특정인의 상품에 관한 출처를 표시하는 것으로 식별할 수 있게 된 것이어야 한다. 특정인의 상품에 관한 출처[95]를 표시하는 것으로 식별할 수 있게 되었다는 사실은 증거에 의하여 명확하게 인정되는 것이어야 한다.[96] 따라서 그 상표와 관련된 상품이 어느 정도 수입 및 판매된 실적이 있다거나 세계적인 신문·잡지에 광고된 실적이 있다는 것만으로는 이를 추정할 수 없고 구체적으로 그 상표 자체가 수요자간에 현저하게 인식되었다는 것이 증거에 의하여 명확하게 입증되어야 한다.[97] 구체적으로 상표의 사용기간, 사용횟수 및 사용의 계속성, 그 상표가 부착된 상품의 생산·판매량 및 시장점유율, 광고·선전의 방법, 횟수, 내용, 기간 및 그 액수, 상품품질의 우수성, 상표 사용자의 명성과 신용, 상표의 경합적 사용의 정도 및 태양 등을 종합적으로 고려할 때 당해 상표가 사용된 상품에 관한 거래자 및 수요자의 대다수에게 특정

대법원 2003. 5. 16. 선고 2002후1768 판결; 대법원 2006. 5. 12. 선고 2005후346 판결; 대법원 2008. 9. 25. 선고 2006후2288 판결; 대법원 2008. 11. 13. 선고 2006후3397,3403,3410,3427 판결; 대법원 2014. 10. 15. 선고 2012후3800 판결; 대법원 2017. 9. 12. 선고 2015후2174 판결.

92) 상표법 제33조 제1항 제1호와 제2호에 해당하는 상품의 보통명칭과 관용표장은 사용에 의한 식별력이 인정되지 않는다.

93) 대법원 2003. 7. 11. 선고 2001후2863 판결.

94) 대법원 2006. 5. 12. 선고 2005후339 판결.

95) '특정인의 상품에 관한 출처'란 반드시 구체적인 특정인의 성명이나 명칭까지 인식하여야 하는 것은 아니고, 익명의 존재로서 추상적인 출처 정도로 수요자가 인식할 수 있을 정도면 충분하다(특허청, 상표심사기준, 특허청 상표심사정책과, 2019년 1월, 40903면).

96) 대법원 2006. 5. 12. 선고 2005후346 판결.

97) 대법원 1994. 5. 24. 선고 92후2274 판결; 대법원 1994. 8. 26. 선고 93후1100 판결; 대법원 1999. 9. 17. 선고 99후1645 판결; 대법원 2001. 1. 30. 선고 99후3023 판결; 대법원 2003. 5. 16. 선고 2002후1768 판결; 대법원 2008. 11. 13. 선고 2006후3397,3403,3410,3427 판결.

인의 상품을 표시하는 것으로 인식되기에 이르렀다면 사용에 의한 식별력의 취득을 인정할 수 있다.[98] ④ 실제로 사용한 상표를 그 상표가 실제 사용된 상품에 출원한 것이어야 한다. 상표법 제33조 제2항에서 말하는 상표를 사용한 결과 수요자간에 그 상표가 누구의 업무에 관련된 상품을 표시하는 것인가 현저하게 인식되어 있는 것은 실제로 사용된 상표 그 자체에 한정되는 것으로 그와 유사한 상표에 대해서까지 식별력이 인정되는 것은 아니기 때문이다.[99] 따라서 상표의 등록적격성 유무는 지정상품 또는 지정서비스업과의 관계에서 개별적으로 판단되어야 한다.[100][101]

3. 관련 판례 – 대법원 1990. 12. 21. 선고 90후38 판결

본 판례에는 상표권자 A와 A의 상표등록에 대한 무효를 주장한 B가 등장한다. A는 본 건 등록상표를 상품류 구분 제3류의 과자(새우로 만든 과자)를 지정상품으로 1972년 1월 18일에 상표등록 출원을 하여 1973년 3월 26일에 상표등록을 받았다. 그 후 A는 1983년 3월 25일에 존속기간 갱신등록 출원을 하여 1983년 4월 15일에 존속기간 갱신등록을 받았다. 1985년 7월 4일, B는 상표등록 무효심판을 청구하고 A의 본 건 등록상표가 보통명칭이나 관용표장에 해당한다는 이유로 그 등록 무효를 주장하였다.

(1) B의 주장

B는 "본 건 등록상표 새우깡의 구성 중 새우는 본 건 등록상표의 지정상품인 새우로 만든 과자의 원재료를 표시한 것에 불과하고 깡은 상품류 구분 제3류의 지정상품인 과자에 대한 관용표장에 해당한다. 본 건 등록상표 새우깡은 새우로 만든 깡 또는 새우로 만든 과자로 불리어지는 것이어서 전체적으로도 보통명칭이나 관용표장에 해당함이 명백하다. 따라서 본 건 등록상표는 상표로서의 식별

---

98) 대법원 2008. 9. 25. 선고 2006후2288 판결; 대법원 2014. 10. 15. 선고 2012후3800 판결; 대법원 2017. 9. 12. 선고 2015후2174 판결.
99) 대법원 1996. 5. 31. 선고 95후1968 판결; 대법원 2006. 5. 12. 선고 2005후339 판결; 대법원 2006. 11. 23. 선고 2005후1356 판결; 대법원 2008. 9. 25. 선고 2006후2288 판결; 대법원 2009. 5. 28. 선고 2007후3318 판결.
100) 대법원 2001. 3. 23. 선고 2000후1436 판결.
101) 출원상표의 등록 여부는 우리 상표법에 의해 그 지정상품과 관련하여 독립적으로 판단할 것이지 법제나 언어습관이 다른 외국의 등록례에 구애받을 것도 아니다(대법원 1997. 12. 26. 선고 97후1269 판결; 대법원 2003. 5. 16. 선고 2002후1768 판결).

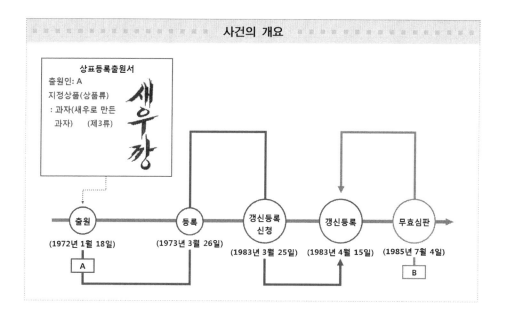

력이 전무한 것이므로 그 등록이 무효로 되어야 한다."[102]고 주장하였다. 본 건 등록상표 새우깡은 새우로 만든 과자를 지정상품으로 한다. 본 건 등록상표의 구성 중 새우는 지정상품과의 관계에서 원재료 표시에 불과하고 깡은 지정상품 인 과자와 관련하여 관용표장에 해당한다. 식별력 없는 새우와 깡이 결합하여 새로운 관념이나 식별력을 형성하지도 않으므로 본 건 등록상표는 그 등록이 무 효라는 것이다.

(2) 상표권자 A의 주장

A는 "본 건 등록상표는 새우라는 원재료만을 표시한 상표도 아니고 깡이라는 관용표장만으로 구성된 것이 아닌, 새우깡이라고 일련불가분으로 구성된 것이다. 본 건 등록상표 새우깡은 1970년 개발한 이래 장기간 사용되면서 선전 광고 등 을 통하여 일반 수요자에게 현저하게 인식되어 상표로서의 식별력이 인정되는 상표이다. 따라서 본 건 등록상표 새우깡은 자타상품의 식별력이 인정되는 상표 이므로 그 등록이 무효로 되어야 할 이유가 없다."[103]고 주장하였다. 본 건 등록 상표는 1970년부터 지금까지 장기간 선전 광고 등을 통하여 일반 수요자에게

---

102) 심판소 1986. 5. 31. 85심463 심결.
103) 심판소 1986. 5. 31. 85심463 심결.

현저하게 인식되어 왔다. 이에 따라 새우깡은 A의 상표인 것으로 수요자들에게 널리 알려져 있어 그 식별력이 인정된다. 본 건 등록상표는 식별력이 인정되므로 그 등록이 무효로 되어야 할 이유가 없다는 것이다.

(3) 대법원의 판단[104]

"본 건 등록상표 새우깡은 지정상품의 원재료 표시인 새우라는 문자와 깡이라는 문자가 결합되어 있는 상표로 문자의 결합으로 이루어진 상표에 대한 식별력 유무의 판단은 상표의 구성을 분리하여 판단할 것이 아니라 전체적으로 관찰하여야 한다. 본 건 등록상표의 구성요소 중 새우는 지정상품의 원재료 표시이어서 상표법 제33조 제1항 제3호(현행 상표법으로 수정 표시: 저자 주)의 규정에 해당되고, 깡은 지정상품이 과자류인 경우 관용표장에 해당한다고 한 판례[105]에 대하여 어느 정도 수긍이 가는 것은 사실이지만 깡이라는 문자가 포함된 모든 상표가 관용표장이라는 취지는 아니어서 새우깡 자체가 관용표장이라고 할 수 없다. 특히 본 건 등록상표 새우깡에 대한 선전 및 광고 사실과 1973년 이래 현재까지 본 건 등록상표가 계속 사용되어 온 사실에 비추어 본 건 등록상표가 수요자 간에 널리 인식되었다고 할 수 있고, 현실적으로도 우리의 주위에서 본 건 등록상표가 A의 상표인지를 쉽게 알 수 있을 정도로 널리 알려져 있음이 거래실정인 것으로 인정되는 바, 본 건 등록상표는 그 전체를 하나의 상표로 봄이 타당하며 상표법 제33조 제2항(현행 상표법으로 수정 표시: 저자 주)에서 규정하고 있는 장기간의 사용에 의하여 식별력이 형성된 상표임이 인정된다."

---

104) 대법원 1990. 12. 21. 선고 90후38 판결.
105) 대법원 1975. 1. 14. 선고 73후43 판결.

제 4 장

상표의
출원, 심사, 등록

'100년 전통 공화춘' 원조 분쟁

대한민국 자장면의 시작, 원조는 어디일까? 바로 공화춘이다. 공화춘은 우리나라 자장면의 시초, 원조로 잘 알려져 있다. 자장면의 원조로 유명한 공화춘은 최근 원조 분쟁의 한가운데 있다.

공화춘은 창업주가 1912년경 창업해 3대에 걸쳐 운영되다가 영업이 중단된다. 영업이 중단된 2002년경 공화춘은 다른 사람에 의해 상표등록 되었다. 이후 창업주의 후손들은 공화춘이라는 명칭을 상호로 사용할 수 없게 된다. 창업주의 후손 측은 비록 공화춘의 이름을 빼앗겼지만, 공화춘의 역사와 전통 그 자체를 빼앗길 수는 없다며 상표권자를 상대로 손해배상소송을 제기한 상태다.

■ 고발뉴스닷컴(http://www.gobalnews.com/news/articleView.html?idxno=28556) 2019년 12월 5일 방문.

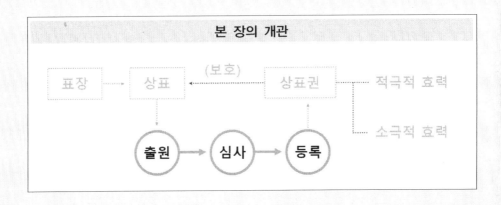

최초, 최고, 정상 등의 단어는 기술적 표장에 해당한다. 안타깝게도 기술적 표장은 식별력을 인정하기 어렵다는 이유와 함께 공익적 측면에서 상표등록을 받을 수 없다. 기술적 표장이 상표등록을 받을 수 없다는 측면에서 '공화춘'이라는 단어가 가지는 의미는 매우 크다. 공화춘이 우리나라 최초의 중국요리 전문점으로 알려져 있기 때문이다.

공화춘은 1912년경 창업하여 3대에 걸쳐 운영되다가 1983년경 영업이 중단되었다. 공화춘이 영업을 중단한 시기에 누군가가 상표등록을 하였고, 이후 창업주의 후손들은 공화춘이라는 명칭을 사용할 수 없게 되었다. 여기서 상표등록은 상표법상의 등록을 말하는 것으로 출원을 통해 심사를 거쳐 이루어진다.

Ⅰ. 출 원

상표등록 출원이라 함은 자신이 사용하거나 사용하고자 하는 상표를 상표법상 등록받기 위하여 상표등록출원서를 작성하여 특허청장에게 제출하는 행위를 말한다. 상표등록을 받으려는 자는 상표등록출원서를 작성하여 특허청장에게 제출하여야 한다.[1]

1. 상표등록을 받으려는 자

자기의 상표를 등록받으려는 자는 국내에서 상표를 사용하거나 사용의 의사를 가지고 있어야 한다.[2] 이와 같은 상표의 사용 또는 사용의사 이외에 출원인은 행위능력과 권리능력을 갖추어야 한다.

(1) 행위능력

행위능력이라 함은 인간이 단독으로 완전·유효한 법률행위를 할 수 있는 지위 또는 자격을 말한다.[3] 상표출원인은 상표법에서 정한 절차를 수행하기 위해 행위능력을 가지고 있어야 한다.

행위능력은 자연인 또는 법인에게 인정된다. 그러나 자연인 중 미성년자, 피한정후견인 또는 피성년후견인은 행위능력이 없다. 미성년자, 피한정후견인 또는

---

[1] 상표법 제36조 제1항.
[2] 상표법 제3조 제1항.
[3] 다음백과(https://100.daum.net/encyclopedia/view/b24h3901a) 2019년 12월 19일 방문.

피성년후견인을 무능력자라고 한다.[4] 무능력자에 대해서는 행위능력이 인정되지 않는 바, 법정대리인을 통해서만 상표에 관한 절차를 밟을 수 있다. 따라서 무능력자는 법정대리인에 의해서만 상표등록에 관한 출원·청구, 그 밖의 상표에 관한 절차를 밟을 수 있다.[5]

(2) 권리능력

권리능력이라 함은 권리의 주체가 될 수 있는 지위나 자격을 말한다.[6] 상표출원인은 상표권을 부여받기 위해 권리능력을 가지고 있어야 한다.

권리능력은 자연인[7] 또는 법인[8]에게 인정된다. 그러나 자연인 중 외국인은 상표법에서 정한 일정한 경우[9]에만 상표권 또는 상표에 관한 권리를 누릴 수 있다. 외국인 가운데 우리나라에 주소나 영업소를 가지는 자는 상표법 제27조의 반대해석에 따라 우리나라에서 상표에 관한 권리능력이 당연히 인정된다.[10]

외국인 가운데 재외자(우리나라에 주소나 영업소를 가지지 않은 자)는 우리나라 국민에 대하여 상표에 관한 권리를 인정하는 국가의 국민이거나, 조약에 의하여 상표에 관한 권리가 인정되는 경우에만 우리나라에서 상표에 관한 권리능력이 인정된다. 즉 재외자인 외국인의 경우 ① 그 외국인이 속하는 국가에서 대한민국 국민에 대하여 그 국민과 같은 조건으로 상표권 또는 상표에 관한 권리를 인정하는 경우; ② 대한민국이 그 외국인에 대하여 상표권 또는 상표에 관한 권리를 인정하는 경우에는 그 외국인이 속하는 국가에서 대한민국 국민에 대하여 그 국민과 같은 조건으로 상표권 또는 상표에 관한 권리를 인정하는 경우; ③ 조약 및 이에 준하는 것(이하 "조약"이라 한다)에 따라 상표권 또는 상표에 관한 권리를 인정하는 경우에만 상표권 또는 상표에 관한 권리를 누릴 수 있다.

---

4) 특허청, 상표심사기준, 특허청 상표심사정책과, 2019년 1월, 10204면.
5) 상표법 제4조 제1항.
6) 다음백과(https://100.daum.net/encyclopedia/view/48XX12100970) 2019년 12월 19일 방문.
7) **자연인**은 출생에서 사망까지 당연히 법인격을 가지기 때문에 상표에 관하여도 권리 및 의무의 주체가 될 수 있다.
8) **법인**은 법률에 따라 법인격을 얻은 주체로서 설립등기를 한 때부터 해산등기를 할 때까지 법인격을 가지므로 상표에 관하여 자기의 이름으로 권리의무의 주체가 될 수 있다.
9) 상표법 제27조 각호.
10) 특허청, 상표심사기준, 특허청 상표심사정책과, 2019년 1월, 10203면.

2. 상표등록출원서

상표등록출원서는 상표법 제36조에서 명시하는 사항에 대해 작성한다. 특히 상표등록출원서 내용 중 상표와 지정상품에 관해서는 동법 제38조의 1상표 1출원 규정이 적용된다. 이와 같이 작성된 상표등록출원서를 특허청장에게 제출함에 있어서는 동법 제35조의 선출원 규정이 적용된다.

(1) 출원서 기재사항

상표등록을 받으려는 자는 상표법 제36조에 따라 상표등록출원서를 작성하여야 한다. 구체적으로 ① 출원인의 성명 및 주소; ② 출원인의 대리인이 있는 경우에는 그 대리인의 성명 및 주소나 영업소의 소재지; ③ 상표; ④ 지정상품 및 산업통상자원부령으로 정하는 상품류; ⑤ 그 밖에 산업통상자원부령으로 정하는 사항을 기재하여야 한다.[11] 또한 상표법 제36조 제1항 각 호의 사항 외에 상표법 시행규칙(산업통상자원부령)으로 정하는 바에 따라 그 표장에 관한 설명을 상표등록출원서에 기재하여야 한다.[12]

가. 출원인의 성명 및 주소

상표등록출원서에는 출원인의 성명 및 주소를 기재하여야 한다. 출원인의 대리인이 있는 경우에는 그 대리인의 성명 및 주소나 영업소의 소재지도 출원서에 기재하여야 한다.

나. 상 표

상표등록출원서에는 지정상품에 사용할 상표의 견본, 상표에 대한 설명서를 첨부하여야 한다.[13] 상표견본은 상표법 시행규칙 제29조 제2항 각 호의 구분에 따른 도면 또는 사진으로 작성한다.

다. 지정상품 및 상품류

상표등록출원서에는 등록을 받으려는 상표가 사용 또는 사용될 지정상품 및 그에 따라 산업통상자원부령으로 정하는 상품류를 기재하여야 한다. 산업통상자원부령으로 정하는 상품류라 함은 상표법 시행규칙 별표 1에 따른 상품류를 말

---

11) 상표법 제36조 제1항.
12) 상표법 제36조 제2항.
13) 상표법 시행규칙 제28조 제2항 제1호 내지 제2호.

한다.[14)]

예를 들어 스웨터, 셔츠를 지정상품으로 상표등록 출원을 하였다고 가정하자. 상표법 시행규칙 별표 1에 따르면 스웨터, 셔츠의 상품류는 제25류로 분류되어 있다. 따라서 지정상품은 스웨터, 셔츠라 기재하고 상품류는 제25류라 기재한다.

라. 그 밖의 산업통상자원부령으로 정하는 사항

상표등록을 받으려는 자는 상표법 제36조 제1항 각 호에서 열거하는 출원서 기재사항 이외에도 상표법 시행규칙 제28조에서 정하는 사항을 기재하여야 한다.[15)] 또한 상표법 시행규칙 제29조에서 정하는 바에 따라 그 표장에 관한 설명을 상표등록출원서에 기재하여야 한다.[16)]

(2) 1상표 1출원

상표등록출원을 하려는 자는 상품류의 구분에 따라 1류 이상의 상품을 지정하여 1상표마다 1출원을 하여야 한다.[17)] 1상표 1출원은 상표의 실체적 등록요건에 해당하는 것은 아니지만 출원 및 등록 관리 및 심사의 효율성 등 절차상의 편의를 위하여 도입된 제도이다.[18)]

가. 상표마다 출원

상표법 제38조에 따라 동일인이 1개의 동일한 상표를 2 이상 중복하여 출원하거나 2개의 다른(유사 포함) 상표를 1개로 출원하는 것은 허용되지 않는다.

나. 상품의 지정

하나의 상표에 1개의 상품류에 속하는 다수의 상품을 기재하여 출원하거나, 다수의 상품류에 속하는 다수의 상품을 지정하여 출원할 수 있다.

(3) 선출원

선출원 제도는 동일 또는 유사한 상표에 대하여 하나의 상표만 존재하도록 함으로써 상품출처의 오인 또는 혼동을 방지하기 위한 제도이다.[19)] 따라서 둘

---

14) 상표법 시행규칙 제28조 제1항.
15) 상표법 제36조 제1항 제5호.
16) 상표법 제36조 제2항.
17) 상표법 제38조 제1항.
18) 특허청, 상표심사기준, 특허청 상표심사정책과, 2019년 1월, 20501면.
19) 특허청, 상표심사기준, 특허청 상표심사정책과, 2019년 1월, 52302면.

이상의 상표등록출원이 경합하는 경우에는 상표법 제35조에 의해 하나의 상표만
이 상표등록을 받을 수 있다.

가. 다른 날에 둘 이상 출원이 경합하는 경우

동일·유사한 상품에 사용할 동일·유사한 상표에 대하여 다른 날에 둘 이상
의 상표등록출원이 있는 경우에는 먼저 출원한 자만이 그 상표를 등록받을 수
있다.[20]

나. 같은 날에 둘 이상 출원이 경합하는 경우

동일·유사한 상품에 사용할 동일·유사한 상표에 대하여 같은 날에 둘 이상
의 상표등록출원이 있는 경우에는 출원인의 협의에 의하여 정하여진 하나의 출
원인만이 그 상표에 관하여 상표등록을 받을 수 있다.[21][22] 협의가 성립하지 아
니하거나 협의를 할 수 없는 때에는 특허청장이 행하는 추첨에 의하여 결정된
하나의 출원인만이 상표등록을 받을 수 있다.[23]

다. 포기 등이 된 상표등록출원의 선출원 지위

상표등록출원이 ① 포기 또는 취하된 경우; ② 무효로 된 경우; ③ 제54조에
따른 상표등록거절결정 또는 거절한다는 취지의 심결이 확정된 경우 그 상표등
록출원은 선출원 여부를 적용할 때에 처음부터 없었던 것으로 본다.[24]

라. 관련 판례 – 대법원 1990. 3. 27. 선고 89후971,988,995,1004 판결

본 판례에는 상표권자 A와 A의 상표등록에 대한 무효를 주장한 B가 등장한
다. A는 본 건 등록상표 Roadster를 상품류 구분 제39류의 카세트테이프 레코
더, 자동차용 라디오, 카세트테이프 플레이어 등을 지정상품으로 1985년 10월
21일에 상표등록 출원을 하여 1986년 12월 24일에 상표등록을 받았다. B는 영
문 Roadster와 도형이 결합된 인용상표를 상품류 구분 제39류의 카세트테이프
레코더, 자동차용 라디오, 카세트테이프 플레이어 등을 지정상품으로 1985년 1

---

20) 상표법 제35조 제1항.
21) 상표법 제35조 제2항.
22) 이 경우 특허청장은 출원인에게 기간을 정하여 협의의 결과를 신고할 것을 명하고, 그 기간 내에
   신고가 없는 경우 협의는 성립되지 아니한 것으로 본다(상표법 제35조 제4항).
23) 상표법 제35조 제2항.
24) 상표법 제35조 제3항.

월 8일에 상표등록 출원을 하였으나 1985년 11월 4일에 거절결정이 되어 1987년 7월 7일에 거절결정이 확정되었다. 1987년 4월 27일, B는 상표등록 무효심판을 청구하고 A의 본 건 등록상표가 B의 선출원 상표인 인용상표와의 관계에서 선출원 주의를 위반하여 등록되었다는 이유로 그 등록 무효를 주장하였다.

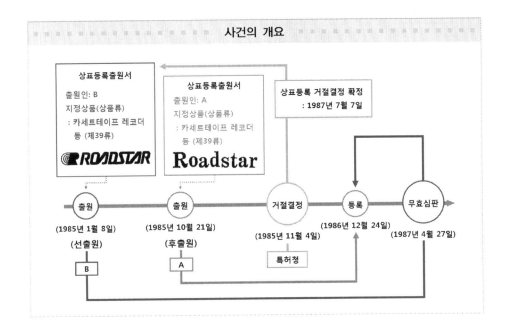

(가) B의 주장

B는 "본 건 등록상표 Roadster는 그 등록시점에 영문 Roadster와 도형이 결합된 인용상표가 선출원되어 출원 중에 있었으므로 상표법 제35조 제1항('제35조 제1항'은 현행 상표법(법률 제18817호)으로 수정하여 표시한 것이다. 이하 같다.)의 규정에 위반되어 등록된 것인 바 그 등록이 무효되어야 한다."25)고 주장하였다. 본 건 등록상표 Roadster는 상품류 구분 제39류의 카세트테이프 레코더, 자동차용 라디오, 카세트테이프 플레이어 등을 지정상품으로 1985년 10월 21일에 상표등록 출원되었다. 영문 Roadster와 도형이 결합된 인용상표는 상품류 구분 제39류의 카세트테이프 레코더, 자동차용 라디오, 카세트테이프 플레이어 등을 지정상품으로 1985년 1월 8일에 상표등록 출원되었다. 동일·유사한 상품에 사용할 동

---

25) 항고심판소 1989. 5. 18. 87항당293,294,295,300 심결.

일·유사한 상표에 대하여 다른 날에 둘 이상의 상표등록출원이 있는 경우에는 먼저 출원한 자만이 그 상표를 등록받을 수 있다.[26] 본 건 등록상표는 인용상표와의 관계에서 후출원 상표에 해당하여 그 등록의 무효를 주장한다는 것이다.

(나) 상표권자 A의 주장

A는 "선출원상표인 인용상표는 1987년 7월 7일에 거절결정이 확정되었으므로 상표법 제35조 제3항('제35조 제3항'은 현행 상표법(법률 제18817호)으로 수정하여 표시한 것이다. 이하 같다.)의 규정에 의거 동법 제35조 제1항의 적용에 있어서는 처음부터 없었던 것으로 간주되는 바, 본 건 등록상표는 무효가 아니다."[27]고 주장하였다. 선출원상표인 인용상표는 1987년 7월 7일에 거절결정이 확정되었다. 상표등록출원이 상표등록거절결정 또는 거절한다는 취지의 심결이 확정된 경우에는 그 상표등록출원은 상표법 제35조 제1항 및 제2항을 적용할 때에 처음부터 없었던 것으로 본다.[28] 인용상표는 선출원 규정의 적용과 관련하여 처음부터 없었던 것으로 간주되므로 본 건 등록상표는 인용상표와의 관계에서 후출원 상표에 해당하지 않는다는 것이다.

(다) 대법원의 판단[29]

"동일·유사한 상품에 사용할 동일·유사한 상표에 대하여 다른 날에 둘 이상의 상표등록출원이 있는 경우에는 먼저 출원한 자만이 그 상표를 등록받을 수 있다.[30] 그러나 상표등록출원이 상표등록거절결정 또는 거절한다는 취지의 심결이 확정된 경우에는 그 상표등록출원은 상표법 제35조 제1항(현행 상표법으로 수정 표시: 저자 주) 및 제2항을 적용할 때에 처음부터 없었던 것으로 본다.[31] 본 건 등록상표보다 선출원된 인용상표가 본 건 등록상표의 등록시점에서 선출원의 지위를 가지고 있었다고 하더라도 본 건 등록상표의 무효심판청구에 대한 원심결 이전에 인용상표에 대한 거절결정이 확정되었다면 상표법 제35조 제3항(현행 상표법으로 수정 표시: 저자 주)의 규정에 의하여 그 선출원의 지위는 처음부터 잃

---

26) 상표법 제35조 제1항.
27) 항고심판소 1989. 5. 18. 87항당293,294,295,300 심결.
28) 상표법 제35조 제3항.
29) 대법원 1990. 3. 27. 선고 89후971,988,995,1004 판결.
30) 상표법 제35조 제1항.
31) 상표법 제35조 제3항.

게 된다. 따라서 본 건 등록상표는 등록시점에 있어서 상표법 제35조 제1항이 정하는 인용상표에 의한 최선출원이라는 장해가 해소되어 그 등록의 효력에는 영향을 받지 않는다. 인용상표는 1987년 7월 7일에 거절결정이 확정되어 그 선출원의 지위는 처음부터 잃게 되었으니 본 건 등록상표는 등록시점에 있어서 인용상표와의 관계에서 상표법 제35조 제1항이 정하는 최선출원이라는 장해가 해소되어 그 등록의 효력에는 영향을 받지 않는다.”

Ⅱ. 심 사

출원인이 상표등록출원서를 작성하여 특허청장에 제출한 경우 이에 대한 심사를 하게 된다. 상표등록출원에 따른 심사로는 방식심사와 실체심사가 있다.

1. 방식심사

방식심사란 상표법에서 규정하고 있는 출원인, 대리인의 절차능력, 제출된 서류의 기재방식 및 첨부서류, 수수료 납부사항 등 절차의 흠결 유무를 점검하는 것을 말한다.[32] 방식심사 결과 별다른 하자가 없는 경우 그 상표등록출원서는 수리[33]된다. 방식심사는 특허청 출원과에서 특허청장 명의로 수행한다.[34]

(1) 출원일의 인정

상표등록출원에 관한 출원서가 특허청장에게 도달한 날을 상표등록출원일로 한다. 다만 상표등록출원에 상표법 제37조 제1항 각 호에서 정하는 상표등록출원서와 관련된 중대한 하자가 존재하는 경우 그러하지 아니하다.[35]

가. 출원서에 중대한 하자가 있는 경우

상표등록출원서의 중대한 하자라 함은 ① 상표등록을 받으려는 취지가 명확하게 표시되지 아니한 경우; ② 출원인의 성명이나 명칭이 적혀 있지 아니하거나 명확하게 적혀 있지 아니하여 출원인을 특정할 수 없는 경우; ③ 상표등록출

---

32) 특허청, 2020 출원 방식심사 지침서, 특허청 정보고객지원국 출원과, 2020년 10월, 45면.
33) 수리라 함은 타인의 행위를 유효한 행위로서 수령하는 것을 말한다.
34) 특허청, 2020 출원 방식심사 지침서, 특허청 정보고객지원국 출원과, 2020년 10월, 45면.
35) 상표법 제37조 제1항.

원서에 상표등록을 받으려는 상표가 적혀 있지 아니하거나 적힌 사항이 선명하지 아니하여 상표로 인식할 수 없는 경우; ④ 지정상품이 적혀 있지 아니한 경우; ⑤ 한글로 적혀 있지 아니한 경우를 말한다.[36]

(가) 절 차

상표등록출원에 출원일의 인정과 관련된 중대한 하자가 있는 경우 바로 당해 출원을 반려하지 않고 보완명령을 통지하여 출원인 등으로 하여금 하자가 있는 서류만을 보완할 수 있도록 적절한 기간을 정하여 보완할 것을 명한다.[37] 상표등록출원에 대한 보완을 명하려는 경우 특허청장은 1개월 이내의 기간을 정하여 절차보완명령서를 상표등록출원인에게 송부하여야 한다.[38] 보완명령을 받은 자가 상표등록출원을 보완하는 경우에는 절차보완서를 제출하여야 한다.[39]

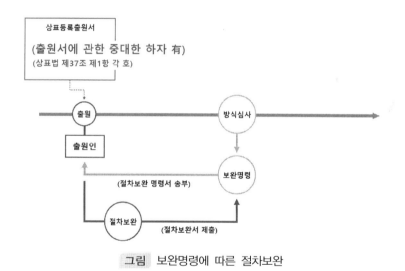

그림 보완명령에 따른 절차보완

(나) 처 리

보완명령을 받은 자가 지정된 기간 내에 상표등록출원을 보완한 경우에는 그 절차보완서가 특허청에 도달한 날을 상표등록출원일로 본다.[40] 그러나 보완명령

---

36) 상표법 제37조 제1항 각호.
37) 상표법 제37조 제2항.
38) 상표법 시행규칙 제31조 제1항.
39) 상표법 제37조 제3항.
40) 상표법 제37조 제4항.

을 받은 자가 지정된 기간 내에 보완을 하지 아니한 경우 특허청장은 그 상표등록출원을 부적합한 출원으로 보아 반려할 수 있다.[41] 상표등록출원을 반려하려는 경우에는 상표등록출원서를 제출한 출원인 등에게 반려이유 등을 적은 서면을 송부하여야 한다.[42]

나. 출원 시의 특례

우리 상표법은 파리협약 제11조 규정을 이행하기 위해 출원 시의 특례를 도입하여 운영하고 있다.[43] 이에 따라 상표등록을 받을 수 있는 자가 박람회에 출품한 상품에 사용한 상표를 박람회에 출품한 그 상품을 지정상품으로 하여 상표등록출원을 한 경우에는 그 상표등록출원은 그 출품을 한 때에 출원한 것으로 본다.[44] 정부 또는 지방자치단체가 개최하는 박람회, 정부 또는 지방자치단체의 승인을 받은 자가 개최하는 박람회, 정부의 승인을 받아 국외에서 개최하는 박람회, 조약당사국의 영역(領域)에서 그 정부나 그 정부로부터 승인을 받은 자가 개최하는 국제박람회에 대하여 상표법 제47조에서 규정하는 출원 시의 특례가 적용된다.[45]

(가) 절 차

출원 시의 특례를 적용받기 위해서는 상표등록을 받을 수 있는 자가 박람회에 출품한 상품에 사용한 상표를 그 출품일부터 6개월 이내에 그 상품을 지정상품으로 하여 상표등록출원을 하여야 한다.[46] 상표등록출원 시 그 취지를 적은 상표등록출원서를 특허청장에게 제출하고, 이를 증명할 수 있는 서류를 상표등록출원일부터 30일 이내에 특허청장에게 제출하여야 한다.[47]

---

41) 상표법 제37조 제5항.
42) 상표법 시행규칙 제25조 제2항.
43) 파리협약 제11조에서는 동맹국의 영역 내에서 개최되는 공식적 또는 공식적으로 인정된 국제 박람회에 출품된 상품에 대하여 각국의 국내법령에 따라 상표에 대한 임시보호를 부여하도록 규정하고 있다. 이는 박람회에 출품된 상품에 사용한 상표에 대해서는 일정기간 동안 선출원주의의 예외를 인정함으로써 박람회의 권위와 박람회에 출품한 자를 보호하기 위하여 마련된 제도이다(특허청, 상표심사기준, 특허청 상표심사정책과, 2019년 1월, 20702면).
44) 상표법 제47조 제1항.
45) 상표법 제47조 제1항 각 호.
46) 상표법 제47조 제1항.
47) 상표법 제47조 제2항.

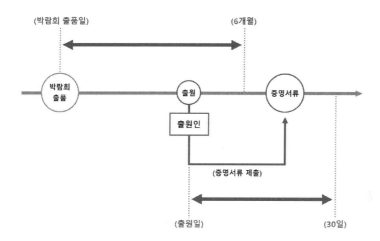

그림 출원 시의 특례를 적용받기 위한 절차

(나) 처 리

출원 시의 특례 주장이 인정되는 경우 상표등록출원은 해당 박람회에 상품을 출품한 때에 출원한 것으로 본다.[48] 그러나 출원 시의 특례 주장을 불인정하는 경우에는 출원일에 출원한 것으로 보고 심사한다. 이 경우 출원인에게 출원 시의 특례 불인정예고통지서를 발송하고 의견제출 기회를 주어야 한다. 출원인의 의견 제출이나 보정이 없는 경우 출원 시의 특례 불인정확정통지를 한다.[49]

(2) 출원번호통지서의 송부

상표등록출원인이 제출한 상표등록출원서를 수리하는 경우 특허청장은 그 상표등록출원번호 및 상표등록출원일을 적은 상표등록출원번호통지서를 상표등록출원인에게 송부하여야 한다.[50]

그림 출원서를 수리하는 경우의 절차

---

48) 상표법 제47조 제1항.
49) 특허청, 상표심사기준, 특허청 상표심사정책과, 2019년 1월, 20704면.
50) 상표법 시행규칙 제30조.

2. 실체심사

방식심사 결과 상표등록출원서에 하자가 없는 경우 그 상표등록출원서에 대한 실체심사가 진행된다. 실체심사란 심사관에 의해[51] 상표등록출원서의 실체적 내용을 심사하는 것을 말한다.[52] 심사관은 실체심사 결과에 따라 상표등록거절 또는 출원공고 결정을 하게 된다.

(1) 상표등록의 거절

상표등록출원이 상표법 제54조 각 호에서 정하는 상표등록 거절이유의 어느 하나에 해당하는 경우 심사관은 상표등록거절결정을 한다. 이 경우 상표등록출원의 지정상품 일부가 상표등록 거절이유의 어느 하나에 해당하는 경우에는 그 지정상품에 대하여만 상표등록거절결정을 하여야 한다.[53]

가. 거절의 이유

상표법 제54조는 각 호에서 상표등록의 거절사유에 대하여 열거하고 있다. 상표법 제54조 각 호에 명시된 상표등록의 거절사유는 제출된 상표등록출원서 자체만으로 존재 여부가 판단되는 거절사유와 다른 표장 등과의 관계에 따라 출원상표에 존재하는 거절사유의 두 가지 유형으로 나뉜다.

(가) 제출된 상표등록출원서만으로 판단되는 거절이유

상표등록 거절이유 중에는 제출된 상표등록출원서 자체에 대한 심사만으로 거절이유가 존재하는지 여부가 판단되는 유형이 있다. 구체적으로 상표법 제2조 제1항에 따른 상표의 정의에 맞지 아니하는 경우[54]와 상표등록을 받을 수 있는 자(제3조), 외국인의 권리능력(제27조), 상표등록의 요건(제33조), 1상표 1출원(제38조 제1항), 출원의 승계 및 분할이전 등(제48조 제2항 후단, 제4항, 제6항부터 제8항), 상표등록을 받을 수 없는 상표(제34조) 중 일부[55] 등의 경우를 말한다.

---

51) 특허청장은 심사관에게 상표등록출원 및 이의신청을 심사하게 한다(상표법 제50조 제1항).
52) 일정한 자격과 전문적인 지식을 갖춘 심사관을 통해 심사업무를 수행하도록 함으로써 직무의 독립성과 심사의 정확성·공정성을 확보할 수 있도록 하기 위한 것이다(특허청, 상표심사기준, 특허청 상표심사정책과, 2019년 1월, 60105면).
53) 상표법 제54조.
54) 상표법 제54조 제1호.
55) 상표법 제54조 제3호.

ㄱ. 판 단

본 유형은 상표등록 여부를 결정함에 있어 제출된 상표등록출원서 자체만을 심사하여 등록거절 이유가 존재하는지 여부가 판단된다.

ㄴ. 관련 판례 - 대법원 2015. 1. 29. 선고 2014후2283 판결

본 판례에는 상표출원인 A, 특허청이 등장한다. A는 본 건 출원상표인 서울대 학교를 상품류 구분 제5류의 유아용 식품, 유아용 분유 등을 지정상품으로 2011 년 12월 22일에 상표등록 출원을 하였다. 이에 대하여 특허청은 A가 출원한 본 건 출원상표인 서울대학교가 상표법 제33조 제1항 제4호 및 제7호('제33조 제1항 제4호 및 제7호'는 현행 상표법(법률 제18817호)으로 수정하여 표시한 것이다. 이하 같 다.)에 해당한다는 이유로 상표등록을 거절하였다. 2013년 6월 21일, A는 상표등 록 거절결정 불복심판을 청구하고 특허청의 상표등록 거절결정에 대한 취소를 주 장하였다.

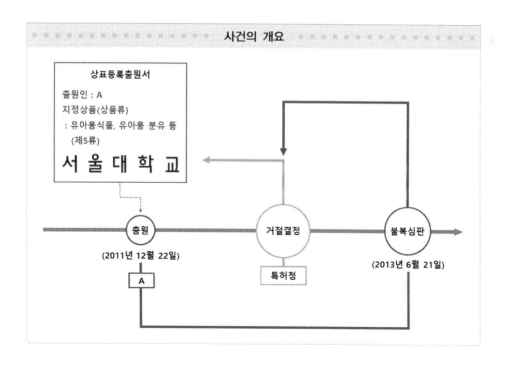

(ㄱ) 특허청의 주장

특허청은 "본 건 출원상표는 현저한 지리적 명칭으로 된 서울과 단순히 학교의 종류를 지칭하는 대학교로 구성된 표장으로, 수요자가 누구의 업무와 관련된 상품을 표시하는 상표인지를 식별할 수 없으므로 상표법 제33조 제1항 제4호 및 제7호에 해당하여 등록받을 수 없다."[56]라고 주장하였다. 본 건 출원상표는 서울대학교라고 하는 문자로 구성된 상표이다. 현저한 지리적 명칭으로 된 서울과 학교의 종류를 지칭하는 대학교로 구성된 표장으로 식별력이 인정되지 않는다. 본 건 등록상표는 식별력이 없으므로 상표법 제33조 제1항 제4호 및 제7호에 해당하여 등록받을 수 없다는 것이다.

(ㄴ) 상표출원인 A의 주장

A는 "본 건 출원상표는 서울과 대학교가 불가분적으로 결합된 표장으로 이를 분리 관찰하는 것은 타당하지 아니하고, 서울에 소재하는 대학이 아닌 서울에 위치하는 국내 최고의 대학으로 인식되어 출처표시기능을 하는 바, 상표법 제33조 제1항 제4호 및 제7호에 해당하지 않는다."[57]고 주장하였다. 본 건 출원상표 서울대학교는 서울과 대학교가 불가분적으로 결합된 표장이다. 수요자는 본 건 출원상표인 서울대학교를 서울에 위치하는 국내 최고의 대학으로 인식하고 있어 그 식별력이 인정되는 상표이다. 본 건 등록상표는 식별력이 인정되는 것으로 상표법 제33조 제1항 제4호 및 제7호에 해당하지 않는다는 것이다.

(ㄷ) 대법원의 판단[58]

"상표법 제33조 제1항 제4호는 현저한 지리적 명칭·그 약어 또는 지도만으로 된 상표는 등록을 받을 수 없다고 규정하고 있다. 이와 같은 상표는 그 현저성과 주지성 때문에 상표의 식별력을 인정할 수 없어 어느 특정 개인에게만 독점사용권을 부여하지 않으려는 데 그 규정의 취지가 있다. 특히 상표법 제33조 제1항 제4호의 규정은 현저한 지리적 명칭 등이 다른 식별력 없는 표장과 결합되어 있는 경우에도 적용될 수 있다. 그러나 현저한 지리적 명칭과 다른 표장의 결합에 의하여 본래의 현저한 지리적 명칭 등을 떠나 새로운 관념을 낳거나 새

---

56) 특허심판원 2014. 2. 10. 2013원4612 심결.
57) 특허심판원 2014. 2. 10. 2013원4612 심결.
58) 대법원 2015. 1. 29. 선고 2014후2283 판결.

로운 식별력을 형성하는 경우에는 위 법조항의 적용이 배제된다. 본 건 출원상표 서울대학교는 현저한 지리적 명칭인 서울과 흔히 있는 명칭인 대학교가 불가분적으로 결합됨에 따라, 단순히 서울에 있는 대학교라는 의미가 아니라 서울특별시 관악구 등에 소재하고 있는 국립종합대학교라는 새로운 관념이 일반 수요자나 거래자 사이에 형성되어 충분한 식별력을 가지므로 상표법 제33조 제1항 제4호, 제7호(현행 상표법으로 수정 표시: 저자 주)에 모두 해당하지 아니하여 상표등록출원서에 기재된 각 지정상품에 대한 상표등록이 허용되어야 한다. 상표법 제33조 제1항 제4호, 제7호에 해당하지 아니하는 이상, 상표법 제33조 제2항(현행 상표법으로 수정 표시: 저자 주)에 의하여 각 지정상품에 대하여 개별적으로 사용에 의한 식별력을 취득하였는지 여부를 별도로 따질 필요가 없다."

(나) 다른 표장 등과의 관계에 따라 판단되는 거절이유

상표등록 거절이유 중에는 다른 표장 등과의 관계를 심사하여 출원상표에 거절이유가 존재하는지 여부가 판단되는 유형이 있다. 구체적으로 상표법 제35조(선출원), 상표등록을 받을 수 없는 상표(제34조) 중 일부[59] 등의 경우를 말한다.

ㄱ. 판 단

본 유형은 상표등록 여부를 결정함에 있어 다른 표장 등과의 관계를 볼 때 출원상표에 등록거절 이유가 존재하는지 여부가 판단된다.

ㄴ. 관련 판례 - 대법원 2006. 6. 27. 선고 2004후2895 판결

본 판례에는 상표출원인 A, 특허청이 등장한다. A는 본 건 출원상표를 상품류 구분 제5류의 고양이과 동물용 백신을 지정상품으로 2002년 3월 12일에 상표등록 출원을 하였다. 이에 대하여 특허청은 A가 출원한 상표가 상표법 제35조('제35조'는 현행 상표법(법률 제18817호)으로 수정하여 표시한 것이다. 이하 같다.) 규정과 관련한 후출원에 해당한다는 이유로 상표등록을 거절하였다. 2003년 9월 8일, A는 상표등록 거절결정 불복심판을 청구하고 특허청의 상표등록 거절결정에 대한 취소를 주장하였다.

---

59) 상표법 제54조 제3호.

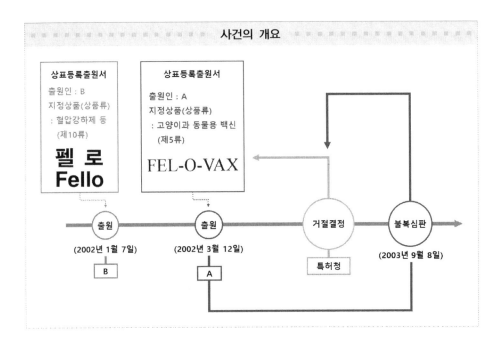

(ㄱ) 특허청의 주장

특허청은 "본 건 출원상표는 지정상품과 관련하여 볼 때 타인의 선출원상표인 인용상표와 외관, 칭호가 유사하여 일반 수요자나 거래자로 하여금 상품에 관한 출처의 오인·혼동을 일으키게 할 우려가 크다는 이유로 상표법 제35조의 규정을 적용하여 그 등록을 거절하였다."[60]라고 주장하였다. 본 건 출원상표는 지정상품과 관련하여 볼 때 타인의 선출원상표인 인용상표와 외관, 칭호가 유사하다. 동일·유사한 상품에 사용할 동일·유사한 상표에 대하여 다른 날에 둘 이상의 상표등록출원이 있는 경우에는 먼저 출원한 자만이 그 상표를 등록받을 수 있다.[61] 타인의 선출원상표인 인용상표와의 관계에서 본 건 출원상표는 후출원상표에 해당하므로 상표법 제35조의 규정을 적용하여 그 등록을 거절하였다는 것이다.

(ㄴ) 상표출원인 A의 주장

A는 "양 상표는 국문자의 유무 및 영문자의 수 등 전체적인 구성에서 외관이

---

60) 특허심판원 2004. 3. 2. 2003원3506 심결.
61) 상표법 제35조 제1항.

다르고 칭호도 '펠오박스'와 '펠로'로 달라 서로 비유사하고 지정상품도 동물용약제와 인체용약제로 다르므로 양 상표가 서로 공존한다 하더라도 일반 수요자의 상품출처에 관한 오인·혼동을 일으킬 우려가 없다."[62]고 주장하였다. 본 건 등록상표와 인용상표는 표장과 그 지정상품이 서로 상이하여 양 상표는 서로 비유사하다. 본 건 등록상표와 인용상표는 서로 비유사한 관계에 있으므로 상표법 제35조가 적용되지 않는다는 것이다.

(ㄷ) 대법원의 판단[63]

"상표는 자타 상품을 식별시켜 상품출처의 오인·혼동을 방지하기 위해 사용하는 것으로서 그 기능은 통상 상표를 구성하는 전체가 일체로 되어 발휘하게 되는 것이므로 상표를 전체로서 관찰하여 그 외관, 호칭, 관념을 비교 검토함으로써 판단하여야 하는 것이 원칙이다. 그러나 상표를 전체적으로 관찰하는 경우에도 그 중에서 일정한 부분이 특히 수요자의 주의를 끌기 쉬운 경우에는 전체적 관찰과 병행하여 상품표지를 기능적으로 관찰하고, 그 중심적 식별력을 가진 요부를 추출하여 두 개의 상품표지를 대비함으로써 유사 여부를 판단하는 것이 적절한 전체관찰의 결론을 유도하기 위한 수단으로 필요하다. 지정상품을 고양이과 동물용 백신으로 하고 FEL-O-VAX로 구성된 본 건 출원상표의 VAX 부분은 그 한글음역인 박스와 더불어 의약업계 분야에서 백신제품 이름의 말미에 덧붙여져 백신을 나타내는 뜻으로 널리 사용되는 관용어라고 볼 소지가 충분히 있고, 그 지정상품과 관련하여 보더라도 일반 수요자 및 거래자들이 백신(vaccine)을 나타내는 약어 내지는 이와 관련 있는 표시라고 쉽게 인식할 수 있다. 본 건 출원상표 중 VAX 부분은 식별력이 없거나 미약하여 요부가 될 수 없고, FEL-O- 부분만이 요부가 된다. 따라서 본 건 출원상표의 FEL-O- 부분은 지정상품을 혈압강하제, 순환기용약제 등으로 하고 펠로(Fello)로 구성된 선출원상표와 그 호칭이 유사하여 양 상표가 동일 또는 유사한 지정상품에 함께 사용되는 경우 일반 수요자나 거래자로 하여금 상품출처에 관하여 오인·혼동을 일으키게 할 염려가 있으므로, 본 건 출원상표는 선출원상표와 유사하다."

---

62) 특허심판원 2004. 3. 2. 2003원3506 심결.
63) 대법원 2006. 6. 27. 선고 2004후2895 판결.

나. 절 차

상표등록거절결정을 하려는 경우 심사관은 출원인에게 미리 거절이유를 통지하여야 한다.[64]

(가) 거절이유의 통지

거절이유의 통지는 거절이유를 명시한 거절이유통지서를 출원인에게 송달하는 방식으로 한다.[65] 거절이유를 통지하는 경우에는 지정상품별로 거절이유와 근거를 구체적으로 적어야 한다.[66]

(나) 의견서 제출기회 부여

거절이유를 통지받은 출원인은 산업통상자원부령으로 정하는 기간 내에 거절이유에 대한 의견서를 제출할 수 있다.[67][68] 의견서를 제출하려는 경우 출원인은 의견서에 의견내용을 증명하는 서류 1부, 대리인에 의하여 절차를 밟는 경우에는 그 대리권을 증명하는 서류 1부를 첨부하여 특허청장에게 제출하여야 한다.[69]

(다) 상표등록거절결정

출원인에게 통지된 거절이유가 해소되지 않은 경우 상표등록거절결정을 하게 된다. 상표등록거절결정은 서면으로 하여야 하며, 그 이유를 붙여야 한다.[70] 상표등록거절결정이 있는 경우 특허청장은 그 결정의 등본을 출원인에게 송달하여야 한다.[71]

거절결정은 사전에 통지한 거절이유통지서상에 명시한 거절이유에 한하여 할 수 있다. 새로운 거절이유가 발견된 경우에는 반드시 재차 거절이유를 통지하여 출원인에게 의견서를 제출할 수 있는 기회를 주어야 한다.[72]

---

64) 상표법 제55조 제1항.
65) 특허청, 상표심사기준, 특허청 상표심사정책과, 2019년 1월, 60109면.
66) 상표법 제55조 제2항.
67) 상표법 제55조 제1항.
68) 산업통상자원부령으로 정하는 기간이란 2개월 이내에서 심사관이 정하는 기간을 말한다(상표법 시행규칙 제50조 제2항).
69) 상표법 시행규칙 제50조 제3항.
70) 상표법 제69조 제1항.
71) 상표법 제69조 제2항.
72) 특허청, 상표심사기준, 특허청 상표심사정책과, 2019년 1월, 60109면.

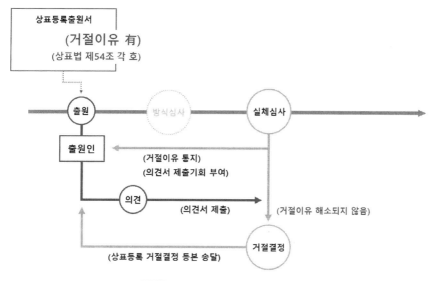

그림 상표등록거절결정의 절차

(2) 출원공고

상표등록출원에 대하여 거절이유를 발견할 수 없는 경우[73] 심사관은 출원공고결정을 하여야 한다.[74][75]

가. 절 차

출원공고결정이 있을 경우 특허청장은 그 결정의 등본을 출원인에게 송달하고 그 상표등록출원에 관하여 상표공보에 게재하여 출원공고를 하여야 한다.[76] 특허청장은 출원공고를 한 날부터 2개월간 상표등록출원 서류 및 그 부속서류를 특허청에서 일반인이 열람할 수 있게 하여야 한다.[77] 출원공고일은 상표등록출원이 상표공보에 게재된 날로 한다.[78]

---

73) 일부 지정상품에 대하여 거절이유가 있는 경우에는 그 지정상품에 대한 거절결정이 확정된 경우를 말한다.

74) 상표법 제57조 제1항.

75) 다만, ① 출원공고결정의 등본이 출원인에게 송달된 후 그 출원인이 출원공고된 상표등록출원을 제45조에 따라 둘 이상의 상표등록출원으로 분할한 경우로서 그 분할출원에 대하여 거절이유를 발견할 수 없는 경우; ② 제54조에 따른 상표등록거절결정에 대하여 취소의 심결이 있는 경우로서 해당 상표등록출원의 지정상품에 대하여 이미 출원공고된 사실이 있고 다른 거절이유를 발견할 수 없는 경우의 어느 하나에 해당하는 경우에는 출원공고결정을 생략할 수 있다(상표법 제57조 제1항 각 호).

76) 상표법 제57조 제2항.

77) 상표법 제57조 제3항.

그림 출원공고 절차

나. 출원공고 후 거절이유를 발견한 경우

출원공고 후 거절이유를 발견한 경우 심사관은 직권으로 상표법 제54조에 따른 상표등록거절결정을 할 수 있다.[79] 상표등록거절결정을 하려는 경우 심사관은 출원인에게 미리 거절이유를 통지하여야 한다.[80] 이 경우 출원인은 산업통상자원부령으로 정하는 기간 내에 거절이유에 대한 의견서를 제출할 수 있다.[81]

III. 등 록

적법하게 출원공고가 이루어진 상표등록출원 또는 출원공고를 하지 않아도 되는 상표등록출원을 대상으로 상표등록결정을 한다.[82]

1. 등록결정

상표등록출원에 대하여 거절이유를 발견할 수 없는 경우[83] 심사관은 상표등록결정을 하여야 한다.[84] 상표등록결정은 서면으로 하여야 하며, 그 이유를 붙여야 한다.[85] 상표등록결정이 있는 경우 특허청장은 그 결정의 등본을 출원인에게 송달하여야 한다.[86]

상표등록결정이 있는 경우 그 출원상표에 대하여 상표권의 설정등록 등을 받으려는 자는 상표등록료를 내야 한다.[87][88] 상표등록료를 내지 아니한 경우에는

---

78) 상표법 시행규칙 제100조 제1항.
79) 상표법 제67조 제1항.
80) 상표법 제55조 제1항.
81) 상표법 제55조 제1항.
82) 특허청, 상표심사기준, 특허청 상표심사정책과, 2019년 1월, 60108면.
83) 일부 지정상품에 대하여 거절이유가 있는 경우에는 그 지정상품에 대한 거절결정이 확정된 경우를 말한다.
84) 상표법 제68조.
85) 상표법 제69조 제1항.
86) 상표법 제69조 제2항.

상표등록출원인이 상표등록출원을 포기한 것으로 간주한다.[89) 둘 이상의 지정상품이 있는 상표등록출원에 대한 상표등록결정을 받은 자[90)가 상표등록료를 낼 때에는 지정상품별로 상표등록을 포기할 수 있다.[91) 이에 따라 지정상품의 일부에 대한 상표등록을 포기하려는 자는 「특허권 등의 등록령 시행규칙」 별지 제25호서식의 납부서에 그 취지를 적어 특허청장에게 제출하여야 한다.[92)

2. 설정등록

상표권의 설정등록을 받으려는 자가 상표등록료를 낸 경우 특허청장은 상표권을 설정하기 위한 등록을 하여야 한다.[93) 상표권의 설정등록을 하였을 경우 특허청장은 산업통상자원부령으로 정하는 바에 따라 상표권자에게 상표등록증을 발급하여야 한다.[94) 상표등록증이 상표원부나 그 밖의 서류와 맞지 아니할 경우 특허청장은 신청에 의하여 또는 직권으로 상표등록증을 회수하여 정정발급하거나 새로운 상표등록증을 발급하여야 한다.[95)

3. 등록공고

상표등록출원이 설정등록된 경우 특허청장은 상표권자의 성명·주소 및 상표등록번호 등 대통령령으로 정하는 사항을 상표공보에 게재하여 등록공고를 하여야 한다.[96) 상표등록공고일은 상표권이 상표공보에 게재된 날로 한다.[97)

---

87) 상표법 제72조 제1항.
88) 이와 관련하여 이해관계인은 상표등록료를 내야 할 자의 의사와 관계없이 상표등록료를 낼 수 있다(상표법 제72조 제2항).
89) 상표법 제75조 제1호.
90) 상표법 제73조 제1항 제1호.
91) 상표법 제73조 제1항.
92) 상표법 시행규칙 제53조.
93) 상표법 제82조 제2항.
94) 상표법 제81조 제1항.
95) 상표법 제81조 제2항.
96) 상표법 제82조 제3항.
97) 상표법 시행규칙 제100조 제2항.

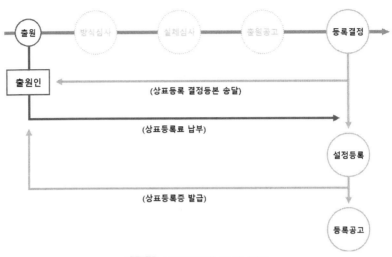

그림 등록결정에 따른 절차

4. 직권 재심사

상표등록결정을 한 출원에 대하여 명백한 거절이유를 발견한 경우 심사관은 직권으로 상표등록결정을 취소하고 그 상표등록출원을 다시 심사할 수 있다.[98] 이는 하자 있는 출원상표의 등록을 방지하여 상표등록의 무효가능성을 사전에 차단하기 위한 취지이다.[99]

(1) 대 상

직권 재심사는 상표등록결정 이후 등록료 납부 전까지 할 수 있다. 따라서 상표등록결정에 따라 상표권이 설정등록된 경우 혹은 상표등록출원이 취하되거나 포기된 경우에는 직권 재심사를 하지 아니한다.[100][101] 또한 1상표 1출원 규정 위반에 해당하는 상표등록출원이 등록결정된 경우에도 직권 재심사를 하지 아니한다.[102]

---

98) 상표법 제68조의2 제1항.
99) 상표법 일부개정법률(법률 제18502호) 공포문(2021년 10월 19일).
100) 상표법 제68조의2 제1항.
101) 상표등록출원이 상표등록결정에 따라 상표권이 설정등록되었거나 취하 또는 포기된 후 상표등록결정을 취소한다는 사실이 출원인에게 통지된 경우 그 상표등록결정의 취소는 처음부터 없었던 것으로 간주한다(상표법 제68조의2 제3항).
102) 상표법 제68조의2 제1항.

(2) 절 차

심사관이 직권 재심사를 하려면 상표등록결정을 취소한다는 사실을 출원인에게 통지하여야 한다.[103] 특히 직권 재심사를 하여 취소된 상표등록결정 전에 이미 통지한 바 있는 거절이유로 상표등록거절결정을 하려는 경우라 하더라도 심사관은 상표등록거절결정을 하기 전에 미리 출원인에게 거절이유를 통지하여야 한다.[104][105]

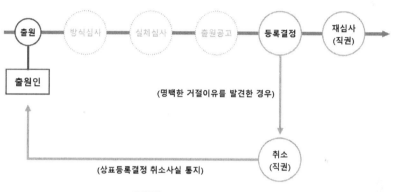

그림 직권 재심사의 절차

---

103) 상표법 제68조의2 제2항.
104) 상표법 제55조 제1항.
105) 이 경우 출원인은 산업통상자원부령으로 정하는 기간 내에 거절이유에 대한 의견서를 제출할 수 있다(상표법 제55조 제1항).

제 5 장

상표등록의
소극적 요건

EBS '펭수' 상표권 되찾는다…
"승인 무효 법적절차 진행"

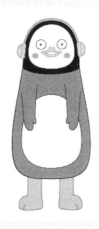

인기 캐릭터 펭수가 제3자에 의해 상표 출원된 사실이 알려져 논란이 됐다. 펭수는 교육방송인 EBS에서 만든 캐릭터이다. 어린이·청소년층을 겨냥해 제작한 캐릭터지만 20~30대 사이에서 더 큰 인기를 얻어 직통령(직장인 대통령)으로 불리고 있다.

펭수가 제3자에 의해 상표 출원됨에 따라 더 이상 EBS에서 펭수를 볼 수 없는 것 아니냐는 우려도 나왔다. 특허청은 기본적으로 제3자의 펭수 상표 출원이 등록 거절 사유에 해당한다고 보고 있다. 상표법에는 상표 등록을 받을 수 없는 경우를 규정한 조항이 있는데 펭수 상표가 이런 경우에 해당된다는 게 특허청의 입장이다.

■ 한국경제TV(https://www.wowtv.co.kr/NewsCenter/News/Read?articleId=A202001060399&t= KO).

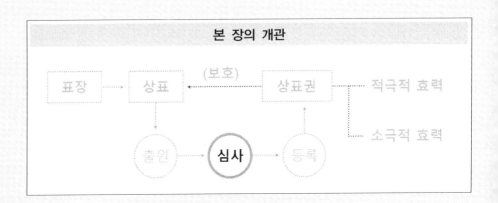

인기 캐릭터 '펭수'가 제3자에 의해 상표등록 출원된 사실이 있었다. 문제가 되자 제3자인 출원인 측이 펭수 관련 상표등록출원 전부를 취하하는 것으로 일단락되었다. 특허청도 제3자의 펭수 상표 출원이 기본적으로 상표법 제34조에서 규정하는 등록 거절 사유에 해당한다고 보았다. 상표가 식별력을 갖추었다고 하더라도 상표법 제34조 제1항 각 호의 어느 하나에 해당하는 상표에 대해서는 상표등록을 받을 수 없기 때문이다.

상표법 제34조 제1항 각 호의 내용을 상표등록의 소극적 요건이라 한다. 따라서 상표법상 상표등록을 받기 위해서 상표는 적극적으로 식별력을 갖추고 있어야 하고 소극적으로 상표법 제34조 제1항 각 호에서 명시하는 상표등록을 받을 수 없는 상표에 해당되지 않아야 한다. 상표등록의 소극적 요건은 상표의 부등록 사유에 해당하는 것으로서 이는 다시 공익적 측면의 부등록 사유와 사익적 측면의 부등록 사유로 구분된다.

공익적 측면의 부등록 사유

끝내 이루지 못한 '콜라독립'의 꿈

마케팅에 애국심을 결부시키는 경우가 있다. 특히 IMF 외환위기 시절에는 정부기관이나 시민단체가 아닌 일반 기업들이 애국 마케팅에 편승하기도 하였다. 범양식품이 1998년에 출시한 콜라독립 815(이하 815콜라)가 그 대표적인 사례이다.

815콜라는 위기에 처한 한국 토종 기업의 명맥을 되살리고 무너진 한국인의 자존심을 바로 세운다는 메시지를 강하게 어필하는 마케팅을 하였다. 이런 마케팅이 초기에는 효과를 발휘하여 1999년에는 국내 콜라시장 점유율이 13.7%까지 올라가는 등의 성과를 거두기도 하였다.

■ 동아일보(http://it.donga.com/28148/) 2020년 1월 14일 방문.

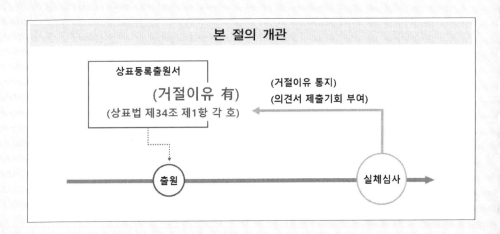

우리나라 IMF 외환위기 시절 많은 일반 기업들이 애국마케팅에 편승하였다. 애국마케팅이란 상품이나 서비스의 마케팅에 애국심을 결부시키는 것을 말한다. 내 나라에서 만든 상품이나 서비스를 이용하는 것이 곧 나라 사랑이라는 취지의 마케팅을 일컫는 것이다. IMF 외환위기와 같은 국가적인 재난 혹은 월드컵과 같은 전국적 규모의 이벤트가 벌어지는 상황에서 애국마케팅은 큰 힘을 발휘하게 된다.

그러나 애국심을 이끌어내기 위한 일환으로 국가나 공공단체의 표장을 과도하게 활용하는 경우 자칫 공익적 측면에서 문제가 발생할 수 있다. 상표법은 제34조 제1항 제1호에서 제5호까지의 규정을 두어 공익적 측면에서 문제가 발생할 우려가 있는 상표가 출원되는 경우 그 등록을 받을 수 없도록 규정하고 있다.

Ⅰ. 국기·국장 등과 동일·유사한 상표

국가의 국기(國旗) 및 국제기구의 기장(記章) 등으로서 상표법 제34조 제1항 제1호 각 목의 어느 하나에 해당하는 상표는 상표등록을 받을 수 없다.[1] 본 규정은 상표등록 출원된 상표가 국가의 국기(國旗) 및 국제기구의 기장(記章) 등 상표법 제34조 제1항 제1호 각 목의 어느 하나와 동일·유사한 경우 상표등록이 거절된다는 의미이다.

상표법 제34조 제1항 제1호는 대부분 파리조약 제6조의3[2]에 규정된 사항을 입법한 것이다.[3] 본 호에서 규정하는 표장은 현존하는 것에 한정한다.[4] 상표의 일부에 본 호가 규정하는 표장이 결합된 경우에도 본 호에 해당하는 것으로 본다.[5]

1. 대한민국의 국기 등과 동일·유사한 상표

대한민국의 국기, 국장(國章), 군기(軍旗), 훈장, 포장(襃章), 기장,[6] 대한민국이

---

1) 상표법 제34조 제1항 제1호.
2) 파리조약 제6조의3은 파리조약가맹국의 국가기장, 감독용 또는 증명용의 공공의 기호 및 인장 또는 정부 간 국제기구의 기장 등의 보호에 관한 규정이다.
3) 대법원 1999. 12. 7. 선고 97후3289 판결.
4) 특허청, 상표심사기준, 특허청 상표심사정책과, 2019년 1월, 50110면.
5) 특허청, 상표심사기준, 특허청 상표심사정책과, 2019년 1월, 50110면.
6) 국기는 대한민국 국기에 관한 규정, 국장은 나라의 문장에 대한 규정, 군기는 군기령, 훈장 및 포장은 상훈법 및 같은 법 시행령이 정하는 것을 말하며, 기장은 공적을 기념하거나 신분, 직위 등을 표상하는 휘장 또는 표장을 의미한다(특허청, 상표심사기준, 특허청 상표심사정책과, 2019년 1월,

나 공공기관[7)]의 감독용 또는 증명용 인장(印章)·기호[8)]와 동일·유사한 상표는 상표등록을 받을 수 없다.[9)]

(1) 취 지

대한민국의 국기, 국장 등의 존엄성과 품질보증기능을 하는 감독용이나 증명용 인장 등의 권위를 유지하기 위한 규정이다.[10)]

(2) 관련 판례 – 대법원 1971. 11. 30. 선고 71후34 판결

본 판례에는 상표출원인 A, 특허청이 등장한다. A는 도형과 영문 PEPSI‑COLA가 결합된 본 건 출원상표를 상품류 구분 제5류의 차류와 무주정 음료(소다수, 사이다 등)를 지정상품으로 1969년 9월 16일에 상표등록 출원을 하였다.

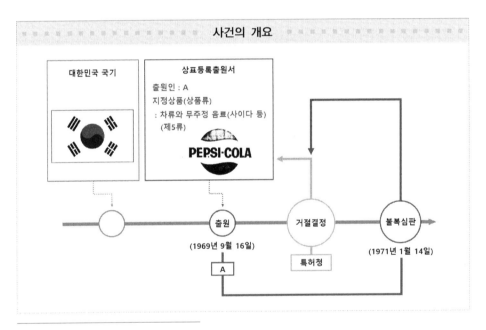

50102면).

7) 공공기관이라 함은 대한민국의 중앙 또는 지방행정기관, 지방자치단체, 공공조합, 공법상의 영조물 법인과 그 대표기관 및 산하기관을 의미한다(특허청, 상표심사기준, 특허청 상표심사정책과, 2019년 1월, 50104면).

8) 감독용 또는 증명용 인장, 기호라 함은 상품의 규격·품질 등을 관리, 통제, 증명하기 위하여 대한민국 자체가 채택한 표장(예시: "KS")을 말한다. 따라서 국가가 아닌 국가의 하위기관 또는 공법상 기관에서 채택한 것은 포함되지 않는다(특허청, 상표심사기준, 특허청 상표심사정책과, 2019년 1월, 50104면).

9) 상표법 제34조 제1항 제1호 가목.

10) 특허청, 상표심사기준, 특허청 상표심사정책과, 2019년 1월, 50102면.

이에 대하여 특허청은 본 건 출원상표 중 도형 부분이 우리나라 국기도형과 극히 유사하여 상표등록 받을 수 없다는 이유로 상표등록을 거절하였다. 1971년 1월 14일, A는 상표등록 거절결정 불복심판을 청구하고 특허청의 상표등록 거절결정에 대한 취소를 주장하였다.

가. 특허청의 주장

특허청은 "본 건 출원상표와 우리나라 국기의 태극도형을 비교판단하면 외관에 있어서 양자 똑같이 상부는 적색 하부는 청색으로 구성되었음이 동일하고 본건 출원상표의 상부와 하부를 밀착시켰을 경우 외관상 일견하여 유사하거나 직감적으로 태극기를 연상케 하는 바, 본 건 출원상표는 상표법 제34조 제1항 제1호 가목('제34조 제1항 제1호 가목'은 현행 상표법(법률 제18502호)으로 수정하여 표시한 것이다. 이하 같다.)에 의해 상표등록 받을 수 없다."[11]고 주장하였다. 본 건 등록상표의 구성 중 도형 부분만을 보면 우리나라 국기인 태극기와 외관상 유사하거나 직감적으로 태극기를 연상케 한다. 대한민국의 국기 등과 동일하거나 유사한 상표는 상표법 제34조 제1항 제1호 가목에 의해 상표등록을 받을 수 없다. 따라서 상표법 제34조 제1항 제1호 가목의 규정을 적용하여 본 건 출원상표에 대한 상표등록을 거절하였다는 것이다.

나. 상표출원인 A의 주장

A는 "본 건 출원상표는 식별력 있는 상표로서 상표법 제34조 제1항 제1호 가목에서 국기와 동일 또는 유사한 것은 등록받을 수 없다고 규정한 것은 상표 전체가 국기와 동일 또는 유사한 것은 등록받지 못한다는 것으로 상표의 구성자로의 일부로서 이를 사용하는 경우에는 본 규정에 의한 등록금지의 원인이 되지 않는 것으로서 등록되어야 한다."[12]고 주장하였다. 상표법 제34조 제1항 제1호 가목은 상표가 전체적으로 대한민국의 국기 등과 동일하거나 유사한 경우 상표등록을 받을 수 없다는 것을 내용으로 한다. 본 건 출원상표는 그 구성 중 일부가 대한민국의 국기 등과 유사한 경우에 해당하므로 상표법 제34조 제1항 제1호 가목에 해당하지 않는다는 것이다.

---

11) 항고심판소 1971. 8. 31. 71항고심판19 심결.
12) 항고심판소 1971. 8. 31. 71항고심판19 심결.

다. 대법원의 판단[13]

"상표법 제34조 제1항 제1호 가목(현행 상표법으로 수정 표시: 저자 주)에 따라 대한민국의 국기, 국장(國章), 군기(軍旗), 훈장, 포장(褒章), 기장, 대한민국이나 공공기관의 감독용 또는 증명용 인장(印章)·기호와 동일·유사한 상표에 대해서는 상표등록을 받을 수 없다. 본 건 출원상표가 태극도형과 유사한가의 여부는 본 건 출원상표를 원상대로 태극도형과 대비하여 전체의 외관에서 주는 인상이 유사한 것인가를 관찰하여야 하고 본 건 출원상표의 상하에 있는 반달모양을 결합시키는 가정 아래에 태극도형과 대비함은 타당하지 않다. 반달모양의 색채가 윗부분이 적색, 아랫부분이 청색이라는 사실만으로 양자가 동일한 인상을 준다고 할 수 없을 뿐더러 본 건 출원상표는 상하 부분의 반달모양의 떨어진 부분(전체로 보아 상하 부분을 하나의 원둘레로 한 원형의 중간 부분을 원면적의 1/2 이상을 파상의 백색 띠로 떼 놓은 부분)에 PEPSI COLA라는 영문을 횡서한 것으로서 우리나라 국기의 태극도형과 유사한 도형이라고 하기 어렵다."

2. 국제적십자, 국제올림픽위원회 등과 동일·유사한 상표

국제적십자,[14] 국제올림픽위원회 또는 저명(著名)한 국제기관[15]의 명칭, 약칭, 표장과 동일·유사한 상표는 상표등록을 받을 수 없다. 다만 그 기관이 자기의 명칭, 약칭 또는 표장을 상표등록 출원한 경우에는 상표등록을 받을 수 있다.[16]

(1) 취 지

상표법 제34조 제1항 제1호 다목에서 저명한 국제기관의 칭호나 표장과 동일 또는 유사한 상표를 등록받을 수 없는 상표의 하나로 규정한 취지는 그 칭호나 표장과 동일·유사한 상표의 등록을 인정하게 되면 마치 그 지정상품이 이들 기관과 특수한 관계에 있는 것처럼 오인·혼동을 일으킬 염려가 있어 그 권위를

---

13) 대법원 1971. 11. 30. 선고 71후34 판결.
14) 국제적십자라 함은 적십자라는 명칭과 적십자의 표장(명칭을 포함한다), 그리고 국제적십자운동 조성 기구를 말한다(특허청, 상표심사기준, 특허청 상표심사정책과, 2019년 1월, 50105면).
15) 저명한 국제기관이라 함은 원칙적으로 상표등록 사정 당시 존재하는 기관으로서 그 조직이나 활동 상황 등에 의해 국제적으로 널리 알려질 것을 요하고, 이미 오래 전에 폐지되어 위 사정 당시에 활동을 하지 않는 경우에는 이에 해당하지 않는다(대법원 1991. 8. 9. 선고 90후2263 판결; 대법원 1987. 4. 28. 선고 85후11 판결; 대법원 1998. 6. 26. 선고 97후1443 판결).
16) 상표법 제34조 제1항 제1호 다목.

해치게 되므로 공익적인 견지에서 국제기관의 존엄을 유지하고 국제적인 신의를 지키고자 하려는 데 있다.[17]

(2) 관련 판례 - 대법원 1987. 4. 28. 선고 85후11 판결

본 판례에는 상표권자 A와 A의 상표등록에 대한 무효를 주장한 B가 등장한다. A는 본 건 등록상표를 상품류 구분 제45류의 양말, 장갑, 스타킹 등을 지정상품으로 1978년 6월 9일에 상표등록 출원을 하여 1980년 4월 4일에 상표등록을 받았다. 1982년 1월 29일, B는 상표등록 무효심판을 청구하고 A의 본 건 등록상표가 월드 와일드라이프 펀드(W.W.F)의 표장과 동일하여 상표법 제34조 제1항 제1호 다목('제34조 제1항 제1호 다목'은 현행 상표법(법률 제18502호)으로 수정하여 표시한 것이다. 이하 같다.)에 해당한다는 이유로 그 등록 무효를 주장하였다.

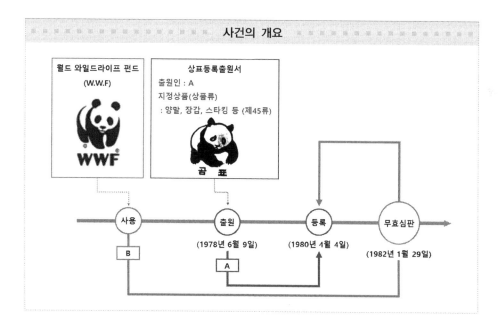

가. B의 주장

B는 "본 건 등록상표의 요부인 곰의 도형은 저명한 세계적기구인 월드 와일드라이프 펀드(W.W.F)의 심벌마크인 곰의 도형과 동일하여 상표법 제34조 제1항 제1호 다목에 해당하는 바, 본 건 등록상표는 무효되어야 한다."[18]고 주장하

---

17) 대법원 1998. 6. 26. 선고 97후1443 판결.

였다. 본 건 등록상표인 곰의 도형은 저명한 국제기구인 월드 와일드라이프 펀드(W.W.F)의 심벌마크인 곰의 도형과 동일 또는 유사하다. 저명한 국제기관의 명칭, 약칭, 표장과 동일·유사한 상표는 상표법 제34조 제1항 제1호 다목에 의해 상표등록을 받을 수 없다. 따라서 상표법 제34조 제1항 제1호 다목의 규정을 적용하여 본 건 등록상표의 무효를 주장한다는 것이다.

나. 상표권자 A의 주장

A는 "월드 와일드라이프 펀드(W.W.F)는 스위스 국내 민법 제80조에 의거해서 설립된 것으로 국제기관이라고 볼 수 없고, 월드 와일드라이프 펀드(W.W.F)의 저명성도 인정할 수 없다."[19]고 주장하였다. 월드 와일드라이프 펀드(W.W.F)는 저명한 국제기관에 해당하지 않는다. 따라서 본 건 등록상표는 저명한 국제기관의 명칭, 약칭, 표장과 동일·유사한 상표에 대하여 상표등록을 받을 수 없도록 하는 상표법 제34조 제1항 제1호 다목에 해당하지 않는다는 것이다.

다. 대법원의 판단[20]

"상표법 제34조 제1항(현행 상표법으로 수정 표시: 저자 주)은 등록을 받을 수 없는 상표를 규정하면서 그 제1호에서 국가, 국장, 적십자, 올림픽 또는 저명한 국제기관의 칭호나 표장과 동일 또는 유사한 상표를 들고 있다. 저명한 국제기관의 칭호나 표장과 동일 또는 유사한 상표에 대하여 그 등록을 인정하여 사인이 독점적으로 사용하도록 하는 것은 국제신의의 입장에서 적당하지 않다는 것이 상표법 제34조 제1항 제1호의 입법취지이다. 이와 같은 입법취지를 고려한다면 위 법조에서 규정한 국제기관에는 제국이 공통적인 목적을 위하여 국가 간의 조약으로 설치하는 이른바 국가(정부)간의 국제기관뿐만 아니라 정부 간의 합의에 의하지 않고 창설된 이른바 비정부단체(Non-governmental Organization)나 국제적인 민간단체(International Non-governmental Organization)도 이에 포함될 수 있다고 해석함이 상당할 것이다. 월드 와일드라이프 펀드(W.W.F)는 동물, 식물 등 자연환경을 보호하고 범세계적인 자연보존 운동을 위하여 조직된 기구로서 국제적으로 저명한 인사들이 그 회원(구성원)으로 되어 있고, 그 목적을 같이

---

18) 심판소 1982. 9. 11. 82심판39 심결.
19) 심판소 1982. 9. 11. 82심판39 심결.
20) 대법원 1987. 4. 28. 선고 85후11 판결.

하는 국제적인 여러 기관과 협조관계를 유지하면서 그 활동영역이 국제적으로 광범위한 사정을 엿보기에 족하다. 따라서 월드 와일드라이프 펀드(W.W.F)을 저명한 국제기관으로 본 것은 정당하고, 거기에 저명한 국제기관에 관한 법리를 오해하거나 채증법칙위배 또는 심리미진의 위법이 있다고 볼 수 없다.”

3. 동맹국 등의 문장과 동일 · 유사한 상표

파리협약 제6조의3에 따라 세계지식재산기구로부터 통지받아 특허청장이 지정[21]한 동맹국 등의 문장(紋章), 기(旗), 훈장, 포장 또는 기장이나 동맹국 등이 가입한 정부간 국제기구의 명칭, 약칭, 문장, 기, 훈장, 포장 또는 기장과 동일 · 유사한 상표는 상표등록을 받을 수 없다. 다만 그 동맹국 등이 가입한 정부 간 국제기구가 자기의 명칭 · 약칭, 표장을 상표등록출원한 경우에는 상표등록을 받을 수 있다.[22]

공업소유권보호를 위한 파리조약동맹국의 훈장 · 포장 · 기장 등이 보호받기 위해서는 파리조약 제6조의3 제3항 (a)[23]의 규정에 따라 그 보호대상인 기장 등이 국제사무국을 통하여 우리나라에 통지되어야 한다.[24]

(1) 취 지

동맹국 등의 문장(紋章), 기(旗), 훈장 등의 존엄성 및 정부 간 국제기구의 권위를 보호함과 아울러 국제적 신의를 유지하기 위한 규정이다.[25]

(2) 관련 판례 – 대법원 1999. 12. 7. 선고 97후3289 판결

본 판례에는 상표권자 A와 A의 상표등록에 대한 무효를 주장한 B가 등상한다. A는 본 건 등록상표를 상품류 구분 제45류의 자켓, 사파리, 스웨터 등을 지정상품으로 1991년 4월 1일에 상표등록을 출원하여 1992년 8월 2일에 상표등록을 받았다. 1996년 9월 18일, B는 상표등록 무효심판을 청구하고 A의 본 건 등

---

21) 특허청장이 직권으로 인정하는 것 이외에는 파리협약 제6조의3 제3항 (a) 및 제6항의 규정에 따라 동맹국이 국제사무국을 통하여 우리나라에 통지한 것만을 보호대상으로 한다(특허청, 상표심사기준, 특허청 상표심사정책과, 2019년 1월, 50106면).

22) 상표법 제34조 제1항 제1호 라목.

23) 파리조약 제6조의3 제3항 (a)는 파리조약가맹국이 다른 가맹국에 대하여 자신의 국가기장 등을 보호받고자 할 경우 국제사무국을 통하여 그 해당 가맹국에 의무적으로 통지하도록 규정하고 있다.

24) 대법원 1999. 12. 7. 선고 97후3289 판결.

25) 특허청, 상표심사기준, 특허청 상표심사정책과, 2019년 1월, 50102면.

록상표가 인용표장인 파리조약 동맹국인 미합중국 공군의 공식기장과 동일하여 상표법 제34조 제1항 제1호 라목('제34조 제1항 제1호 라목'은 현행 상표법(법률 제18502호)으로 수정하여 표시한 것이다. 이하 같다.)에 해당한다는 이유로 그 등록 무효를 주장하였다. 인용표장은 1942년부터 1997년 1월 3일 현재까지 미합중국 공군의 공식기장으로 사용된 것이다.

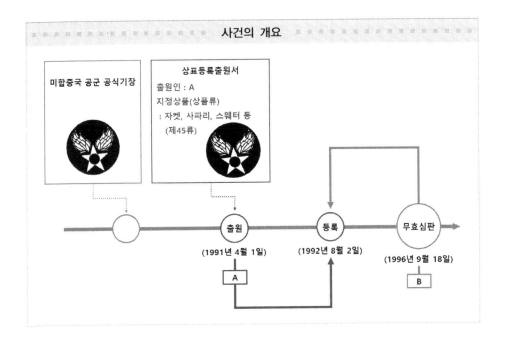

가. B의 주장

B는 "본 건 등록상표는 인용표장인 파리조약 동맹국인 미합중국 공군의 공식기장과 동일, 유사하여 상표법 제34조 제1항 제1호 라목에 해당하는 상표가 잘못 등록된 것이므로 그 등록이 무효가 되어야 한다."[26]고 주장하였다. 본 건 등록상표는 파리조약 동맹국인 미합중국 공군의 공식기장과 동일 또는 유사하다. 파리협약 제6조의3에 따라 세계지식재산기구로부터 통지받아 특허청장이 지정한 동맹국 등의 기장과 동일·유사한 상표는 상표법 제34조 제1항 제1호 라목에 의해 상표등록을 받을 수 없다. 따라서 상표법 제34조 제1항 제1호 라목의 규정을 적용하여 본 건 등록상표의 무효를 주장한다는 것이다.

---

26) 항고심판소 1997. 9. 30. 97항당21 심결.

나. 상표권자 A의 주장

A는 "본 건 등록상표의 무효사유로 인용한 인용표장은 현존하는 미합중국 공군의 휘장이 아니며 설사 미합중국 공군의 휘장으로 현존한다 하더라도 파리협약 제6조의3 요건에 해당되지 않는 바, 상표법 제34조 제1항 제1호 라목의 규정에 해당되지 않는다."[27]고 주장하였다. 인용표장은 파리협약 제6조의3에 따라 세계지식재산기구로부터 통지받아 특허청장이 지정한 동맹국 등의 기장에 해당하지 않는다. 따라서 본 건 등록상표는 세계지식재산기구로부터 통지받아 특허청장이 지정한 동맹국 등의 기장과 동일·유사한 상표에 대하여 상표등록을 받을 수 없도록 하는 상표법 제34조 제1항 제1호 라목에 해당하지 않는다는 것이다.

다. 대법원의 판단[28]

"파리조약 제6조의3은 파리조약가맹국의 국가기장, 감독용 또는 증명용의 공공의 기호 및 인장 또는 정부 간 국제기구의 기장 등의 보호에 관한 규정이다. 동조 제3항 (a)는 파리조약가맹국이 다른 가맹국에 대하여 자신의 국가기장 등을 보호받고자 할 경우에는 국제사무국을 통하여 그 해당 가맹국에 의무적으로 통지하도록 규정하고 있다. 상표법 제34조 제1항 제1호 라목(현행 상표법으로 수정 표시: 저자 주)은 대부분 위와 같은 파리조약 제6조의3에 규정된 사항을 입법한 것으로서 위 상표법 규정 소정의 파리조약동맹국의 훈장·포장·기장이 보호받기 위해서는 파리조약 제6조의3 제3항 (a)의 규정에 따라 그 보호대상인 기장 등이 국제사무국을 통하여 우리나라에 통지되어야 한다. 인용표장이 본 건 등록상표의 등록결정 당시에 미합중국 공군의 공식기장이고 본 건 등록상표와 인용표장이 유사한 것은 인정되나 인용표장에 관하여 파리조약가맹국인 미합중국으로부터 같은 가맹국인 우리나라에 대하여 국제사무국을 통한 통지가 있었음을 인정할 아무런 자료가 없으므로 결국 인용표장은 상표법 제34조 제1항 제1호 라목 소정의 파리조약동맹국의 기장에 해당한다고 볼 수 없어 그 등록이 무효라고 할 수 없다."

---

27) 항고심판소 1997. 9. 30. 97항당21 심결.
28) 대법원 1999. 12. 7. 선고 97후3289 판결.

Ⅱ. 국가 등과의 관계를 거짓으로 표시하거나 비방하는 상표

국가[29]·인종·민족·공공단체[30]·종교 또는 저명한 고인(故人)[31]과의 관계를 거짓으로 표시하거나 이들을 비방 또는 모욕하거나 이들에 대한 평판을 나쁘게 할 우려가 있는 상표는 상표등록을 받을 수 없다.[32] 상표법 제34조 제1항 제2호는 국가·인종·민족 등에 대한 권위와 존엄을 인정하여 국제적인 신의를 유지하고 저명한 고인이나 그 유족의 명예와 인격을 보호하기 위한 규정이다.[33]

1. 판 단

국가, 민족, 공공단체, 종교 또는 저명한 고인을 표시하는 상표에 대하여는 상표법 제34조 제1항 제2호에 의하여 그 관계를 허위로 표시하거나 이를 비방 또는 모욕하거나 악평을 받게 할 우려가 있는 것에 한하여 등록을 불허하고 있다.[34] 따라서 단순히 고인의 성명 그 자체를 상표로 사용한 것에 지나지 아니할 뿐 동인과의 관련성에 관한 아무런 표시가 없는 경우 상표법 제34조 제1항 제2호 소정의 고인과의 관계를 허위로 표시한 상표에 해당한다고 볼 수 없다.[35] 국가, 인종, 민족, 공공단체, 종교는 현존하는 것에 한하여 본 호를 적용한다.[36]

그 관계를 허위로 표시하거나 이를 비방 또는 모욕하거나 악평을 받게 할 우려가 있는지의 여부는 그 상표의 구성을 전체적으로 고찰하여 판단하여야 하며 그 상표를 구성하는 일부분만을 따로 떼어 내어 그 부분이 특정종교에서 숭앙받는 사람을 표시한 것에 해당된다고 하여 등록결격사유로 삼을 것이 아니라 당해

---

29) 국가라 함은 대한민국은 물론 외국을 포함하며 이 경우 외국은 대한민국의 국가 승인 여부와 관계 없이 실질적으로 영토·국민·통치권을 가지는 통치단체를 모두 포함하며, 교황청은 외국에 준하여 포함되는 것으로 본다(특허청, 상표심사기준, 특허청 상표심사정책과, 2019년 1월, 50201면).

30) 공공단체라 함은 지방자치단체, 공공조합, 공법상 영조물법인과 그 대표기관 및 산하기관을 포함하며, 외국의 주정부 및 산하기관도 이에 해당하는 것으로 본다(특허청, 상표심사기준, 특허청 상표심사정책과, 2019년 1월, 50201면).

31) 저명한 고인이라 함은 일반 수요자에게 대체로 인식되고 있는 고인은 물론 지정상품과 관련하여 거래사회에서 일반적으로 인식되고 있는 고인을 말하며 외국인도 포함한다(특허청, 상표심사기준, 특허청 상표심사정책과, 2019년 1월, 50201면).

32) 상표법 제34조 제1항 제2호.

33) 특허청, 상표심사기준, 특허청 상표심사정책과, 2019년 1월, 50201면.

34) 대법원 1990. 9. 28. 선고 89후711 판결.

35) 대법원 1997. 7. 11. 선고 96후2173 판결.

36) 특허청, 상표심사기준, 특허청 상표심사정책과, 2019년 1월, 50203면.

표장 자체가 가지고 있는 외관, 칭호, 관념과 지정상품 및 일반거래의 실정 등을 종합적으로 관찰하여 객관적으로 판단하여야 한다.[37] 또한 출원인이 거짓표시나 비방, 모욕, 평판을 나쁘게 할 목적 또는 의사를 가지는지 유무는 불문하며 사회 통념상 이와 같은 결과를 유발할 우려가 있다고 인정되는 경우 본 호에 해당하는 것으로 본다.[38]

2. 관련 판례 – 대법원 1987. 3. 24. 선고 86후163 판결

본 판례에는 상표출원인 A, 특허청이 등장한다. A는 본 건 출원상표를 상품류 구분 제13류의 치약, 화장비누, 샴푸 등을 지정상품으로 1984년 6월 14일에 상표등록 출원을 하였다. 이에 대하여 특허청은 본 건 출원상표가 전체적으로 흑인을 비방, 모욕, 악평을 받게 할 염려가 있다는 이유로 상표등록을 거절하였다. 1985년 12월 27일, A는 상표등록 거절결정 불복심판을 청구하고 특허청의 상표등록 거절결정에 대한 취소를 주장하였다.

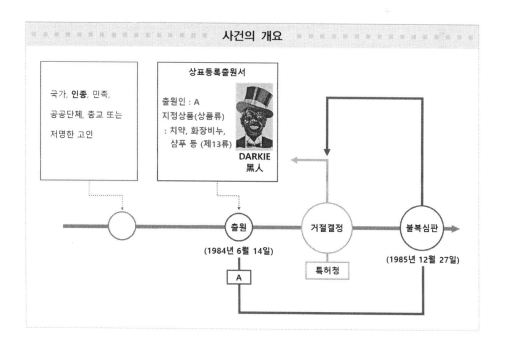

---

37) 대법원 1989. 7. 11. 선고 89후346 판결.
38) 특허청, 상표심사기준, 특허청 상표심사정책과, 2019년 1월, 50202면.

(1) 특허청의 주장

특허청은 "본 건 출원상표는 도형이 흑인을 나타내고 있고 영문자 DARKIE는 때로 흑인을 경멸하는 뜻으로 검둥이의 의미를 지닌 영문자 Darky와 칭호가 동일하다. 또한 한자로 黑人이라고 표기하고 있어 본 건 출원상표는 전체적으로 흑인종족, 흑인민족을 비방, 모욕, 악평을 받게 할 염려가 있으므로 상표법 제34조 제1항 제2호('제34조 제1항 제2호'는 현행 상표법(법률 제18502호)으로 수정하여 표시한 것이다. 이하 같다.)의 규정에 의해 그 등록을 거절하였다."[39]고 주장하였다. 본 건 출원상표는 흑인 도형과 영문자 DARKIE, 그리고 한자 黑人으로 구성되었다. 본 건 출원상표의 구성 중 영문자 DARKIE는 흑인을 경멸하는 의미를 지닌 영문자 Darky와 칭호가 동일하여 본 건 출원상표는 전체적으로 흑인을 모욕할 우려가 있다. 국가·인종·민족 등을 비방 또는 모욕하거나 이들에 대한 평판을 나쁘게 할 우려가 있는 상표는 상표법 제34조 제1항 제2호에 의해 상표등록을 받을 수 없다. 따라서 상표법 제34조 제1항 제2호의 규정을 적용하여 본 건 출원상표에 대한 상표등록을 거절하였다는 것이다.

(2) 상표출원인 A의 주장

A는 "상표법 제34조 제1항 제2호에 흑인종족은 그 대상이 아니며 흑인민족에 국한 시켜도 흑인민족이란 인종적, 지역적 기원도 다양하고 언어, 종교, 역사, 생활양식 등도 각양각색인 까닭에 결코 흑인민족이 될 수 없어 상표법 제34조 제1항 제2호의 규정을 적용한 것은 부당하다. 본 건 출원상표의 구성 중 DARKIE가 경멸적인 의미로 사용되는 영문자 DARKY와 칭호가 동일하기 때문에 본 건 출원상표가 흑색인종을 검둥이라고 비방, 모욕, 악평을 받게 할 염려가 있다고 판단하였으나 본 건 출원상표의 구성 중 DARKIE는 단순한 조어에 불과한 것이다. 또한 본 건 출원상표 중 黑人은 흑인이 미국의 대통령 후보에 도전하고 체육, 예능, 사회사업 등 각 분야에서 두각을 나타내는 흑인 우월의 시대가 되었으므로 黑人이라는 한자가 표기되어 있다고 하여 흑인인종을 비방, 모욕, 악평하는 상표로서 분류할 수 없을 것이다."[40]고 주장하였다.

---

39) 항고심판소 1986. 9. 30. 85항절1142 심결.
40) 항고심판소 1986. 9. 30. 85항절1142 심결.

(3) 대법원의 판단[41]

"상표법 제34조 제1항 제2호(현행 상표법으로 수정 표시: 저자 주)는 국가·인종·민족·공공단체·종교 또는 저명한 고인과의 관계를 거짓으로 표시하거나 이들을 비방 또는 모욕하거나 이들에 대한 평판을 나쁘게 할 우려가 있는 상표에 대해서는 상표등록을 받을 수 없다고 규정하고 있다. 본 건 출원상표의 영문자 DARKIE는 흑인을 경멸하는 의미로 인식될 수 있고 본 건 출원상표 중의 한자 黑人은 그 의미가 피부가 검은 사람, 흑색인종에 속하는 사람으로서 전체적으로 흑인 인종을 비방, 모욕, 악평을 받게 할 염려를 배제할 수 없다. 상표법 제34조 제1항 제2호의 규정과 본 건 출원상표를 살펴보면 DARKIE가 흑인을 경멸하는 구어로서의 의미로 사용될 수 있음이 인정되는 바, 전체적으로 흑인종족, 흑인민족을 비방, 모욕, 악평을 받게 할 염려가 있다."

Ⅲ. 국가 등의 업무를 나타내는 표장과 동일·유사한 상표

국가·공공단체 또는 이들의 기관과 공익법인[42]의 비영리 업무나 공익사업[43]을 표시하는 표장으로서 저명한 것[44]과 동일·유사한 상표는 상표등록을 받을 수 없다. 다만 그 국가 등이 자기의 표상을 상표등록 출원한 경우에는 상표등록을 받을 수 있다.[45] 상표법 제34조 제1항 제3호의 취지는 저명한 업무표장을 가진 공익단체의 업무상의 신용과 권위를 보호함과 동시에 그것이 상품에 사용되면 일반 수요자나 거래자에게 상품의 출처에 관한 혼동을 일으키게 할 염려가 있으므로 이로부터 일반 공중을 보호하는 데에 있다.[46]

---

41) 대법원 1987. 3. 24. 선고 86후163 판결.
42) **공익법인**이라 함은 민법 제32조에 따라 설립된 종교나 자선 또는 학술 등의 공익을 주목적으로 하는 비영리법인(사단 또는 재단)을 말하며, 여기에는 외국의 공익법인도 포함된다(특허청, 상표심사기준, 특허청 상표심사정책과, 2019년 1월, 50301면).
43) **공익사업을 표시하는 표장**이라 함은 국가·공공단체 또는 이들의 기관 및 공익법인이 수행하는 비영리 업무 또는 공익사업을 나타내는 표장을 말한다. 요금 또는 수수료의 부과 등 부수적으로 영리업무를 하더라도 주목적이 비영리업무 또는 공익사업을 수행하는 것이면 본 호에서 규정하는 '비영리 업무나 공익사업'에 해당하는 것으로 본다(특허청, 상표심사기준, 특허청 상표심사정책과, 2019년 1월, 50302면).
44) **저명한 표장**이라 함은 국내 사회통념상 또는 거래사회에서 일반적으로 널리 인지되고 있는 표장을 말한다(특허청, 상표심사기준, 특허청 상표심사정책과, 2019년 1월, 50302면).
45) 상표법 제34조 제1항 제3호.

1. 판 단

본 호에서 규정하는 표장은 원칙적으로 국가 공공단체 또는 이들의 기관과 공익법인의 명칭 자체가 아닌 이들이 수행하는 공익사업을 표시하는 표장을 말한다.[47] 또한 출원상표의 지정상품과 공익사업을 표시하는 표장에 의하여 표시되는 업무가 유사하지 아니하거나 견련관계가 없다고 하더라도 그러한 사정만으로 본 호의 적용이 배제된다고 볼 것은 아니다.[48]

2. 관련 판례 - 대법원 1994. 5. 24. 선고 93후2011 판결

본 판례에는 상표출원인 A, 특허청이 등장한다. A는 본 건 출원상표 KSB를 상품류 구분 제38류의 풍수력 기계기구 등을 지정상품으로 1991년 1월 28일에 상표등록 출원을 하였다. 이에 대하여 특허청은 본 건 출원상표 KSB가 한국방송공사의 약칭인 KBS와 유사하여 상표등록 받을 수 없다는 이유로 상표등록을

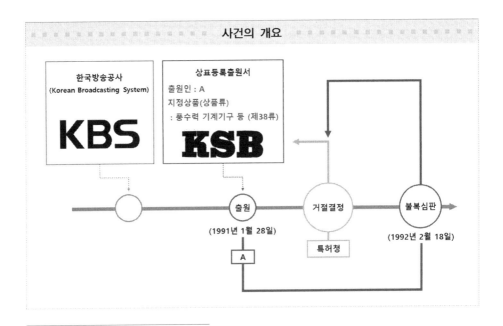

46) 대법원 1996. 3. 22. 선고 95후1104 판결; 대법원 1998. 4. 24. 선고 97후1320 판결.
47) 다만, 국가·공공단체 또는 이들의 기관과 공익법인의 명칭 자체가 직접 공익사업을 표시하는 표장으로 사용되고 있는 경우에는 본 호를 적용할 수 있다(특허청, 상표심사기준, 특허청 상표심사정책과, 2019년 1월, 50303면).
48) 대법원 1998. 4. 24. 선고 97후1320 판결.

거절하였다. 1992년 2월 18일, A는 상표등록 거절결정 불복심판을 청구하고 특허청의 상표등록 거절결정에 대한 취소를 주장하였다.

(1) 특허청의 주장

특허청은 "본 건 출원상표 KSB는 한국방송공사(Korean Broadcasting System)의 약칭인 KBS와 유사한 바, 상표법 제34조 제1항 제3호('제34조 제1항 제3호'는 현행 상표법(법률 제18502호)으로 수정하여 표시한 것이다. 이하 같다.)의 규정에 의해 상표등록 받을 수 없다."[49]라고 주장하였다. 본 건 출원상표 KSB는 한국방송공사의 약칭인 KBS와 유사하다. KBS는 국가·공공단체 또는 이들의 기관과 공익법인의 비영리 업무나 공익사업을 표시하는 표장으로서 저명한 것에 해당한다. 국가·공공단체 또는 이들의 기관과 공익법인의 비영리 업무나 공익사업을 표시하는 표장으로서 저명한 것과 동일·유사한 상표는 상표법 제34조 제1항 제3호에 의해 상표등록을 받을 수 없다. 따라서 상표법 제34조 제1항 제3호의 규정을 적용하여 본 건 출원상표에 대한 상표등록을 거절하였다는 것이다.

(2) 상표출원인 A의 주장

A는 "본 건 출원상표 KSB는 한국방송공사(Korean Broadcasting System)의 약칭인 KBS와 서로 비유사한 바, 상표법 제34조 제1항 제3호의 규정에 해당하지 아니하므로 상표등록이 되어야 한다."[50]고 주장하였다. 본 건 출원상표 KSB는 KBS와 전체적으로 동일 또는 유사하지 아니하다. 따라서 본 건 출원상표 KSB는 상표법 제34조 제1항 제3호의 규정에 해당하지 아니하므로 상표등록 거절결정을 취소하여야 한다는 것이다.

(3) 대법원의 판단[51]

"두 상표의 유사 여부는 그 지정상품의 거래에서 일반적인 수요자나 거래자가 상표에 대하여 느끼는 직관적 인식을 기준으로 상품의 출처에 대하여 오인 혼동의 우려가 있는지의 여부에 따라 판단하여야 하고 두 상표의 외관, 칭호, 관념 중 어느 하나가 유사하다 하더라도 다른 점도 고려할 때 전체로서는 명확히

---

49) 항고심판소 1993. 11. 29. 92항원330 심결.
50) 항고심판소 1993. 11. 29. 92항원330 심결.
51) 대법원 1994. 5. 24. 선고 93후2011 판결.

출처의 혼동을 피할 수 있는 경우에는 유사상표라고 할 수 없다. 본 건 출원상표의 지정상품은 풍수력기계기구 등 비교적 특수한 기계류로서 널리 일반대중을 수요자로 하는 상품이 아니어서 그 수요자는 대부분 이를 이용하여 다른 사업을 영위하는 사람들이라고 볼 수 있으므로 양 상표의 유사여부를 판단함에 있어서도 위와 같은 성질의 수요자들이 평균적인 주의력을 가지고 직감적으로 판단하였을 때 오인 혼동의 우려가 있는가의 여부를 판단하여야 한다. 본 건 출원상표와 인용표장은 언뜻 보면 외관이 유사하다고 할 수 있으나 우리 국민들에게 KBS라는 표장은 매우 익숙한 것이어서 조금만 주의를 기울여 보면 양자를 어렵지 않게 구분할 수 있고, 또한 칭호에 있어서도 본 건 출원상표는 영어식으로는 케이 에스 비로 호칭될 것이고 인용표장은 케이 비 에스로 호칭되어 두 호칭이 모두 케이로 시작되는 점은 같으나 글자의 한 자 한 자가 또박 또박 발음되고 우리 국민들에게 케이 비 에스라는 칭호가 귀에 아주 익숙하여 이와 달리 발음되는 케이 에스 비라는 칭호를 듣고서 케이 비 에스와 혼동을 일으킬 가능성이 있다고 볼 수는 없다. 따라서 본 건 출원상표와 인용표장의 외관이 유사하다고 하더라도 관념과 칭호가 다르고 한국방송공사는 방송업무 및 그 부대사업만을 시행(한국방송공사법 제21조 참조)하고 있음에 비추어 본 건 출원상표의 지정상품인 위와 같은 기계류의 수요자들이 그 상품을 한국방송공사에서 제조 또는 수입, 판매하는 것이라거나 그 상품의 출처와 한국방송공사 사이에 어떠한 견련관계가 있다고 오인, 혼동할 가능성은 없으므로 전체적으로 보아 본 건 출원상표와 인용표장은 유사하다고 할 수 없다."

IV. 공서양속을 해칠 우려가 있는 상표

상표 그 자체 또는 상표가 상품에 사용되는 경우 수요자에게 주는 의미와 내용 등이 일반인의 통상적인 도덕관념인 선량한 풍속[52]에 어긋나는 등 공공의 질서[53]를 해칠 우려가 있는 상표는 상표등록을 받을 수 없다.[54] 상표법 제34조 제

---

52) **선량한 풍속**이라 함은 전통적 가치 중 미풍양속 등 사회통념상 존중되고 있는 사회적 윤리 및 도덕질서는 물론 자유 시민으로서 지켜야 할 공중도덕을 포함한다(특허청, 상표심사기준, 특허청 상표심사정책과, 2019년 1월, 50401면).

53) **공공의 질서**라 함은 실정법상의 공법질서, 국제신뢰 또는 일반 사회질서는 물론 공정하고 신용있는 거래질서와 인간의 존엄과 가치, 평등권 보장 등 자유민주주의 기본질서도 포함한다(특허청, 상

1항 제4호에서 공공의 질서 또는 선량한 풍속을 문란하게 할 염려가 있는 상표라 함은 상표의 구성 자체 또는 그 상표가 그 지정상품에 사용하는 경우에 일반 수요자에게 주는 의미나 내용이 사회공공의 질서에 위반하거나 사회일반인의 통상적인 도덕관념인 선량한 풍속에 반하는 경우를 말한다.[55] 본 호는 공익적 견지에서 사회 공공의 이익보호, 일반의 도덕관념의 유지, 국제적인 신의의 보호 등을 위해 선량한 풍속이나 공공의 질서를 해칠 우려가 있는 상표에 대해서는 등록을 받을 수 없도록 한 규정이다.[56]

1. 판 단

본 호는 상표 그 자체가 공서양속을 해칠 우려가 있는 경우, 상표가 상품에 사용되는 경우 공서양속을 해칠 우려가 있는 경우, 그리고 기타 공서양속을 해칠 우려가 있는 경우에 적용된다. 상표 그 자체가 공서양속을 해칠 우려가 있는 경우라 함은 상표 그 자체가 수요자에게 주는 의미나 내용 등이 일반인의 통상적인 도덕관념인 선량한 풍속에 어긋나거나 공공의 질서를 해칠 우려가 있는 경우를 말한다.[57]

한편 그 상표의 사용이 사회 공공의 이익을 침해하는 것이라면 이는 공공의 질서에 위반되는 것으로서 허용될 수 없다.[58] 따라서 상표가 상품에 사용되는 경우 공서양속을 해칠 우려가 있는 경우라 함은 상표 그 자체는 공서양속을 해칠 우려가 없더라도 그 상표가 지정상품에 사용될 때 수요자에게 주는 의미나 내용 등이 일반인의 통상적인 도덕관념인 선량한 풍속에 어긋나거나 공공의 질서를 해칠 우려가 있는 경우를 말한다.[59] 여기에는 그 상표를 등록하여 사용하

표심사기준, 특허청 상표심사정책과, 2019년 1월, 50401면).

54) 상표법 제34조 제1항 제4호.

55) 대법원 1997. 10. 14. 선고 96후2296 판결; 대법원 1997. 11. 28. 선고 97후228 판결; 대법원 1997. 12. 12. 선고 97후1153 판결; 대법원 1998. 2. 24. 선고 97후1306 판결; 대법원 1999. 12. 24. 선고 97후3623 판결; 대법원 2000. 4. 21. 선고 97후860, 877, 884 판결; 대법원 2002. 7. 9. 선고 99후451 판결; 대법원 2002. 8. 23. 선고 99후1669 판결; 대법원 2004. 5. 14. 선고 2002후 1362 판결; 대법원 2005. 10. 28. 선고 2004후271 판결; 대법원 2006. 2. 24. 선고 2004후1267 판결; 대법원 2006. 7. 13. 선고 2005후70 판결; 대법원 2009. 5. 28. 선고 2007후3301 판결.

56) 특허청, 상표심사기준, 특허청 상표심사정책과, 2019년 1월, 50401면.

57) 특허청, 상표심사기준, 특허청 상표심사정책과, 2019년 1월, 50401면.

58) 대법원 2009. 5. 28. 선고 2007후3301 판결; 대법원 2009. 5. 28. 선고 2007후3325 판결.

59) 특허청, 상표심사기준, 특허청 상표심사정책과, 2019년 1월, 50402면.

는 행위가 공정한 상품유통질서나 국제적 신의와 상도덕 등 선량한 풍속에 위배되는 경우도 포함된다.[60]

기타 공서양속을 해칠 우려가 있는 경우라 함은 다른 법률에 의하여 사용이 금지되거나 당해 상표사용행위가 명백히 다른 법률에 위반되는 상표인 경우를 말한다.[61] 상표의 부기적인 부분이 공서양속에 반하는 경우에도 본 호에 해당하는 것으로 본다.[62] 공서양속은 시대의 변화에 따라 달라지는 상대적인 개념이므로 출원상표가 본 호에 해당하는지 여부는 거래실정 및 시대상황에 맞게 일반 수요자의 평균적인 인식수준을 기준으로 판단한다.[63]

2. 관련 판례 – 대법원 2009. 5. 28. 선고 2007후3301 판결

본 판례에는 상표권자 A와 A의 상표등록에 대한 무효를 주장한 B가 등장한다. A는 본 건 등록서비스표를 서비스업류 구분 제36류의 은행업, 국제금융업, 대부업 등을 지정서비스업으로 1998년 10월 13일에 서비스표등록 출원하여 1999년 8월 31일에 서비스표등록을 받았다. 2005년 4월 22일, B는 상표등록 무효심판을 청구하고 A의 본 건 등록서비스표가 공공의 질서에 반하거나 공정한 경쟁질서를 문란하게 할 염려가 있다는 이유로 그 등록 무효를 주장하였다.

(1) B의 주장

B는 "본 건 등록서비스표는 공중의 자유로운 사용에 공해져야 할 인칭대명사 우리라는 표현을 사유화하여 일반 수요자 및 경쟁업자의 불편과 희생을 바탕으로 경쟁의 우위를 점하려는 것으로 상표법이 도모하는 공정한 경쟁질서에 위반되는 바, 상표법 제34조 제1항 제4호('제34조 제1항 제4호'는 현행 상표법(법률 제18502호)으로 수정하여 표시한 것이다. 이하 같다.)가 정한 공공의 질서를 문란하게 할 염려가 있는 상표에 해당된다."[64]고 주장하였다. 우리라는 표현은 인칭대명사

---

60) 대법원 1999. 12. 24. 선고 97후3623 판결; 대법원 2000. 4. 21. 선고 97후860, 877, 884 판결; 대법원 2004. 5. 14. 선고 2002후1362 판결; 대법원 2005. 10. 28. 선고 2004후271 판결; 대법원 2006. 2. 24. 선고 2004후1267 판결; 대법원 2006. 4. 14. 선고 2004후592 판결; 대법원 2009. 5. 28. 선고 2007후3325 판결.

61) 특허청, 상표심사기준, 특허청 상표심사정책과, 2019년 1월, 50402면.

62) 특허청, 상표심사기준, 특허청 상표심사정책과, 2019년 1월, 50404면.

63) 이와 함께 외국문자상표의 경우 실제 의미가 공서양속에 반하는 상표라 하더라도 우리나라 국민의 일반적인 외국어 지식수준으로 보아 그러한 의미로 이해할 수 없는 때에는 본 호를 적용하지 아니한다(특허청, 상표심사기준, 특허청 상표심사정책과, 2019년 1월, 50403면).

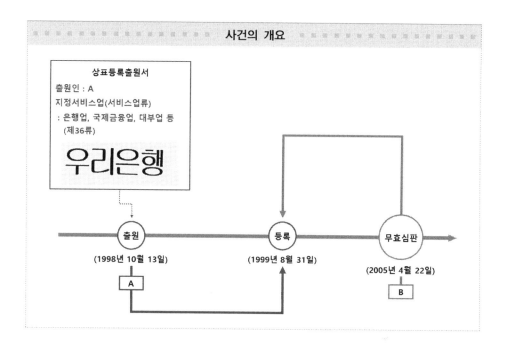

이다. 누구나 우리라는 표현을 인칭대명사로 사용할 수 있어야 한다. A가 인칭
대명사 우리라는 표현을 사유화하는 것은 일반 수요자 및 경쟁업자의 불편과 희
생을 바탕으로 경쟁의 우위를 점하려는 것으로 공정한 경쟁질서에 위반된 것이
다. 따라서 상표법 제34조 제1항 제4호의 규정을 적용하여 본 건 등록서비스표
의 무효를 주장한다는 것이다.

(2) 상표권자 A의 주장

A는 "본 건 등록서비스표는 한글로 우리은행과 같이 표기한 것으로서 그 구
성으로부터 일반 수요자에게 혐오감을 준다거나 달리 선량한 풍속에 반하는 것
으로 볼 수 없음에 비추어 공공의 질서에 반하거나 공정한 경쟁질서를 문란하게
할 서비스표에 해당하지 아니한 바, 상표법 제34조 제1항 제4호에 해당하지 않
는다."[65]고 주장하였다. 본 건 등록서비스표는 한글로 우리은행과 같이 표기한
것이다. 우리은행의 구성이 일반 수요자에게 혐오감을 준다거나 선량한 풍속에
반하는 것으로 볼 수 없음에 비추어 공공의 질서에 반하거나 공정한 경쟁질서를

---

64) 특허심판원 2005. 10. 31. 2005당893 심결.
65) 특허심판원 2005. 10. 31. 2005당893 심결.

문란하게 할 서비스표에 해당하지 아니한다. 따라서 본 건 등록서비스표는 상표법 제34조 제1항 제4호에 해당하지 않는다는 것이다.

(3) 대법원의 판단[66]

"상표법 제34조 제1항 제4호(현행 상표법으로 수정 표시: 저자 주)에서 공공의 질서 또는 선량한 풍속을 문란하게 할 염려가 있는 상표라고 함은 상표의 구성 자체 또는 그 상표가 지정상품에 사용되는 경우 일반 수요자에게 주는 의미나 내용이 사회 공공의 질서에 위반하거나 사회 일반인의 통상적인 도덕관념인 선량한 풍속에 반하는 경우뿐만 아니라 그 상표를 등록하여 사용하는 행위가 공정한 상품유통질서나 국제적 신의와 상도덕 등 선량한 풍속에 위배되는 경우도 포함되며, 또한 그 상표의 사용이 사회 공공의 이익을 침해하는 것이라면 이는 공공의 질서에 위반되는 것으로서 허용될 수 없다. 본 건 등록서비스표인 우리은행(이하 서비스표 은행이라 한다)은 자신과 관련이 있는 은행을 나타내는 일상적인 용어인 우리 은행(이하 일상용어 은행이라 한다)과 외관이 거의 동일하여 그 자체만으로는 구별이 어렵고 그 용법 또한 유사한 상황에서 사용되는 경우가 많아 위 두 용어가 혼용될 경우 그 언급되고 있는 용어가 서비스표 은행과 일상용어 은행 중 어느 쪽을 의미하는 것인지에 관한 혼란을 피할 수 없고, 특히 동일한 업종에 종사하는 사람에게는 그러한 불편과 제약이 가중되어 그 업무수행에도 상당한 지장을 받게 될 것으로 보인다. 따라서 본 건 등록서비스표는 우리라는 단어에 대한 일반인의 자유로운 사용을 방해하는 것이어서 사회 일반의 공익을 해하여 공공의 질서를 위반하는 것이라 하겠고, 나아가 위 서비스표 은행의 등록을 허용한다면 지정된 업종에 관련된 사람이 모두 누려야 할 우리라는 용어에 대한 이익을 그 등록권자에게 독점시키거나 특별한 혜택을 줌으로써 공정한 서비스업의 유통질서에도 반하는 것으로 판단되는 바, 본 건 등록서비스표는 상표법 제34조 제1항 제4호에 해당하는 것으로서 등록을 받을 수 없는 서비스표에 해당한다."

---

66) 대법원 2009. 5. 28. 선고 2007후3301 판결.

V. 박람회의 상패 등과 동일·유사한 표장이 있는 상표

정부가 개최하거나 정부의 승인[67]을 받아 개최하는 박람회[68] 또는 외국정부가 개최하거나 외국정부의 승인을 받아 개최하는 박람회의 상패·상장 또는 포장[69]과 동일·유사한 표장이 있는 상표는 상표등록을 받을 수 없다.[70] 다만 그 박람회에서 수상한 자[71]가 그 수상한 상품에 관하여 상표의 일부로서 그 표장을 사용하는 경우[72]에는 상표등록을 받을 수 있다.[73] 본 호는 박람회에서 시상한 상패·상장 등의 권위를 보호하고 동시에 박람회의 상패·상장 등은 품질을 보증하는 성격이 강하므로 품질오인으로부터 수요자의 이익을 보호하기 위한 규정이다.[74]

1. 판 단

상표법 제34조 제1항 제5호는 박람회에서 시상한 상의 권위를 보호하고자 하는 규정으로서 어떤 상표의 등록출원이 본 호에 해당되어 등록이 거절되기 위해서는 그 상표가 정부 또는 외국정부가 개최하거나 그 승인을 받아 개최한 박람회의 상패, 상장 또는 포장과 동일 또는 유사하여야 한다.[75] 본 호는 박람회의 상패, 상장, 포장과 동일·유사한 표장이 있는 상표에 적용되므로 박람회의 상패, 상장, 포장이 부기적인 부분에 포함되어 있는 경우에도 적용된다.[76]

---

67) 정부 또는 외국정부의 승인이라 함은 정부 또는 외국정부의 인가, 허가, 면허, 인정, 공인, 허락 등 그 용어를 불문하고 정부가 권위를 부여하거나 이를 허용하는 일체의 행위를 말한다(특허청, 상표심사기준, 특허청 상표심사정책과, 2019년 1월, 50501면).
68) 박람회라 함은 전시회, 전람회, 품평회, 경신대회 등 그 용어를 불문하고 넓게 해석한다(특허청, 상표심사기준, 특허청 상표심사정책과, 2019년 1월, 50501면).
69) 상패, 상장, 포장이라 함은 공로패, 표창장, 감사장 등 용어를 불문하고 주최자가 수여하는 일체의 증서 또는 기념패 등을 말한다(특허청, 상표심사기준, 특허청 상표심사정책과, 2019년 1월, 50501면).
70) 상표법 제34조 제1항 제5호.
71) 그 박람회에서 수상한 자의 범위는 그 사람의 영업을 승계한 자도 포함하는 것으로 본다(특허청, 상표심사기준, 특허청 상표심사정책과, 2019년 1월, 50502면).
72) 상표의 일부로서 그 표장을 사용하는 경우라 함은 상표의 부기적인 부분으로 사용하는 경우를 말하며, 상표의 전부 또는 지배적인 표장으로 사용할 때에는 이에 해당하지 아니한다(특허청, 상표심사기준, 특허청 상표심사정책과, 2019년 1월, 50502면).
73) 상표법 제34조 제1항 제5호.
74) 특허청, 상표심사기준, 특허청 상표심사정책과, 2019년 1월, 50501면.
75) 대법원 1991. 4. 23. 선고 89후261 판결.

상표등록출원이 본 호에 해당하기 위해서는 표장을 사용한 박람회가 정부의 승인을 받은 것인지 그 박람회에서 시상으로 상패, 상장 또는 포장을 수여한 바가 있고 또 그것들이 인용표장과 같은 것인지 여부를 심리하여야 한다.[77]

2. 관련 판례 - 대법원 1991. 4. 23. 선고 89후261 판결

본 판례에는 상표출원인 A, 특허청이 등장한다. A는 본 건 출원상표 SPOREX (스포렉스)를 상품류 구분 제43류의 금속완구, 바둑알, 라켓 등을 지정상품으로 1986년 10월 29일에 상표등록 출원을 하였다. 이에 대하여 특허청은 본 건 출원상표 SPOREX(스포렉스)가 스포츠 및 레저용품 박람회의 영문표기인 SPOREXKOR와 유사하여 상품출처의 오인, 혼동의 우려가 있어 상표등록을 받을 수 없다는 이유로 상표등록을 거절하였다. 1987년 11월 23일, A는 상표등록 거절결정 불복심판을 청구하고 특허청의 상표등록 거절결정에 대한 취소를 주장하였다.

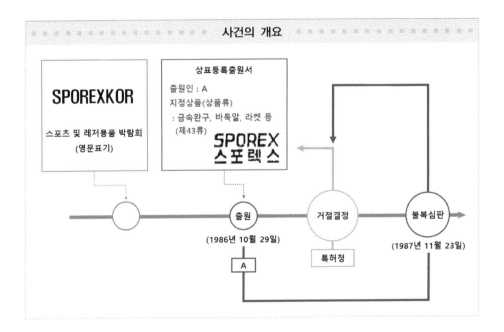

---

76) 특허청, 상표심사기준, 특허청 상표심사정책과, 2019년 1월, 50502면.
77) 대법원 1991. 4. 23. 선고 89후261 판결.

(1) 특허청의 주장

특허청은 "본 건 출원상표 SPOREX(스포렉스)는 스포츠 및 레저용품 박람회의 영문표기인 인용표장 SPOREXKOR와 유사하여 상품출처의 오인, 혼동의 우려가 있는 바, 상표법 제34조 제1항 제5호('제34조 제1항 제5호'는 현행 상표법(법률 제18502호)으로 수정하여 표시한 것이다. 이하 같다.)의 규정에 의해 상표등록 받을 수 없다."[78]라고 주장하였다. 본 건 출원상표 SPOREX(스포렉스)는 인용표장인 SPOREXKOR와 유사하다. 인용표장 SPOREXKOR는 스포츠 및 레저용품 박람회의 영문표기이다. 정부가 개최하거나 정부의 승인을 받아 개최하는 박람회 또는 외국정부가 개최하거나 외국정부의 승인을 받아 개최하는 박람회의 상패·상장 또는 포장과 동일·유사한 표장이 있는 상표는 상표법 제34조 제1항 제5호에 의해 상표등록을 받을 수 없다. 따라서 상표법 제34조 제1항 제5호의 규정을 적용하여 본 건 출원상표에 대한 상표등록을 거절하였다는 것이다.

(2) 상표출원인 A의 주장

A는 "본 건 출원상표 SPOREX(스포렉스)는 인용표장 SPOREXKOR와 외관, 칭호 및 관념이 상이하므로 특정 박람회의 권위를 실추시킨다거나 특정 박람회의 명칭에 편승한 품질오인의 우려가 없으므로 상표법 제34조 제1항 제5호에 해당하지 않고 상표등록이 되어야 한다."[79]고 주장하였다. 본 건 출원상표 SPOREX(스포렉스)는 인용표장 SPOREXKOR와 전체적으로 동일 또는 유사하지 아니하다. 따라서 본 건 출원상표 SPOREX(스포렉스)는 상표법 제34조 제1항 제5호의 규정에 해당하지 아니하므로 상표등록 거절결정을 취소하여야 한다는 것이다.

(3) 항고심판소의 판단[80]

"본 건 출원상표와 인용표장은 그 구성 중 영문자 KOR이 표기되어 있고 안되어 있는 차이가 있기는 하나 영문자 KOR은 영문자 KOREA의 약칭으로 직감되는 것임에 비추어 인용표장이 일반 수요자나 거래자에게 인상 깊게 느껴지는

---

78) 항고심판소 1989. 1. 31. 87항원880 심결.
79) 항고심판소 1989. 1. 31. 87항원880 심결.
80) 항고심판소 1989. 1. 31. 87항원880 심결.

부분은 SPOREX부분이므로 인용표장이 일반 수요자에게 SPOREX로 인식될 경우 양 상표는 그 칭호가 극히 유사한 것이라 아니할 수 없다. 또한 스포츠용품 및 레저용품을 위한 박람회의 명칭과 유사한 본 건 출원상표를 그 지정상품에 사용할 경우 이를 대하는 일반 수요자나 거래자는 동 상품이 스포츠용품 및 레저용품을 위한 박람회에서 우수한 상품으로 표창을 받은 상품으로 인식한다 함이 일반 거래사회의 경험칙이라 할 것이어서 이는 일반 수요자나 거래자에게 품질의 오인을 불러일으킬 우려가 있는 것이라 아니할 수 없다. 따라서 본 건 출원상표가 인용표장과 유사한 것으로 인정되는 바, 상표법 제34조 제1항 제5호(현행 상표법으로 수정 표시: 저자 주)의 규정을 이유로 서질힌 특허청의 거절결정은 정당하고 이를 비난하는 A의 주장은 이유 없는 것이다."

(4) 대법원의 판단[81]

"상표법 제34조 제1항 제5호(현행 상표법으로 수정 표시: 저자 주)는 박람회에서 시상한 상의 권위를 보호하고자 하는 규정으로서 어떤 상표의 등록출원이 위 규정에 해당되어 그 등록이 거절되기 위해서는 그 상표가 정부 또는 외국정부가 개최하거나 그 승인을 받아 개최한 박람회의 상패, 상장 또는 포장과 동일 또는 유사하여야 하는 것임이 명백하다. 본 건 등록출원이 상표법 제34조 제1항 제5호에 해당한다고 하기 위하여서는 과연 인용표장을 사용한 박람회가 정부의 승인을 받은 것인지, 그 박람회에서 시상으로 상패, 상장 또는 포장을 수여한 바가 있고 또 그것들이 인용표장과 같은 것인지 여부를 먼저 심리하였어야 한다. 정부 또는 외국정부의 승인여부나 시상여부에 관한 사정을 조사하지 아니하고 본 건 출원상표와 인용표장과의 동일 유사여부만을 심리한 채 본 건 출원상표가 상표법 제34조 제1항 제5호에 해당한다고 판단하였으니 이는 위 조항에 대한 법리의 오해가 있거나 심리를 다하지 않는 잘못을 저지른 것이라고 하지 아니할 수 없다."

---

81) 대법원 1991. 4. 23. 선고 89후261 판결.

제 2 절

사익적 측면의
부등록 사유

상표의 재산적 가치에 관한 실험을 하였다

TIFFANY & CO.

0.3캐럿 다이아몬드 두 개로 구성된 18K 귀걸이 한 쌍의 예상 가격을 질문하였다. 첫 번째 그룹에게는 아무런 상표도 부착하지 않은 귀걸이를, 두 번째 그룹에게는 동일한 귀걸이에 티파니(Tiffany&Co.) 상표를 부착하였고, 세 번째 그룹에게는 동일한 귀걸이에 월마트 (Walmart) 상표를 부착하였다.

그 결과 어떠한 상표도 붙이지 않은 귀걸이는 550달러, 티파니 상표를 부착한 귀걸이는 873달러로 가격이 무려 60%의 차이를 보였다. 월마트 상표가 부착된 귀걸이는 540달러로 티파니 상표가 부착된 귀걸이보다 가격이 91%나 감소하는 것으로 나타났다.

■ 김재영, BRAND and BRANDING, 비·앤·앰·북스, 2007년, 24면.

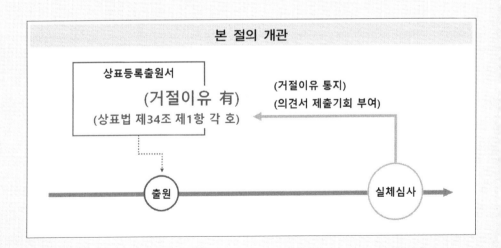

본 절의 개관

상표등록출원서
(거절이유 有)
(상표법 제34조 제1항 각 호)

(거절이유 통지)
(의견서 제출기회 부여)

출원 ──────────────── 실체심사

귀걸이에 월마트(Walmart) 상표를 사용하는 것보다는 티파니(Tiffany&Co.) 상표를 사용하는 것이 그 귀걸이를 판매하거나 가격을 결정하는 데 유리할 것이다. 물론 그 귀걸이를 구입하려는 사람이 티파니 상표에 대해 잘 알고 있을 것이 전제되어야 하겠지만 말이다. 티파니 상표가 귀걸이의 판매 혹은 가격 결정에 유리하게 된 것은 그 상표가 가지는 영업력이라고 하는 재산적 가치 때문이다.

상표의 재산적 가치는 상표법을 통해 보호받을 수 있다. 특히 상표법은 상표의 재산적 가치를 보호하기 위해 제34조 제1항 제6호 이하의 규정을 두고 있다. 상표법 제34조 제1항 제6호 이하의 규정은 출원된 상표가 타인의 상표가 가지는 재산적 가치를 훼손할 우려가 있는 경우 상표등록을 받을 수 없도록 하고 있다.

Ⅰ. 저명한 타인의 성명 등을 포함하는 상표

저명한[82][83] 타인[84]의 성명·명칭 또는 상호·초상·서명·인장·아호(雅號)·예명(藝名)·필명(筆名) 또는 이들의 약칭을 포함하는 상표는 상표등록을 받을 수 없다. 다만 그 타인의 승낙을 받은 경우에는 상표등록을 받을 수 있다.[85][86] 본 호는 상품 출처의 오인·혼동을 방지하기 위한 규정이라기보다는 저명한 타인의 성명·명칭 등을 보호함으로써 타인의 인격권을 보호하기 위한 규정이다.[87]

1. 판 단

상표법 제34조 제1항 제6호 소정의 타인이라 함은 현재 생존하고 있는 자를 의미한다.[88] 저명한 타인의 성명, 명칭 등을 상표로 사용한 때에는 타인 자신의

---

82) 저명이라 함은 사회통념상 국내 일반 수요자 또는 관련 거래업계에서 일반적으로 널리 인지될 수 있는 정도를 말하는 것으로, 널리 알려진 연예인이나 운동선수, 국내외 유명인사 등의 이름으로 직감할 수 있으면 충분한 것으로 본다(특허청, 상표심사기준, 특허청 상표심사정책과, 2019년 1월, 50601면).

83) 본 호는 성명·명칭 또는 상호·초상·서명·인장·아호·예명·필명 또는 이들의 약칭이 저명하여야 한다는 것으로, 타인 그 자체가 저명하여야 한다는 의미는 아니다(특허청, 상표심사기준, 특허청 상표심사정책과, 2019년 1월, 50601면).

84) 타인이라 함은 현존하는 자연인은 물론 법인이나 외국인(자연인 또는 법인)도 포함된다(특허청, 상표심사기준, 특허청 상표심사정책과, 2019년 1월, 50601면).

85) 자기의 성명 또는 명칭과 저명한 타인의 성명 또는 명칭이 동일한 경우에도 그 타인의 승낙을 요한다(특허청, 상표심사기준, 특허청 상표심사정책과, 2019년 1월, 50602면).

86) 상표법 제34조 제1항 제6호.

87) 특허청, 상표심사기준, 특허청 상표심사정책과, 2019년 1월, 50601면.

불쾌감 유무 또는 사회통념상 타인의 인격권을 침해하였다고 판단되는지 여부를 불문하고 본 호를 적용한다.[89)]

타인의 명칭 등이 저명한지는 그 사용기간, 방법, 태양, 사용량 및 거래의 범위와 상품거래의 실정 등을 고려하여 사회통념상 또는 지정상품과 관련한 거래사회에서 타인의 명칭 등이 널리 인식될 수 있는 정도에 이르렀는지 여부에 따라 판단한다.[90)] 저명한 타인의 성명·명칭 또는 상호·초상·서명·인장·아호·예명·필명 또는 이들의 약칭이 상표의 부기적인 부분으로 포함되어 있는 경우에도 본 호에 해당하는 것으로 본다.[91)]

2. 관련 판례 - 대법원 2013. 10. 31. 선고 2012후1033 판결

본 판례에는 상표출원인 A, 특허청이 등장한다. A는 본 건 출원상표 2NE1을 상품류 구분 제3류의 립스틱, 매니큐어, 스킨로션, 화장비누 등을 지정상품으로 2009년 5월 25일에 상표등록 출원을 하였다. 이에 대하여 특허청은 본 건 출원상표 2NE1이 저명한 4인조 여성그룹의 명칭에 해당하여 상표등록 받을 수 없다

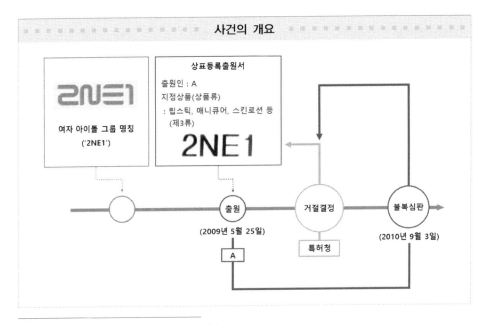

---

88) 대법원 1998. 2. 13. 선고 97후938 판결.
89) 특허청, 상표심사기준, 특허청 상표심사정책과, 2019년 1월, 50602면.
90) 대법원 2005. 8. 25. 선고 2003후2096 판결; 대법원 2013. 10. 31. 선고 2012후1033 판결.
91) 특허청, 상표심사기준, 특허청 상표심사정책과, 2019년 1월, 50602면.

는 이유로 상표등록을 거절하였다. 2010년 9월 3일, A는 상표등록 거절결정 불복심판을 청구하고 특허청의 상표등록 거절결정에 대한 취소를 주장하였다.

(1) 특허청의 주장

특허청은 "본 건 출원상표 2NE1은 저명한 4인조 여성그룹의 명칭이므로 저명한 타인의 성명에 해당되어 상표법 제34조 제1항 제6호('제34조 제1항 제6호'는 현행 상표법(법률 제18502호)으로 수정하여 표시한 것이다. 이하 같다.)에 해당되는 바, 그 등록을 거절한 것이다."[92]라고 주장하였다. 본 건 출원상표인 2NE1은 저명한 4인조 여성그룹의 명칭이다. 저명한 타인의 성명·명칭 또는 이들의 약칭을 포함하는 상표는 상표법 제34조 제1항 제6호에 의해 상표등록을 받을 수 없다. 따라서 상표법 제34조 제1항 제6호의 규정을 적용하여 본 건 출원상표에 대한 상표등록을 거절하였다는 것이다.

(2) 상표출원인 A의 주장

A는 "본 건 출원상표 2NE1은 단순 여자가수 그룹의 명칭으로 젊은 층의 일부에 알려졌는지 모르지만 모든 연령층에 알려졌다고 할 수 없는 바, 본 건 출원상표는 타인의 저명한 성명에 해당하지 아니하므로 상표법 제34조 제1항 제6호에 해당하지 않는다."[93]고 주장하였다. 상표법 제34조 제1항 제6호는 상표가 저명한 타인의 성명·명칭 또는 이들의 약칭을 포함하는 경우 상표등록을 받을 수 없다는 것을 내용으로 한다. 본 건 출원상표인 2NE1은 젊은 층의 일부에 알려진 여자가수 그룹의 명칭이다. 모든 연령층에 알려졌다고 할 수는 없어 저명한 타인의 성명이나 명칭에는 해당되지 않으므로 상표법 제34조 제1항 제6호에 해당하지 않는다는 것이다.

(3) 대법원의 판단[94]

"저명한 타인의 성명·명칭 또는 상호·초상·서명·인장·아호·예명·필명 또는 이들의 약칭을 포함하는 상표는 상표법 제34조 제1항 제6호(현행 상표법으로 수정 표시: 저자 주)에 따라 상표등록을 받을 수 없다. 여기서 타인의 명칭

---

92) 특허심판원 2011. 10. 20. 2010원6898 심결.
93) 특허심판원 2011. 10. 20. 2010원6898 심결.
94) 대법원 2013. 10. 31. 선고 2012후1033 판결.

등이 저명한지는 그 사용기간, 방법, 태양, 사용량 및 거래의 범위와 상품거래의 실정 등을 고려하여 사회통념상 또는 지정상품과 관련한 거래사회에서 타인의 명칭 등이 널리 인식될 수 있는 정도에 이르렀는지 여부에 따라 판단하여야 한다.[95] 오늘날 생활수준의 향상과 함께 음악이나 영상물 등 문화예술 분야에 대한 일반인의 관심이 높아지고 있고 음악은 단순히 듣고 감상하는 것뿐만 아니라 휴대전화의 벨 소리로 사용되는 등 일상생활에서 그 활용도가 다양해지고 있다. 특히 인터넷의 광범위한 보급과 함께 음악 및 동영상의 재생기능을 갖춘 전자기기의 급격한 보급 등으로 인해 선명한 화질과 음향을 재생할 수 있고 손쉽고 빠르게 음원에 접근할 수 있어 대중음악에 대한 수요가 빠르게 확대되는 추세에 있다. 뿐만 아니라 본 건 출원상표의 출원일 무렵 유명한 남성 및 여성 아이돌 그룹이 음악계의 주류를 이루고 있었고 K-POP의 확산과 한류 열풍으로 그 수요자 층도 나이에 제한 없이 기호에 따라 다양하게 형성되고 있었던 사정 등에 비추어 보면, 비록 본 건 여성 그룹 가수가 대중매체에 모습을 드러낸 때부터 본 건 출원상표의 출원일까지 약 2개월여에 불과하다고 하더라도 본 건 여성 그룹 가수는 국내의 유명한 여성 4인조 아이돌 그룹으로서 본 건 출원상표의 출원일 무렵 국내의 수요자 사이에 널리 알려져 있어 저명성을 획득하였다고 판단된다. 따라서 본 건 출원상표인 2NE1은 음반업계에서 여성 아이돌 그룹 가수의 명칭으로 그와 동일한 표장을 갖는 본 건 출원상표의 등록을 허용할 경우에는 지정상품과 관련하여 그 수요자나 거래자들이 본 건 여성 그룹 가수와 관련 있는 것으로 오인·혼동할 우려가 상당하여 타인의 인격권을 침해할 염려가 있는 점 등의 사정을 종합하여 보면 본 건 출원상표는 그 출원일 무렵에 저명한 타인의 명칭에 해당한다."

Ⅱ. 선출원에 의한 등록상표와 동일·유사한 상표

선출원(先出願)에 의한 타인의 등록상표와 동일·유사한 상표로서 그 지정상품과 동일·유사한 상품에 사용하는 상표는 상표등록을 받을 수 없다.[96] 상표법 제34조 제1항 제7호는 선등록 상표권자의 독점배타적인 상표권을 보호하고 동

---

95) 대법원 2005. 8. 25. 선고 2003후2096 판결.
96) 상표법 제34조 제1항 제7호.

일·유사한 상품에 타인의 동일·유사한 상표가 등록되어 상품출처의 오인·혼동을 일으키는 경우 상표의 본래 기능인 자타상품 식별 기능이 발휘될 수 없기 때문에 이를 유지하기 위한 규정이다.[97]

1. 판 단

본 호는 선출원에 의한 타인의 선등록상표와 동일·유사한 경우에만 적용하고, 후출원에 의한 선등록상표와 동일·유사한 경우에는 적용하지 않는다.[98] 상표의 유사여부 판단 목적은 궁극적으로 출처의 오인·혼동 가능성이 있는지를 판단하기 위한 것이므로 상표의 유사여부 판단 시에는 유사 그 자체보다 출처의 오인·혼동 가능성이 있는지 여부를 중점적으로 검토하여 판단하여야 한다.[99]

2. 관련 판례 - 대법원 2016. 7. 14. 선고 2015후1348 판결

본 판례에는 상표출원인 A, 특허청이 등장한다. A는 본 건 출원상표를 상품류 구분 제18류의 가방, 스포츠용 가방, 지갑 등과 제25류 신발, 스포츠의류, 신사복 등을 지정상품으로 2012년 8월 29일에 상표등록 출원을 하였다. 이에 대하여 특허청은 본 건 출원상표가 선출원 등록상표인 인용상표와 외관이 유사하고 지정상품이 동일·유사하여 상표등록 받을 수 없다는 이유로 상표등록을 거절하였다. 인용상표는 상품류 구분 제18류의 서류가방, 지갑, 여행용 가방 등과 제25류의 블라우스, 와이셔츠, 자켓 등을 지정상품으로 2000년 10월 25일에 상표등록 출원되어 2003년 1월 6일에 상표등록이 되었다. 2014년 1월 3일, A는 상표등록 거절결정 불복심판을 청구하고 특허청의 상표등록 거절결정에 대한 취소를 주장하였다.

(1) 특허청의 주장

특허청은 "본 건 출원상표는 선출원 등록상표인 인용상표와 외관이 유사하고 지정상품이 동일·유사한 바, 상표법 제34조 제1항 제7호('제34조 제1항 제7호'는 현행 상표법(법률 제18502호)으로 수정하여 표시한 것이다. 이하 같다.)에 해당하여

---

97) 특허청, 상표심사기준, 특허청 상표심사정책과, 2019년 1월, 50701면.
98) 후출원에 의한 선등록상표가 심판 또는 재판에 의하여 무효가 확정되지 않는 한, 두 권리는 병존하는 것으로 본다(특허청, 상표심사기준, 특허청 상표심사정책과, 2019년 1월, 50701면).
99) 특허청, 상표심사기준, 특허청 상표심사정책과, 2019년 1월, 50701면.

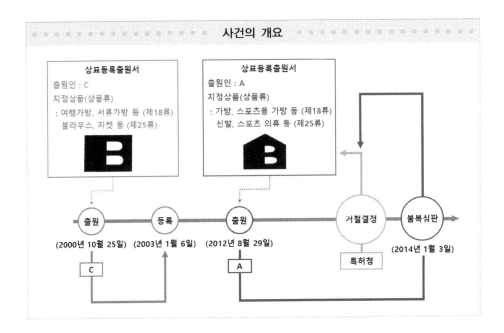

그 상표등록을 받을 수 없다."[100]라고 주장하였다. 본 건 출원상표와 선출원 등록상표인 인용상표는 모두 검은색 도형 내부에 옆으로 누운 아치형의 도형 2개가 상하로 배치되어 있는 점, 검은색 도형의 왼쪽 부분이 오른쪽 부분보다 2배 정도 두꺼운 점 등에서 공통된다. 또한 두 표장은 모두 알파벳 B를 이용하여 도안화한 것으로 보이는 점에서 모티브가 동일하여 전체적인 구성과 거기에서 주는 지배적 인상이 유사하다. 선출원에 의한 타인의 등록상표와 동일·유사한 상표로서 그 지정상품과 동일·유사한 상품에 사용하는 상표는 상표법 제34조 제1항 제7호에 의해 상표등록을 받을 수 없다. 따라서 상표법 제34조 제1항 제7호의 규정을 적용하여 본 건 출원상표에 대한 상표등록을 거절하였다는 것이다.

(2) 상표출원인 A의 주장

A는 "본 건 출원상표와 선출원 등록상표인 인용상표는 양 상표의 모티브, 그 기초가 되는 도형이 각각 오각형과 사각형으로 상이하고 알파벳 "B"를 구성하는 아치형 도형의 크기가 동일한지의 여부에서도 차이가 있으므로 비유사한 바, 상표법 제34조 제1항 제7호에 해당하지 아니한다."[101]고 주장하였다. 본 건 출원상

---

100) 특허심판원 2015. 2. 27. 2014원43 심결.
101) 특허심판원 2015. 2. 27. 2014원43 심결.

표는 검은색 도형이 오각형이어서 상부가 뾰족한 형상을 이루는 반면 선출원 등록상표인 인용상표는 검은색 도형이 사각형이어서 상부가 평평한 형상을 이루고 있다. 또한 본 건 출원상표는 검은색 도형 내부에 있는 2개의 아치형 도형의 크기 차이가 있는 반면 선출원 등록상표인 인용상표는 2개의 아치형 도형의 크기가 거의 같은 점 등에서 차이가 있다. 따라서 본 건 출원상표는 상표법 제34조 제1항 제7호의 규정에 해당하지 아니하므로 상표등록 거절결정을 취소하여야 한다는 것이다.

(3) 대법원의 판단[102]

"상표의 유사 여부는 대비되는 상표를 외관, 호칭, 관념의 세 측면에서 객관적, 전체적, 이격적으로 관찰하여 거래상 오인·혼동의 염려가 있는지에 따라 판단하여야 한다. 특히 도형상표들에 있어서는 그 외관이 주는 지배적 인상이 동일·유사하여 두 상표를 동일·유사한 상품에 다 같이 사용하는 경우 일반 수요자에게 상품의 출처에 관하여 오인·혼동을 일으킬 염려가 있다면 두 상표는 유사하다고 보아야 한다. 또한 상표의 유사 여부의 판단은 두 개의 상표 자체를 나란히 놓고 대비하는 것이 아니라 때와 장소를 달리하여 두 개의 상표를 대하는 일반 수요자에게 상품 출처에 관하여 오인·혼동을 일으킬 우려가 있는지의 관점에서 이루어져야 하고 두 개의 상표가 그 외관, 호칭, 관념 등에 의하여 일반 수요자에게 주는 인상, 기억, 연상 등을 전체적으로 종합할 때 상품의 출처에 관하여 오인·혼동을 일으킬 우려가 있는 경우에는 두 개의 상표는 서로 유사하다고 보아야 한다.[103] 일반 수요자의 직관적 인식을 기준으로 두 상표의 외관을 이격적으로 관찰하면 두 표장은 모두 검은색 도형 내부에 옆으로 누운 아치형의 도형 2개가 상하로 배치되어 있는 점, 검은색 도형의 왼쪽 부분이 오른쪽 부분보다 2배 정도 두꺼운 점 등에서 공통되고 알파벳 B를 이용하여 도안화한 것으로 보이는 점에서 모티브가 동일하여 전체적인 구성과 거기에서 주는 지배적 인상이 유사하다. 다만 본 건 출원상표는 검은색 도형이 오각형이어서 상부가 뾰족한 형상을 이루는 반면 선출원 등록상표인 인용상표는 검은색 도형이 사각형이어서 상부가 평평한 형상인 점, 본 건 출원상표는 검은색 도형 내부에 있는 2

---

102) 대법원 2016. 7. 14. 선고 2015후1348 판결.
103) 대법원 2013. 3. 14. 선고 2010도15512 판결.

개의 아치형 도형의 크기 차이가 있음이 비교적 분명히 드러나는 반면 선출원 등록상표인 인용상표는 2개의 아치형 도형의 크기가 거의 같은 점 등에서 차이가 있으나 이는 이격적 관찰로는 쉽게 파악하기 어려운 정도의 차이에 불과하다고 보인다. (가방 등을 지정상품으로 하는 본 건 출원상표와 서류가방 등을 지정상품으로 하는 선출원 등록상표는 지정상품에 있어서 서로 유사하다.) 따라서 두 표장은 그 외관이 주는 지배적인 인상이 유사하여 동일·유사한 상품에 다 같이 사용하는 경우 일반 수요자에게 그 출처에 관하여 오인·혼동을 일으킬 염려가 있으므로 서로 유사하다."

III. 주지상표와 동일·유사한 상표

타인의 상품을 표시하는 것이라고 수요자들에게 널리 인식되어 있는 상표와 동일·유사한 상표로서 그 타인의 상품과 동일·유사한 상품에 사용하는 상표는 상표등록을 받을 수 없다.[104] 본 호는 특정인의 상품을 표시하는 것이라고 수요자들에게 널리 인식되어 있는 상표와 동일 또는 유사한 표장을 동일 또는 유사한 상품에 등록받아 사용할 경우 수요자로 하여금 상품출처의 오인·혼동을 일으키게 할 염려가 있어 이를 예방하고, 나아가 그 주지상표 사용자의 이익을 보호하려는 데 그 취지가 있다.[105]

1. 판 단

본 호는 타인의 상품을 표시하는 것이라고 수요자들에게 널리 인식되어 있는 상표와 상표 및 지정상품이 동일 또는 유사한 경우에만 적용한다. 상표법 제34조 제1항 제9호 소정의 타인의 상품을 표시하는 것이라고 수요자간에 현저하게 인식되어 있는 상표를 소위 주지상표라고 한다.[106] 주지상표라 함은 반드시 거래자 또는 수요자가 그 상표사용인이 누구인가를 구체적으로 인식까지 할 필요는 없다 하더라도 적어도 그 상표가 특정인의 상품에 사용되는 것임을 거래자 또는 수요자간에 현저하게 인식되고 있음을 필요로 한다.[107]

---

104) 상표법 제34조 제1항 제9호.
105) 특허청, 상표심사기준, 특허청 상표심사정책과, 2019년 1월, 50901면.
106) 대법원 1986. 3. 11. 선고 84후46 판결.
107) 대법원 1983. 3. 8. 선고 81후50 판결.

주지상표인지 여부에 대한 판단은 그 사용, 공급 또는 영업활동의 기간[108], 방법, 태양 및 거래범위 등과 그 거래실정이나 사회통념상 객관적으로 널리 알려졌느냐의 여부가 그 기준이 된다.[109] 상표의 주지성 여부와 관련한 지역적 범위는 국내에서 주지하여야 한다. 전국이든 일정한 지역이든 불문하며, 상품의 특성상 일정한 지역에서만 거래되는 경우에는 그 특성을 충분히 고려하여 주지성을 판단한다.[110] 따라서 등록주의를 채택하고 있는 현행 상표법제도에 있어서도 등록되지 않은 상표라고 할지라도 거래상 상표로서의 기능을 다하고 있고 상표의 사용기간, 사용방법, 태양 및 그 상품의 판매량과 상표가 알려져 있는 지역 등에 비추어 널리 알려져 있는 즉 주지상표라면 본 호에 따른 보호를 받을 수 있다.[111]

2. 관련 판례 – 대법원 1991. 11. 22. 선고 91후301 판결

본 판례에는 상표권자 A와 A의 상표등록에 대한 무효를 주장한 B가 등장한다. A는 본 건 등록상표 ASC Ⅱ를 상품류 구분 제39류의 컴퓨터, 전자계산기, 전자완구 등을 지정상품으로 1986년 7월 28일에 상표등록 출원하여 1987년 9월 12일에 상표등록을 받았다. 1988년 2월 8일, B는 상표등록 무효심판을 청구하고 A의 본 건 등록상표 ASC Ⅱ가 인용상표 ASC Ⅱ와 상표 및 지정상품이 동일 또는 유사하여 상표법 제34조 제1항 제9호에 해당한다는 이유로 그 등록 무효 ʼ를 주장하였다. 인용표장 ASC Ⅱ는 1981년경부터 일본에서 컴퓨터, 전자계산기, 전자완구 등과 관련하여 상표로서 사용된 것이다.

(1) B의 주장

B는 "본 건 등록상표는 타인의 상품을 표시하는 것이라고 수요자간에 현저하게 인식되어 있는 주지상표인 인용상표 ASC Ⅱ와 동일하고 그 지정상품도 유사한 것이어서 상표법 제34조 제1항 제9호('제34조 제1항 제9호'는 현행 상표법(법률

---

108) 사용기간이 길면 소비자에게 상표를 인식시킬 수 있는 기간이 길어지기 때문에 주지성이 높은 것으로 볼 수 있다. 다만, 사용기간을 획일적으로 정해놓을 수는 없고 광고선전을 통하여 단기간에 주지성을 획득할 수 있다는 점도 고려하여 판단하도록 한다(특허청, 상표심사기준, 특허청 상표심사정책과, 2019년 1월, 50903면).

109) 대법원 1986. 1. 21. 선고 85후92 판결; 대법원 1991. 11. 22. 선고 91후301 판결.

110) 특허청, 상표심사기준, 특허청 상표심사정책과, 2019년 1월, 50902면.

111) 대법원 1982. 6. 8. 선고 81후49 판결.

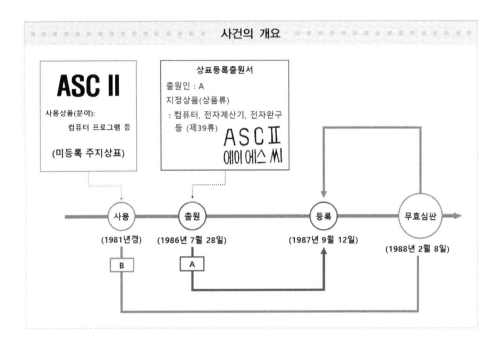

제18502호)으로 수정하여 표시한 것이다. 이하 같다.)의 규정에 위반하여 등록된 상
표인 바, 그 등록이 무효가 되어야 한다."[112]고 주장하였다. 인용상표 ASC Ⅱ가
수요자간에 현저하게 인식되어 있는 주지상표에 해당함을 입증하기 위하여 B는
인용상표가 게재된 1984년 10월 30일자 아사히신문 사본, 인용상표가 게재된
1985년 1월 20일자로 되어 있는 일본 니혼게이자이신문 사본, 1981년 10월 19
일부터 1986년 7월 사이 일본에서 발행된 비지네스 콤퓨타뉴스, 주간완구통신,
닛케이콤퓨터, 닛케이파소콤, 컴퓨터 매거진 등 26개 정기간행물 사본으로서 인
용상표 광고가 게재된 증거를 제출하였다. 타인의 상품을 표시하는 것이라고 수
요자들에게 널리 인식되어 있는 상표와 동일·유사한 상표로서 그 타인의 상품
과 동일·유사한 상품에 사용하는 상표는 상표법 제34조 제1항 제9호에 의해
상표등록을 받을 수 없다. 따라서 상표법 제34조 제1항 제9호의 규정을 적용하
여 본 건 등록상표의 무효를 주장한다는 것이다.

(2) 상표권자 A의 주장

A는 "B의 인용상표 ASC Ⅱ는 국내 수요자간에 널리 인식되어지지도 않았을

---

112) 심판소 1988. 12. 26. 88당62 심결.

뿐 아니라 본 건 등록상표와 동일 또는 유사하지도 아니한 것인 바, 상표법 제 34조 제1항 제9호의 규정에 위반하였다는 B의 주장을 받아들일 수 없다."[113]고 주장하였다. 상표법 제34조 제1항 제9호에서 언급하는 수요자들은 국내 수요자들을 말한다. 인용상표 ASC Ⅱ가 주지상표에 해당함을 입증하기 위하여 B가 제출한 증거 자료는 일본에서 발행된 것이다. 따라서 B가 제출한 증거 자료로는 인용상표 ASC Ⅱ가 국내 수요자들에게 널리 인식된 주지상표에 해당함을 입증할 수 없으므로 본 건 등록상표는 상표법 제34조 제1항 제9호에 해당하지 않는다는 것이다.

(3) 대법원의 판단[114]

"상표법 제34조 제1항 제9호(현행 상표법으로 수정 표시: 저자 주)에서 말하는 주지상표라 함은 반드시 수요자 또는 거래자가 그 상표사용인이 누구인가를 구체적으로 인식할 필요는 없다 하더라도 적어도 그 상표가 특정인의 상품에 사용되는 것임을 수요자 또는 거래자 간에 널리 인식되어 있음을 필요로 한다.[115] 또한 주지상표에 해당하는지 여부는 그 사용, 공급 또는 영업활동의 기간, 방법, 태양 및 거래범위 등과 그 거래실정이나 사회통념상 객관적으로 널리 알려졌느냐의 여부가 그 기준이 된다.[116] 본 건 등록상표 ASC Ⅱ와 B가 주지상표에 해당한다고 주장하는 인용상표 ASC Ⅱ를 대비하기에 앞서 증거들에 의하여 인용상표가 국내의 거래자, 수요자 간에 널리 인식되어져 있는지 여부에 관하여 판단함에 있어 B가 제출한 증거에 의하면 이들 문서에는 인용상표가 게재되어 있으나 전부 일본국에서 발행된 신문 기타 정기간행물과 팜플렛이다. 증거에 의하면 일본의 신문이 국내에 반입되어 있는 사실은 인정되나 이것만으로는 인용상표가 게재된 일본의 신문이나 잡지가 국내의 수요자들에게 어느 정도의 규모로 얼마 동안 선전 광고되었는지 알 수 없고 그 밖에 B가 제출한 증거자료만으로는 인용상표가 국내의 거래자, 수요자 간에 현저하게 인식되어져 있다고 할 수 없다. 일본을 비롯한 세계 각국에 인용상표와 동일 또는 유사한 상표가 등록되었다고 하여 인용상표가 국내의 수요자 간에 인식되고 널리 알려져 있다는 것은

---

113) 심판소 1988. 12. 26. 88당62 심결.
114) 대법원 1991. 11. 22. 선고 91후301 판결.
115) 대법원 1983. 3. 8. 선고 81후50 판결.
116) 대법원 1986. 1. 21. 선고 85후92 판결.

아니므로 본 건 등록상표가 상표법 제34조 제1항 제9호의 규정에 해당된다는 B
의 주장은 이유 없다."

Ⅳ. 저명상표와 혼동 또는 희석화할 염려가 있는 상표

수요자들에게 현저하게 인식되어 있는[117] 타인의 상품이나 영업과 혼동[118]을
일으키게 하거나[119] 그 식별력 또는 명성을 손상[120][121]시킬 염려가 있는 상표는
상표등록을 받을 수 없다.[122] 상표법 제34조 제1항 제11호 소정의 수요자간에
현저하게 인식되어 있는 타인의 상품이나 영업에 관련된 상표를 저명상표라 한
다.[123] 상표법 제34조 제1항 제11호 전단은 전통적인 혼동이론을 법제화한 것으
로, 당해 상표에 관한 거래자 및 수요자뿐만 아니라 이종상품이나 이종영업에
걸친 일반 수요자 대부분에까지 알려진 상표(저명상표)와 혼동을 일으키게 할 염
려가 있는 상표의 등록을 배제하여 출처의 오인혼동으로부터 수요자를 보호하기
위한 규정이다.[124] 상표법 제34조 제1항 제11호 후단은 희석화 이론을 법제화한
것으로 수요자의 출처 오인혼동 우려는 없다고 하더라도 저명상표의 식별력이나
명성을 손상시킬 염려가 있는 경우 등록을 불허함으로써 상표에 화체된 재산적

---

117) 현저하게 인식되어 있다는 것은 당해 상품이나 영업에 관한 거래자 및 수요자뿐만 아니라 이종
상품이나 이종영업에 걸친 일반 수요자 대부분에까지 알려져 있는 것을 말한다(특허청, 상표심사
기준, 특허청 상표심사정책과, 2019년 1월, 51101면).

118) 혼동의 범위는 동일 또는 유사한 상품뿐만 아니라 상표의 저명도로 인하여 다른 계통의 상품 또
는 영업과 관련성이 있는 것으로 오해를 유발할 우려가 있는 경우를 포함한다(특허청, 상표심사
기준, 특허청 상표심사정책과, 2019년 1월, 51102면).

119) **혼동을 일으키게 할 염려가 있는 경우**라 함은 그 타인의 상품 또는 영업으로 오인하거나, 그 상
품이나 서비스의 수요자가 그 상품이나 서비스의 출처에 대하여 혼동할 우려가 있는 경우는 물
론, 그 타인과 계열관계 또는 경제적, 법적 상관관계가 있는 자의 상품 또는 영업으로 오인하거
나 출처를 혼동할 염려가 있는 경우를 포함한다(특허청, 상표심사기준, 특허청 상표심사정책과,
2019년 1월, 51102면).

120) **식별력의 손상**이란 타인의 저명상표를 혼동가능성이 없는 비유사한 상품에 사용함으로써 저명상
표의 상품표지나 영업표지로서의 출처표시 기능을 손상시키는 것을 말하며, 여기에는 식별력을
약화시키는 경우도 포함하는 것으로 본다(특허청, 상표심사기준, 특허청 상표심사정책과, 2019년
1월, 51103면).

121) **명성의 손상**이란 어떤 좋은 이미지나 가치를 가진 저명상표를 부정적인 이미지를 가진 상품이나
영업에 사용함으로써 그 상표의 좋은 이미지나 가치를 훼손하는 것을 말한다(특허청, 상표심사기
준, 특허청 상표심사정책과, 2019년 1월, 51104면).

122) 상표법 제34조 제1항 제11호.

123) 대법원 2007. 2. 8. 선고 2006후3526 판결.

124) 특허청, 상표심사기준, 특허청 상표심사정책과, 2019년 1월, 51101면.

가치를 보호하기 위한 규정이다.[125]

상표법 제34조 제1항 제11호에서 수요자간에 현저하게 인식되어 있는 타인의 상품이나 영업과 혼동을 일으키게 할 염려가 있는 상표의 등록을 금지하고 있는 것은 일반 수요자에게 저명한 상품이나 영업과 출처에 오인혼동이 일어나는 것을 방지하려는 데 그 목적이 있다.[126] 상표가 그 지정상품에 대한 관계거래자 이외에 일반 공중의 대부분에까지 널리 알려지게 됨으로써 저명성을 획득하게 되면 그 상표를 주지시킨 상품 또는 그와 유사한 상품뿐만 아니라 이와 다른 종류의 상품이라고 할지라도 그 상품의 용도 및 판매거래의 상황 등에 따라 저명상표권자나 그와 특수한 관계가 있는 자에 의하여 생산 또는 판매되는 것으로 인식될 수 있기 때문이다.[127] 따라서 본 호는 상표 자체로서는 그 주지 또는 저명한 상품 등에 사용된 타인의 상표와 유사하지 아니하여도 양 상표 구성의 모티브, 아이디어 등을 비교하여 그 상표에서 타인의 저명상표 또는 상품 등이 용이하게 연상되거나 타인의 상표 또는 상품 등과 밀접한 관련성이 있는 것으로 인정되어 상품의 출처에 오인, 혼동을 불러일으킬 염려가 있는 경우에는 상표등록을 받을 수 없도록 한 것이다.[128]

1. 판 단

상표법 제34조 제1항 제11호의 이른바 저명상표에 해당하는지 여부는 그 상품이나 영업에 사용되는 상표 또는 상호 등의 사용기간, 사용량, 사용방법, 상품의 거래량 또는 영업의 범위 및 상표나 상호에 관한 광고 선전의 실태 등 제반사정을 고려하여 거래실정과 사회통념상 그 상품이 출처 또는 영업주체에 관한 인식이 객관적으로 널리 퍼져 있다고 볼 수 있는지의 여부에 따라 판단하여야 한다.[129] 따라서 상표법 제34조 제1항 제11호에서 규정하는 부등록사유란 타인

---

125) 특허청, 상표심사기준, 특허청 상표심사정책과, 2019년 1월, 51101면.
126) 대법원 1995. 10. 12. 선고 95후576 판결.
127) 대법원 1995. 6. 13. 선고 94후2186 판결.
128) 대법원 1993. 3. 23. 선고 92후1370 판결; 대법원 1993. 6. 11. 선고 93후53 판결; 대법원 1995. 10. 12. 선고 95후576 판결; 대법원 1996. 2. 13. 선고 95후1173 판결; 대법원 1996. 10. 11. 선고 95후1944 판결; 대법원 2002. 5. 28. 선고 2001후2870 판결; 대법원 2004. 4. 27. 선고 2002후1850 판결.
129) 대법원 1986. 10. 14. 선고 83후77 판결; 대법원 1989. 6. 27. 선고 88후219 판결; 대법원 1990. 9. 11. 선고 89후2205 판결; 대법원 1990. 9. 28. 선고 89후2281 판결; 대법원 1999. 2. 26. 선고 97후3975, 3982 판결; 대법원 2007. 2. 8. 선고 2006후3526 판결; 대법원 2015. 10. 15. 선고

의 선사용상표 또는 서비스표의 저명 정도, 당해 상표와 타인의 선사용상표 또는 서비스표의 각 구성, 상품 혹은 영업의 유사 내지 밀접성 정도, 선사용상표 또는 서비스표 권리자의 사업다각화 정도, 이들 수요자 층의 중복 정도 등을 비교·종합한 결과 당해 상표의 수요자가 그 상표로부터 타인의 저명한 상표 또는 서비스표나 그 상품 또는 영업 등을 쉽게 연상하여 출처에 혼동을 일으키게 할 염려가 있는 경우를 의미한다.[130]

한편 저명기업이 사용하는 상표라고 하여 모두 주지·저명상표가 되는 것은 아니다. 다만 상호 자체가 저명한 경우에는 그 상호 자체만에 의하여도 그것이 저명한 영업을 나타낼 수 있다고 보아야 할 뿐만 아니라 그 상호를 사용하는 상호상표 역시 주지·저명성을 취득하기가 용이하다고 보아야 한다.[131]

2. 관련 판례 – 대법원 1986. 10. 14. 선고 83후77 판결

본 판례에는 상표권자 A와 A의 상표등록에 대한 무효를 주장한 B가 등장한다. A는 본 건 등록상표 샤넬을 상품류 구분 제13류의 화장비누를 지정상품으로

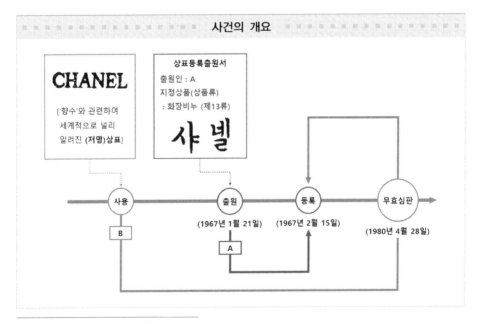

2013후1207 판결; 대법원 2020. 5. 14. 선고 2019후11787 판결.
130) 대법원 2002. 5. 28. 선고 2001후2870 판결; 대법원 2004. 4. 27. 선고 2002후1850 판결; 대법원 2007. 12. 27. 선고 2006후664 판결; 대법원 2010. 5. 27. 선고 2008후2510 판결.
131) 대법원 1996. 9. 24. 선고 95후2046 판결.

1967년 1월 21일에 상표등록 출원하여 1967년 2월 15일에 상표등록을 받았다. 1980년 4월 28일, B는 상표등록 무효심판을 청구하고 A의 본 건 등록상표 샤넬이 저명상표인 인용상표 CHANEL과 동일 또는 유사하여 상표법 제34조 제1항 제11호('제34조 제1항 제11호'는 현행 상표법(법률 제18502호)으로 수정하여 표시한 것이다. 이하 같다.)에 해당한다는 이유로 그 등록 무효를 주장하였다. 인용상표 CHANEL은 B의 상호의 약칭일 뿐 아니라 향수 제품에 있어서 세계적으로 널리 알려진 상표로서 국내의 동종업계는 물론 일반 수요자간에도 오래전부터 알려져 있음이 인정되는 것이다.

(1) B의 주장

B는 "본 건 등록상표 샤넬은 세계적으로 저명한 인용상표 CHANEL과 동일, 유사한 것으로서 인용상표에 관한 상품이나 영업과 혼동을 일으킬 염려가 있는 상표에 해당하므로 상표법 제34조 제1항 제11호의 규정에 위배되어 등록된 것인 바, 그 등록이 무효가 되어야 한다."[132]고 주장하였다. 인용상표 CHANEL은 향수 제품에 있어서 세계적으로 널리 알려진 상표로서 국내의 동종업계는 물론 일반 수요자간에도 오래전부터 알려져 있음이 인정되는 것이다. 수요자들에게 현저하게 인식되어 있는 타인의 상품이나 영업과 혼동을 일으키게 하거나 그 식별력 또는 명성을 손상시킬 염려가 있는 상표는 상표법 제34조 제1항 제11호에 의해 상표등록을 받을 수 없다. 따라서 상표법 제34조 제1항 제11호의 규정을 적용하여 본 건 등록상표의 무효를 주장한다는 것이다.

(2) 상표권자 A의 주장

A는 "인용상표 CHANEL이 세계 여러 나라에 등록되어 있다는 사실만으로는 그 상표가 저명하다고 할 수 없고, 샤넬비누를 홍콩, 일본, 대만 등에서 판매하였다는 증거는 비누의 판매실적을 나타낸 것일 뿐 그 상품에 샤넬이라는 상표를 사용했다는 흔적을 발견할 수 없는 바, 본 건 등록상표는 상표법 제34조 제1항 제11호에 위배된 것이 아니다."[133]고 주장하였다. 인용상표 CHANEL이 세계 여러 나라에 등록되어 있다는 사실만으로 국내 수요자간에도 오래전부터 알려져 있음이 인정되는 것은 아니다. 또한 본 건 등록상표 샤넬은 화장비누가 그 지정

---

132) 심판소 1981. 3. 27. 80심판172 심결.
133) 심판소 1981. 3. 27. 80심판172 심결.

상품인 반면, 인용상표 CHANEL은 향수 제품에 사용된 표장이므로 상표에 있어서도 서로 비유사하다. 따라서 본 건 등록상표는 상표법 제34조 제1항 제11호에 위배된 것이 아니라는 것이다.

(3) 대법원의 판단[134]

"상표법 제34조 제1항 제11호(현행 상표법으로 수정 표시: 저자 주)의 이른바 저명상표인가의 여부를 가려내는 데는 그 상표의 사용, 공급, 영업활동의 기간, 방법, 태양 및 거래범위등과 그 거래실정 또는 사회통념상 객관적으로 널리 알려졌느냐의 여부 등이 그 기준이 된다.[135] 인용상표인 CHANEL은 그 상표사용주의 자국인 프랑스를 비롯한 세계 25개국에 등록이 되어 있고 우리나라에서도 본 건 등록상표가 등록되기 이전인 1964년 5월 26일에 향수를 지정상품으로 하여 상표등록된 이래 지금까지 그 권리가 존속되고 있으며 우리나라에서 발간된 영한대사전에도 인용상표는 세계적으로 유명한 프랑스제 향수의 상표로 소개되어 있는 사실과 함께 특허청이 국내 관련업계의 제보 및 외국의 자료에 의하여 작성한 일류상표조사자료에도 인용상표가 화장품, 화장비누, 가방류 등에 있어 세계적으로 유명한 상표라고 기재되어 있을 뿐만 아니라 특허청은 여러 차례에 걸쳐 인용상표가 세계적으로 저명한 상표라는 이유로 이와 동일 또는 유사한 상표의 등록을 거절사정한 일이 있었다. 인용상표가 사용된 향수 등 상품과 그 선전광고물 등이 오래전부터 해외여행자의 휴대반입과 면세점 또는 미군 피엑스(P.X)등에서 유출되는 등으로 국내 수요자들에게 알려져 사용되어 왔음을 알 수 있으므로 위와 같은 여러 사정을 종합하면 인용상표는 사회통념상 객관적으로 우리나라에도 널리 알려진 세계적인 저명상표이고 또 특허청에 있어서는 현저한 사실이라고 봄이 타당하다. 따라서 등록상표가 그 존속기간의 갱신등록에 즈음하여 저명상표와 동일 또는 유사한 상표에 해당하는 경우라면 비록 지정상품이 저명상표의 상품과 서로 다른 종류의 것이라 하더라도 그 상표사용은 한 기업이 여러 가지 이질적인 산업분야에 걸쳐 여러 가지 다른 상품을 생산, 판매하는 현대의 산업구조로 보아 저명상표를 사용하는 자 또는 그와 특수 관계에 있는 사람에 의하여 그 사용상품이 생산, 판매되는 것으로 인식되어 수요자로 하여금

---

134) 대법원 1986. 10. 14. 선고 83후77 판결.
135) 대법원 1986. 1. 21. 선고 85후92 판결.

상품의 출처나 영업에 관하여 오인, 혼동을 일으키게 할 염려가 있는 것이므로 본 건 등록상표는 무효에 해당한다."

V. 품질 오인 또는 수요자를 기만할 염려가 있는 상표

상품의 품질을 오인하게 하거나[136] 수요자를 기만[137]할 염려가 있는 상표는 상표등록을 받을 수 없다.[138] 상품의 품질을 오인하게 할 염려가 있는 상표라 함은 그 상표의 구성 자체가 그 지정상품이 본래 가지고 있는 성질과 다른 성질을 갖는 것으로 수요자를 오인하게 할 염려가 있는 상표를 말한다.[139] 또한 상표법 제34조 제1항 제12호에서 수요자를 기만할 염려가 있는 상표를 등록받을 수 없다고 규정한 취지는 기존의 상표를 보호하기 위한 것이 아니라 이미 특정인의 상표라고 인식된 상표를 사용하는 상품의 품질, 출처 등에 관한 일반 수요자의 오인, 혼동을 방지하여 이에 대한 신뢰를 보호하고자 함에 그 목적이 있다.[140] 따라서 어떤 출원상표가 본 호의 수요자를 기만할 염려가 있는 상표에 해당한다고 하기 위해서는 출원상표와 대비되는 선사용상표의 권리자는 출원인 이외의 타인이어야 한다.[141]

본 호는 상표의 기능 중 품질보증기능 및 출처표시기능을 보호함으로써 상품

---

136) 상품의 품질을 오인하게 한다는 것은 상표의 구성 자체가 그 지정상품이 본래 가지고 있는 성질과 다른 성질을 가지는 것으로 수요자를 오인하게 할 가능성이 있는 경우(상품 품질의 오인) 또는 상표를 당해 지정상품에 사용할 경우 상품 자체를 다른 상품으로 오인하게 할 가능성이 있는 경우(상품 자체의 오인)를 말한다(특허청, 상표심사기준, 특허청 상표심사정책과, 2019년 1월, 51201면).

137) 수요자를 기만한다는 것은 자연인이 공법상 특수법인의 명칭을 출원하거나 상품의 지리적 출처를 오인하게 하는 경우와 같이 상표의 구성이나 지정상품과의 관계에서 일반 수요자에게 착오를 일으키게 하는 경우(순수한 수요자 기만) 또는 국내 수요자에게 특정인의 상품표지로 인식되어 있는 상표와 상품출처의 오인·혼동을 일으키게 하는 경우(출처의 오인·혼동으로 인한 수요자 기만)를 말한다(특허청, 상표심사기준, 특허청 상표심사정책과, 2019년 1월, 51202면).

138) 상표법 제34조 제1항 제12호.

139) 대법원 1990. 10. 23. 선고 88후1007 판결; 대법원 1992. 6. 23. 선고 92후124 판결; 대법원 1994. 12. 9. 선고 94후623 판결; 대법원 1995. 5. 12. 선고 94후2162 판결; 대법원 1995. 7. 28. 선고 95후187 판결; 대법원 1995. 9. 15. 선고 95후958 판결; 대법원 1997. 2. 28. 선고 96후962 판결; 대법원 1997. 8. 29. 선고 97후204 판결; 대법원 1998. 12. 22. 선고 97후3029 판결; 대법원 2000. 10. 13. 선고 99후628 판결; 대법원 2007. 6. 1. 선고 2007후555 판결; 대법원 2012. 10. 18. 선고 2010다103000 전원합의체 판결.

140) 대법원 1987. 3. 10. 선고 86후156 판결; 대법원 1991. 1. 11. 선고 90후311 판결; 대법원 1992. 7. 28. 선고 92후278 판결; 대법원 1995. 2. 3. 선고 94후1527 판결.

141) 대법원 1999. 12. 24. 선고 97후3623 판결; 대법원 2013. 3. 14. 선고 2011후1159 판결.

의 품질 오인 또는 출처의 오인·혼동으로부터 발생할 수 있는 수요자 기만을 방지하고 건전한 거래질서를 유지하기 위하여 마련된 규정이다.[142] 따라서 상품의 품질을 오인케 하거나 수요자를 기만할 염려가 있는 상표에는 그 전단 부분이 상품 품질의 오인 또는 기만을 포함함은 물론이고 그 후단 부분은 상품의 품질과 관계없이 상품 출처의 오인을 초래함으로써 수요자를 기만할 염려가 있는 경우를 포함한다.[143]

1. 판 단

어떤 상표가 품질을 오인하게 할 염려가 있는지를 판단함에 있어서는 그 지정상품과 관련지어 생각하여야 하는데 이는 그 상표에 의하여 일반인이 인식하는 상품과 현실로 그 상표가 사용되는 상품과의 사이에 일정한 경제적인 관련이 있어야 함을 의미한다.[144] 예컨대 양자가 동일계통에 속하는 상품이거나 재료, 용도, 외관, 제법, 판매 등의 점에서 계통을 공통으로 함으로써 그 상품의 특성에 관하여 거래상 오인을 일으킬 정도의 관계가 인정되어야 한다.[145] 따라서 지정상품과 아무런 관계가 없는 의미의 상표의 경우 상품 자체의 오인, 혼동을 일으킬 염려가 있다는 사유만으로는 일반적으로 품질오인의 우려가 있다고 할 수 없다.[146]

한편 수요자를 기만할 염려가 있는 상표라고 하기 위해서는 그 출원상표나 지정상품과 대비되는 선사용상표나 그 사용상품이 반드시 저명하여야 할 필요까지는 없지만 적어도 국내의 일반거래에서 수요자나 거래자에게 그 상표나 상품이라고 하면 곧 특정인의 상표나 상품이라고 인식될 수 있을 정도로는 알려져 있어야 한다.[147] 여기서 말하는 특정인의 상표나 상품이라고 인식될 수 있다는

---

142) 특허청, 상표심사기준, 특허청 상표심사정책과, 2019년 1월, 51201면.
143) 대법원 1987. 3. 10. 선고 86후156 판결; 대법원 1989. 11. 10. 선고 89후353 판결; 대법원 1991. 1. 11. 선고 90후311 판결; 대법원 1999. 9. 3. 선고 98후2870 판결.
144) 대법원 1994. 3. 11. 선고 93후527 판결; 대법원 2000. 10. 13. 선고 99후628 판결.
145) 대법원 1994. 12. 9. 선고 94후623 판결.
146) 대법원 1989. 4. 25. 선고 86후43 판결; 대법원 1992. 6. 23. 선고 92후124 판결.
147) 대법원 1995. 2. 3. 선고 94후1527 판결; 대법원 1995. 9. 26. 선고 95후262 판결; 대법원 1997. 3. 14. 선고 96후412 판결; 대법원 1997. 8. 29. 선고 97후334 판결; 대법원 1997. 10. 14. 선고 96후2296 판결; 대법원 1998. 12. 23. 선고 98후1693 판결; 대법원 1999. 2. 26. 선고 97후3975, 3982 판결; 대법원 1999. 9. 3. 선고 98후2870 판결; 대법원 1999. 12. 24. 선고 97후3623 판결; 대법원 2000. 2. 8. 선고 99후2594 판결; 대법원 2001. 8. 21. 선고 2001후584 판결; 대법원

것은 선사용상표에 관한 권리자의 명칭이 구체적으로 알려져야 하는 것은 아니며 누구인지 알 수 없다고 하더라도 동일하고 일관된 출처로 인식될 수 있으면 충분하다.[148] 또한 특정인의 상표나 상품이라고 인식되었는지 여부는 선사용상표가 반드시 국내 전역에 걸쳐 수요자나 거래자에게 알려져야만 하는 것은 아니지만 그 상표의 사용기간, 방법, 태양 및 이용범위 등과 거래실정 등에 비추어 볼 때 사회통념상 객관적으로 상당한 정도로 알려졌는지를 기준으로 판단하여야 한다.[149] 이 경우에는 그 선사용상표와 동일 또는 유사한 상표가 그 선사용상표가 사용된 상품과 동일 또는 유사한 상품에 출원된 경우 본 호에 의하여 일반 수요자로 하여금 상품의 출처에 관하여 오인·혼동을 일으키게 하여 수요자를 기만할 염려가 있다고 할 수 있을 것이다.[150][151]

2001. 9. 28. 선고 99후2655 판결; 대법원 2003. 4. 8. 선고 2001후1884, 1891 판결; 대법원 2003. 8. 19. 선고 2002후321 판결; 대법원 2004. 3. 11. 선고 2001후3187 판결; 대법원 2006. 6. 9. 선고 2004후3348 판결; 대법원 2006. 7. 13. 선고 2005후70 판결; 대법원 2006. 7. 28. 선고 2004후1304 판결; 대법원 2007. 6. 28. 선고 2006후3113 판결; 대법원 2008. 7. 24. 선고 2008후1258 판결; 대법원 2010. 1. 28. 선고 2009후3268 판결; 대법원 2011. 7. 14. 선고 2010후2322 판결; 대법원 2012. 6. 28. 선고 2011후1722 판결; 대법원 2014. 2. 13. 선고 2013후2675 판결; 대법원 2017. 1. 12. 선고 2014후1921 판결.

148) 대법원 2007. 6. 28. 선고 2006후3113 판결; 대법원 2014. 2. 13. 선고 2013후2675 판결.

149) 대법원 2020. 9. 3. 선고 2019후11688 판결.

150) 대법원 1991. 1. 11. 선고 90후311 판결; 대법원 1995. 9. 26. 선고 95후262 판결; 대법원 1997. 3. 14. 선고 96후412 판결; 대법원 1997. 10. 14. 선고 96후2296 판결; 대법원 1998. 12. 23. 선고 98후1693 판결; 대법원 2000. 2. 8. 선고 99후2594 판결.

151) 그러나 어떤 선사용상표가 저명성을 획득할 정도로 일반 수요자 사이에 널리 알려지지 못하고 수요자나 거래자에게 특정인의 상표로 인식될 수 있을 정도로만 알려져 있는 경우라도 그 후 출원된 상표가 그 선사용상표와 동일 또는 유사하고 그 선사용상표에 관한 구체적인 사용실태나 양 상표가 사용되는 상품 사이의 경제적인 견련의 정도 기타 일빈직인 거래의 실정 등에 비추어 그 출원상표가 선사용상표의 사용상품과 동일 또는 유사한 지정상품에 출원되는 경우에 못지않을 정도로 선사용상표권자에 의하여 사용되는 것이라고 오인될 만한 특별한 사정이 있다고 보이는 경우라면 비록 그것이 선사용상표의 사용상품과 동일 또는 유사한 지정상품에 출원된 경우가 아니라고 할지라도 일반 수요자로 하여금 출처의 오인·혼동을 일으켜 수요자를 기만할 염려가 있다고 보아야 한다(대법원 1997. 3. 14. 선고 96후412 판결; 대법원 1997. 8. 29. 선고 97후334 판결; 대법원 1997. 10. 14. 선고 96후2296 판결; 대법원 1997. 12. 12. 선고 97후1153 판결; 대법원 1998. 2. 13. 선고 97후1252 판결; 대법원 1998. 2. 24. 선고 97후1306 판결; 대법원 1998. 12. 23. 선고 98후1693 판결; 대법원 1999. 2. 26. 선고 97후3975, 3982 판결; 대법원 1999. 9. 3. 선고 98후1334 판결; 대법원 2000. 2. 8. 선고 99후2594 판결; 대법원 2001. 8. 21. 선고 2001후584 판결; 대법원 2003. 4. 8. 선고 2001후1884,1891 판결; 대법원 2003. 8. 19. 선고 2002후321 판결; 대법원 2004. 3. 11. 선고 2001후3187 판결; 대법원 2005. 8. 25. 선고 2003후2096 판결; 대법원 2006. 6. 9. 선고 2004후3348 판결; 대법원 2008. 7. 24. 선고 2008후1258 판결; 대법원 2010. 1. 28. 선고 2009후3268 판결; 대법원 2011. 7. 14. 선고 2010후2322 판결; 대법원 2017. 1. 12. 선고 2014후1921 판결).

선사용상표가 그 사용상품에 대한 관계거래자 이외에 일반 공중의 대부분에 까지 널리 알려지게 됨으로써 저명성을 획득하게 되면 그 상표를 주지시킨 상품 또는 그와 유사한 상품뿐만 아니라 이와 다른 종류의 상품이라고 할지라도 그 상품의 용도 및 판매거래의 상황 등에 따라 저명상표권의 사용자나 그와 특수한 관계에 있는 자에 의하여 생산 또는 판매되는 것으로 인식될 수 있다. 이 경우 에는 어떤 상표가 그 선사용상표의 사용상품과 다른 상품에 출원되더라도 수요 자로 하여금 상품의 출처를 오인·혼동케 하여 수요자를 기만할 염려가 있다고 보게 된다.[152]

품질을 오인하게 할 염려가 있는 상표에 해당하는지 또는 선사용상표나 그 사용상품이 국내의 일반거래에서 수요자나 거래자에게 어느 정도로 알려져 있는 지의 여부는 일반 수요자를 표준으로 거래통념에 따라 판단한다.[153] 즉 상표법 제34조 제1항 제12호 소정의 상품의 품질을 오인하게 하거나 수요자를 기만할 염려가 있는 상표인지의 여부를 판단함에 있어서 상표의 의미내용은 일반 수요 자를 기준으로 하여 그들이 그 상표를 보고 직관적으로 깨달을 수 있는 것이어 야 한다.[154] 따라서 심사숙고하거나 사전을 찾아보고서 비로소 그 뜻을 알 수 있는 것은 고려대상이 되지 아니한다.[155] 또한 수요자를 기만할 염려가 있는 상 표에 해당하는지 여부를 판단할 때 출원인이 기만 의사를 가지고 있었는지 여부 는 불문한다.[156]

2. 관련 판례 - 대법원 1995. 9. 15. 선고 95후958 판결

본 판례에는 상표출원인 A, 특허청이 등장한다. A는 본 건 출원상표 거꾸로

---

152) 대법원 1993. 1. 12. 선고 92후797 판결; 대법원 1995. 6. 13. 선고 94후2186 판결; 대법원 1997. 3. 14. 선고 96후412 판결; 대법원 1997. 10. 14. 선고 96후2296 판결; 대법원 1998. 12. 23. 선고 98후1693 판결; 대법원 1999. 2. 26. 선고 97후3975, 3982 판결; 대법원 2000. 2. 8. 선고 99후2594 판결.

153) 대법원 1990. 10. 23. 선고 88후1007 판결; 대법원 1992. 6. 23. 선고 92후124 판결; 대법원 1994. 12. 9. 선고 94후623 판결; 대법원 1995. 5. 12. 선고 94후2162 판결; 대법원 1995. 7. 28. 선고 95후187 판결; 대법원 1995. 9. 15. 선고 95후958 판결; 대법원 1997. 2. 28. 선고 96후962 판결; 대법원 1997. 8. 29. 선고 97후204 판결; 대법원 1998. 12. 22. 선고 97후3029 판결; 대법 원 2000. 10. 13. 선고 99후628 판결; 대법원 2007. 6. 1. 선고 2007후555 판결; 대법원 2007. 6. 28. 선고 2006후3113 판결; 대법원 2012. 10. 18. 선고 2010다103000 전원합의체 판결.

154) 대법원 1994. 11. 11. 선고 94후1114 판결.

155) 대법원 1992. 11. 13. 선고 92후636 판결; 대법원 1993. 4. 27. 선고 92후2304 판결.

156) 특허청, 상표심사기준, 특허청 상표심사정책과, 2019년 1월, 51203면.

가는 시계를 상품류 구분 제35류의 손목시계, 벽시계 등을 지정상품으로 1992년 11월 27일에 상표등록 출원을 하였다. 이에 대하여 특허청은 본 건 출원상표 거꾸로 가는 시계가 지정상품의 품질을 오인하게 하거나 수요자를 기만할 염려가 있는 상표라는 이유로 상표등록을 거절하였다. 1993년 12월 1일, A는 상표등록 거절결정 불복심판을 청구하고 특허청의 상표등록 거절결정에 대한 취소를 주장하였다.

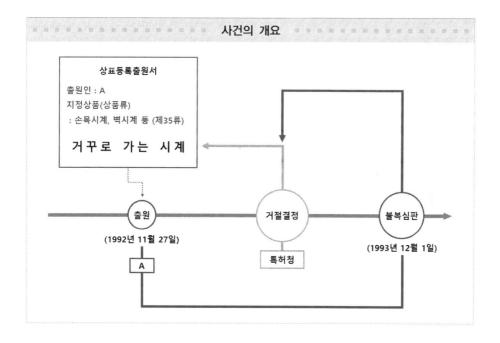

사건의 개요

(1) 특허청의 주장

특허청은 "본 건 출원상표 거꾸로 가는 시계는 그 지정상품을 거꾸로 가는 시계로 인식되도록 하여 지정상품의 품질을 오인하게 하거나 수요자를 기만할 염려가 있는 상표라는 이유로 상표법 제34조 제1항 제12호('제34조 제1항 제12호'는 현행 상표법(법률 제18502호)으로 수정하여 표시한 것이다. 이하 같다.)에 해당되는 바, 그 등록을 거절한 것이다."[157]라고 주장하였다. 본 건 출원상표는 거꾸로 가는 시계이다. 본 건 출원상표를 손목시계, 벽시계 등 시계류에 사용하는 경우 일반 수요자는 본 건 출원상표가 사용된 시계류에 대하여 그 기능이 거꾸로 가

157) 항고심판소 1995. 4. 20. 93항원2416 심결.

는 시계인 것으로 품질을 오인하거나 기만될 염려가 있다. 상품의 품질을 오인하게 하거나 수요자를 기만할 염려가 있는 상표는 상표법 제34조 제1항 제12호에 의해 상표등록을 받을 수 없다. 따라서 상표법 제34조 제1항 제12호의 규정을 적용하여 본 건 출원상표에 대한 상표등록을 거절하였다는 것이다.

(2) 상표출원인 A의 주장

A는 "본 건 출원상표 거꾸로 가는 시계는 지정상품의 품질을 오인하게 하거나 수요자를 기만할 염려가 있는 상표에 해당하지 않는 바, 상표법 제34조 제1항 12호의 규정을 위반한 것에 해당하지 않는다."[158]고 주장하였다. 본 건 출원상표 거꾸로 가는 시계는 상표이다. 일반 수요자는 본 건 출원상표 거꾸로 가는 시계를 상표로 인식할 뿐 지정상품의 품질을 표시하는 것으로 인식하지는 않을 것이다. 따라서 본 건 출원상표는 지정상품의 품질을 오인하게 하거나 수요자를 기만할 염려가 있는 상표에 해당되지 않으므로 상표법 제34조 제1항 제12호에 해당하지 않는다는 것이다.

(3) 대법원의 판단[159]

"상표법 제34조 제1항 제12호(현행 상표법으로 수정 표시: 저자 주)에서 정하고 있는 상품의 품질의 오인을 일으키게 할 염려가 있는 상표란 그 상표의 구성자체가 그 지정상품이 본래적으로 가지고 있는 성질과 다른 성질을 갖는 것으로 수요자를 오인하게 할 염려가 있는 상표를 말하고 어느 상표가 품질오인을 생기게 할 염려가 있는지의 여부는 일반 수요자를 표준으로 거래통념에 따라 판단하여야 한다.[160] 본 건 출원상표는 한글로 거꾸로 가는 시계라고 표시하여 구성된 것이고 본 건 출원상표의 지정상품은 손목시계, 벽시계 등 각종 시계류로서 이와 같은 시계류에 있어서의 품질 즉, 본래적으로 갖추고 있는 성질이란 시간의 계측기구로서의 성질과 더불어 거래통념상 시·분침이 있는 시계의 일반적 속성으로서 시계 방향으로 돈다는 성질도 포함된다. 따라서 본 건 출원상표를 손목시계, 벽시계 등 지정상품에 사용하게 되면 일반 수요자로 하여금 시계가 본래

---

158) 항고심판소 1995. 4. 20. 93항원2416 심결.
159) 대법원 1995. 9. 15. 선고 95후958 판결.
160) 대법원 1990. 10. 23. 선고 88후1007 판결; 대법원 1992. 6. 23. 선고 92후124 판결; 대법원 1994. 12. 9. 선고 94후623 판결.

적으로 가지고 있는 성질과는 반대로 즉, 거꾸로 가는 시계로 상품의 품질을 오인·혼동케 할 우려가 있다."

VI. 부정한 목적을 가지고 사용하는 상표

국내 또는 외국의 수요자들에게 특정인의 상품을 표시하는 것이라고 인식[161][162]되어 있는 상표와 동일·유사한 상표로서 부당한 이익을 얻으려 하거나 그 특정인에게 손해를 입히려고 하는 등 부정한 목적[163]으로 사용하는 상표는 상표등록을 받을 수 없다.[164] 상표법 제34조 제1항 제13호는 국내 또는 외국의 수요자 사이에 특정인의 상품을 표시하는 것이라고 인식되어 있는 상표(이하 '모방대상상표'라고 한다)가 국내에 등록되어 있지 않음을 기화로 제3자가 이를 모방한 상표를 등록하여 사용함으로써 모방대상상표에 체화된 영업상 신용 등에 편승하여 부당한 이익을 얻으려 하거나 모방대상상표의 가치에 손상을 주거나 모방대상상표 권리자의 국내 영업을 방해하는 등의 방법으로 모방대상상표의 권리자에게 손해를 끼치려는 목적으로 사용하는 상표에 대하여 등록을 허용하지 않는다는 취지이다.[165]

1. 판 단

본 호에 해당하기 위해서는 상표 출원인이 국내 또는 외국의 수요자간에 특

---

161) 특정인의 상품을 표시하는 것이라고 인식되는 경우라 함은 당해 상품의 거래자나 수요자 등이 그 상표를 사용하는 자가 누구인지를 구체적으로 인식하지는 못하다 히더라노, 익명의 존재로서 당해 상품의 출처를 인식할 수 있는 경우를 말한나(특허청, 상표심사기준, 특허청 상표심사정책과, 2019년 1월, 51302면).

162) 인식의 정도는 국내외의 일반거래에 있어서 의미 있는 최소한의 범위의 사람들에게 그 상표라 하면 특정인의 것이라고 알려져 있는 정도를 말한다(특허청, 상표심사기준, 특허청 상표심사정책과, 2019년 1월, 51302면).

163) 부당한 이익을 얻으려 하거나 그 특정인에게 손해를 입히려고 하는 등 부정한 목적은 해당 출원뿐만 아니라 출원인의 과거나 현재의 상표 출원·등록 이력과 상표사용실태 등을 참고하여 추정할 수 있다(특허청, 상표심사기준, 특허청 상표심사정책과, 2019년 1월, 51303면).

164) 상표법 제34조 제1항 제13호.

165) 대법원 2004. 5. 14. 선고 2002후1362 판결; 대법원 2011. 7. 14. 선고 2010후2322 판결; 대법원 2012. 6. 28. 선고 2012후672 판결; 대법원 2013. 5. 9. 선고 2011후3896 판결; 대법원 2014. 1. 23. 선고 2013후1986 판결; 대법원 2014. 2. 27. 선고 2013후2484 판결; 대법원 2014. 8. 20. 선고 2013후1108 판결; 대법원 2017. 9. 7. 선고 2017후998 판결; 대법원 2019. 8. 14. 선고 2017후752 판결; 대법원 2021. 1. 14. 선고 2020후10810 판결.

정인의 상품을 표시하는 것이라고 현저하게 인식되어 있는 이른바 주지상표와 동일 또는 유사한 상표를 부정한 목적을 가지고 사용하여야 한다.166) 특정인의 상표가 주지상표에 해당하는지 여부는 그 상표의 사용기간, 방법, 태양 및 이용범위 등과 거래실정 또는 사회통념상 객관적으로 상당한 정도로 알려졌는지 등을 기준으로 판단한다.167) 상표의 출원일 당시에 특정인의 주지상표가 실제 상표로 사용되고 있지 아니하거나 주지상표의 권리자가 이를 상표로 계속 사용하려고 하는 의사가 명백하지 아니하다고 하여 본 호의 적용이 배제되지 않는다.168) 또한 특정인의 상표가 주지상표에 해당하는지 여부는 출원인이 타인의 상표라는 인식169)이 있었는지 여부와 부정한 기대이익170)171)을 통해서도 판단할 수 있다.172)173) 출원인이 타인의 상표임을 알고 출원하였다는 것과 이를 통하여 매출액 증가 등 편승의 이익이 기대된다면 그 거래계에서 최소한의 범위의 사람들에게는 알려져 있는 상표라는 것을 보여주는 증거로 볼 수 있으므로 이 경우

---

166) 대법원 2012. 6. 28. 선고 2012후672 판결; 대법원 2013. 5. 9. 선고 2011후3896 판결; 대법원 2014. 1. 23. 선고 2013후1986 판결; 대법원 2014. 2. 27. 선고 2013후2484 판결; 대법원 2014. 3. 13. 선고 2013후2866 판결; 대법원 2014. 8. 20. 선고 2013후1108 판결; 대법원 2017. 9. 7. 선고 2017후998 판결; 대법원 2019. 8. 14. 선고 2017후752 판결; 대법원 2021. 1. 14. 선고 2020후10810 판결.

167) 대법원 2004. 5. 14. 선고 2002후1362 판결; 대법원 2007. 3. 16. 선고 2006후268 판결; 대법원 2012. 6. 28. 선고 2012후672 판결; 대법원 2013. 5. 9. 선고 2011후3896 판결; 대법원 2014. 2. 13. 선고 2013후2460 판결; 대법원 2014. 3. 13. 선고 2013후2866 판결; 대법원 2017. 9. 7. 선고 2017후998 판결; 대법원 2019. 8. 14. 선고 2017후752 판결; 대법원 2021. 1. 14. 선고 2020후10810 판결.

168) 대법원 2013. 5. 9. 선고 2011후3896 판결.

169) 타인의 상표라는 인식은 출원인이 타인의 미등록 선사용 상표와 동일·유사한 표장을 우연히 출원한 것인지 아니면 특정인의 상표임을 사전에 인지한 상태에서 미등록 상표임을 알고 선점할 목적으로 출원한 것인지 여부를 중심으로 판단할 수 있다(특허청, 상표심사기준, 특허청 상표심사정책과, 2019년 1월, 51302면).

170) 부정한 기대이익을 가지고 사용하는 상표인지 여부는 출원인이 타인의 선사용 상표를 출원함으로써 부당한 경제적 이익이 예상되는지 또는 특정인의 영업에 방해가 되는지 여부를 중심으로 판단하되 선사용상표의 창작성, 주지성, 선사용 상표의 상품과 출원 상표의 상품 간의 경제적 견련관계, 출원인의 과거 전력 등을 종합적으로 고려하여 판단할 수 있다(특허청, 상표심사기준, 특허청 상표심사정책과, 2019년 1월, 51302면).

171) 예를 들어 출원상표의 지정상품과 선사용 상표의 상품 간에 밀접한 경제적 견련관계가 있고, 출원인이 과거에도 타인의 모방상표를 출원한 전력이 있는 경우에는 출원인이 선사용 상표가 쌓아온 신용에 편승하거나 부당한 이득을 기대하고 출원한 것으로 볼 수 있다(특허청, 상표심사기준, 특허청 상표심사정책과, 2019년 1월, 51302면).

172) 특허청, 상표심사기준, 특허청 상표심사정책과, 2019년 1월, 51302면.

173) 예를 들어 창작성이 있는 도형 또는 조어로 구성된 선사용 상표와 전체적인 외관이나 그 결합 형태가 동일하거나 극히 유사한 표장을 출원한 경우 출원인은 특정인의 상표임을 사전에 인지하고 출원한 것으로 볼 수 있다(특허청, 상표심사기준, 특허청 상표심사정책과, 2019년 1월, 51302면).

특정인의 상품을 표시하는 것으로 인식되어 있는 상표로 볼 수 있다.

한편 부정한 목적이라 함은 주지상표에 화체된 영업상의 신용이나 고객흡인력 등의 무형의 가치에 손상을 주거나 주지상표의 권리자가 이후 다시 위 상표를 사용하려고 하는 것을 방해하는 등의 방법으로 주지상표의 권리자에게 손해를 가하거나 주지상표의 무형의 가치에 편승하여 부당한 이익을 얻으려는 것을 말한다.[174] 부정한 목적이 있는지 여부는 특정인의 상표의 인지도 또는 창작성의 정도, 특정인의 상표와 출원인의 상표의 동일·유사성의 정도, 출원인과 특정인 사이에 상표를 둘러싼 교섭의 유무와 그 내용, 그 밖에 양 당사자의 관계, 출원인이 등록상표를 이용한 사업을 구체적으로 준비하였는지 여부, 상품의 동일·유사성 내지는 경제적 견련관계 유무, 거래실정 등을 종합적으로 고려하여 상표의 출원 당시를 기준으로 판단한다.[175]

2. 관련 판례 - 대법원 2005. 6. 9. 선고 2003후649 판결

본 판례에는 상표권자 A와 A의 상표등록에 대한 무효를 주장한 B가 등장한다. A는 본 건 등록상표 오리온 스타크래프트(ORION STARCRAFT)를 상품류 구분 제30류의 건과자, 비스켓, 캔디 등을 지정상품으로 1999년 2월 25일에 상표등록 출원하여 2000년 2월 24일에 상표등록을 받았다. 2001년 9월 26일, B는 상표등록 무효심판을 청구하고 A의 본 건 등록상표가 주지·저명 상표인 인용상표 STARCRAFT를 모방하여 출원한 것이므로 상표법 제34조 제1항 제13호('제34조 제1항 제13호'는 현행 상표법(법률 제18502호)으로 수정하여 표시한 것이다. 이하 같다.)에 해당한다는 이유로 그 등록 무효를 주장하였다. 인용상표 STARCRAFT는 B사에서 개발한 전략 시뮬레이션 게임의 명칭으로 스타크래프트 시리즈의 첫번째 게임은 1998년 3월에 발매되었다.

---

174) 대법원 2004. 5. 14. 선고 2002후1362 판결; 대법원 2012. 6. 28. 선고 2012후672 판결; 대법원 2013. 5. 9. 선고 2011후3896 판결; 대법원 2014. 2. 27. 선고 2013후2484 판결; 대법원 2017. 9. 7. 선고 2017후998 판결; 대법원 2019. 8. 14. 선고 2017후752 판결; 대법원 2021. 1. 14. 선고 2020후10810 판결.

175) 대법원 2005. 4. 14. 선고 2004후3379 판결; 대법원 2005. 6. 9. 선고 2003후649 판결; 대법원 2010. 7. 15. 선고 2010후807 판결; 대법원 2011. 7. 14. 선고 2010후2322 판결; 대법원 2012. 6. 28. 선고 2012후672 판결; 대법원 2013. 5. 9. 선고 2011후3896 판결; 대법원 2014. 1. 23. 선고 2013후1986 판결; 대법원 2014. 2. 27. 선고 2013후2484 판결; 대법원 2014. 8. 20. 선고 2013후1108 판결; 대법원 2017. 9. 7. 선고 2017후998 판결; 대법원 2019. 8. 14. 선고 2017후752 판결; 대법원 2021. 1. 14. 선고 2020후10810 판결.

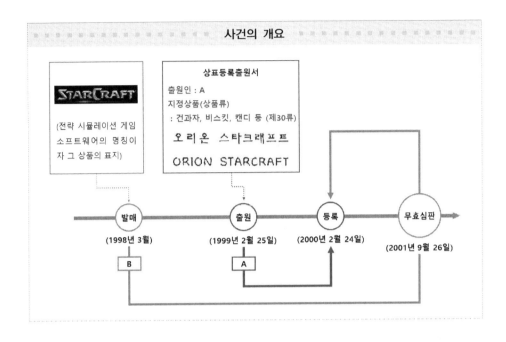

(1) B의 주장

B는 "본 건 등록상표 오리온 스타크래프트(ORION STARCRAFT)는 B의 가상 상호인 블리자드사에서 만든 컴퓨터네트워크상 전략 시뮬레이션 게임소프트웨어의 명칭이자 그 상품의 표지인 인용상표 STARCRAFT로서 외국 및 국내 일반 수요자에게 널리 알려진 주지 · 저명 상표를 모방하여 출원한 것이므로 상표법 제34조 제1항 제13호의 규정에 위반하여 등록된 것이어서 무효로 되어야 한다."[176]고 주장하였다. 인용상표 STARCRAFT로서 외국 및 국내 일반 수요자에게 널리 알려진 주지 · 저명 상표이다. 본 건 등록상표 오리온 스타크래프트(ORION STARCRAFT)는 주지 · 저명 상표인 인용상표 STARCRAFT와 동일 · 유사한 상표로서 부당한 이익을 얻으려 하거나 그 특정인에게 손해를 입히려고 하는 등 부정한 목적으로 사용하는 상표에 해당한다. 국내 또는 외국의 수요자들에게 특정인의 상품을 표시하는 것이라고 인식되어 있는 상표와 동일 · 유사한 상표로서 부당한 이익을 얻으려 하거나 그 특정인에게 손해를 입히려고 하는 등 부정한 목적으로 사용하는 상표는 상표법 제34조 제1항 제13호에 의해 상표등록을 받을 수 없다. 따라서 상표법 제34조 제1항 제13호의 규정을 적용하여 본 건 등록

---

176) 특허심판원 2002. 2. 19. 2001당1808 심결.

상표의 무효를 주장한다는 것이다.

(2) 상표권자 A의 주장

A는 "인용상표는 STARCRAFT는 별, 스타 등의 영문표기 STAR와 기능, 솜씨, 우주선 등의 뜻이 있는 CRAFT의 영문자표기를 단순히 결합하여 구성된 것으로서 B의 창작성 있는 저작물이라 할 수 없고 국내 또는 국외 수요자간에 잘 알려져 있지도 아니하므로 본 건 등록상표가 상표법 제34조 제1항 제13호에 의하여 그 등록이 무효로 되어야 한다는 청구인의 주장은 이유 없는 것이다."[177]고 주장하였다. 인용상표는 STARCRAFT는 국내의 수요자들에게 특정인의 상품을 표시하는 것이라고 인식되어 있는 주지·저명 상표에 해당하지 않는다. 스타크래프트 시리즈의 첫 번째 발매일인 1998년 3월부터 본 건 등록상표의 상표등록 출원일인 1999년 2월 25일까지의 약 1년의 단기간 동안 인용상표 STARCRAFT가 국내 수요자들에게 특정인의 상품을 표시하는 것이라고 현저하게 인식되게 되었다고 보기는 어렵기 때문이다. 따라서 본 건 등록상표는 상표법 제34조 제1항 제13호에 해당하지 않는다는 것이다.

(3) 대법원의 판단[178]

"인용상표와 관련한 상품이 국내에 출시된 시점부터 본 건 등록상표의 출원일까지가 단기간이라는 점은 있으나 짧은 시간에 이루어진 인용상표와 관련한 상품의 판매 경위와 규모, 인용상표와 관련한 상품의 이용자층의 특성과 규모, 인용상표와 관련한 상품이 가져온 사회·경제적 및 문화적 파급효과의 성격과 그 범위 등을 종합적으로 고려할 때 인용상표는 본 건 등록상표의 출원일인 1999년 2월 25일경 이미 컴퓨터게임 소프트웨어의 거래자나 일반 소비자들 사이에서 현저하게 알려진 저명상표라고 봄이 상당하다. 한편 인용상표의 각 구성요소인 STAR와 CRAFT는 사전상의 단어로서 빈번하게 쓰이는 용어이기는 하나 그 조합으로서의 STARCRAFT는 하나의 조어로서 거래계에서 그 사용례를 쉽게 찾아볼 수 없으므로 본 건 등록상표의 표장은 인용상표를 모방한 것으로 추정된다. 따라서 인용상표와 유사한 본 건 등록상표를 지정상품 중 어느 것에 사용하더라도 이는 저명상표로서 인용상표가 가지는 양질감 등의 가치를 희석화하는

---

177) 특허심판원 2002. 2. 19. 2001당1808 심결.
178) 대법원 2005. 6. 9. 선고 2003후649 판결.

것이므로 A는 결국 저명상표인 인용상표를 모방하여 인용상표가 가지는 양질의 이미지나 고객흡인력에 편승하여 부당한 이익을 얻거나 인용상표의 가치를 희석화하여 그 상표권자인 B에게 손해를 가할 목적으로 본 건 등록상표를 출원·등록하여 사용하는 것이라고 보아야 한다. 정리하면 인용상표가 본 건 등록상표의 출원 당시 이미 국내의 일반 수요자들 사이에 저명한 상표로 인식되어 있었으며 인용상표가 저명한 이상 본 건 등록상표의 출원, 등록이 인용상표의 식별력을 약화시키는 결과를 가져올 것이므로 그에 따라 본 건 등록상표에 상표법 제34조 제1항 제13호(현행 상표법으로 수정 표시: 저자 주) 소정의 등록무효 사유가 있다고 판단된다.”

VII. 기능 확보에 필수적인 입체적 형상 등으로 된 상표

상표등록을 받으려는 상품 또는 그 상품의 포장의 기능[179]을 확보하는 데 꼭 필요한 입체적 형상, 색채, 색채의 조합, 소리 또는 냄새만으로 된 상표는 상표등록을 받을 수 없다.[180] 제34조 제1항 제15호는 상표등록을 받으려는 상품 등의 기능을 확보하는 데 불가결한 입체적 형상만으로 된 상표 등에 대해 제33조의 식별력 요건을 충족하더라도 상표등록을 받을 수 없도록 한 것이다.[181] 이는 1997. 8. 22. 법률 제5355호로 개정된 상표법에서 상표의 한 가지로 입체적 형상으로 된 상표를 도입하면서 특허제도 등과의 조화를 도모하고 경쟁자들의 자유롭고 효율적인 경쟁을 보장하기 위한 취지이다.[182]

---

179) 기능성이란 상품 또는 포장의 형상 등이 그 기능을 구현하는 데 필수적이고 긴요한 것이어서 특정인에게 독점적인 권리를 주면 정상적인 경쟁원리가 저해되는 기능을 말한다(특허청, 상표심사기준, 특허청 상표심사정책과, 2019년 1월, 51501면).

180) 상표법 제34조 제1항 제15호.

181) 대법원 2015. 10. 15. 선고 2013다84568 판결.

182) 상품 등의 기술적 기능은 원칙적으로 특허법이 정하는 특허요건 또는 실용신안법이 정하는 실용신안등록 요건을 구비한 때에 한하여 그 존속기간의 범위 내에서만 특허권 또는 실용신안권으로 보호받을 수 있는데 그러한 기능을 확보하는 데 불가결한 입체적 형상에 대하여 식별력을 구비하였다는 이유로 상표권으로 보호하게 된다면 상표권의 존속기간갱신등록을 통하여 그 입체적 형상에 불가결하게 구현되어 있는 기술적 기능에 대해서까지 영구적인 독점권을 허용하는 결과가 되어 특허제도 또는 실용신안제도와 충돌하게 될 뿐만 아니라 해당 상품 등이 가지는 특정한 기능, 효용 등을 발휘하기 위하여 경쟁자가 그러한 입체적 형상을 사용해야만 할 경쟁상의 필요가 있음에도 그 사용을 금지시킴으로써 자유로운 경쟁을 저해하는 부당한 결과를 초래하게 된다(대법원 2015. 10. 15. 선고 2013다84568 판결).

1. 판 단

본 호에 해당하는지 여부를 판단하기 위해서는 상품 또는 그 상품의 포장의 입체적 형상 등으로부터 발휘되는 실용적 이점이 필수적 기능인지 여부를 검토하여야 한다.[183] 또한 기능성을 판단함에 있어서는 상품 자체가 기능적인지 여부가 아닌, 상품 또는 그 상품의 포장의 입체적 형상 등이 기능적인지 여부를 기준으로 판단하여야 한다.[184] 구체적으로 그 상품 등이 거래되는 시장에서 유통되고 있거나 이용 가능한 대체적인 형상이 존재하는지, 대체적인 형상으로 상품을 생산하더라도 동등한 정도 또는 그 이하의 비용이 소요되는지, 그 입체적 형상으로부터 상품 등의 본래적인 기능을 넘어서는 기술적 우위가 발휘되는지 아니하는 것인지 등을 종합적으로 고려하여 상품 등의 입체적 형상으로 된 상표가 본 호에 해당하는지 여부를 판단한다.[185]

2. 관련 판례 – 대법원 2015. 10. 15. 선고 2013다84568 판결

본 판례에는 상표권자 A와 A의 상표등록에 대한 무효를 주장한 B가 등장한다. A는 본 건 등록상표를 상품류 구분 제5류의 심장혈관용 약제 등을 지정상품으로 2003년 11월 6일에 상표등록 출원하여 2005년 2월 17일에 상표등록을 받았다. 이에 대하여 B는 상표등록 무효심판을 청구하고 A의 본 건 등록상표가 상품 또는 그 상품의 포장의 기능을 확보하는 데 불가결한 입체적 형상과 색채만으로 된 상표에 해당하여 상표법 제34조 제1항 제15호('제34조 제1항 제15호'는 현행 상표법(법률 제18502호)으로 수정하여 표시한 것이다. 이하 같다.)에 해당한다는 이유로 그 등록 무효를 주장하였다.

---

183) 이를 통하여 그 상품 등의 사용자에게 월등한 경쟁상의 우위를 제공한다거나 그와 같은 상품 또는 그 상품의 포장의 형상 등의 독점으로 인하여 거래업계의 경쟁을 부당하게 저해하는지 여부를 종합적으로 고려하여 판단한다(특허청, 상표심사기준, 특허청 상표심사정책과, 2019년 1월, 51503면).
184) 특허청, 상표심사기준, 특허청 상표심사정책과, 2019년 1월, 51503면.
185) 대법원 2015. 10. 15. 선고 2013다84568 판결.

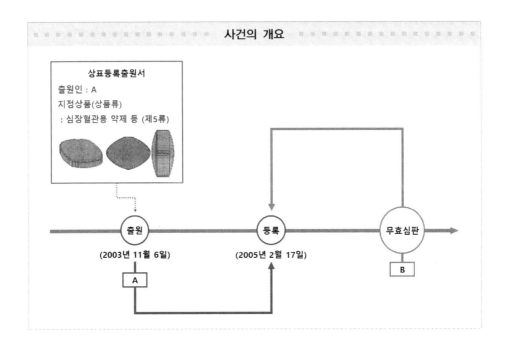

(1) B의 주장

B는 "본 건 등록상표가 상표법 제33조 제2항('제33조 제2항'은 현행 상표법(법률 제18502호)으로 수정하여 표시한 것이다.)에서 규정하는 사용에 의한 식별력을 가지는 상표라고 하더라도 상품 또는 그 상품의 포장의 기능을 확보하는 데 불가결한 입체적 형상과 색채만으로 된 상표이므로 상표법 제34조 제1항 제15호에 의해 상표등록을 받을 수 없는 무효의 상표라고 보아야 한다."[186]고 주장하였다. 본 건 등록상표는 마름모 도형의 입체적 형상과 푸른색 계열의 색채를 결합하여 구성된 상표이다. 본 건 등록상표의 형상은 지정상품인 약제에 속하는 알약의 일반적인 형태로 이에 결합된 색채를 고려하더라도 수요자에게 거래분야에서 알약의 형태로 채용할 수 있는 범위를 벗어나지 아니한 것으로 인식될 수 있다. 상표등록을 받으려는 상품 또는 그 상품의 포장의 기능을 확보하는 데 꼭 필요한 입체적 형상, 색채, 색채의 조합, 소리 또는 냄새만으로 된 상표는 상표법 제34조 제1항 제15호에 의해 상표등록을 받을 수 없다. 따라서 상표법 제34조 제1항 제15호의 규정을 적용하여 본 건 등록상표의 무효를 주장한다는 것이다.

---

186) 서울중앙지방법원 2013. 3. 29. 선고 2012가합87022 판결.

(2) 상표권자 A의 주장

A는 "본 건 등록상표의 입체적 형상과 그 형상이 가진 이미지 및 식별력 등은 A의 상당한 노력과 투자로 구축한 성과물로서 그 입체적 형상 자체로 A의 상품임을 나타내는 주지·저명한 상품표지에 해당한다."[187)]고 주장하였다. 본 건 등록상표의 입체적 형상은 A의 상품임을 나타내는 주지·저명한 상품표지에 해당한다. 본 건 등록상표의 입체적 형상이 단순히 상품 또는 그 상품의 포장의 기능을 확보하는 데 꼭 필요한 입체적 형상의 의미를 넘어서는 식별력 있는 A의 주지·저명 상표에 해당한다는 것이다. 따라서 본 건 등록상표는 상표법 제34조 제1항 제15호에 위배된 것이 아니라는 것이다.

(3) 대법원의 판단[188)]

"상표법 제34조 제1항 제15호(현행 상표법으로 수정 표시: 저자 주)의 입법 취지에 비추어 보면 상품 등의 입체적 형상으로 된 상표가 위 규정에 해당하는지는 그 상품 등이 거래되는 시장에서 유통되고 있거나 이용 가능한 대체적인 형상이 존재하는지, 대체적인 형상으로 상품을 생산하더라도 동등한 정도 또는 그 이하의 비용이 소요되는지, 그 입체적 형상으로부터 상품 등의 본래적인 기능을 넘어서는 기술적 우위가 발휘되지는 아니하는 것인지 등을 종합적으로 고려하여 판단하여야 한다. 기록에 의하면 내복용 알약에는 다양한 크기, 형상, 색깔이 존재할 수 있어 이용 가능한 대체적 형상이 다수 존재하고 본 건 등록상표의 지정상품인 심장혈관용 약제 등이 실제로 본 건 등록상표와 같은 마름모 도형의 입체적 형상과 푸른색 계열의 색채가 아닌 다른 색채와 형상으로도 여러 업체에서 생산되어 판매되고 있는 점, 또한 위 형상과 색채의 결합이 알약의 본래적인 기능을 넘어서는 기술적 요소가 발휘된 것이라고 보기는 어려운 점 등을 알 수 있다. 따라서 상표법 제34조 제1항 제15호와 관련하여 본 건 등록상표는 상표등록을 받고자 하는 상품의 기능을 확보하는 데 불가결한 입체적 형상만으로 된 상표에 해당한다는 사유로 그 상표등록이 무효로 될 것임이 명백하다고 할 수는 없다."

---

187) 서울중앙지방법원 2013. 3. 29. 선고 2012가합87022 판결.
188) 대법원 2015. 10. 15. 선고 2013다84568 판결.

제 6 장

심사절차상의 여러 제도

덮죽덮죽 레시피 표절해도 처벌은 힘들다?

덮죽

덮죽덮죽 사건으로 레시피 도용 논란이 도마 위에 올랐다. 레시피를 도용한 덮죽덮죽 측은 특히 덮죽덮죽이라는 상표에 대해 출원을 준비했던 것으로 알려졌다. 덮죽덮죽 측이 상표출원을 통해 상표권을 확보하고 그대로 운영을 계속했으면 상표권 다툼으로 원조 덮죽집이 문을 닫았을지도 모르는 상황이다.

덮죽집이 미리 상표권을 등록받은 상황이었다면 상표권 도용 등으로 덮죽덮죽 측에 법적인 책임을 물을 수도 있었겠지만 그렇지 않은 상황에선 그 대응이 쉽지만은 않다는게 법률전문가들의 판단이다.

■ 머니투데이 홈페이지(https://news.mt.co.kr/mtview.php?no=2020101315245178220&outlink=1&ref=https%3A%2F%2Fsearch.daum.net).

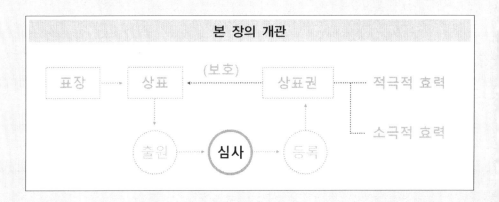

본 장의 개관

표장 → 상표 ← (보호) ← 상표권 ─ 적극적 효력

상표 → 출원 → **심사** → 등록

상표권 ─ 소극적 효력

하늘 아래 새로운 것은 없다. 그러나 그렇다고 하여 다른 사람이 노력해 얻은 창작의 결과물을 빼앗는 행위가 정당화될 수는 없다. 그런 의미에서 덮죽덮죽 사건은 우리에게 시사하는 바가 크다. 특히 덮죽집이 상표등록출원을 통해 상표권을 등록받은 상황이었다면 보다 유연한 대처가 가능하였을 것이라는 점에 주목하여야 할 필요가 있다.

물론 상표등록출원을 한 이후 상표권을 등록받기까지의 과정이 순탄하게 진행되는 것만은 아니다. 출원 후 등록에 이르기까지 심사절차 중에는 예기치 못한 여러 가지 난관들이 존재하기 때문이다. 따라서 상표법은 상표출원에 대한 심사절차 중 발생할 수 있는 여러 가지 난관들을 해결하기 위한 방안으로 여러 가지 제도들을 마련하고 있다.

Ⅰ. 보 정

보정이란 상표등록출원에 절차상의 흠결이나 미비가 있거나 또는 내용상의 불비가 있는 경우 요지를 변경하지 않는 범위 내에서 출원서를 보완하는 제도를 말한다.[1] 보정은 그 내용에 따라 절차보정과 실체보정으로, 실체보정은 출원인에 의한 자진보정과 심사관에 의한 직권보정으로 종류를 구분할 수 있다.

1. 절차보정

절차보정이란 출원 절차에 관한 형식적인 요건의 흠결을 보충하거나 정정하는 것을 말한다. 절차보정은 명령에 의한 보정과 자진보정[2]이 있다. 명령에 의한 보정은 상표법 제39조에서 규정하고 있다.

(1) 대 상

상표에 관한 절차가 상표법 제39조 각 호의 어느 하나에 해당하는 경우 특허청장은 상표에 관한 절차를 밟는 자에게 보정을 명하여야 한다.[3] 상표에 관한 절차가 ① 미성년자 등의 행위능력(상표법 제4조 제1항) 또는 대리권의 범위(제7조)에 위반된 경우[4]; ② 수수료를 내지 아니한 경우[5]; ③ 상표법 또는 상표법에

---

1) 윤선희, 상표법 제6판, 법문사, 2021년 2월, 414면.
2) 명령에 의한 보정과 별도로 출원인은 등록여부결정통지서가 송달되기 전까지 자발적으로 자진 보정이 가능하다(특허청, 상표심사기준, 특허청 상표심사정책과, 2019년 1월, 30102면).
3) 상표법 제39조.

따른 명령으로 정한 방식에 위반된 경우[6]에는 보정명령의 대상이 된다.

(2) 절 차

절차의 보정이 필요한 경우 특허청장은 보정대상, 근거규정, 보정기간 등을 명시하여 절차의 보정을 명하여야 한다.[7] 절차의 보정을 명하는 경우 1개월 이내의 기간을 지정한다.[8] 절차보정을 하려는 자는 보정서를 특허청장에게 제출하여야 한다.[9] 특허청장에게 제출하는 보정서에는 보정내용을 증명하는 서류[10]와 함께 대리인에 의하여 절차를 밟는 경우에는 그 대리권을 증명하는 서류[11]를 첨부하여야 한다.

절차의 보정이 완료된 후에 새로운 절차보정 사항이 발견된 경우에는 새로운 보정 사항에 대하여 기간을 정하여 다시 보정을 명하여야 한다.[12]

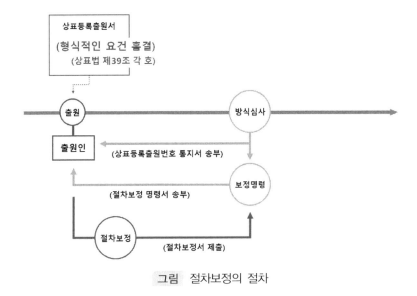

그림 절차보정의 절차

---

4) 상표법 제39조 제1호.
5) 상표법 제39조 제2호.
6) 상표법 제39조 제3호.
7) 특허청, 상표심사기준, 특허청 상표심사정책과, 2019년 1월, 10703면.
8) 상표법 시행규칙 제32조 제1항.
9) 상표법 시행규칙 제32조 제2항.
10) 상표법 시행규칙 제32조 제2항 제1호.
11) 상표법 시행규칙 제32조 제2항 제2호.
12) 특허청, 상표심사기준, 특허청 상표심사정책과, 2019년 1월, 10704면.

(3) 처 리

보정명령을 받은 자가 한 보정이 적합한 경우 절차에 관한 하자가 치유된 것으로 하여 절차가 계속된다. 그러나 절차의 보정명령을 받은 자가 지정된 기간 내에 그 보정을 하지 아니하면 특허청장은 상표에 관한 절차를 무효로 할 수 있다.[13)

무효처분을 할 때에는 이유를 명시하여 절차를 밟은 자에게 통지하여야 한다.[14) 절차의 무효처분을 할 경우 특허청장은 그 보정명령을 받은 자에게 처분통지서를 송달하여야 한다.[15)

2. 실체보정

실체보정이란 상표출원의 실체적인 내용과 관련이 있는 상표와 지정상품, 상표등록출원서의 기재사항을 보충하거나 정정하는 것을 말한다.[16) 실체보정은 절차보정과 달리 명령에 의한 보정은 없다. 따라서 실체보정은 출원인에 의한 자진보정을 원칙으로 한다.

(1) 대 상

출원인은 최초의 상표등록출원의 요지를 변경하지 아니하는 범위에서 상표등록출원서의 기재사항, 상표등록출원에 관한 지정상품 및 상표를 보정할 수 있다.[17) 상표등록출원의 요지라 함은 출원서에 나타난 상표출원의 본질로서 상표등록출원서의 기재사항, 상표 및 지정상품으로 구성된다.[18) 보정이 지정상품의 범위를 감축(減縮)[19)하거나, 오기(誤記)의 정정,[20) 불명료한 기재의 석명(釋

---

13) 상표법 제18조 제1항.
14) 특허청, 상표심사기준, 특허청 상표심사정책과, 2019년 1월, 10704면.
15) 상표법 제18조 제3항.
16) 특허청, 상표심사기준, 특허청 상표심사정책과, 2019년 1월, 30103면.
17) 상표법 제40조 제1항.
18) 최초출원의 요지를 변경하는 것을 허용할 경우 후출원인이나 기타 제3자의 이익을 침해할 우려가 있으며, 심사절차상 혼란을 초래할 수 있기 때문에 상표법에서는 요지변경을 인정하지 않고 있다 (특허청, 상표심사기준, 특허청 상표심사정책과, 2019년 1월, 30203면).
19) **지정상품 범위의 감축**이란 최초 출원의 지정상품 일부를 삭제하거나 한정하는 경우를 말하며, 지정상품을 그 범위 내에서 세분화하는 것도 요지변경으로 보지 아니한다(특허청, 상표심사기준, 특허청 상표심사정책과, 2019년 1월, 30203면).
20) **오기의 정정**이란 표장이나 지정상품의 기재가 출원인의 실수로 잘못 표시된 경우에 이를 정정하는 것을 말하며, **표장의 정정**은 오기임이 객관적으로 명백한 경우에 한하여 정정을 인정한다(특허청,

明),²¹⁾ 상표의 부기적(附記的)인 부분²²⁾의 삭제, 그 밖에 상표법 제36조 제2항에 따른 표장에 관한 설명 등 산업통상자원부령으로 정하는 사항²³⁾에 해당하는 경우에는 최초의 상표등록출원의 요지를 변경하지 아니하는 것으로 본다.²⁴⁾

(2) 시 기

실체보정은 출원공고를 기준으로 출원공고결정 전의 보정과 출원공고결정 후의 보정으로 나뉜다.

가. 출원공고결정 전의 보정

출원인은 상표법 제40조 제1항 각 호에 따른 때까지 상표등록출원서의 기재사항, 상표등록출원에 관한 지정상품 및 상표를 보정할 수 있다.²⁵⁾ 구체적으로 ① 재심사를 청구하는 경우 재심사의 청구기간²⁶⁾: 상표등록거절결정을 받은 자가 재심사를 청구하는 경우 상표등록거절결정등본을 송달받은 날부터 3개월 이내(재심사의 청구기간)에 지정상품 또는 상표를 보정할 수 있다. ② 출원공고의 결정이 있는 경우 출원공고의 때까지²⁷⁾: 출원인은 출원공고 전에 언제든지 상표와 지정상품, 상표등록출원서의 기재사항을 보정할 수 있다. ③ 출원공고의 결정이 없는 경우 상표등록거절결정의 때까지²⁸⁾: 출원공고결정 전에 거절이유통지를 받은 경우에는 의견서 제출기간뿐만 아니라 제출기간이 지난 후에 거절결정서를

상표심사기준, 특허청 상표심사정책과, 2019년 1월, 30204면).

21) 불명료한 기재의 석명이란 당해 지정상품의 의미나 내용을 명확히 하기 위하여 지정상품의 명칭에 한자 또는 영문 등을 부기하는 것을 말한다(특허청, 상표심사기준, 특허청 상표심사정책과, 2019년 1월, 30204면).

22) 상표의 부기적인 부분이란 상표의 구성 중 부기적인 것에 불과하여 이를 삭제하더라도 상표의 외관·칭호·관념 등에 중요한 영향이 없는 부분을 말한다(특허청, 상표심사기준, 특허청 상표심사정책과, 2019년 1월, 30204면).

23) 상표법 제36조 제2항에 따른 표장에 관한 설명 등 산업통상자원부령으로 정하는 사항이라 함은 ① 상표등록출원서에 적은 표장에 관한 설명의 기재사항을 고치는 경우; ② 둘 이상의 도면 또는 사진이 서로 일치하지 아니하거나, 선명하지 아니한 도면 또는 사진을 수정하거나 교체하는 경우; ③ 시각적 표현과 일치하지 아니하는 냄새견본 또는 소리파일을 시각적 표현에 맞게 수정하거나 교체하는 경우; ④ 포괄명칭을 그 명칭에 포함되는 구체적인 명칭으로 세분하는 경우(포괄명칭을 그대로 둔 채 세분하는 경우를 포함한다)의 어느 하나에 해당하는 사항을 말한다(상표법 시행규칙 제33조).

24) 상표법 제40조 제2항.

25) 상표법 제40조 제1항.

26) 상표법 제40조 제1항 제1호.

27) 상표법 제40조 제1항 제1의2호.

28) 상표법 제40조 제1항 제2호.

송달받기 전까지는 상표와 지정상품, 상표등록출원서의 기재사항을 보정할 수 있다. ④ 거절결정에 대한 심판을 청구하는 경우 그 청구일부터 30일 이내[29]: 출원공고결정 전의 출원에 대한 거절결정 불복심판이 청구된 경우에는 거절결정 불복심판 청구일부터 30일 이내에만 보정할 수 있다. ⑤ 거절결정에 대한 심판에서 심사규정이 준용되는 경우 의견서 제출기간[30]: 거절결정에 대한 불복심판에서 심판관이 직권으로 거절이유를 통지한 경우에는 의견서 제출기간 이내에만 보정할 수 있다.

나. 출원공고결정 후의 보정

출원공고결정등본이 송달된 경우에는 원칙적으로 상표와 지정상품을 보정할 수 없다.[31] 예외적으로 상표법 제41조 제1항 각 호의 어느 하나에 해당하게 된 경우에는 해당 호에서 정하는 기간 내에 최초의 상표등록출원의 요지를 변경하지 아니하는 범위에서 지정상품 및 상표를 보정할 수 있다. ① 상표등록거절결정의 거절이유에 나타난 사항에 대하여 거절결정불복심판을 청구한 경우 심판청구일부터 30일[32]: 출원공고된 적이 있는 출원에 대한 거절결정불복심판이 청구된 경우에는 심판청구일부터 30일 이내에 보정할 수 있다. ② 거절이유의 통지를 받고 그 거절이유에 나타난 사항에 대하여 보정하려는 경우 해당 거절이유에 대한 의견서 제출기간[33]: 출원공고결정 후 심사관이 거절이유를 통지한 경우에는 의견서제출기간 이내에만 보정할 수 있다. ③ 재심사를 청구하는 경우 재심사의 청구기간[34]: 상표등록거절결정을 받은 자가 재심사를 청구하는 경우 상표등록거절결정등본을 송달받은 날부터 3개월 이내(재심사의 청구기간)에 지정상품 또는 상표를 보정할 수 있다. ④ 이의신청이 있는 경우에 그 이의신청의 이유에 나타난 사항에 대하여 보정하려는 경우 답변서 제출기간[35]: 이의신청이 있는 경우에는 답변서 제출기간 이내에만 보정할 수 있다.

---

29) 상표법 제40조 제1항 제3호.
30) 상표법 제40조 제1항 제4호.
31) 특허청, 상표심사기준, 특허청 상표심사정책과, 2019년 1월, 30103면.
32) 상표법 제41조 제1항 제1호.
33) 상표법 제41조 제1항 제2호.
34) 상표법 제41조 제1항 제2의2호.
35) 상표법 제41조 제1항 제3호.

(3) 처 리

보정이 적법한 경우에는 상표와 지정상품이 보정된 내용대로 최초 출원일에 출원된 것으로 본다.[36] 보정이 보정기간을 경과하여 제출되었거나 요지변경에 해당하는 경우 부적법한 보정에 해당된다. 보정기간을 경과하여 제출된 보정서의 경우에는 당해 보정을 부적법한 보정으로 보아 출원인에게 반려하고 원출원을 기준으로 심사한다.[37] 요지변경의 경우에는 설정등록을 기준으로 요지변경임이 언제 인정되는지에 따라 그 처리가 달라진다.

가. 설정등록 전 인정된 요지변경의 처리

실체보정이 요지를 변경하는 것인 경우 심사관은 결정으로 그 보정을 각하(却下)하여야 한다.[38] 보정에 대한 각하결정은 상표등록출원번호, 상품류 구분, 상표등록출원인의 성명과 주소, 상표등록출원인의 대리인이 있는 경우에는 그 대리인의 성명과 주소 또는 영업소의 소재지, 각하결정의 주문(主文)과 그 이유, 각하결정 연월일의 사항을 적은 서면으로 하여야 하며[39] 그 이유를 붙여야 한다.[40]

보정에 대한 각하결정을 한 경우 심사관은 보정각하결정에 대한 심판청구기간[41]이 지나기 전까지는 그 상표등록출원에 대한 상표등록여부결정을 해서는 아니 되며, 출원공고할 것을 결정하기 전에 보정에 대한 각하결정을 한 경우에는 출원공고결정도 해서는 아니 된다.[42]

나. 설정등록 후 인정된 요지변경의 처리

실체보정이 설정등록 후 요지변경인 것으로 인정되는 경우 그 처리는 보정이 출원공고결정 전의 보정에 해당하는지 출원공고결정 후의 보정에 해당하는지에 따라 다르다.

(가) 출원공고결정 전 보정의 경우

출원공고결정 전의 보정이 상표권의 설정등록이 있은 후에 요지를 변경하는

---

36) 특허청, 상표심사기준, 특허청 상표심사정책과, 2019년 1월, 30104면.
37) 상표법 시행규칙 제25조 제1항 제13호.
38) 상표법 제42조 제1항.
39) 상표법 시행규칙 제34조 제1항.
40) 상표법 제42조 제4항.
41) 보정각하결정등본을 송달받은 날부터 3개월 이내.
42) 상표법 제42조 제2항.

것으로 인정된 경우 그 상표등록출원은 그 보정서를 제출한 때에 상표등록출원을 한 것으로 본다.[43]

(나) 출원공고결정 후 보정의 경우

출원공고결정 후의 보정이 상표권의 설정등록이 있은 후에 요지를 변경하는 것으로 인정된 경우 그 상표등록출원은 그 보정을 하지 아니하였던 상표등록출원에 관하여 상표권이 설정등록된 것으로 본다.[44] 여러 개의 보정이 있는 경우 심사관에 의해 승인된 것 중 요지변경에 해당하지 않는 최종보정서에 의하여 상표출원이 정하여진다.[45]

다. 관련 판례 – 대법원 2005. 7. 15. 선고 2004후264 판결

본 판례에는 상표출원인 A, 특허청이 등장한다. A는 본 건 출원상표인 영문 MUSCLETECH로 구성된 문자상표를 상품류 구분 제5류의 힘과 동작단련용 식품 및 운동영양보충제를 지정상품으로 2001년 6월 25일에 상표등록 출원을 하였다.

(가) 사건의 개요

2002년 6월 28일, 특허청은 출원인에게 "본 건 출원상표의 지정상품은 상품명이 포괄 또는 불명확한 명칭이므로 상표법 제38조 제1항('제38조 제1항'은 현행 상표법(법률 제18817호)으로 수정하여 표시한 것이다. 이하 같다.)을 위반하는 것에 해당하여 상표등록을 받을 수 없다."는 거절이유 및 그에 대한 의견서 제출 통지를 하였다. 2002년 9월 25일, A는 특허청에 보정서를 제출하였다. 특허청에 제출한 보정서를 통해 A는 출원서 내용 중 지정상품을 "난백질을 주성분으로 한 근력깅화용 식품영양보충제"로 보정하였다. 2002년 11월 25일, 특허청은 본 건 출원이 거절이유를 해소하지 못하였다는 이유로 상표등록을 거절하였다. 2003년 2월 25일, A는 상표등록 거절결정 불복심판을 청구하고 특허청의 상표등록 거절결정에 대한 취소를 주장하였다.

---

43) 상표법 제40조 제3항.
44) 상표법 제41조 제3항.
45) 특허청, 상표심사기준, 특허청 상표심사정책과, 2019년 1월, 30209면.

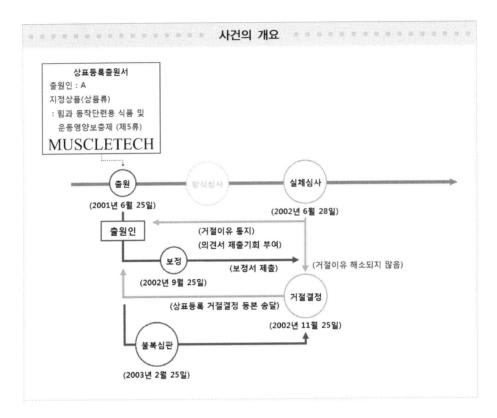

사건의 개요

상표등록출원서
출원인 : A
지정상품(상품류)
: 힘과 동작단련용 식품 및
운동영양보충제 (제5류)

MUSCLETECH

출원
(2001년 6월 25일)

방식심사

실체심사
(2002년 6월 28일)

출원인

(거절이유 통지)
(의견서 제출기회 부여)

보정
(2002년 9월 25일)

(보정서 제출)

(거절이유 해소되지 않음)

거절결정
(2002년 11월 25일)

(상표등록 거절결정 등본 송달)

불복심판
(2003년 2월 25일)

(나) 특허청의 주장

특허청은 "본 건 상표출원의 지정상품 중 단백질을 주성분으로 한 근력강화용 식품영양보충제는 상품명이 포괄 또는 불분명한 명칭에 해당하여 상표법 제38조 제1항을 위반하는 것이므로 상표등록을 받을 수 없다."[46]고 주장하였다. 본 건 출원상표의 지정상품인 단백질을 주성분으로 한 근력강화용 식품영양보충제는 그 의미가 식품으로 된 영양보충제라고 해석되어 그 성격이 식품으로 인정된다. 그런데 본 건 출원상표는 상품류 구분 제5류 약제로 출원되어 그 지정상품이 식품을 의미하는 것인지 약제를 의미하는 것인지 불명확하다. 따라서 본 건 등록상표는 상표등록을 받을 수 없다는 것이다.

(다) 상표출원인 A의 주장

A는 "본 건 출원상표의 지정상품은 모두 영양보충제로서 단백질이 그 주성분

---

46) 특허심판원 2003. 7. 1. 2003원662 심결.

으로 인체의 근력을 강화시키는 용도로 사용되는 약제에 속하는 상품으로 영양
보충제를 지정상품으로 하여 등록된 상표가 다수 존재한다."[47]고 주장하였다. 본
건 출원상표의 지정상품은 모두 영양보충제로서 단백질이 그 주성분으로 인체의
근력을 강화시키는 용도로 사용되는 약제에 속하는 상품이다. 본 건 출원상표
이외에도 약제에 속하는 영양보충제를 지정상품으로 하여 등록된 상표가 다수
존재하므로 본 건 출원상표도 상표등록을 받을 수 있다는 것이다.

  (라) 대법원의 판단[48]

  "본 건 출원상표의 최초 출원 당시의 지정상품명은 힘과 동작단련용 식품 및
운동 영양보충제(food and sport nutritional supplements for strength and perfor-
mance training)이었는데 지정상품이 포괄적이어서 상표등록을 받을 수 없다는
특허청 심사관의 의견제출통지서를 받은 원고가 지정상품을 단백질을 주성분으
로 한 근력강화용 영양보충제와 단백질을 주성분으로 한 근력강화용 식품영양보
충제로 정정하는 보정을 한 사실이 인정된다. 영양보충제는 운동선수들이나 일
반인들이 활동을 함에 있어서 필요한 영양소나 에너지를 빠르고 효율적으로 얻
을 수 있도록 하는 건강보존 또는 증진을 위한 질병예방용 의약품의 일종으로서
특히 단백질을 주성분으로 하는 영양보충제는 근력강화용으로 널리 사용되고 있
을 뿐 아니라 원고가 단백질을 주성분으로 한 영양보충제를 음료나 막대모양의
식품과 같은 형태로 제조, 판매하고 있는 사실이 인정된다. 본 건 출원상표의 지
정상품의 명칭 중 식품영양보충제 부분은 특정한 종류의 식품을 의미하는 것이
아니라 알약이나 캡슐의 형태 대신 일반 식품과 같은 형태로 제조, 판매되는 영
양보충제를 의미하는 것으로 봄이 상당하고 그에 따라 단백질을 주성분으로 한
근력강화용 식품영양보충제도 상품류 구분 제5류에 해당하는 것이어서 그 상품
명이 불명확한 경우에 해당하지 아니한다."

3. 직권보정

  실체보정은 출원인에 의한 자진보정을 원칙으로 하지만 예외적으로 심사관에
의한 직권보정도 인정된다.

---

47) 특허심판원 2003. 7. 1. 2003원662 심결.
48) 대법원 2005. 7. 15. 선고 2004후264 판결.

(1) 대 상

심사관은 출원공고결정을 할 때에 상표등록출원서에 적힌 사항이 명백히 잘못된 경우에는 직권으로 보정을 할 수 있다.[49] 상표등록출원서에 적힌 사항이 명백히 잘못된 경우라 함은 지정상품 또는 그 상품류 구분을 포함하여 출원서에 적힌 사항에 명백한 오기가 있는 경우를 말한다.[50]

(2) 절 차

심사관이 직권보정을 하려면 출원공고결정 등본의 송달과 함께 그 직권보정 사항을 출원인에게 알려야 한다.[51] 출원인은 직권보정 사항의 전부 또는 일부를 받아들일 수 없는 경우 출원공고를 한 날부터 2개월 이내에 그 직권보정 사항에 대한 의견서를 특허청장에게 제출하여야 한다.[52]

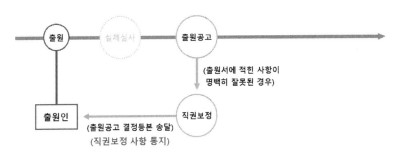

그림 직권보정의 절차

(3) 처 리

출원인이 직권보정 사항의 전부 또는 일부에 대한 의견서를 제출한 경우 해당 직권보정 사항의 전부 또는 일부는 처음부터 없었던 것으로 본다.[53] 이 경우 그 출원공고결정도 함께 취소된 것으로 본다.[54]

---

49) 상표법 제59조 제1항.
50) 특허청, 상표심사기준, 특허청 상표심사정책과, 2019년 1월, 30302면.
51) 상표법 제59조 제2항.
52) 상표법 제59조 제3항.
53) 상표법 제59조 제4항.
54) 상표법 제59조 제4항.

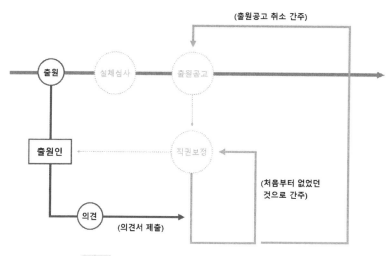

그림 의견서 제출에 따른 직권보정의 처리

4. 관련 판례 - 대법원 2009. 10. 29. 선고 2009후2258 판결

본 판례에는 상표출원인 A, 특허청이 등장한다. A는 본 건 출원상표인 영문 AMERICAN FITTED와 도형이 결합된 결합상표를 상품류 구분 제1류의 모자, 모자챙, 베레모 등을 지정상품으로 2007년 12월 26일에 상표등록 출원을 하였다.

(1) 사건의 개요

2008년 8월 12일, 특허청은 출원인에게 "본 건 출원상표의 지정상품은 상품분류가 잘못 기재된 상품이므로 상표법 제38조 제2항('제38조 제2항'은 현행 상표법(법률 제18817호)으로 수정하여 표시한 것이다.)을 위반하여 상표등록을 받을 수 없다."는 거절이유 및 그에 대한 의견서 제출 통지를 하였다. 출원인은 특허청이 통지한 거절이유에 대해 의견서 또는 보정서를 제출하지 않았다. 2008년 10월 15일, 특허청은 본 건 출원상표가 거절이유의 전부를 해소하지 못하였다는 이유로 상표등록을 거절하였다. 2008년 10월 28일, A는 상표등록 거절결정 불복심판을 청구하고 특허청의 상표등록 거절결정에 대한 취소를 주장하였다.

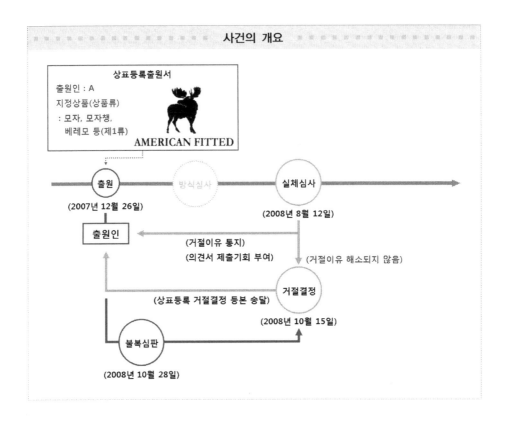

(2) 특허청의 주장

특허청은 "본 건 출원상표는 그 지정상품의 상품분류가 잘못 기재되었으므로 상표법 제38조 제1항('제38조 제1항'은 현행 상표법(법률 제18817호)으로 수정하여 표시한 것이다. 이하 같다.)의 규정을 위반하여 상표등록을 받을 수 없다."[55]라고 주장하였다. 상표법 제38조 제1항에 따라 상표등록출원을 하려는 자는 상품류의 구분에 따라 1류 이상의 상품을 지정하여 1상표마다 1출원을 하여야 한다. 그리고 상품류에 속하는 구체적인 상품은 특허청장이 정하여 고시한다.[56] 본 건 출원상표는 상품류 구분 제1류의 모자, 모자챙, 베레모 등을 지정상품으로 상표등록 출원되었다. 모자, 모자챙, 베레모 등은 상품류 구분 제25류에 해당된다. 따라서 본 건 출원상표는 상표법 제38조 제1항의 규정을 위반하여 상표등록이 거절된다는 것이다.

---

55) 특허심판원 2009. 3. 25. 2008원11332 심결.
56) 상표법 제38조 제2항.

(3) 상표출원인 A의 주장

A는 "본 건 출원상표의 지정상품인 모자, 모자챙, 베레모 등은 모두 상품류 구분 제25류에 해당함이 명백하므로 상표등록출원서에 상품류 구분을 제1류로 표시한 것은 명백한 오기에 해당한다. 상표법 제38조 제3항('제38조 제3항'은 현행 상표법(법률 제18817호)으로 수정하여 표시한 것이다. 이하 같다.)에 의하면 상품류 구분은 상품의 유사범위를 정하는 것은 아니므로 지정상품의 표시가 상품류 구분상 어느 분류에 속하는지를 명백히 알 수 있고 상표권의 보호범위를 정할 수 있을 정도로 명확한 이상, 단순히 그 상품류 구분 분류 기재를 잘못하였다고 하여 상표법 제38조 제1항에 위반된다고 할 수 없다. 따라서 특허청으로서는 그와 같은 경우 상품류 구분 분류 기재를 직권으로 바로잡아 심사절차나 상표등록절차를 진행하는 등의 방법을 강구하여야 할 것이므로 본 건 출원상표의 출원은 상표등록의 거절사유에 해당되지 않는다."[57]고 주장하였다. 본 건 출원상표의 지정상품의 상품류 구분을 제1류로 표시한 것은 명백한 오기에 해당한다. 상표법 제38조 제3항에 의하면 상품류 구분은 상품의 유사범위를 정하는 것은 아니므로 단순히 그 상품류 구분 분류 기재를 잘못하였다고 하여 상표법 제38조 제1항에 위반된다고 할 수 없다. 명백한 오기에 해당하는 경우 직권보정의 대상에 해당될 뿐이므로 본 건 출원상표의 출원은 상표등록의 거절사유에 해당되지 않는다는 것이다.

(4) 대법원의 판단[58]

"상표등록출원을 하려는 자는 상품류의 구분에 따라 1류 이상의 상품을 지정하여 1상표마다 1출원을 하여야 한다.[59] 상품류에 속하는 구체적인 상품은 특허청장이 정하여 고시한다.[60] 심사관은 상표등록출원이 상표법 제38조 제1항(현행 상표법으로 수정 표시: 저자 주)의 규정에 따라 상표등록을 할 수 없는 경우에는 상표등록거절결정을 하여야 한다.[61] 이 경우 심사관은 출원인에게 미리 거절이유를 통지하여야 하고 출원인은 산업통상자원부령으로 정하는 기간 내에 거절이

---

57) 항고심판소 1994. 2. 28. 92항원1437 심결.
58) 대법원 2009. 10. 29. 선고 2009후2258 판결.
59) 상표법 제38조 제1항.
60) 상표법 제38조 제2항.
61) 상표법 제54조.

유에 대한 의견서를 제출할 수 있다.[62) 또한 의견서 제출기간 내에 상표등록출원의 요지를 변경하지 아니하는 범위 안에서 상표등록출원에 관한 지정상품 및 상표를 보정할 수 있는 기회를 출원인에게 준 다음 그 출원인이 이에 불응할 때에는 상표등록출원에 대하여 상표등록거절결정을 하여야 한다. 출원인이 심사관으로부터 상표등록출원서에 기재된 지정상품이 상표법 시행규칙이 정하는 상품류 구분을 따르지 않고 그 상품류 구분이 잘못 표시되었다는 이유로 거절이유를 통지받았음에도 그 의견서 제출기간 내에 상품류 구분을 바로잡는 보정을 하지 않은 경우에 심사관은 거절결정을 하고 출원인이 거절결정에 대한 불복심판을 청구하면서 그 청구일로부터 30일 이내에도 위와 같은 보정을 하지 않았다면 특허심판원은 그 거절결정을 유지하는 심결을 하여야 한다. 따라서 출원인은 심사관으로부터 본 건 출원상표의 상품류 구분 표시가 잘못되었으니 상품류 구분 표시를 제1류에서 제25류로 보정하라는 취지의 구체적인 거절이유를 통지받았음에도 이에 불응하였을 뿐만 아니라 상표법 제38조 제1항에 위반된다는 이유로 내려진 거절결정에 대하여 불복심판을 청구하면서도 그 청구일로부터 30일 이내에 상품류 구분 표시를 바로잡는 보정을 하지 아니하였음을 알 수 있고 이와 같은 사정은 상표법 제38조 제1항에 위반된 것으로서 상표법 제54조 제1항 제3호(현행 상표법으로 수정 표시: 저자 주) 소정의 상표등록의 거절사유에 해당된다.”

Ⅱ. 출원의 변경

출원의 변경이라 함은 출원의 주체 및 내용의 동일성을 유지하면서 출원의 형식만을 변경하는 것을 말한다. 상표출원·단체표장출원·증명표장출원 상호간 출원의 변경 혹은 상표출원과 지정상품추가등록출원 간 출원의 변경이 여기에 해당한다. 출원 변경의 취지는 출원인이 출원서에 권리구분을 잘못 기재한 경우 선출원의 지위를 계속 유지하면서 권리구분을 정정할 수 있도록 하여 출원인의 이익을 보호하고, 재출원으로 인한 불편을 방지하기 위함이다.[63)

---

62) 상표법 제55조 제1항.
63) 특허청, 상표심사기준, 특허청 상표심사정책과, 2019년 1월, 30502면.

1. 시 기

출원의 변경은 최초의 출원에 대한 등록여부결정이 확정된 후에는 할 수 없다.[64] 출원의 변경 절차를 밟기 위한 서류 등이 최초출원에 대한 등록여부결정 확정 전까지 제출되지 아니한 경우 특허청장은 법령에 특별한 규정이 있는 경우를 제외하고는 반려한다.[65]

2. 요 건

출원의 변경이 인정되기 위해서는 최초출원이 존재하여야 하고, 표장이나 지정상품 등 출원의 목적물이 동일하여야 한다. 또한 최초출원의 출원인과 변경출원의 출원인이 동일인이거나 그의 정당한 승계인이어야 한다.[66]

3. 절 차

상표등록출원, 단체표장등록출원, 증명표장등록출원을 한 출원인은 그 출원을 다른 출원으로 변경할 수 있다.[67] 따라서 상표출원·단체표장출원·증명표장출원 상호 간 출원의 변경이 가능하다. 또한 지정상품추가등록출원을 한 출원인은 그 출원을 상표등록출원으로 변경할 수 있다.[68][69] 상표법 제44조 제1항에 따라 다른 출원으로 변경하거나 같은 조 제2항에 따라 지정상품추가등록출원을 상표등록출원으로 변경하려는 출원인은 상표등록출원서[70]에 상표에 대한 설명서, 지정상품에 대한 설명서, 등록하려는 상표를 한글로 번역하거나 발음을 한글로 표기한 설명서 등의 서류를 첨부하여 특허청장에게 제출하여야 한다.[71]

---

64) 상표법 제44조 제4항.
65) 상표법 시행규칙 제25조 제1항 제13호.
66) 특허청, 상표심사기준, 특허청 상표심사정책과, 2019년 1월, 30502면.
67) 상표법 제44조 제1항.
68) 상표법 제44조 제2항.
69) 다만, 지정상품추가등록출원의 기초가 된 등록상표에 대하여 무효심판 또는 취소심판이 청구되거나 그 등록상표가 무효심판 또는 취소심판 등으로 소멸된 경우에는 그러하지 아니하다(상표법 제44조 제2항).
70) 상표법 시행규칙 제36조 제1항.
71) 상표법 시행규칙 제36조 제2항.

4. 처 리

상표법 제44조 제1항 및 제2항에 따라 변경된 출원은 최초의 출원을 한 때에 출원한 것으로 본다.[72) 변경출원의 경우 최초의 출원은 취하된 것으로 본다.[73) 출원의 변경으로 인한 이중의 출원상태를 방지하고, 변경출원이 적법한 경우라면 부적법한 최초출원 절차를 유지할 실익이 없기 때문이다.[74)

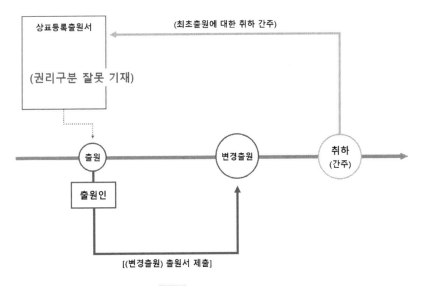

그림 변경출원의 절차

그러나 변경출원이 최초출원서에 기재된 지정상품의 범위를 실질적으로 확장하는 경우 또는 출원인이나 상표 견본이 일치하지 않는 경우 등 부적법한 변경출원으로 인정되는 경우 심사관은 변경출원불인정예고통지를 하여야 한다. 출원인이 의견서 또는 보정서 제출 등을 통해 이를 해소하지 못한 경우에는 변경출원불인정확정통지를 한 후 변경되기 이전의 최초출원으로 심사를 진행한다.[75)

---

72) 상표법 제44조 제3항.
73) 상표법 제44조 제5항.
74) 특허청, 상표심사기준, 특허청 상표심사정책과, 2019년 1월, 30503면.
75) 특허청, 상표심사기준, 특허청 상표심사정책과, 2019년 1월, 30504면.

III. 출원의 분할

출원의 분할이라 함은 2 이상의 상품을 지정상품으로 하여 출원한 경우 보정기간 이내에 2 이상의 출원으로 분할하는 것을 말한다. 출원 분할의 취지는 지정상품 일부에 거절이유가 있는 경우 출원인이 출원을 분할하여 거절이유가 없는 상품은 먼저 등록을 받도록 하고, 거절이유가 있는 상품에 대해서는 선출원의 지위를 유지하면서 의견서 등을 통하여 계속 심사를 진행함으로써 출원인의 편의를 도모하고 재출원으로 인한 불편을 방지하기 위함이다.[76]

1. 시 기

출원의 분할은 현재 출원 계속 중인 출원이어야 하며, 상표법 제40조 내지 제41조의 규정에 의한 실체보정을 할 수 있는 기간 이내에 분할하여야 한다.[77] 출원의 분할 절차를 밟기 위한 서류 등이 상표법 제40조 내지 제41조의 규정에 의한 실체보정을 할 수 있는 기간 이내에 제출되지 아니한 경우 특허청장은 법령에 특별한 규정이 있는 경우를 제외하고는 반려한다.[78]

2. 절 차

둘 이상의 상품을 지정상품으로 하여 상표등록출원을 한 경우 출원인은 그 상표등록출원을 둘 이상의 상표등록출원으로 분할할 수 있다.[79] 상표등록출원을 분할하려는 자는 상표등록출원서에 상표견본, 상표에 대한 설명서, 대리인에 의하여 절차를 밟는 경우에는 그 대리권을 증명하는 서류, 파일 또는 견본 등을 첨부하여 특허청장에게 제출하여야 한다.[80]

분할출원을 하는 경우 원상표등록출원은 보정하여야 한다.[81] 분할출원을 하면서 원상표등록출원서에 기재된 지정상품 중 분할된 상품을 삭제보정하지 않은 경우 심사관은 분할출원불인정예고통지를 하여야 한다. 분할출원불인정예고통지

---

76) 특허청, 상표심사기준, 특허청 상표심사정책과, 2019년 1월, 30401면.
77) 상표법 제45조 제1항.
78) 상표법 시행규칙 제25조 제1항 제13호.
79) 상표법 제45조 제1항.
80) 상표법 시행규칙 제28조 제2항.
81) 상표법 시행규칙 제37조 제1항.

를 받고도 출원인이 분할출원과 함께 원상표등록출원서에 기재된 지정상품 중 분할된 상품을 삭제보정하지 않는 경우 심사관은 상표법 제38조의 1상표 1출원 위반을 이유로 거절이유를 통지한다.[82]

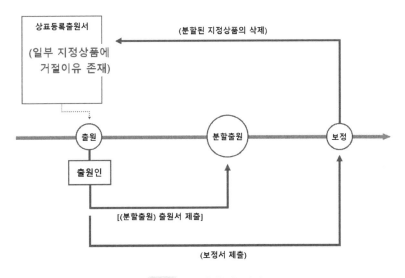

그림 분할출원의 절차

3. 처 리

상표법 제45조 제1항에 따라 분할하는 상표등록출원이 있는 경우 그 분할출원은 최초에 상표등록출원을 한 때에 출원한 것으로 본다.[83]

Ⅳ. 재심사의 청구

상표등록거절결정 이후 지정상품 범위의 감축 등으로 그 거절이유를 간단하게 해소할 수 있는 경우에는 반드시 심판절차를 거칠 필요 없이 심사관에게 재심사를 청구할 수 있다. 상표등록거절결정에 대한 거절이유를 간단하게 해소할 수 있는 경우에는 심판절차 외에 새로운 불복수단으로 재심사 청구제도를 활용할 수 있도록 함으로써 출원인의 편의와 권리확보의 기회를 확대하기 위한 것이

---

82) 특허청, 상표심사기준, 특허청 상표심사정책과, 2019년 1월, 30403면.
83) 상표법 제45조 제2항.

다.[84]

1. 절 차

상표등록거절결정을 받은 자는 그 결정 등본을 송달받은 날부터 3개월 이내에 지정상품 또는 상표를 보정하여 해당 상표등록출원에 관한 재심사를 청구할수 있다.[85] 재심사를 청구하는 경우 출원인은 재심사의 청구와 함께 의견서를제출할 수 있다.[86] 재심사의 청구는 취하할 수 없다.[87]

2. 처 리

재심사가 청구된 경우 그 상표등록출원에 대하여 종전에 이루어진 상표등록거절결정은 취소된 것으로 본다. 다만 재심사의 청구절차가 무효로 된 경우에는그러하지 아니하다.[88]

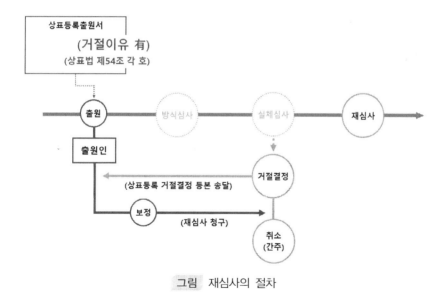

그림 재심사의 절차

---

84) 상표법 일부개정법률(법률 제18817호) 공포문(2022년 2월 3일).
85) 상표법 제55조의2 제1항.
86) 상표법 제55조의2 제2항.
87) 상표법 제55조의2 제4항.
88) 상표법 제55조의2 제3항.

V. 경고 및 손실보상청구권

경고 및 손실보상청구권은 출원공고 이후부터 상표권 설정등록 전까지의 기간 동안에 타인의 부당한 상표 사용으로 인한 상표등록출원인의 업무상 위험과 손실을 보호하기 위한 것이다.[89]

1. 경 고

출원공고가 있은 후 출원인은 해당 상표등록출원에 관한 지정상품과 동일·유사한 상품에 대하여 해당 상표등록출원에 관한 상표와 동일·유사한 상표를 사용하는 자에게 서면으로 경고할 수 있다.[90]

2. 손실보상청구권의 발생

손실보상청구권이란 상표등록출원으로부터 상표권의 설정등록에 이르는 사이에 있어서 당해 상표에 화체된 업무상의 신용을 보호하는 것을 목적으로 하는 금전적 청구권을 말한다.[91] 상표등록출원된 상표와 동일·유사한 상표를 사용하는 자에 대하여 경고를 한 출원인은 경고 후 상표권을 설정등록할 때까지의 기간에 발생한 해당 상표의 사용에 관한 업무상 손실에 상당하는 보상금의 지급을 청구할 수 있다.[92]

3. 손실보상청구권의 행사

해당 상표등록출원에 대한 상표권이 설정등록되기 전까지는 보상금 지급 청구권을 행사할 수 없다.[93] 또한 상표등록출원이 ① 포기·취하 또는 무효가 된 경우; ② 상표법 제54조에 따른 상표등록거절결정이 확정된 경우; ③ 상표법 제117조에 따라 상표등록을 무효로 한다는 심결이 확정된 경우 보상금 지급 청구권은 처음부터 발생하지 아니한 것으로 본다.[94]

---

89) 특허청, 조문별 상표법해설, 2004년 4월, 155면.
90) 출원인이 해당 상표등록출원의 사본을 제시하는 경우에는 출원공고 전이라도 서면으로 경고할 수 있다(상표법 제58조 제1항).
91) 특허청, 조문별 상표법해설, 2004년 4월, 155면.
92) 상표법 제58조 제2항.
93) 상표법 제58조 제3항.

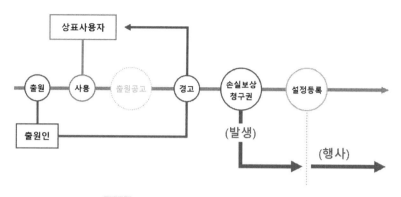

그림 경고에 따른 손실보상청구권의 발생

VI. 이의신청

이의신청이란 상표등록결정 전에 심사관에 의한 심사결과를 일반 공중이 열람하여 거절이유가 있는 경우 소정의 절차를 통해 이의를 제기하도록 하는 것을 말한다.[95] 이 제도는 심사관에 의한 심사의 불완전성을 보완하기 위하여 공중이 심사관의 심사를 보조해 주는 일종의 공중심사제도이다. 이를 통하여 심사관의 주관적, 자의적 판단이나 실수 등에 따른 부실권리의 발생을 방지하고 심사의 객관성 및 공정성을 제고하여 상표분쟁을 사전에 예방하는 데 그 의의가 있다.[96]

1. 시 기

출원공고가 있는 경우에는 출원공고일부터 2개월 내에 이의신청을 할 수 있다.[97] 이의신청 절차를 밟기 위한 서류 등이 출원공고일부터 2개월 내에 제출되지 아니한 경우 특허청장은 법령에 특별한 규정이 있는 경우를 제외하고는 반려한다.[98]

---

94) 상표법 제35조 제6항.
95) 특허청, 상표심사기준, 특허청 상표심사정책과, 2019년 1월, 60404면.
96) 특허청, 조문별 상표법해설, 2004년 4월, 158면.
97) 상표법 제60조 제1항.
98) 상표법 시행규칙 제25조 제1항 제13호.

2. 절 차

누구든지 상표등록거절결정 또는 지정상품 추가등록거절결정의 거절이유에 해당한다는 것을 이유로 특허청장에게 이의신청을 할 수 있다.[99]

(1) 이의신청서의 제출

이의신청을 하려는 자는 이의신청서에 상표등록 이의신청 사항을 증명하는 서류 및 대리인에 의하여 절차를 밟는 경우에는 그 대리권을 증명하는 서류를 첨부[100]하여 특허청장에게 제출하여야 한다.[101] 이의신청서에는 신청인의 성명 및 주소, 신청인의 대리인이 있는 경우에는 그 대리인의 성명 및 주소나 영업소의 소재지, 이의신청의 대상, 이의신청사항, 이의신청의 이유 및 필요한 증거의 표시 등의 사항이 기재된다.

상표등록의 이의신청인은 이의신청기간이 지난 후 30일 이내에 그 이의신청서에 적은 이유와 증거를 보정할 수 있다.[102] 상표등록 이의신청에 대한 보정을 하려는 자는 보정서에 보정내용을 증명하는 서류 및 대리인에 의하여 절차를 밟는 경우에는 그 대리권을 증명하는 서류를 첨부하여 특허청장에게 제출하여야 한다.[103] 이의신청인이 이의신청기간 내에 그 이유나 증거를 제출하지 아니한 경우에는 이의신청기간이 지난 후 30일이 지난 후 결정으로 이의신청을 각하할 수 있다.[104] 이 경우 그 결정의 등본을 이의신청인에게 송달하여야 한다.[105]

(2) 이의신청서 부본의 송달

이의신청이 있는 경우 심사장은 이의신청서 부본(副本)을 출원인에게 송달하고 기간을 정하여 답변서 제출의 기회를 주어야 한다.[106] 상표등록 이의신청에 대한 답변서를 제출하려는 자는 답변서에 답변사항을 증명하는 서류 및 대리인에 의하여 절차를 밟는 경우에는 그 대리권을 증명하는 서류를 첨부하여 특허청장에게 제출하여야 한다.[107]

---

99) 상표법 제60조 제1항.
100) 상표법 시행규칙 제51조 제1항.
101) 상표법 제60조 제2항.
102) 상표법 제61조.
103) 상표법 시행규칙 제51조 제2항.
104) 상표법 제66조 제4항.
105) 상표법 제66조 제4항.
106) 상표법 제66조 제1항.

이의신청에 대한 답변에 대하여 의견을 제출하려는 자와 그 의견에 대한 재답변을 하려는 자는 의견서에 의견내용 또는 재답변 내용을 증명하는 서류 및 대리인에 의하여 절차를 밟는 경우에는 그 대리권을 증명하는 서류를 첨부하여 특허청장에게 제출하여야 한다.[108]

(3) 이의신청에 대한 심사

이의신청은 심사관 3명으로 구성된 심사관합의체에서 심사·결정한다.[109] 특허청장은 각각의 이의신청에 대하여 심사관합의체를 구성할 심사관[110]을 지정하여야 한다.[111]

심사관합의체는 둘 이상의 이의신청을 병합하거나 분리하여 심사·결정할 수 있다.[112] 또한 심사관합의체는 이의신청에 관하여 출원인이나 이의신청인이 주장하지 아니한 이유에 관하여도 심사할 수 있다. 이 경우 출원인이나 이의신청인에게 기간을 정하여 그 이유에 관하여 의견을 진술할 수 있는 기회를 주어야 한다.[113]

3. 처 리

심사관합의체는 이의신청기간 및 답변서 제출 기간이 지난 후에 이의신청에 대한 결정을 하여야 한다.[114] 이의신청에 대한 결정이 있는 경우 특허청장은 그 결정의 등본을 출원인 및 이의신청인에게 송달하여야 한다.[115]

이의신청에 대한 결정은 상표등록출원번호 및 출원공고번호, 상품류 구분, 출원인 및 이의신청인의 성명과 주소, 출원인 및 이의신청인의 대리인이 있는 경우에는 각각 그 대리인의 성명과 주소 또는 영업소의 소재지, 결정의 주문과 그 이유, 이의결정 연월일 등의 사항을 적은 서면으로 하여야 하며[116] 그 이유를

---

107) 상표법 시행규칙 제51조 제3항.
108) 상표법 시행규칙 제51조 제4항.
109) 상표법 제62조 제1항.
110) 특허청장은 심사관합의체를 구성하기 위하여 지정된 심사관 중 1명을 심사장으로 지정하여야 한다(상표법 제62조 제3항).
111) 상표법 제62조 제2항.
112) 상표법 제64조.
113) 상표법 제63조.
114) 상표법 제66조 제2항.
115) 상표법 제66조 제5항.
116) 상표법 시행규칙 제52조.

붙여야 한다. 이 경우 둘 이상의 지정상품에 대한 결정이유가 다른 경우에는 지정상품마다 그 이유를 붙여야 한다.[117]

(1) 이의신청에 이유가 있다고 판단되는 경우

이의신청에 이유가 있다고 판단하는 경우 심사관합의체는 결정으로 이의신청이 이유 있는 것으로 함과 동시에 당해 출원에 대하여 거절결정하고 이와 같은 사실을 당사자에게 통지한다.[118]

(2) 이의신청에 이유가 없다고 판단되는 경우

이의신청에 이유가 없다고 판단하는 경우 심사관합의체는 결정으로 이의신청을 이유 없는 것으로 함과 동시에 당해 출원에 대하여 등록결정하고 이와 같은 사실을 당사자에게 통지한다.[119]

(3) 둘 이상의 이의신청에 대한 처리 등

심사관합의체는 둘 이상의 이의신청이 있는 경우에 그중 어느 하나의 이의신청에 대하여 심사한 결과 그 이의신청이 이유가 있다고 인정할 때에는 다른 이의신청에 대해서는 결정을 하지 아니할 수 있다.[120] 이 경우 특허청장은 해당 이의신청인에게도 상표등록거절결정 등본을 송달하여야 한다.[121]

출원공고 후 거절이유를 발견하여 상표법 제67조 제1항에 따라 상표등록거절결정을 할 경우 심사관은 이의신청이 있더라도 그 이의신청에 대해서는 결정을 하지 아니한다.[122] 이 경우 심사관은 이의신청인에게 상표등록거절결정 등본을 송달하여야 한다.[123]

---

117) 상표법 제66조 제3항.
118) 특허청, 상표심사기준, 특허청 상표심사정책과, 2019년 1월, 60407면.
119) 특허청, 상표심사기준, 특허청 상표심사정책과, 2019년 1월, 60407면.
120) 상표법 제65조 제1항.
121) 상표법 제65조 제2항.
122) 상표법 제67조 제2항.
123) 상표법 제67조 제3항.

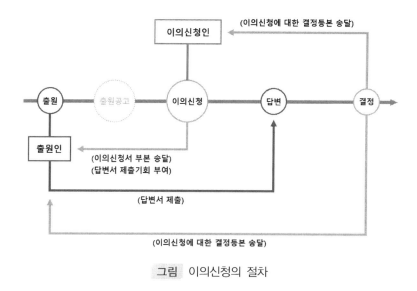

그림 이의신청의 절차

4. 관련 판례 − 대법원 1995. 12. 22. 선고 95후1272 판결

본 판례에는 상표출원인 A, 이의신청인 B, 그리고 특허청이 등장한다. A는 본 건 출원상표인 STARBUCKS를 상품류 구분 제3류의 쿠키, 비스킷, 케이크 등을 지정상품으로 1992년 8월 13일에 상표등록출원을 하였다. 1993년 5월 25일, 본 건 출원상표의 상표등록출원은 출원공고가 되었다.

(1) 사건의 개요

1993년 7월 19일, B는 A의 상표등록출원에 상표등록 거절이유가 존재한다는 것을 이유로 특허청에 이의신청을 하였다. "본 건 등록상표와 인용상표가 전체적으로 볼 때 그 외관 및 칭호가 유사하여 본 건 출원상표와 인용상표가 동일, 유사한 지정상품에 같이 사용될 경우 상품 출처의 오인, 혼동 염려가 있다."는 것이 그 이유였다. B는 인용상표인 STARBURST를 상품류 구분 제3류의 캔디, 쵸코렛, 건과자 등을 지정상품으로 1987년 9월 17일에 상표등록출원을 하여 1988년 11월 18일에 상표등록을 받았다.

1993년 7월 23일, 이의신청서 부본이 A에게 송달되었다. 이에 따라 A는 1993년 10월 23일, 답변서를 제출하였다. 답변서를 통해 A는 "본 건 출원상표 STARBUCKS는 인용상표 STARBURST와 전체적으로 유사하지 않으므로 본 건

출원상표의 상표등록출원은 상표등록거절결정의 거절이유에 해당하지 않는다."고
주장하였다.

특허청은 심사결과 이의신청에 이유가 있다고 판단하고 A의 상표등록출원에
대한 거절결정을 하였다. 1993년 11월 30일, 특허청은 A와 B에게 이의신청에
대한 결정등본을 송달하였다. 1994년 3월 2일, A는 상표등록 거절결정 불복심판
을 청구하고 특허청의 상표등록 거절결정에 대한 취소를 주장하였다.

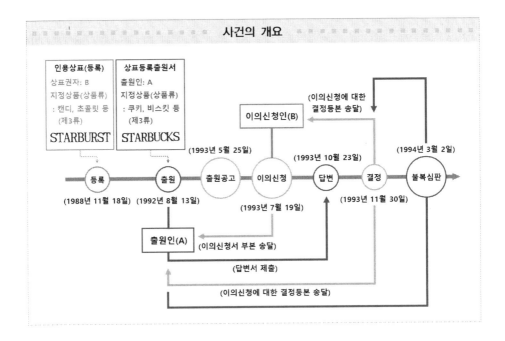

(2) 특허청의 주장

특허청은 "본 건 등록상표와 인용상표는 전체적으로 볼 때 그 외관 및 칭호
가 유사하여 인용상표와 유사한 본 건 출원상표가 동일, 유사한 지정상품에 같
이 사용될 경우 상품 출처의 오인, 혼동 염려가 있어 상표법 제34조 제1항 제7
호('제34조 제1항 제7호'는 현행 상표법(법률 제18817호)으로 수정하여 표시한 것이다.
이하 같다.)의 규정을 적용하여 상표등록 거절결정을 하였다."[124]고 주장하였다.
본 건 출원상표 STARBUCKS와 인용상표 STARBURST는 모두 영문자로만 구성
된 문자상표로서 문자의 구성에 있어서 일견하여 볼 때 수요자의 눈에 가장 잘

---

124) 특허심판원 1995. 6. 26. 94항원423 심결.

띄는 앞부분에서 중간부분까지가 동일하고 뒷부분에서 "CKS"와 "RST"의 차이밖에 없어 전체적으로 일견하여 구별하기가 어렵다. 또한 호칭의 측면에서도 본 건 출원상표는 스타벅스라 호칭되는데 비하여 인용상표는 스타버스트로 호칭되므로 호칭 역시 유사하게 청감됨을 부인하기 어려우므로 상표등록을 받을 수 없다는 것이다.

(3) 상표출원인 A의 주장

A는 "본 건 등록상표와 인용상표는 전체적으로 유사하지 않으므로 상표등록 거절결정을 파기하고 본 건 등록상표에 대한 상표등록을 하여야 한다."[125]고 주장하였다. 본 건 출원상표 STARBUCKS는 스타벅스라 호칭된다. 인용상표 STARBURST는 스타버스트로 호칭된다. 본 건 출원상표와 인용상표는 전체적으로 그 외관, 칭호가 유사하지 않다. 특히 본 건 출원상표에 대하여 이의신청을 제기하였던 인용상표권자 B가 본 사건 거절결정 후에 본 건 출원상표의 등록에 하등의 이의가 없다는 의사표시를 하였음에도 특허청이 본 사건 거절결정을 취소하지 아니한 것은 잘못이라는 것이다.

(4) 대법원의 판단[126]

"본 건 출원상표 STARBUCKS와 선출원 등록상표인 인용상표 STARBURST와의 유사 여부에 관하여 양 상표는 모두 영문자로만 구성된 문자상표로서 문자의 구성 면에서도 일견하여 볼 때 수요자의 눈에 가장 잘 띄는 앞부분에서 중간 부분까지가 동일하고 뒷부분에서 CKS와 RST의 차이밖에 없어 전체적으로 일견하여 구별하기가 어렵다. 호칭 면에서도 본 긴 출원상표는 스타벅스라 호칭되는데 비하여 인용상표는 스타버스트로 호칭되어 유사하게 청감됨을 부인하기 어려우므로 양 상표는 전체적으로 볼 때 외관 및 칭호가 유사하여 동일·유사한 지정상품에 다 같이 사용될 경우 상품 출처의 오인·혼동의 우려가 있다고 판단되어 상표법 제34조 제1항 제7호(현행 상표법으로 수정 표시: 저자 주)의 규정을 적용하여 본 건 출원상표의 등록을 거절하였다. 그런데 본 건 출원상표에 대하여 이의신청을 제기하였던 인용상표권자 B가 본 사건 거절결정 후에 본 건 출원상표의 등록에 하등의 이의가 없다는 의사표시를 하였으므로 본 사건 거절결정을 취소

---

125) 특허심판원 1995. 6. 26. 94항원423 심결.
126) 대법원 1995. 12. 22. 선고 95후1272 판결.

하여야 한다는 주장과 관련하여 출원공고에 대한 이의신청은 누구든지 할 수 있는 것이고 상표법 제67조(현행 상표법으로 수정 표시: 저자 주)에 따라 심사관은 출원공고 후 직권에 의해 거절결정을 할 수도 있는 것이므로, 공익적 부등록사유에 해당하는 상표법 제34조 제1항 제7호에 의하여 본 건 출원상표의 상표등록을 거절하는 이상 이의신청인이 후에 이의신청과 다른 의사표시를 하였다 하여 반드시 그 등록을 받아주어야 하는 것은 아니다."

VII. 정보 제공

누구든지 상표등록출원된 상표가 상표법 제54조 각 호의 어느 하나에 해당되어 상표등록될 수 없다는 취지의 정보를 증거와 함께 특허청장에게 제공할 수 있다.[127]

1. 시 기

정보제공은 상표등록출원의 등록여부결정 전까지 가능하며 이의신청과는 별개로 정보를 제공하는 것도 가능하다.[128] 정보 제공의 절차를 밟기 위한 서류 등이 상표등록출원의 등록여부결정 이후에 제출되는 경우 특허청장은 법령에 특별한 규정이 있는 경우를 제외하고는 반려한다.[129]

2. 절 차

정보를 제공하려는 자는 정보제출서를 특허청장에게 제출하여야 한다.[130] 정보제출서를 대리인에 의하여 제출하는 경우에는 정보제출서 서식에 그 대리권을 증명하는 서류를 첨부하여야 한다.[131]

정보를 제공받은 경우 심사관은 해당 출원에 대한 출원공고를 할 때에 정보제공자에게 심사결과와 정보의 활용여부를 통지하여야 한다. 제공된 정보의 활용여부에 대해 등록여부결정 시까지 통지가 없었던 경우에는 등록여부결정을 할

---

127) 상표법 제49조.
128) 특허청, 상표심사기준, 특허청 상표심사정책과, 2019년 1월, 60301면.
129) 상표법 시행규칙 제25조 제1항 제13호.
130) 상표법 시행규칙 제46조 제1항.
131) 상표법 시행규칙 제46조 제2항.

때에 심사결과와 정보의 활용여부를 정보제공자에게 통지하여야 한다.[132)]

VIII. 지정상품 추가등록 출원

지정상품 추가등록이란 등록상표 또는 상표등록출원의 지정상품을 추가하여 상표등록을 받는 것을 말한다. 지정상품 추가등록 출원은 별도의 상표등록출원 절차에 의하지 아니하고 지정상품의 추가등록이 가능하게 함으로써 출원인의 절차적 부담을 덜어주고 상표권의 권리범위를 보다 유연하게 확장할 수 있도록 하기 위해 마련된 것이다.[133)134)]

1. 출원서의 제출

상표권자 또는 출원인은 등록상표 또는 상표등록출원의 지정상품을 추가하여 상표등록을 받을 수 있다.[135)] 따라서 상표등록출원 중인 출원인과 이미 등록된 상표의 상표권자 모두 지정상품을 추가하여 등록받을 수 있다.

(1) 출원서 기재사항

지정상품의 추가등록을 받으려는 자는 상표법 제86조 제2항 각 호의 사항을 적은 지정상품의 추가등록출원서를 특허청장에게 제출하여야 한다. 지정상품추가등록출원서에는 출원인의 성명 및 주소, 출원인의 대리인이 있는 경우에는 그 대리인의 성명 및 주소나 영업소의 소재지, 그 밖에 산업통상자원부령으로 정하는 사항, 상표등록번호 또는 상표등록출원번호, 추가로 지정할 상품 및 그 상품류를 기재한다.[136)]

(2) 출원 기간

지정상품 추가등록 출원은 원상표권이나 원상표등록출원이 적법하게 존재하는 기간에 할 수 있다. 따라서 등록상표의 상표권이 소멸되었거나 상표등록출원

---

132) 특허청, 상표심사기준, 특허청 상표심사정책과, 2019년 1월, 60302면.
133) 특허청, 조문별 상표법해설, 2004년 4월, 232면.
134) 본 제도는 상표등록출원 후 지정상품을 추가할 필요가 생겼거나 상표등록 후에 사업 확장 등의 사정 변화에 따라 지정상품의 범위를 확대하고자 할 경우 필요한 제도이다(특허청, 조문별 상표법해설, 2004년 4월, 232면).
135) 상표법 제86조 제1항.
136) 상표법 제86조 제2항.

이 포기, 취하 또는 무효된 경우 혹은 상표등록거절결정이 확정된 경우에는 지정상품 추가등록 출원을 할 수 없다.[137)

2. 절 차

지정상품 추가등록 출원은 동일 상표에 새로운 지정상품만 추가하는 것이므로 통상의 상표등록출원에 대한 심사규정이 준용된다.[138)

(1) 거절이유의 통지

심사관은 지정상품의 추가등록거절결정을 하려는 경우 또는 직권 재심사를 하여 취소된 지정상품의 추가등록결정 전에 이미 통지한 거절이유로 지정상품의 추가등록거절결정을 하려는 경우 출원인에게 거절이유를 통지하여야 한다.[139)

이 경우 출원인은 산업통상자원부령으로 정하는 기간[140) 내에 거절이유에 대한 의견서를 제출할 수 있다.[141) 이에 따라 의견서를 제출하려는 출원인은 상표법 시행규칙 별지 제2호서식의 의견서에 의견내용을 증명하는 서류 1부, 대리인에 의하여 절차를 밟는 경우에는 그 대리권을 증명하는 서류 1부를 첨부하여 특허청장에게 제출하여야 한다.[142)

(2) 거절결정

지정상품추가등록출원이 상표법 제87조 제1항 각 호에서 정하는 거절이유 중 어느 하나에 해당하는 경우 심사관은 그 지정상품의 추가등록거절결정을 하여야 한다. 구체적으로 상표등록 거절사유[143)에 해당하는 경우, 지정상품의 추가등록 출원인이 해당 상표권자 또는 출원인이 아닌 경우, 등록상표의 상표권이 소멸되었거나 상표등록출원이 포기, 취하 또는 무효된 경우 혹은 상표등록거절결정이

---

137) 상표법 제87조 제1항 제3호.
138) 지정상품추가등록출원에 관하여는 제37조, 제38조 제1항, 제39조부터 제43조까지, 제46조, 제47조, 제50조, 제53조, 제57조부터 제68조까지, 제68조의2, 제69조, 제70조, 제128조, 제134조 제1호부터 제5호까지 및 제7호, 제144조, 「민사소송법」 제143조, 제299조 및 제367조를 준용한다(상표법 제88조 제2항).
139) 상표법 제87조 제2항.
140) 산업통상자원부령으로 정하는 기간이란 거절이유를 통지받은 날부터 2개월을 말한다(상표법 시행규칙 제59조 제2항).
141) 상표법 제87조 제2항.
142) 상표법 시행규칙 제59조 제3항.
143) 상표법 제54조 각 호.

확정된 경우가 지정상품추가등록 거절사유에 해당된다.[144]

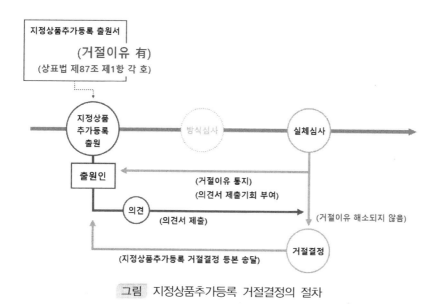

그림 지정상품추가등록 거절결정의 절차

3. 처 리

추가된 지정상품에 대한 상표권은 원상표권에 합체되어 존속기간의 진행이나 소멸을 함께 하게 된다.[145] 따라서 등록상표 또는 상표등록출원의 지정상품을 추가하여 상표등록을 받는 경우 추가등록된 지정상품에 대한 상표권의 존속기간 만료일은 그 등록상표권의 존속기간 만료일로 한다.[146]

IX. 상품분류 전환등록 신청

상품분류 전환등록이란 구 한국상품분류로 등록된 상표의 지정상품을 국제상품분류(니스분류)로 전환하여 등록하는 것을 말한다. 상품분류 전환등록 신청제도는 상품류 구분을 구 한국상품분류제도에서 국제상품분류(니스분류)제도로 변경함에 따라 구 한국상품분류에 의하여 등록된 기존의 지정상품을 국제상품분류

---

144) 상표법 제87조 제1항 각 호.
145) 특허청, 조문별 상표법해설, 2004년 4월, 233면.
146) 상표법 제86조 제1항.

에 의한 신 상품류 구분으로 전환하기 위해 마련된 것이다.[147]

1. 신청서의 제출

종전의 상표법(법률 제5355호 상표법 중 개정법률로 개정되기 전의 것을 말한다) 제10조 제1항에 따른 산업통상자원부령으로 정하는 상품류의 구분에 따라 상품을 지정하여 상표권의 설정등록, 지정상품의 추가등록 또는 존속기간갱신등록을 받은 상표권자는 해당 지정상품을 상품류의 구분에 따라 전환하여 등록을 받아야 한다.[148][149]

다만 법률 제5355호 상표법 중 개정법률 제10조 제1항에 따른 산업통상자원부령으로 정하는 상품류의 구분에 따라 상품을 지정하여 존속기간갱신등록을 받은 자는 그러하지 아니하다.[150][151] 또한 상표권이 공유인 경우에는 공유자 전원이 공동으로 상품분류전환등록을 신청하여야 한다.[152]

(1) 신청서 기재사항

상품분류전환등록을 받으려는 자는 상표법 시행규칙 별지 제42호서식의 상품분류전환등록신청서를 특허청장에게 제출하여야 한다.[153] 상품분류전환등록신청서에는 신청인의 성명 및 주소, 신청인의 대리인이 있는 경우에는 그 대리인의 성명 및 주소나 영업소의 소재지, 등록상표의 등록번호, 전환하여 등록받으려는 지정상품 및 그 상품류를 기재한다.[154]

(2) 신청 기간

상품분류 전환등록 신청을 할 수 있는 기간은 존속기간 갱신등록 출원 기간

---

147) 특허청, 조문별 상표법해설, 2004년 4월, 226면.
148) 상표법 제209조 제1항.
149) 1998년 3월 1일 전, 즉 1997년 개정법(1997. 8. 22. 법률 제5535호) 시행 전에 구 한국상품분류에 따라 상품을 지정하여 상표권의 설정등록, 지정상품의 추가등록 또는 존속기간 갱신등록을 받은 상표권자는 당해 등록상표의 지정상품을 상품분류 전환등록 신청 당시의 산업통산자원부령이 정하는 상품류 구분(니스분류)에 따라 전환하여 등록을 받아야 한다는 규정이다(특허청, 조문별 상표법해설, 2004년 4월, 227면).
150) 상표법 제209조 제1항.
151) 1997년 개정법 시행 이후 존속기간 갱신등록을 받은 자는 이미 국제상품분류에 의하였으므로 상품분류 전환등록을 받을 필요가 없다(특허청, 조문별 상표법해설, 2004년 4월, 227면).
152) 상표법 제209조 제4항.
153) 상표법 시행규칙 제93조 제1항.
154) 상표법 제209조 제2항.

과 동일하다. 따라서 상품분류전환등록신청은 상표권의 존속기간이 만료되기 1년 전부터 존속기간이 만료된 후 6개월 이내의 기간에 하여야 한다.[155] 이는 양 기간을 일치시킴으로써 동시 신청이 가능하도록 하고 기간계산과 관련된 혼동을 방지하기 위함이다.[156]

2. 절 차

특허청장은 상품분류전환등록신청서를 받은 경우 상품분류전환등록신청에 대한 고유번호를 부여하여 신청인에게 상품분류전환등록신청을 한 날짜와 함께 통지하여야 한다.[157] 상품분류 전환등록 신청에 대한 심사절차는 대체적으로 신규출원의 절차가 준용된다.[158]

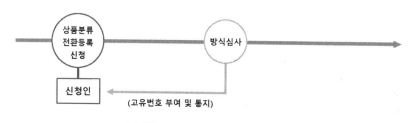

그림 신청서를 받은 경우의 절차

(1) 거절이유의 통지

상품분류전환등록거절결정을 하려는 경우 또는 직권 재심사를 하여 취소된 상품분류전환등록결정 전에 이미 통지한 거절이유로 상품분류전환등록거절결정을 하려는 경우 심사관은 신청인에게 거절이유를 통지하여야 한다.[159]

이 경우 신청인은 산업통상자원부령으로 정하는 기간[160] 내에 거절이유에 대한 의견서를 제출할 수 있다.[161] 이에 따라 의견서를 제출하려는 신청인은 상표

---

155) 상표법 제209조 제3항.
156) 특허청, 조문별 상표법해설, 2004년 4월, 228면.
157) 상표법 시행규칙 제93조 제2항.
158) 상품분류전환등록신청에 관하여는 제38조 제1항, 제39조, 제40조, 제41조 제3항, 제42조, 제50조, 제68조, 제68조의2, 제69조, 제70조, 제134조 제1호부터 제5호까지 및 제7호를 준용한다(상표법 제212조).
159) 상표법 제210조 제2항.
160) 산업통상자원부령으로 정하는 기간이란 심사관이 2개월 이내에서 정한 기간을 말한다(상표법 시행규칙 제94조 제1항).
161) 상표법 제210조 제2항.

법 시행규칙 별지 제2호서식의 의견서에 의견내용을 증명하는 서류 1부, 대리인에 의하여 절차를 밟는 경우에는 그 대리권을 증명하는 서류 1부를 첨부하여 특허청장에게 제출하여야 한다.[162)]

(2) 거절결정

상품분류전환등록신청이 상표법 제210조 제1항 각 호에서 정한 거절이유 중 어느 하나에 해당하는 경우 심사관은 그 신청에 대하여 상품분류전환등록거절결정을 하여야 한다. 구체적으로 상품분류전환등록신청의 지정상품을 해당 등록상표의 지정상품이 아닌 상품으로 하거나 지정상품의 범위를 실질적으로 확장한 경우, 상품분류전환등록신청의 지정상품이 상품류 구분과 일치하지 아니하는 경우, 상품분류전환등록을 신청한 자가 해당 등록상표의 상표권자가 아닌 경우, 상품분류전환등록신청의 요건을 갖추지 못한 경우, 상표권이 소멸하거나 존속기간갱신등록신청을 포기·취하하거나 존속기간갱신등록신청이 무효로 된 경우가 상품분류전환등록 거절사유에 해당된다.[163)]

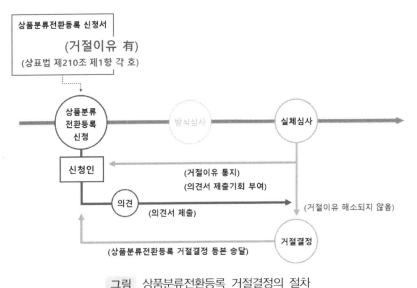

그림 상품분류전환등록 거절결정의 절차

---

162) 상표법 시행규칙 제94조 제3항.
163) 상표법 제210조 제1항.

3. 처 리

상품분류전환등록신청에 대하여 상표등록결정이 있는 경우 특허청장은 지정상품의 분류를 전환하여 등록하여야 한다.[164] 그러나 상품분류전환등록을 받아야 하는 자가 상품분류전환등록 신청을 할 수 있는 기간[165] 내에 상품분류전환등록을 신청하지 아니하는 경우, 상품분류전환등록신청이 취하된 경우, 상품분류전환에 관한 절차가 무효로 된 경우, 상품분류전환등록거절결정이 확정된 경우, 또는 상품분류전환등록을 무효로 한다는 심결이 확정된 경우 중 어느 하나에 해당하는 경우 상품분류전환등록의 대상이 되는 지정상품에 관한 상표권은 상품분류전환등록신청기간의 만료일이 속하는 존속기간의 만료일 다음 날에 소멸한다.[166][167]

---

164) 상표법 제211조.
165) 상표법 제209조 제3항.
166) 상표법 제213조 제1항.
167) 상품분류전환등록의 대상이 되는 지정상품으로서 상품분류전환등록신청서에 적지 아니한 지정상품에 관한 상표권은 상품분류전환등록신청서에 적은 지정상품이 상표법 제211조에 따라 전환등록되는 날에 소멸한다. 다만, 상품분류전환등록이 상표권의 존속기간만료일 이전에 이루어지는 경우에는 상표권의 존속기간만료일의 다음 날에 소멸한다(상표법 제213조 제2항).

상 표 권

아이보리 비누... 실수가 만든 기적

아이보리 비누가 아이보리(Ivory)라는 이름을 가지게 된 것은 1879년경이다. 그 후 광고를 통해 아이보리 비누가 순수하고 부드러운 비누라는 이미지를 소비자들에게 심어주게 된다. "물에 뜨며 99.44% 순수합니다." 1881년 12월에 처음 등장해 지금까지 계속되어 온 아이보리 비누 광고의 내용이다.

사실 아이보리 비누가 물에 뜨는 것은 제조과정의 실수에서 비롯된 것이다. 소비자들이 아이보리 비누가 물에 뜨는 것을 우연히 발견하였고, P&G가 이를 광고에 활용한 것이다. 특히 1882년에는 미국 전 지역에 광고를 함으로써 아이보리 비누에 대한 높은 인지도와 함께 회사에 대한 소비자의 신뢰감을 구축하게 된다.

■ 데이비드 아커 저 / 이상민 옮김, 브랜드 자신의 전략적 경영, 비즈니스북스, 2006년 3월, 23~27면.

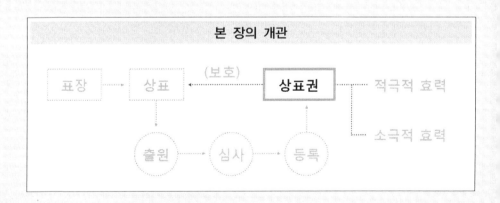

아이보리 비누가 그 이름을 가지게 된 것은 1879년 어느 일요일 교회에서였다. 목사의 설교 내용 중 상아(Ivory)라는 단어가 인상 깊었던 P&G의 창업자가 자신의 회사에서 생산하는 하얀색 비누에 아이보리라는 이름을 붙이게 되면서이다.[1]

　목사의 설교를 통해 얻게 된 아이보리란 상표명은 오늘날 우리에게도 친숙하다. 물에 뜨며 99.44% 순수한 비누라고 하는 아이보리 비누 광고가 낯설지 않기 때문이다. 우리에게 잘 알려진 아이보리 상표는 또한 그만큼의 영업력을 가진다. 그리고 아이보리 상표가 가지는 영업력은 상표법상 인정되는 상표권을 통해 보호된다.

Ⅰ. 상표권의 발생

　상표권은 설정등록에 의하여 발생한다.[2] 상표등록료가 납부된 경우 특허청장은 상표권을 설정하기 위한 등록을 하여야 한다.[3] 특허청장에 의한 상표권 설정등록에 의해 상표권은 그 효력이 발생한다.

그림 상표권의 효력발생 시기

Ⅱ. 상표권의 내용

　상표권은 소유권이 가지는 내용과 거의 흡사한 내용을 가진다. 예를 들어 누구나 가지고 있는 휴대폰을 생각해보자. 우리는 우리가 가진 휴대폰을 사용할 수도 다른 사람에게 빌려줄 수도 있다. 더 이상 필요 없어진 경우 다른 사람에

---

1) 데이비드 아커 저 / 이상민 옮김, 브랜드 자신의 전략적 경영, 비즈니스북스, 2006년 3월, 23면.
2) 상표법 제82조 제1항.
3) 상표법 제82조 제2항.

게 처분할 수도 있다. 이 모든 것이 그 휴대폰에 대한 소유권을 가지기에 가능한 일이다.

마찬가지로 상표권자는 자신이 가지는 상표권을 통해 그 등록상표를 사용하거나 사용권 설정을 통해 다른 사람에게 빌려줄 수 있다. 또한 상표권자는 자신이 가지는 상표권을 다른 사람에게 이전하여줄 수도 있다.

1. 등록상표의 사용

상표권자는 지정상품에 관하여 그 등록상표를 사용할 권리를 독점한다.[4] 지정상품에 관하여 그 등록상표를 사용하는 것은 상표법 제89조에서 명시하고 있는 상표권자의 권리임과 동시에 상표법 제1조에서 명시하는 상표법의 목적과 관련하여서는 상표권자의 의무가 되기도 한다.

(1) 상표권자의 권리

상표권이란 지정상품에 관하여 그 등록상표를 사용하는 것을 독점하는 권리를 말한다. 예를 들어 P&G 사는 아이보리 상표에 대한 상표등록을 통하여 상표권자로서의 권리, 즉 자사의 비누에 관해 아이보리 상표의 사용을 독점하는 권리를 가지게 된다. 이를 통하여 P&G 사는 아이보리 상표가 가지는 영업력을 독점하고 그에 따른 수익을 얻게 되는 것이다.

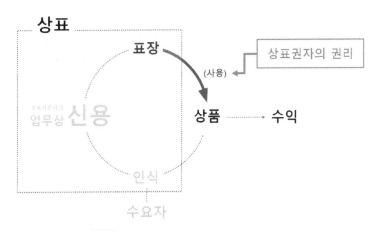

그림 상표권자의 권리로서의 상표의 사용

---

4) 상표법 제89조.

등록상표가 가진 영업력을 활용하여 그에 따른 수익을 얻기 위해서는 등록상표에 대한 독점적인 사용이 전제되어야만 한다. 따라서 상표법 제89조는 상표권자의 권리로서 상표권자로 하여금 지정상품에 관하여 그 등록상표를 사용할 권리를 독점하도록 하고 있는 것이다.

(2) 상표권자의 의무

상표법 제119조 제1항 제3호는 상표권자·전용사용권자 또는 통상사용권자 중 어느 누구도 정당한 이유 없이 등록상표를 그 지정상품에 대하여 취소심판청구일 전 계속하여 3년 이상 국내에서 사용하고 있지 아니한 경우에는 그 상표등록의 취소심판을 청구할 수 있도록 하여 상표권자에게 상표의 사용을 강제하고 있다.

가. 취 지

상표법 제119조 제1항 제3호의 취지는 등록상표의 사용을 촉진함과 동시에 그 불사용에 대한 제재를 가하려는 데에 있다.[5] 상표가 사용되어야만 그 상표가 가지는 영업력을 통해 얻게 된 수익이 관련 산업에 투자되면서 산업발전이 이루어지기 때문이다.[6] 따라서 지정상품에 관하여 그 등록상표를 사용하는 것은 상표법의 목적인 산업발전에 이바지하기 위한 필수적인 전제로서 상표권자의 의무가 된다.

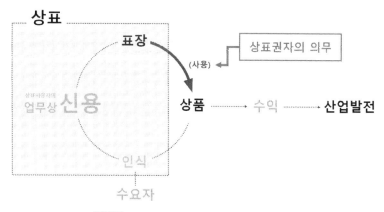

그림 상표권자의 의무로서의 상표의 사용

---

5) 대법원 1990. 7. 10. 선고 89후1240, 89후1257 판결; 대법원 2011. 1. 27. 선고 2010후2407 판결.
6) 이와 관련한 구체적 내용은 상표법의 목적과 상표등록의 요건을 통해 이미 설명하였다.

나. 관련 판례 – 대법원 2012. 1. 27. 선고 2011후3025 판결

본 판례에는 상표권자 A 그리고 B가 등장한다. A는 본 건 등록상표를 상품류 구분 제25류의 이브닝드레스, 파자마, 나이트가운 등을 지정상품으로 1990년 6월 16일에 상표등록 출원을 하여 1992년 11월 18일에 상표등록을 받았다. 그 후 2002년 2월 18일에 상표권의 존속기간 갱신등록을 하였다. 2010년 4월 28일, B는 상표등록 취소심판을 청구하고 본 건 등록상표가 심판청구일 전 3년 이상 국내에서 그 지정상품에 사용된 사실이 없으므로 그 상표등록이 취소되어야 한다고 주장하였다.

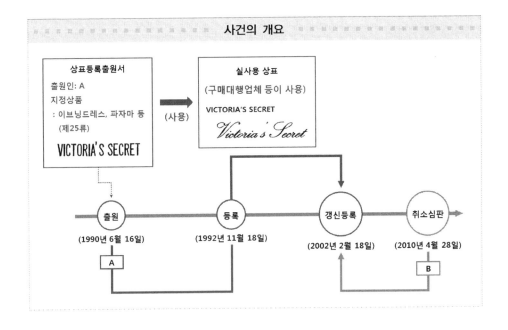

(가) B의 주장

B는 "본 건 등록상표는 정당한 이유 없이 그 지정상품에 대하여 취소심판청구일 전 계속하여 3년 이상 국내에서 사용되고 있지 아니하여 상표법 제119조 제1항 제3호('제119조 제1항 제3호'는 현행 상표법(법률 제18817호)으로 수정하여 표시한 것이다. 이하 같다.)의 규정에 해당되는 바 그 등록이 취소되어야 한다. A는 국내의 특정업체에 사용권을 허락하거나 대리점등의 판매처를 두고 정상영업을 하는 것이 아니라 국내 해외상품 구매대행업체 등의 불법적인 유사상표의 광고

를 통하여 본 건 등록상표의 국내사용을 추정 받고자 하고 있다."[7]고 주장하였
다. 상표법 제119조 제1항 제3호에 따라 상표권자·전용사용권자 또는 통상사용
권자 중 어느 누구도 정당한 이유 없이 등록상표를 그 지정상품에 대하여 취소
심판청구일 전 계속하여 3년 이상 국내에서 사용하고 있지 아니한 경우에는 그
상표등록의 취소심판을 청구할 수 있다. 본 건 등록상표는 VICTORIA'S SECRET
이다. 그런데 A가 주장하는 국내 해외상품 구매대행업체 등에 의해 사용된 실사
용 상표는 Victoria's Secret이다. 따라서 A의 주장은 국내의 특정업체에 사용권
을 허락하거나 대리점등의 판매처를 두고 정상영업을 하는 것이 아닌 국내 해외
상품 구매대행업체 등의 불법적인 유사상표의 광고를 통하여 본 건 등록상표의
국내사용을 추정 받고자 하고 있는 것이다. 따라서 본 건 등록상표는 상표법 제
119조 제1항 제3호의 규정에 의하여 그 등록이 취소되어야 한다는 것이다.

(나) 상표권자 A의 주장

A는 "본 건 등록상표는 A의 인터넷웹사이트 및 카탈로그를 보고 상품주문을
한 자에 대해 A가 해당상품과 상품 카탈로그를 국내의 주문자(소비자)에게 직접
우편배송을 하여 한국내의 주문자에게 보급됨에 따라 국내에 소개, 사용되었음
을 추정할 수 있다. 또한 해외상품 구매대행업체인 비앤샵, 위즈위드 등이 네이
버, 다음 등의 포털사이트를 통해 A의 제품에 대한 구매대행을 하고 있는 것을
보면 본 건 등록상표의 제품이 상당량 구매되었으리라 추정할 수 있다."[8]고 주
장하였다. 본 건 등록상표는 A의 인터넷웹사이트 및 카탈로그를 통해 국내에 소
개, 사용되었음을 추정할 수 있다. 또한 본 건 등록상표의 제품이 해외상품 구매
대행업체를 통해 상당량 판매됨에 따라 본 건 등록상표의 사용을 추정할 수 있
다. 따라서 본 건 등록상표는 그 지정상품에 본 건 심판 청구일전 3년 이내에
정당하게 사용되었으므로 본 건 등록상표에 대한 상표등록 취소 주장은 부당하
다는 것이다.

(다) 대법원의 판단[9]

"상표권자·전용사용권자 또는 통상사용권자 중 어느 누구도 정당한 이유 없

---

7) 특허심판원 2011. 3. 25. 2010당1073 심결.
8) 특허심판원 2011. 3. 25. 2010당1073 심결.
9) 대법원 2012. 1. 27. 선고 2011후3025 판결.

이 등록상표를 그 지정상품에 대하여 취소심판청구일 전 계속하여 3년 이상 국내에서 사용하고 있지 아니한 경우에는 그 상표등록의 취소심판을 청구할 수 있다.[10] 여기에서 등록상표를 그 지정상품에 사용한다고 함은 등록상표와 동일한 상표를 사용한 경우를 말한다. 동일한 상표라 함은 등록상표 그 자체뿐만 아니라 거래 사회통념상 등록상표와 동일하게 볼 수 있는 형태의 상표를 말하고 유사상표는 포함되지 않으나 거래통념상 식별표지로서 상표의 동일성을 해치지 않을 정도로 변형하여 사용하는 경우에는 동일한 상표의 범주에 포함된다.[11] 실사용 표장은 Victoria's Secret과 VICTORIA'S SECRET이라는 영문자가 상하 2단으로 그 크기와 색채를 달리하는 등으로 이루어져 있음을 알 수 있다. 본 건 등록상표 VICTORIA'S SECRET과 실사용 표장은 그 글자체, 알파벳 대·소문자 및 색채 등에서 다소 차이가 있기는 하지만 VICTORIA'S SECRET으로 된 영문자가 상하 2단으로 구성되어 있는 점에서 동일하여 위와 같은 변형으로 인하여 실사용 표장이 거래통념상 본 건 등록상표와 동일성을 상실하기에 이르렀다고 할 수 없다.”

다. 기타 상표권자의 의무

상표권의 설정등록 또는 존속기간갱신등록을 받으려는 자는 상표등록료를 내야 한다.[12] 납부기간 내에 상표등록료를 내지 아니한 경우에는 상표권의 설정등록일 또는 존속기간갱신등록일부터 5년이 지나면 상표권이 소멸한다.[13] 또한 상표권을 그 지정상품마다 분할하여 이전하는 경우 유사한 지정상품은 함께 이전하여야 한다.[14] 이를 위반한 경우에는 그 상표등록의 취소심판을 청구할 수 있다.[15] 이와 함께 상표권자에게는 상표의 정당사용의무 및 사용권자에 대한 감독의무가 부과된다.

(가) 상표의 정당사용의무

상표권자가 고의로 지정상품에 등록상표와 유사한 상표를 사용하거나 지정상

---

10) 상표법 제119조 제1항 제3호.
11) 대법원 2005. 9. 29. 선고 2004후622 판결; 대법원 2008. 5. 29. 선고 2008후408 판결.
12) 상표법 제72조 제1항. 이를 등록료 납부 의무라고 한다.
13) 상표법 제83조 제3항 제1호.
14) 상표법 제93조 제1항. 이를 상표권 이전 시 의무라고 한다.
15) 상표법 제119조 제1항 제4호.

품과 유사한 상품에 등록상표 또는 이와 유사한 상표를 사용함으로써 수요자에게 상품의 품질을 오인하게 하거나 타인의 업무와 관련된 상품과 혼동을 불러일으키게 한 경우에는 그 상표등록의 취소심판을 청구할 수 있다.[16)]

ㄱ. 취 지

상표법 제119조 제1항 제1호의 취지는 상표권자가 상표제도의 본래 목적에 반하여 자신의 등록상표를 그 사용권 범위를 넘어 부정하게 사용하지 못하도록 규제함으로써 상품 거래의 안전을 도모하고 타인의 상표의 신용이나 명성에 편승하려는 행위를 방지하여 거래자와 수요자의 이익보호는 물론 다른 상표를 사용하는 사람의 영업상 신용과 권익도 아울러 보호하려는 데 있다.[17)]

ㄴ. 관련 판례 - 대법원 1999. 9. 17. 선고 98후423 판결

본 판례에는 상표권자 A 그리고 B가 등장한다. A는 본 건 등록상표를 상품류 구분 제25류의 서류가방 등을 지정상품으로 1991년 1월 29일에 상표등록 출원을 하여 1992년 1월 17일에 상표등록을 받았다. 1996년 9월 7일, B는 상표등록

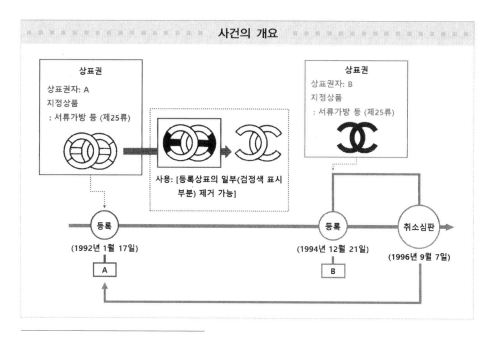

---

16) 상표법 제119조 제1항 제1호.
17) 대법원 2005. 6. 16. 선고 2002후1225 전원합의체 판결; 대법원 2013. 12. 26. 선고 2012후1521 판결.

취소심판을 청구하고 A가 본 건 등록상표를 인용상표와 유사하게 변경 사용함으로써 수요자가 출처의 혼동, 품질의 오인을 일으키게 할 염려가 있으므로 본 건 등록상표는 그 등록이 취소되어야 한다고 주장하였다. 인용상표는 상품류 구분 제25류의 서류가방 등을 지정상품으로 1993년 9월 3일에 상표등록 출원되어 1994년 12월 21일에 상표등록된 것이다.

(ㄱ) B의 주장

B는 "본 건 등록상표의 상표권자인 A는 사용하다가 싫증이 나면 상표의 일부를 떼어낼 수 있다고 가방 설명서에 안내하는 등 고의로 본 건 등록상표를 B의 인용상표와 유사하게 변경 사용함으로서 수요자로 하여금 출처의 혼동, 품질의 오인을 일으키게 할 염려가 있으므로 상표법 제119조 제1항 제1호('제119조 제1항 제1호'는 현행 상표법(법률 제18817호)으로 수정하여 표시한 것이다. 이하 같다.)에 해당되어 그 등록이 취소되어야 한다."[18]고 주장하였다.

상표법은 제119조 제1항 제1호에서 상표권자가 고의로 지정상품에 등록상표와 유사한 상표를 사용하거나 지정상품과 유사한 상품에 등록상표 또는 이와 유사한 상표를 사용함으로써 수요자에게 상품의 품질을 오인하게 하거나 타인의 업무와 관련된 상품과 혼동을 불러일으키게 한 경우에는 그 상표등록의 취소심판을 청구할 수 있도록 하고 있다. A는 사용하다가 싫증이 나면 상표의 일부를 떼어낼 수 있음을 가방 설명서에 안내한 사실이 있다. 본 건 등록상표는 그 일부를 떼어낼 경우 B의 인용상표와 유사하여 수요자로 하여금 출처의 혼동, 품질의 오인을 일으키게 할 염려가 있다. A는 고의로 지정상품에 등록상표와 유사한 상표를 사용함으로써 수요자에게 타인의 업무와 관련된 상품과 혼동을 불러일으키게 하였으므로 그 상표등록을 취소하여야 한다는 것이다.

(ㄴ) 상표권자 A의 주장

A는 "본 건 등록상표는 인용상표와 동일 또는 유사하지 아니한 바, 수요자로 하여금 상품의 출처의 혼동 또는 품질의 오인을 일으키게 하였다고는 볼 수 없으므로 본 건 등록상표에 대한 취소 주장은 잘못된 것이다."[19]고 주장하였다. 본 건 등록상표는 인용상표와 동일 또는 유사하지 아니하다. 따라서 본 건 등록상

---

18) 심판소 1997. 3. 21. 96당1091 심결.
19) 심판소 1997. 3. 21. 96당1091 심결.

표가 수요자로 하여금 상품의 출처의 혼동 또는 품질의 오인을 일으킬 염려는 없으므로 본 건 등록상표에 대한 상표등록 취소 주장은 부당하다는 것이다.

(ㄷ) 대법원의 판단[20]

"상표법 제119조 제1항 제1호(현행 상표법으로 수정 표시: 저자 주) 규정의 취지는 상표법에 의한 등록상표권자는 그 등록상표를 지정상품에 독점적으로 사용할 권리를 가지나, 그 등록상표를 동일성을 잃지 않는 범위 내에서 성실히 사용할 의무가 있으므로 상표권자로 하여금 등록상표를 상표 제도의 본래의 목적에 반하여 자신의 등록상표의 사용권의 범위를 넘어 부정하게 사용하지 못하도록 규제함으로써 상품 거래의 안전을 도모하고, 타인의 상표의 신용이나 명성에 편승하려는 부정경쟁행위를 방지하여 거래자와 수요자의 이익보호는 물론 다른 상표권자의 영업상의 신용과 권익을 아울러 보호하려는 데 그 목적이 있다.[21] 상표권자가 오인·혼동을 일으킬 만한 대상상표의 존재를 알면서 그 대상상표와 동일·유사한 실사용상표를 사용하는 한 상표 부정사용의 고의가 인정되는 것으로 특히 그 대상상표가 주지·저명 상표인 경우에는 그 대상상표나 그 표장상품의 존재를 인식하지 못하는 등의 특단의 사정이 없는 한 고의의 존재가 추정된다.[22] A가 본 건 등록상표를 저명상표인 인용상표와 동일·유사하게 변형 사용되도록 할 의도로 등록상표의 일부분을 쉽게 제거할 수 있도록 실사용상표를 제작·부착하고 판매상들에게 그 변형 방법을 주지시키기도 하였으며 상품의 꼬리표에 상표 변형 방법을 기재하였음이 인정된다. 실제로 A가 제작·부착한 실사용상표가 A의 의도대로 인용상표들과 동일하거나 극히 유사하게 변형되어 유통되거나 소비되고 이와 같이 변형 가능한 실사용상표가 부착된 상품이 거래자나 수요자 사이에 인용상표품과 같은 이름으로 호칭되기도 하는 사실이 인정되는 바, 이는 상표법 제119조 제1항 제1호 소정의 상표등록취소사유에 해당한다."

(나) 사용권자에 대한 감독의무

전용사용권자 또는 통상사용권자가 지정상품 또는 이와 유사한 상품에 등록

---

20) 대법원 1999. 9. 17. 선고 98후423 판결.

21) 대법원 1987. 6. 9. 선고 86후51 판결; 대법원 1987. 6. 9. 선고 86후52 판결.

22) 대법원 1984. 11. 13. 선고 83후70 판결; 대법원 1988. 5. 10. 선고 87후87 판결; 대법원 1988. 5. 10. 선고 87후88 판결; 대법원 1990. 9. 11. 선고 89후2304 판결.

상표 또는 이와 유사한 상표를 사용함으로써 수요자에게 상품의 품질을 오인하게 하거나 타인의 업무와 관련된 상품과의 혼동을 불러일으키게 한 경우에는 그 상표등록의 취소심판을 청구할 수 있다.[23] 다만 상표권자가 상당한 주의를 한 경우는 제외한다.

ㄱ. 취 지

상표법 제119조 제1항 제2호의 취지는 상표권자에게 사용권을 자유롭게 설정할 수 있도록 하는 대신에 사용권자에 대한 감독의무를 부과하여 사용권자에 의한 등록상표의 부정사용행위에 대해서도 그 등록상표를 취소할 수 있도록 함으로써 소비자의 이익을 보호함은 물론 다른 상표를 사용하는 사람의 영업상의 신용과 권익도 보호하려는 데 있다.[24]

ㄴ. 관련 판례 - 대법원 2010. 4. 15. 선고 2009후3329 판결

본 판례에는 상표권자 A, 통상사용권자 B 그리고 C가 등장한다. A는 본 건 등록상표를 상품류 구분 제25류의 지정상품 와이셔츠, 블라우스, 스포츠셔츠 등에 사용할 목적으로 1990년 12월 4일에 지정상품 추가등록을 하고 2007년 10월 30일에 상표권의 존속기간 갱신등록을 하였다. 2008년 2월 27일, C는 상표등록 취소심판을 청구하고 B가 본 건 등록상표를 선출원 등록상표와 유사하게 사용함으로써 상품의 품질이나 출처에 관하여 오인·혼동을 일으키게 할 염려가 있으므로 본 건 등록상표는 그 등록이 취소되어야 한다고 주장하였다. 선출원 등록상표는 상품류 구분 제25류의 남방셔츠, 와이셔츠, 폴로셔츠 등을 지정상품으로 1990년 4월 21일에 상표등록 출원되어 1991년 8월 1일에 상표등록되었다. 그 후 2000년 12월 5일에 상표권의 존속기간 갱신등록된 것이다.

---

23) 상표법 제119조 제1항 제2호.
24) 대법원 2010. 4. 15. 선고 2009후3329 판결.

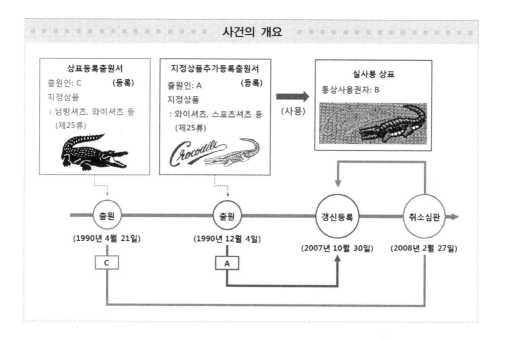

사건의 개요

(ㄱ) C의 주장

C는 "본 건 등록상표는 통상사용권자 B가 선등록상표의 지정상품과 동일한 상품에 그 문자부분의 색채를 제품의 색상과 동일하게 처리하여 악어도형만 부각시킴으로써 일반 수요자로 하여금 C의 주지·저명상표로 국내외에 널리 알려진 선등록상표와 상품의 품질이나 출처에 관하여 오인·혼동을 일으키게 하고 있으므로 본 건 등록상표는 상표법 제119조 제1항 제2호('제119조 제1항 제2호'는 현행 상표법(법률 제18817호)으로 수정하여 표시한 것이다. 이하 같다.)의 규정에 의하여 그 등록이 취소되어야 한다."25)고 주장하였다. 상표법은 제119조 제1항 제2호에서 전용사용권자 또는 통상사용권자가 지정상품 또는 이와 유사한 상품에 등록상표 또는 이와 유사한 상표를 사용함으로써 수요자에게 상품의 품질을 오인하게 하거나 타인의 업무와 관련된 상품과의 혼동을 불러일으키게 한 경우에는 그 상표등록의 취소심판을 청구할 수 있도록 하고 있다. 통상사용권자 B는 본 건 등록상표를 선등록상표의 지정상품과 동일한 상품에 그 문자부분의 색채를 제품의 색상과 동일하게 처리하여 악어도형만 부각하여 사용하였다. 통상사

---

25) 특허심판원 2009. 3. 20. 2008당579 심결.

용권자 B의 실사용상표는 C의 선등록상표와 관련하여 수요자에게 상품의 품질
이나 출처에 관하여 오인·혼동을 일으키게 하였으므로 본 건 등록상표는 그 등
록이 취소되어야 한다는 것이다.

(ㄴ) 상표권자 A의 주장

A는 "A는 본 건 등록상표의 통상사용권자 B에게 본 건 등록상표를 포함한 A
브랜드의 사용기준을 정한 브랜드 매뉴얼을 교부하여 그 사용방법을 준수하도록
하는 한편, 통상사용권자 B로 하여금 신상품을 출시할 때마다 출시하고자 하는
신제품 샘플 및 승인요청서를 A에게 송부하도록 하여 그들이 위 브랜드 매뉴얼
의 기준을 준수하고 있는지 검사한 후 기준의 준수 여부에 따라 승인을 하거나
시정을 요청하는 방법으로 통상사용권자 B를 실질적으로 그 지배하에 두고 정기
적으로 사용실태를 점검하는 등 감독하고 있었으므로 상표권자 A는 본 건 실사
용상표의 사용행위에 대하여 상당한 주의를 다하였고 본 건 등록상표는 상표법
제119조 제1항 제2호에 의해 취소되는 것이 아니다."[26]고 주장하였다. 상표법
제119조 제1항 제2호에 따라 전용사용권자 또는 통상사용권자가 지정상품 또는
이와 유사한 상품에 등록상표 또는 이와 유사한 상표를 사용함으로써 수요자에
게 상품의 품질을 오인하게 하거나 타인의 업무와 관련된 상품과의 혼동을 불러
일으키게 한 경우에는 그 상표등록의 취소심판을 청구할 수 있다. 그러나 상표
권자가 상당한 주의를 한 경우는 제외한다.[27] A는 통상사용권자 B를 실질적으
로 그 지배하에 두고 정기적으로 사용실태를 점검하는 등 감독하고 있었으므로
상표권자 A는 B에 의한 본 건 실사용상표의 사용행위에 대하여 상당한 주의를
다하였다. 따라서 상표법 제119조 제1항 제2호 단서에서 말하는 상표권자가 상
당한 주의를 한 경우에 해당하여 본 건 등록상표에 대한 상표등록 취소 주장은
부당하다는 것이다.

(ㄷ) 대법원의 판단[28]

"상표법 제119조 제1항 제2호(현행 상표법으로 수정 표시: 저자 주)는 전용사용
권자 또는 통상사용권자가 지정상품 또는 이와 유사한 상품에 등록상표 또는 이

---

26) 특허법원 2009. 8. 21. 선고 2009허2951 판결.
27) 상표법 제119조 제1항 제2호.
28) 대법원 2010. 4. 15. 선고 2009후3329 판결.

와 유사한 상표를 사용함으로써 수요자로 하여금 상품의 품질의 오인 또는 타인의 업무에 관련된 상품과의 혼동을 생기게 한 경우를 상표등록취소사유의 하나로 들면서, 다만 상표권자가 상당한 주의를 한 경우에는 그러하지 아니하다고 규정하고 있다. 위 규정의 취지는 상표권자에게 사용권을 자유롭게 설정할 수 있도록 하는 대신에 사용권자에 대한 감독의무를 부과하여 사용권자에 의한 등록상표의 부정사용행위에 대해서도 그 등록상표를 취소할 수 있도록 함으로써 소비자의 이익을 보호함은 물론 다른 상표를 사용하는 사람의 영업상의 신용과 권익도 보호하려는 데 있다. 이와 같은 취지에 비추어 볼 때 상표권자가 등록상표에 대한 전용사용권자 또는 통상사용권자의 부정사용행위에 대하여 상당한 주의를 하였다고 하기 위해서는 전용사용권자 또는 통상사용권자에게 오인·혼동행위를 하지 말라는 주의나 경고를 한 정도로는 부족하고, 사용실태를 정기적으로 감독하는 등의 방법으로 상표사용에 관하여 전용사용권자 또는 통상사용권자를 실질적으로 그 지배하에 두고 있다고 평가할 수 있을 정도가 되어야 하며, 그에 대한 입증책임은 상표권자에게 있다고 보아야 한다. 위 법리에 비추어 볼 때 통상사용권자 B가 등록상표와 동일한 표장을 사용하더라도 그것이 부정사용에 해당한다면 위 규정에 의한 상표등록취소사유에 해당하므로 통상사용권자 B가 본 건 등록상표에서 문자 부분이 빠져 있는 A가 별도로 등록한 도형 상표에 가까운 상표를 사용하였다는 것이 A의 사용감독의무 이행 여부를 판단하는 데 고려할 요소가 된다고 볼 수 없고 통상사용권자 B가 선출원등록상표와 혼동을 초래하게 실사용상표를 사용한 이상 제품 라벨 등에 본 건 등록상표와 동일한 표장을 부착하였다고 하여 선출원등록상표와 혼동이 생길 염려가 없어졌다고 볼 것도 아니며 통상사용권자 B에게 브랜드 매뉴얼을 교부하고 그 준수 여부를 검사하여 시정을 요청하였다는 사정만으로는 상표사용에 관하여 그들을 실질적으로 지배하에 두고 감독하고 있었다고 보기는 어렵다."

2. 사용권의 설정

상표권자는 사용권의 설정 행위를 통하여 다른 사람에게 자신의 상표권을 빌려줄 수 있다. 사용권의 설정이란 상표권자 이외의 자가 상표권의 내용인 지정상품에 관하여 그 등록상표를 사용하는 행위를 할 수 있도록 하는 것을 말한다.

구체적으로 상표권자는 다른 사람에게 전용사용권 또는 통상사용권을 설정하여 줄 수 있다.

(1) 전용사용권

상표권자는 그 상표권에 관하여 타인에게 전용사용권을 설정할 수 있다.[29] 전용사용권의 설정을 받은 전용사용권자는 그 설정행위로 정한 범위에서 지정상품에 관하여 등록상표를 사용할 권리를 독점한다.[30]

가. 전용사용권의 효력

전용사용권은 전용 즉, 독점성이 인정되는 권리이다. 예를 들어 고속버스를 생각해보자. 고속버스를 이용해 본 경험이 있다면 알겠지만 고속버스는 지정좌석제로 운영된다. 일반적으로 승객은 고속버스의 지정된 좌석만을 이용하게 된다. 어느 승객에게 지정된 좌석은 그 승객만이 이용할 수 있다는 의미이다. 만약 어느 승객에게 지정된 좌석을 그 승객 이외의 자가 무단으로 이용하려는 경우 그 승객은 자신의 권리를 주장함으로써 무단으로 그 좌석을 이용하려는 자의 이용을 금지할 수 있다. 무단으로 좌석을 이용하려는 자가 고속버스 회사 사장 할아버지라도 말이다. 독점성이 인정된다는 측면에서 전용사용권은 고속버스의 승차권과 같은 특성을 가진다.

나. 전용사용권의 등록

전용사용권의 설정·이전(상속이나 그 밖의 일반승계에 의한 경우는 제외한다)·변경·포기에 의한 소멸 또는 처분의 제한은 등록하지 아니하면 제3자에게 대항할 수 없다.[31] 상표법 제100조 제1항 제1호의 취지는 공시에 의하여 권리자 및 권리관계를 명확히 하여 제3자를 보호하기 위함에 있다. 따라서 전용사용권의 설정등록을 하지 아니하였을 경우 상표권 이전 등을 받은 제3자에게 그 전용사용권의 법적인 효력을 주장하지 못한다.[32] 여기서 제3자란 당해 전용사용권의 설정에 관하여 전용사용권자의 지위와 양립할 수 없는 법률상 지위를 취득한 경우 등 전용사용권의 설정에 관한 등록의 흠결을 주장함에 정당한 이익을 가지는

---

29) 상표법 제95조 제1항.
30) 상표법 제95조 제3항.
31) 상표법 제100조 제1항 제1호.
32) 특허청, 조문별 상표법해설, 2004년 4월, 281면.

자를 말한다.[33][34]

전용사용권을 등록한 경우에는 그 등록 후에 상표권 또는 전용사용권을 취득한 자에 대해서도 그 효력이 발생한다.[35]

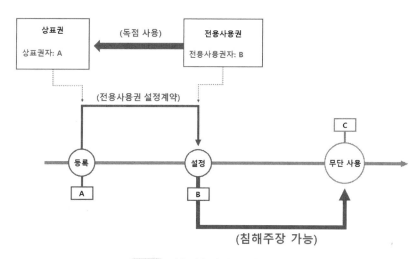

그림 전용사용권의 독점적 특성

다. 관련 판례 – 대법원 2006. 9. 8. 선고 2006도1580 판결

본 판례에는 상표권자 D, 상표권자 D로부터 본 건 상표권을 이전 받은 상표권자 A, 전용사용권자 C, 그리고 전용사용권자 C로부터 통상사용권을 설정 받은 B가 등장한다. D는 본 건 등록서비스표를 서비스업류 구분 제112류의 외국어학원경영업을 지정 서비스업으로 1994년 7월 12일에 서비스표등록 출원을 하여 1996년 3월 28일에 서비스표 등록을 받았다. 1997년 8월 6일, C는 본 건 등록서비스표에 관하여 전용사용권 설정등록을 마쳤고, C는 B에게 2002년 11월 6일까지를 계약기간으로 하는 본 건 등록서비스표에 관한 사용권을 설정하였다. 2001년 9월 18일, 본 건 등록서비스표에 대한 D의 권리 전부는 A에게로 이전등록 된다. 그 후 A는 B가 체결한 본 건 등록서비스표 사용계약기간이 2002년 11월 6일에 종료되었음에도 B가 본 건 등록서비스표를 계속하여 사용하고 있다는

---

33) 특허법원 2018. 8. 24. 선고 2017나2004, 2011 판결.
34) 따라서 전용사용권을 침해한 사람은 상표법 제100조 제1항 제1호에서 말하는 제3자에 해당하지 않는다.
35) 상표법 제100조 제2항.

것을 이유로 B에 대해 서비스표권 침해를 주장하였다.

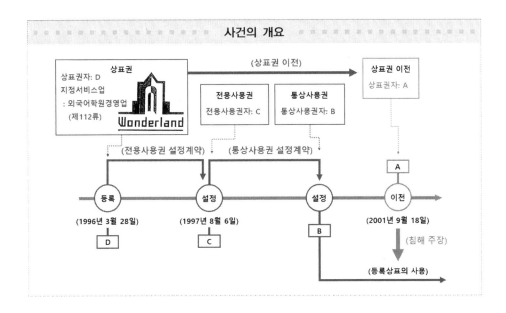

(가) 상표권자 A의 주장

A는 "B는 2002년 11월 6일 본 건 등록서비스표에 대한 사용계약기간이 종료되었음에도 A는 물론 C와도 위 사용계약을 다시 체결하지 아니한 채 계속하여 본 건 등록서비스표를 무단으로 사용함으로써 A의 서비스표권을 침해하였다."[36]고 주장하였다. B가 C와 체결한 통상사용권 설정계약이 2002년 11월 6일 종료됨에 따라 B가 가진 통상사용권자의 지위도 2002년 11월 6일 종료된다. 2002년 11월 6일 이후에 B가 본 건 등록서비스표를 사용한 행위는 무권리자에 의한 등록서비스표의 사용행위에 해당하는 바 본 건 등록서비스표에 대한 A의 권리에 대한 침해행위에 해당된다는 것이다.

(나) 통상사용권자 B의 주장

B는 "B가 A와 계약을 체결하지 않고 본 건 등록서비스표를 사용하였더라도 C가 그 전용사용권자인 이상 B가 A의 서비스표권을 침해하였다고 볼 수 없다."[37]고 주장하였다. 상표법 제95조 제3항('제95조 제3항'은 현행 상표법(법률 제18817

---

36) 수원지방법원 2006. 2. 9. 선고 2005노3447 판결.
37) 수원지방법원 2006. 2. 9. 선고 2005노3447 판결.

호)으로 수정하여 표시한 것이다.)에 따라 전용사용권의 설정을 받은 전용사용권자는 그 설정행위로 정한 범위에서 지정상품에 관하여 등록상표를 사용할 권리를 독점한다. 따라서 본 건 등록서비스표에 대한 권리는 전용사용권자인 C가 독점하는 것이므로 본 건 등록서비스표에 대한 B의 사용행위가 전용사용권자인 C의 권리를 침해하는 것으로는 볼 수 있지만 서비스표권자인 A의 권리를 침해한 것으로 볼 수는 없다. 전용사용권자인 C가 본 건 등록서비스표에 대한 권리를 독점하는 범위 내에서 서비스표권자인 A는 아무런 권리도 가지고 있지 않기 때문이라는 것이다.

(다) 대법원의 판단[38]

"상표권이나 서비스표권에 관하여 전용사용권이 설정된 경우 이로 인하여 상표권자나 서비스표권자의 상표 또는 서비스표의 사용권이 제한받게 되지만 제3자가 그 상표 또는 서비스표를 정당한 법적 권한 없이 사용하는 경우에는 그 상표권자나 서비스표권자가 그 상표권이나 서비스표권에 기하여 제3자의 상표 또는 서비스표의 사용에 대한 금지를 청구할 수 있는 권리까지 상실하는 것은 아니다. 또한 이와 같은 경우에 그 상표나 서비스표에 대한 전용사용권을 침해하는 상표법 위반죄가 성립함은 물론 상표권자나 서비스표권자의 상표권 또는 서비스표권을 침해하는 상표법 위반죄도 함께 성립하게 된다. B가 A와 계약을 체결하지 않고 본 건 등록서비스표를 사용하였더라도 C가 그 전용사용권자인 이상 B가 A의 서비스표권을 침해하였다고 볼 수 없다는 B의 주장에 대하여 B가 2002년 11월 6일 본 건 등록서비스표에 대한 사용계약기간이 종료되었음에도 A는 물론 C도 위 사용계약을 다시 체결하지 아니한 채 계속하여 본 건 등록서비스표를 사용하고 있는 점, 본 건 등록서비스표에 대한 상표권은 2001년 9월 18일 이후 계속하여 A에게 있고 C에게 설정된 전용사용권으로 인하여 위 서비스표권이 제한받을 수는 있으나 서비스표권에 기하여 타인의 서비스표 사용에 대한 금지를 청구할 수 있는 효력까지 제한되는 것은 아닌 점 등을 종합해 보면 B는 본 건 등록서비스표를 무단으로 사용함으로써 A의 서비스표권을 침해하였다고 보아야 한다."

---

38) 대법원 2006. 9. 8. 선고 2006도1580 판결.

(2) 통상사용권

통상사용권이란 설정행위로 정한 범위에서 지정상품에 관하여 등록상표를 사용할 권리를 말한다. 통상사용권은 허락에 의한 통상사용권과 법률에 의한 통상사용권으로 구분된다. 허락에 의한 통상사용권은 상표법 제97조에서 규정하는 통상사용권으로 상표권자와 통상사용권자 사이의 설정계약에 의한 통상사용권을 말한다. 법률에 의한 통상사용권은 상표법 제98조와 상표법 제99조 그리고 상표법 제104조의2의 규정에 의한 통상사용권을 말한다.

가. 허락에 의한 통상사용권

상표권자는 그 상표권에 관하여 타인에게 통상사용권을 설정할 수 있다.[39] 통상사용권의 설정을 받은 통상사용권자는 그 설정행위로 정한 범위에서 지정상품에 관하여 등록상표를 사용할 권리를 가진다.[40]

(가) 통상사용권의 효력

통상사용권은 독점적인 권리가 인정되지 않는다. 예를 들어 시내버스를 생각해 보자. 시내버스의 좌석은 누구나 먼저 앉는 사람이 임자이다. 시내버스 좌석에 앉아 졸고 있던 중 목적지에 도착한 것으로 착각하여 좌석에서 일어났다고 가정하자. 목적지에 도착하기까지 무려 열 정거장이나 남아있다. 앉았던 좌석을 보니 이미 다른 사람의 차지가 되어있다. 이 경우 좌석에 앉아있는 사람에게 그 좌석을 비워달라고 요구할 수 있을까? 아마 그럴 수 없을 것이다. 독점적인 권리가 인정되지 않는다는 측면에서 통상사용권은 시내버스의 승차권과 같은 특성을 가진다.

(나) 통상사용권의 등록

통상사용권의 설정·이전(상속이나 그 밖의 일반승계에 의한 경우는 제외한다)·변경·포기에 의한 소멸 또는 처분의 제한은 등록하지 아니하면 제3자[41]에게 대항할 수 없다.[42][43] 통상사용권을 등록한 경우에는 그 등록 후에 상표권 또는 전

---

39) 상표법 제97조 제1항.
40) 상표법 제97조 제2항.
41) **제3자**란 당해 통상사용권의 설정에 관하여 통상사용권자의 지위와 양립할 수 없는 법률상 지위를 취득한 경우 등 통상사용권의 설정에 관한 등록의 흠결을 주장함에 정당한 이익을 가지는 자를 말한다(특허법원 2018. 8. 24. 선고 2017나2004, 2011 판결).
42) 상표법 제100조 제1항 제1호.
43) 상표법 제100조 제1항 제1호의 취지는 공시에 의하여 권리자 및 권리관계를 명확히 하여 제3자를

용사용권을 취득한 자에 대해서도 그 효력이 발생한다.[44]

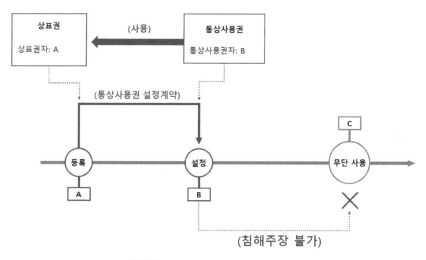

그림 통상사용권의 비독점적 특성

나. 법률에 의한 통상사용권

법률에 의한 통상사용권은 상표법 제98조와 제99조, 그리고 제104조의2에서 규정하고 있는 통상사용권을 말한다. 상표법 제98조는 특허권 등의 존속기간 만료 후 상표를 사용하는 권리에 관해 규정하고 있다. 상표법 제99조는 선사용에 따른 상표를 계속 사용할 권리에 관하여 규정하고 있다. 상표법 제104조의2는 질권행사 등으로 인한 상표권의 이전에 따른 통상사용권에 관하여 규정하고 있다.

(가) 특허권 등의 존속기간 만료 후 상표를 사용하는 권리

상표등록출원일 전 또는 상표등록출원일과 동일한 날에 출원되어 등록된 특허권이 그 상표권과 저촉되는 경우 그 특허권의 존속기간이 만료되는 때에는 그 원특허권자는 원특허권의 범위에서 그 등록상표의 지정상품과 동일·유사한 상품에 대하여 그 등록상표와 동일·유사한 상표를 사용할 권리를 가진다. 다만

보호하기 위함에 있다. 따라서 통상사용권의 설정등록을 하지 아니하였을 경우 상표권 이전 등을 받은 제3자에게 그 통상사용권의 법적인 효력을 주장하지 못한다(특허청, 조문별 상표법해설, 2004년 4월, 281면).

44) 상표법 제100조 제2항.

부정경쟁의 목적으로 그 상표를 사용하는 경우에는 그러하지 아니하다.[45][46) 이 경우 상표를 사용할 권리를 가진 자는 상표권자 또는 전용사용권자에게 상당한 대가를 지급하여야 한다.[47) 또한 해당 상표권자 또는 전용사용권자는 상표를 사용할 권리를 가진 자에게 그 자의 업무에 관한 상품과 자기의 업무에 관한 상품 간에 혼동을 방지하는 데 필요한 표시를 하도록 청구할 수 있다.[48)

상표등록출원일 전 또는 상표등록출원일과 동일한 날에 출원되어 등록된 실용신안권 또는 디자인권이 그 상표권과 저촉되는 경우로서 그 실용신안권 또는 디자인권의 존속기간이 만료되는 때에는 그 원실용신안권자 또는 원디자인권자는 원실용신안권 또는 원디자인권의 범위에서 그 등록상표의 지정상품과 동일·유사한 상품에 대하여 그 등록상표와 동일·유사한 상표를 사용할 권리를 가진다. 다만 부정경쟁의 목적으로 그 상표를 사용하는 경우에는 그러하지 아니하다.[49)

ㄱ. 조문의 취지

상표법 제98조 제1항은 입체상표제도의 시행에 따라 입체상표와 저촉될 수 있는 타 권리와의 조정을 위해 마련된 규정으로서 특허권 등의 소멸원인을 존속기간 만료로 한정하여 특허권 등이 소멸된 후에도 계속적으로 특허발명 등을 사용할 수 있게 한 것이다. 선출원된 권리임에도 불구하고 존속기간이 만료되었다 하여 실시할 수 없다면 특허권자 등은 그 설비를 제거하여야 하는 불합리를 초래하여 산업발전에도 부정적 영향을 미치게 될 것이기 때문이다.[50)

ㄴ. 조문의 내용

상표권과 저촉하는 특허권의 존속기간이 만료된 경우 그 원특허권자는 원특

---

45) 상표법 제98조 제1항.
46) 상표등록출원일 전 또는 상표등록출원일과 동일한 날에 출원되어 등록된 특허권이 그 상표권과 저촉되는 경우 그 특허권의 존속기간이 만료되는 때에는 그 만료되는 당시에 존재하는 특허권에 대한 전용실시권 또는 그 특허권이나 전용실시권에 대한 특허법 제118조 제1항의 효력을 가지는 통상실시권을 가진 자는 원권리의 범위에서 그 등록상표의 지정상품과 동일·유사한 상품에 대하여 그 등록상표와 동일·유사한 상표를 사용할 권리를 가진다. 다만, 부정경쟁의 목적으로 그 상표를 사용하는 경우에는 그러하지 아니하다(상표법 제98조 제2항).
47) 상표법 제98조 제3항.
48) 상표법 제98조 제4항.
49) 상표법 제98조 제6항.
50) 특허청, 조문별 상표법해설, 2004년 4월, 278면.

허권의 범위에서 상표를 사용할 권리를 가진다. 또한 상표권과 저촉하는 실용신안권 또는 디자인권의 존속기간이 만료된 경우 그 원실용신안권자 또는 원디자인권자는 원특허권의 범위에서 상표를 사용할 권리를 가진다.

(ㄱ) 특허권의 존속기간이 만료된 경우

특허권자 A와 상표권자 B가 있다고 가정하자. 특허권자 A의 특허권은 상표권자 B의 상표등록출원일 전 또는 상표등록출원일과 동일한 날에 출원되어 등록된 것이다. 그리고 특허권자 A가 가지는 특허권의 존속기간은 만료되었다. 이 경우 특허권자 A는 존속기간이 만료된 특허권의 범위에서 그 등록상표의 지정상품과 동일·유사한 상품에 대하여 그 등록상표와 동일·유사한 상표를 사용할 권리를 가진다.

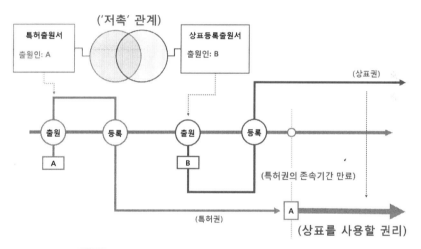

그림 특허권 존속기간 만료 후 상표를 사용하는 권리

(ㄴ) 실용신안권 또는 디자인권의 존속기간이 만료된 경우

실용신안권자 또는 디자인권자 A와 상표권자 B가 있다고 가정하자. 실용신안권자 또는 디자인권자인 A의 실용신안권 또는 디자인권은 상표권자 B의 상표등록출원일 전 또는 상표등록출원일과 동일한 날에 출원되어 등록된 것이다. 그리고 실용신안권자 또는 디자인권자인 A가 가지는 실용신안권 또는 디자인권의 존속기간은 만료되었다. 이 경우 실용신안권자 또는 디자인권자인 A는 존속기간이 만료된 실용신안권 또는 디자인권의 범위에서 그 등록상표의 지정상품

232 판례와 읽는 상표법

과 동일·유사한 상품에 대하여 그 등록상표와 동일·유사한 상표를 사용할 권리를 가진다.

(나) 선사용에 따른 상표를 계속 사용할 권리

타인의 등록상표와 동일·유사한 상표를 그 지정상품과 동일·유사한 상품에 사용하는 자로서 부정경쟁의 목적이 없이 타인의 상표등록출원 전부터 국내에서 계속하여 사용한 결과 타인의 상표등록출원 시에 국내 수요자간에 그 상표가 특정인의 상품을 표시하는 것이라고 인식되어 있는 경우 해당 상표를 그 사용하는 상품에 대하여 계속하여 사용할 권리를 가진다.[51] 이 경우 상표권자나 전용사용권자는 상표를 사용할 권리를 가지는 자에게 그 자의 상품과 자기의 상품 간에 출처의 오인이나 혼동을 방지하는 데 필요한 표시를 할 것을 청구할 수 있다.[52]

자기의 성명·상호 등 인격의 동일성을 표시하는 수단을 상거래 관행에 따라 상표로 사용하는 자로서 부정경쟁의 목적 없이 타인의 상표등록출원 전부터 국내에서 계속하여 사용하고 있는 자는 해당 상표를 그 사용하는 상품에 대하여 계속 사용할 권리를 가진다.[53]

ㄱ. 조문의 취지

상표법 제99조 제1항은 선사용에 의한 통상실시권에 대한 규정으로 선사용에 따른 상표를 계속 사용할 권리는 선출원제도를 채택하고 있는 상표제도 하에서 최선의 출원에 상표권을 부여한다고 하는 형식상의 결함을 보완하기 위한 취지에서 규정된 것이다.[54]

ㄴ. 조문의 내용

타인의 등록상표와 동일·유사한 상표를 부정경쟁의 목적이 없이 타인의 상표등록출원 전부터 사용한 결과 국내 수요자간에 그 상표가 특정인의 상품을 표시하는 것이라고 인식되어 있는 경우 해당 상표를 계속하여 사용할 권리를 가진다. 또한 자기의 성명·상호 등을 부정경쟁의 목적이 없이 타인의 상표등록출원 전부터 사용하고 있는 자는 해당 상표를 계속 사용할 권리를 가진다.

---

51) 상표법 제99조 제1항.
52) 상표법 제99조 제3항.
53) 상표법 제99조 제2항.
54) 특허청, 조문별 특허법해설, 2002년 9월, 275면.

(ㄱ) 타인의 등록상표와 동일·유사한 상표를 사용한 경우

상표권자 B와 상표권자 B가 가지는 등록상표와 동일·유사한 상표를 그 지정상품과 동일·유사한 상품에 사용한 A가 있다고 가정하자. A는 자신의 상표를 부정경쟁의 목적이 없이 상표권자 B의 상표등록출원 전부터 국내에서 계속 사용하였다. 그 결과 상표권자 B의 상표등록출원 시에 국내 수요자간에 그 상표가 A의 상품을 표시하는 것이라고 인식되게 되었다. 이 경우 A는 상표권자 B의 상표등록 이후에도 해당 상표를 그 사용하는 상품에 대하여 계속하여 사용할 권리를 가진다.

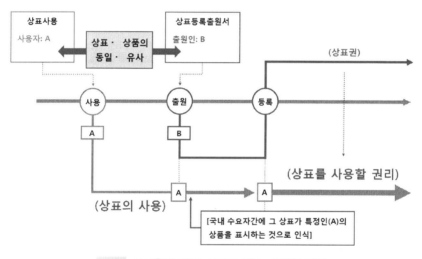

그림 선사용에 따른 상표를 계속 사용할 권리

(ㄴ) 자기의 성명·상호 등을 사용한 경우

상표권자 B와 자기의 성명·상호 등 인격의 동일성을 표시하는 수단을 상거래 관행에 따라 상표로 사용한 A가 있다고 가정하자. A는 자신의 상표를 부정경쟁의 목적이 없이 상표권자 B의 상표등록출원 전부터 국내에서 계속 사용하였다. A가 사용한 상표는 B의 등록상표와 동일·유사한 상표로 그 지정상품과 동일·유사한 상품에 사용되었다. 이 경우 A는 상표권자 B의 상표등록 이후에도 해당 상표를 그 사용하는 상품에 대하여 계속하여 사용할 권리를 가진다.

(다) 질권행사 등으로 인한 상표권의 이전에 따른 통상사용권

상표권자(공유인 상표권을 분할청구한 경우에는 분할청구를 한 공유자를 제외한 나머지 공유자를 말한다)는 상표권을 목적으로 하는 질권설정 또는 공유인 상표권의 분할청구 전에 지정상품에 관하여 그 등록상표를 사용하고 있는 경우에는 그 상표권이 경매 등에 의하여 이전되더라도 그 상표권에 대하여 지정상품 중 사용하고 있는 상품에 한정하여 통상사용권을 가진다.[55][56]

ㄱ. 조문의 취지

본 규정은 경매 등에 의하여 타인에게 상표권이나 공유인 상표권이 이전되더라도 그 상표권자가 질권 설정 또는 공유물의 분할청구 전에 지정상품에 관하여 그 등록상표를 사용하고 있는 경우에는 통상사용권을 부여하여 상표를 계속 사용할 수 있도록 함으로써 상표권자를 보호하기 위한 취지이다.[57]

ㄴ. 조문의 내용

질권설정 전에 등록상표를 사용한 경우에는 그 상표권이 경매 등에 의하여 이전되더라도 사용하고 있는 상품에 한정하여 통상사용권을 가진다. 또한 분할청구 전에 등록상표를 사용한 경우에는 그 상표권이 이전되더라도 사용하고 있는 상품에 한정하여 통상사용권을 가진다.

(ㄱ) 질권설정 전에 등록상표를 사용한 경우

상표권자는 상표권을 목적으로 하는 질권설정 전에 지정상품에 관하여 그 등록상표를 사용하고 있는 경우에는 그 상표권이 경매 등에 의하여 이전되더라도 그 상표권에 대하여 지정상품 중 사용하고 있는 상품에 한정하여 통상사용권을 가진다. 예를 들어 상표권자 A, 질권자 B, 그리고 상표권자 A로부터 상표권을 이전받은 C가 있다고 가정하자. 상표권자 A는 자신의 등록상표를 그 지정상품에 사용하고 있었다. 그러던 중 B에 의해 A의 상표권에 질권이 설정된다. 질권자 B가 자신의 질권을 행사함에 따라 A의 상표권은 경매에 의해 C에게 이전되게 되었다. 이 경우 A는 질권설정 전 그 등록상표를 사용한 지정상품에 한정하여 통

---

55) 상표법 제104조의2.
56) 이 경우 상표권자는 경매 등에 의하여 상표권을 이전받은 자에게 상당한 대가를 지급하여야 한다 (상표법 제104조의2).
57) 상표법 일부개정법률(법률 제18502호) 공포문(2021년 10월 19일).

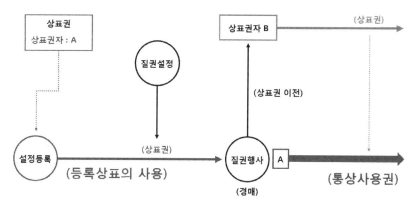

그림 질권설정 전 등록상표의 사용에 따른 통상사용권

상사용권을 가지게 된다.

(ㄴ) 분할청구 전에 등록상표를 사용한 경우

공유인 상표권을 분할청구한 공유자를 제외한 나머지 공유자는 공유인 상표권의 분할청구 전에 지정상품에 관하여 그 등록상표를 사용하고 있는 경우에는 그 상표권이 이전되더라도 그 상표권에 대하여 지정상품 중 사용하고 있는 상품에 한정하여 통상사용권을 가진다. 예를 들어 상표권에 대한 공유자 A와 B가 있다고 가정하자. 상표권의 공유자 A는 자신이 공유하는 등록상표를 그 지정상

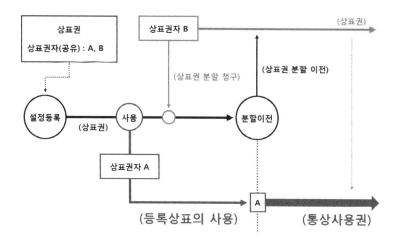

그림 분할청구 전 등록상표의 사용에 따른 통상사용권

품에 사용하고 있었다. 그러던 중 상표권에 대한 다른 공유자 B가 공유인 상표권에 대한 분할청구를 한다. 이에 따라 지정상품 중 일부 상품에 관하여 그 등록상표를 사용할 권리가 B에게 이전되게 되었다. 이 경우 B에게 이전된 상표권의 내용에 속하는 지정상품이라 하더라도 A는 분할청구 전 그 등록상표를 사용하였던 지정상품에 한정하여 통상사용권을 가지게 된다.

다. 관련 판례 – 대법원 1995. 9. 5. 선고 94후1602 판결

본 판례에는 상표권자 A, 통상사용권자 C, 그리고 B가 등장한다. A는 본 건 등록상표를 상품류 구분 제10류의 타르류, 피치류, 방수제 등을 지정상품으로 1974년 6월 18일에 상표등록 출원을 하여 1977년 1월 12일에 상표등록을 받았다. 그 후 A는 1986년 10월 2일에 본 건 등록상표에 대한 상표권의 존속기간을 갱신하였다. C는 1991년 8월 1일 상표권자 A와 통상사용권 설정계약을 체결하였고 1992년 7월 26일 통상사용권설정등록신청을 하였으며 1992년 10월 7일 C의 통상사용권은 설정등록되었다. 1992년 6월 2일, B는 상표등록 취소심판을 청구하고 본 건 등록상표가 심판청구일 전 3년 이상 국내에서 그 지정상품에 사용된 사실이 없으므로 그 상표등록이 취소되어야 한다고 주장하였다.

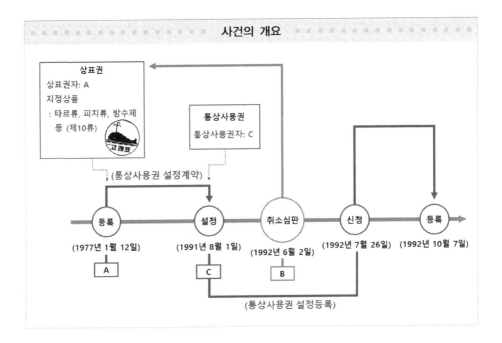

(가) B의 주장

B는 "A는 심판청구일 전 3년 이상 국내에서 본 건 등록상표를 그 지정상품에 사용한 사실이 없을 뿐만 아니라 통상사용권 설정등록을 하지 아니한 상태에서 타인인 C에게 본 건 등록상표의 지정상품과 같은 상품에 본 건 등록상표를 사용하게 하였으므로 본 건 등록상표는 취소되어야 한다."[58]고 주장하였다. 상표법은 제119조 제1항 제3호('제119조 제1항 제3호'는 현행 상표법(법률 제18817호)으로 수정하여 표시한 것이다. 이하 같다.)에서 상표권자·전용사용권자 또는 통상사용권자 중 어느 누구도 정당한 이유 없이 등록상표를 그 지정상품에 대하여 취소심판청구일 전 계속하여 3년 이상 국내에서 사용하고 있지 아니한 경우에는 그 상표등록의 취소심판을 청구할 수 있도록 하고 있다. 상표권자 A는 심판청구일 전 3년 이상 국내에서 본 건 등록상표를 그 지정상품에 사용한 사실이 없다. C는 통상사용권에 대한 설정등록을 하지 아니한 상태이므로 무권리자에 해당한다. 결국 본 건 등록상표는 상표권자·전용사용권자 또는 통상사용권자 중 어느 누구도 정당한 이유 없이 등록상표를 그 지정상품에 대하여 취소심판청구일 전 계속하여 3년 이상 국내에서 사용하고 있지 아니한 경우에 해당하므로 그 상표등록을 취소하여야 한다는 것이다.

(나) 상표권자 A의 주장

A는 "본 건 등록상표는 1991년 8월 1일 C에게 통상사용권을 허락하고 1992년 7월 26일 통상사용권 설정등록 신청을 하였으므로 C가 통상사용권의 설정등록 이전에 미리 사용한 점은 있으나 통상사용권의 설정등록이 단순히 취소심판청구 이후에 이루어졌다는 이유로 C가 무권리자라는 주장과 이에 따른 본 건 등록상표에 대한 취소 주장은 잘못된 것이다."[59]고 주장하였다. 상표법은 제100조 제1항 제1호('제100조 제1항 제1호'는 현행 상표법(법률 제18817호)으로 수정하여 표시한 것이다.)에서 통상사용권의 설정은 등록하지 아니하면 제3자에게 대항할 수 없다고 하여 통상사용권 등록의 효력이 제3자 대항요건임을 명시하고 있다. 상표법상 통상사용권의 효력은 단순히 상표권자와 사용자간의 합의만에 의하여 발생하며 통상사용권의 설정등록은 제3자에 대한 대항요건일 뿐이므로 통상사용

58) 심판소 1992. 11. 27. 92당555 심결.
59) 심판소 1992. 11. 27. 92당555 심결.

권자는 반드시 등록된 통상사용권자일 필요는 없다. 따라서 통상사용권자 C에 의한 본 건 등록상표의 사용은 무권리자에 의한 상표의 사용에 해당하지 아니하므로 본 건 등록상표에 대한 상표등록 취소 주장은 부당하다는 것이다.

(다) 대법원의 판단[60]

"상표법 제119조 제1항 제3호(현행 상표법으로 수정 표시: 저자 주)의 취소사유에 해당하려면 상표권자, 전용사용권자, 통상사용권자중 어느 누구도 등록상표를 사용하지 않았어야 하고 상표법상 통상사용권은 단순히 상표권자와 사용자간의 합의만으로 발생하며 통상사용권의 설정등록은 제3자에 대한 대항요건으로 되어 있을 뿐이므로 위에서 말하는 통상사용권자는 반드시 등록된 통상사용권자일 필요는 없다. 본 건 등록상표의 상표권자 A는 1991년 8월 1일 C와의 사이에 본 건 등록상표의 통상사용권에 관한 사용권계약을 체결한 사실이 있으므로 C는 위에서 말하는 통상사용권자에 해당한다고 할 것인 바, 본 건 등록상표는 취소심판청구일인 1992년 6월 2일 이전 3년 이내에 사용되었다고 보아야 한다."

3. 상표권의 이전

상표권의 이전이라 함은 상표권 내용의 동일성을 유지하면서 그 소유자가 바뀌는 것을 말한다. 상표권은 재산권이므로 원칙적으로 이전을 포함한 그 처분은 상표권자의 자유의사에 따른다.[61] 따라서 상표권자는 자신이 가지는 상표권을 다른 사람에게 이전하여줄 수 있다. 다만 품질의 오인이나 출처의 혼동 등을 방지하여 수요자의 이익이 보호됨으로써 상표법의 목적에 부합될 수 있도록 상표권의 이전에는 일정한 제한이 존재한다.

(1) 사 유

상표권은 상표권 이전계약 또는 질권의 설정에 의하여 이전이 가능하다.[62] 또한 상속이나 회사의 합병 등 일반승계에 의해서도 상표권이 이전된다.

---

60) 대법원 1995. 9. 5. 선고 94후1602 판결.
61) 특허청, 조문별 상표법해설, 2004년 4월, 257면.
62) 상표권·전용사용권 또는 통상사용권을 목적으로 하는 질권을 설정하였을 경우 질권자는 해당 등록상표를 사용할 수 없다(상표법 제104조).

(2) 제　한

상표권은 그 지정상품마다 분할하여 이전하는 경우 유사한 지정상품은 함께 이전하여야 한다.[63] 상표권이 공유인 경우에는 각 공유자는 다른 공유자 모두의 동의를 받지 아니하면 그 지분을 양도하거나 그 지분을 목적으로 하는 질권을 설정할 수 없다.[64] 그 밖에 업무표장권, 단체표장권, 증명표장권 등의 경우 그 특성에 의해 양도 등 이전이 제한된다.[65]

(3) 효력발생요건

상표권의 이전 또는 상표권을 목적으로 하는 질권의 이전에 해당하는 사항은 등록하지 아니하면 그 효력이 발생하지 아니한다.[66] 그러나 상표권 및 질권의 상속이나 그 밖의 일반승계의 경우에는 등록하지 아니하여도 그 효력이 발생한다. 이 경우에는 지체 없이 그 취지를 특허청장에게 신고하여야 한다.[67]

(4) 관련 판례 - 대법원 2002. 2. 26. 선고 2001후1259 판결

본 판례에는 상표권자 A와 A에게서 상표권을 이전 받은 C, 그리고 C를 상대로 상표등록 무효를 주장한 B가 등장한다. A는 본 건 등록상표를 상품류 구분 제7류의 우육, 돈육, 햄, 양고기 등을 지정상품으로 1992년 1월 16일에 상표등록 출원하여 1993년 12월 30일에 상표등록을 받았다. C는 A와 상표권 이전 계약을 체결하였으나 1994년 2월 22일 A의 해산으로 인하여 상표권 이전등록은 이루어지지 않았다. 그 후 1998년 9월 28일에 이르러 상표권 이전등록 대신 등록명의인표시(명칭) 변경등록이 되었다. 1999년 3월 31일, B는 본 건 등록상표가 그 등록 당시 국내외에 현저히 알려진 인용상표와 동일, 유사하다는 이유로 C를 상대로 상표등록에 대한 무효를 주장하였다.

가. B의 주장

B는 "Monfort 문자와 도형이 결합된 본 건 등록상표는 그 등록 당시 국내외에 현저히 알려진 인용상표 Monfort와 동일, 유사하므로 그 등록이 무효로 되어

---

63) 상표법 제93조 제1항.
64) 상표법 제93조 제2항.
65) 상표법 제93조.
66) 상표법 제96조 제1항.
67) 상표법 제96조 제2항.

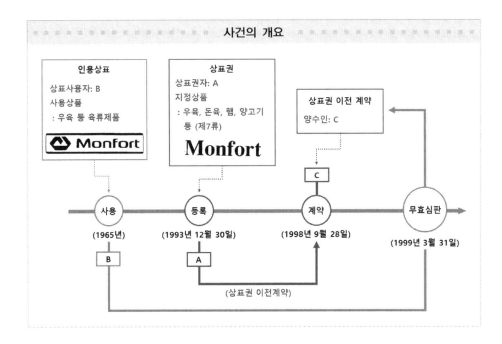

야 한다."[68]고 주장하였다. 본 건 등록상표가 미등록 주지상표인 인용상표와 동일 또는 유사하므로 본 건 등록상표의 무효를 주장한다는 것이다.

나. C의 주장

A는 "본 건 등록상표의 무효를 주장하는 B는 본 건 등록상표의 무효를 주장하면서 C를 당사자인 본 건 등록상표의 상표권자로 지정하였으나 C는 본 건 등록상표의 상표권자에 해당하지 아니한 바, 당사자를 잘 못 지정한 위법이 있다."[69]고 주장하였다. 상표법 제96조 제1항 제1호('제96조 제1항 제1호'는 현행 상표법(법률 제18817호)으로 수정하여 표시한 것이다. 이하 같다.)에 따라 상표권의 이전·변경·포기에 의한 소멸, 존속기간의 갱신, 상품분류전환, 지정상품의 추가 또는 처분의 제한에 해당하는 사항은 등록하지 아니하면 그 효력이 발생하지 아니한다. C는 A와 상표권 이전 계약을 체결하였으나 상표권 이전등록은 이루어지지 않았고 1998년 9월 28일에 이르러 상표권 이전등록 대신 등록명의인표시(명칭) 변경등록이 되었을 뿐이다. 따라서 A와 C 사이의 상표권 이전은 그 효력이

---

68) 특허심판원 1999. 10. 30. 99당610 심결.
69) 특허심판원 1999. 10. 30. 99당610 심결.

발생하지 아니하여 C는 본 건 등록상표의 상표권자가 아니므로 B는 무효주장의 당사자를 잘 못 지정하였다는 것이다.

다. 대법원의 판단[70]

"상표법은 제96조 제1항 제1호(현행 상표법으로 수정 표시: 저자 주)에서 상표권의 이전은 상속 기타 일반승계의 경우를 제외하고는 이를 등록하여야만 그 효력이 발생한다고 규정하고 있고, 상표등록원부상 등록명의인 표시변경등록은 등록명의인의 동일성이 유지되는 범위 내에서 등록원부상의 표시를 실제와 합치시키기 위하여 행하여지는 것에 불과할 뿐 어떠한 권리변동을 가져오는 것은 아니다.[71] 상표권자인 A와 C 사이에 본 건 등록상표를 C에게 양도하기로 하는 합의가 있었고 위 약정에 따른 상표권이전등록신청을 하는 대신 A가 그 법인 명칭과 주소를 변경하였음을 원인으로 하는 등록명의인 표시(명칭)변경등록신청을 하였다. 위 등록명의인 표시(명칭)변경등록으로써 상표권 이전의 효력이 발생할 수는 없고 C 명의로 표시변경등록이 이루어진 것일 뿐이어서 비록 상표등록원부에 C가 상표권자로서의 외관을 갖추게 되었다 하더라도 그러한 사정만으로 위 표시변경등록이 현재의 권리관계를 나타내는 것으로서 실체관계에 부합하는 것이라고 할 수는 없다. 따라서 본 건 등록상표의 상표권자는 여전히 A라고 할 본 사건에서 B가 C를 상대로 제기한 본 사건 심판 청구는 상표권자가 아닌 자를 상대로 등록상표의 무효를 주장한 것으로서 부적법하다."

III. 상표권의 소멸

상표권의 소멸이란 일단 유효하게 설정등록된 상표권이 일정한 법정사유에 해당되게 됨에 따라 그 효력이 상실되는 것을 말한다.[72] 상표권은 상표법에서 정한 소멸 사유에 해당하는 경우 소멸하게 된다.

1. 상표권의 소멸 사유

상표권은 상표등록료 미납, 존속기간의 만료, 상표권의 포기, 상속인의 부존재

---

70) 대법원 2002. 2. 26. 선고 2001후1259 판결.
71) 대법원 1999. 6. 11. 선고 98다60903 판결; 대법원 2000. 5. 12. 선고 99다69983 판결.
72) 윤선희, 상표법 제6판, 법문사, 2021년 2월, 515면.

등의 사유에 의해 소멸된다. 또한 상표권이 무효 또는 취소 심판의 결과 무효 또는 취소되는 경우에도 소멸된다.

(1) 상표등록료 불납

상표등록료 납부기간 내에 상표등록료를 내지 아니한 경우에는 상표권의 설정등록일부터 5년이 지나면 상표권이 소멸한다.[73]

(2) 존속기간의 만료

상표권은 설정등록이 있는 날부터 10년이라는 존속기간을 가진다.[74] 존속기간 갱신등록신청이 없는 경우 존속기간의 만료에 따라 상표권은 소멸된다.

(3) 상표권의 포기

상표권자는 상표권에 관하여 지정상품마다 포기할 수 있다.[75] 상표권·전용사용권·통상사용권 및 질권을 포기하였을 경우에는 상표권·전용사용권·통상사용권 및 질권은 그때부터 소멸된다.[76]

상표권의 포기에 의한 소멸은 등록하지 아니하면 그 효력이 발생하지 아니한다.[77] 따라서 상표권을 포기하였을 경우 그 때부터 소멸한다는 것의 의미는 상표권을 포기하고 그 내용을 등록한 때를 의미한다.

(4) 상속인의 부존재 등

상표권자가 사망한 날부터 3년 이내에 상속인이 그 상표권의 이전등록을 하지 아니한 경우에는 상표권자가 사망한 날부터 3년이 되는 날의 다음 날에 상표권이 소멸된다.[78] 청산절차가 진행 중인 법인의 상표권은 법인의 청산종결등기일까지 그 상표권의 이전등록을 하지 아니한 경우에는 청산종결등기일의 다음 날에 소멸된다.[79]

---

73) 상표법 제83조 제3항.
74) 상표법 제83조 제1항.
75) 상표법 제101조.
76) 상표법 제103조.
77) 상표법 제96조 제1항 제1호.
78) 상표법 제106조 제1항.
79) 상표법 제106조 제2항.

(5) 상표권의 무효 또는 취소

상표등록을 무효로 한다는 심결이 확정된 경우 그 상표권은 처음부터 없었던 것으로 본다.[80] 상표등록을 취소한다는 심결이 확정되었을 경우 그 상표권은 그 때부터 소멸된다.[81]

2. 관련 판례 – 대법원 2004. 5. 28. 선고 2003후564 판결

본 판례에는 상표권에 대한 공유자 A, B, C, 그리고 특허청이 등장한다. 상표 권 공유자 A, B, C는 본 건 등록상표를 상품류 구분 제16류의 화장지, 냅킨용 지, 휴지 등을 지정상품으로 1990년 5월 4일에 상표등록 출원을 하여 1991년 8 월 14일에 상표등록을 받았다. 그 후 B와 C는 2001년 9월 14일에 존속기간 갱 신등록 출원을 하였다. 이에 대하여 특허청은 본 건 등록상표의 갱신등록출원에 있어서 출원인이 당해 등록상표의 등록권리자와 일치하지 않는다는 이유로 상표 등록을 거절하였다. 2002년 2월 27일, B와 C는 상표등록 거절결정 불복심판을 청구하고 특허청의 상표등록 거절결정에 대한 취소를 주장하였다.

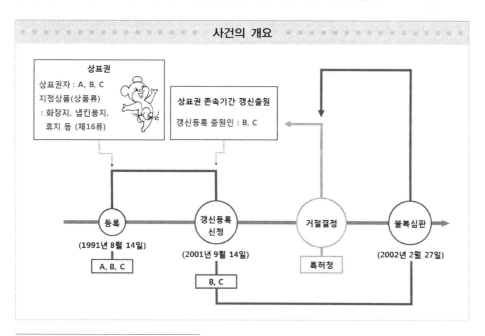

---

80) 상표법 제117조 제3항.
81) 상표법 제119조 제6항.

(1) 특허청의 주장

특허청은 "본 건 등록상표의 갱신등록출원에 있어서 출원인이 당해 등록상표의 등록권리자와 일치하지 아니하므로 상표법 제87조 제1항 제2호('제87조 제1항 제2호'는 현행 상표법(법률 제18817호)으로 수정하여 표시한 것이다. 이하 같다.)의 규정을 적용하여 본 건 등록상표의 갱신등록을 거절결정한 것이다."[82]라고 주장하였다. 상표법 제87조 제1항 제2호에 따라 심사관은 지정상품의 추가등록출원인이 해당 상표권자 또는 출원인이 아닌 경우에는 그 지정상품의 추가등록거절결정을 하여야 한다. 본 건 등록상표의 상표권자는 A, B, C이다. 본 건 등록상표에 대한 갱신등록출원의 출원인은 B, C이다. 본 건 등록상표에 대한 갱신등록출원의 출원인이 당해 등록상표의 등록권리자와 일치하지 아니하므로 본 건 등록상표의 갱신등록을 거절결정하였다는 것이다.

(2) 상표권 공유자 B와 C의 주장

B와 C는 "본 건 등록상표의 본래의 권리자 3인 전원이 공동으로 갱신등록출원을 하지 못한 것은 그 중 1인이 명백하게 권리를 포기하였기 때문으로, 이 때 상표권은 나머지 권리자에게 자동적으로 귀속되는 것이므로 상표법 제87조 제1항 제2호에 저촉이 되지 않는다."[83]고 주장하였다. 본 건 등록상표의 본래의 권리자 3인 중 1인이 자신의 권리를 포기하였다. 권리를 포기한 상표권자의 상표권은 나머지 권리자에게 자동적으로 귀속되는 것이다. 따라서 상표법 제87조 제1항 제2호에 저촉이 되지 않는다는 것이다.

(3) 대법원의 판단[84]

"상표권의 존속기간갱신등록은 그 등록에 의하여 새로운 상표권이 발생하는 것이 아니라 존속기간이 만료하게 된 상표권이 상표권자와 지정상품의 동일성을 유지하면서 그 존속기간만을 연장하는 것이다. 상표법 제87조 제1항 제2호(현행 상표법으로 수정 표시: 저자 주)는 상표권의 존속기간갱신등록출원인이 당해 등록상표의 상표권자가 아닌 경우를 존속기간갱신등록의 거절이유로 삼고 있다. 상

---

82) 특허심판원 2002. 9. 30. 2002원590 심결.
83) 특허심판원 2002. 9. 30. 2002원590 심결.
84) 대법원 2004. 5. 28. 선고 2003후564 판결.

표법 제96조 제1항 제1호는 공유상표권자의 지분 포기에 의한 지분권의 소멸도 등록하지 아니하면 효력이 발생하지 않는 것으로 해석된다. 따라서 상표권의 공유자 중 일부가 그 지분권을 포기하였다고 하더라도 그 포기가 등록되지 않은 상태에서 나머지 공유자들만이 한 상표권존속기간갱신등록출원은 상표법 제87조 제1항 제2호에 의하여 그 등록이 거절되어야 한다. 상표등록원부에 공유상표권자로 등재되어 있는 상표권자 중 일부가 존속기간갱신등록출원 포기의 의사를 표시하고 존속기간갱신등록출원을 하지 아니하여 나머지 공유자들만이 존속기간갱신등록출원을 하더라도 그 등록이 거절되어야 함은 마찬가지이다. 본 건 등록상표의 존속기간 만료일인 2001년 8월 14일경 A, B, C 3인이 본 건 등록상표의 공유상표권자로 상표등록원부에 등재되어 있던 사실, A는 2001년 4월 18일, B에 대하여 본 건 등록상표의 갱신등록출원을 하지 않겠다는 취지의 의사를 표시한 바 있기는 하지만 상표권 자체를 포기하겠다는 의사를 표시한 바 없고 위 존속기간 만료일까지 지분 포기를 원인으로 하는 말소등록을 한 바도 없는 사실, 이에 B와 C 만이 존속기간 만료 후인 2001년 9월 14일 특허청에 본 건 등록상표의 존속기간갱신등록출원을 한 사실이 있다. 그렇다면 본 건 등록상표의 존속기간 만료시의 상표권자는 여전히 B, C와 A의 3인인 데 비하여 실제 갱신등록출원을 한 당사자는 B, C 2인 뿐으로서 이는 존속기간갱신등록출원인과 당해 등록상표의 상표권자가 동일하지 아니한 경우에 해당하므로 B, C의 상표권존속기간갱신등록출원은 상표법 제87조 제1항 제2호에 의하여 그 등록이 거절되어야 한다."

제 8 장

상표권의 효력

'푸라닭'은 되고 '루이비통닭'은 안된다?

루이비통닭은 2015년에 문을 연 치킨집이다. 루이비통을 떠올리게 하는 상호에 치킨 포장지 역시 루이비통 가방의 LV 모노그램과 흡사했다. 루이비통 브랜드를 소유한 프랑스 LVMH 그룹은 이를 부정경쟁행위에 해당한다고 보고 영업금지 가처분 신청을 냈다.

푸라닭 측은 푸라닭이 루이비통닭과는 다르다는 입장이다. 푸라닭은 스페인어로 순수함을 뜻하는 PURA와 닭을 뜻하는 DAK의 합성어라는 것이다. 전문가들은 푸라닭의 프라다 상표권 침해 성립 가능성은 적지만, 부정경쟁방지법 위반 가능성은 있는 것으로 보고 있다.

■ 조선일보 홈페이지(https://www.chosun.com/national/weekend/2020/09/26/BEKTSZGG6VCZ FPVTW AFCLNLFNM/?utm_source=daum&utm_medium=original&utm_campaign=news).

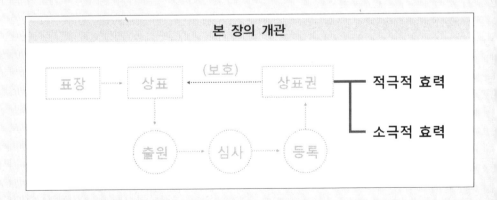

LVMH 그룹은 루이비통(Louis Vuitton, LV) 상표의 상표권자이다. A가 2015년 7월부터 같은 해 11월까지 루이비통닭(Louis Vuitton Dak)이란 상호로 통닭집을 운영하자, LVMH 그룹은 A를 상대로 부정경쟁방지 및 영업비밀 보호에 관한 법률 위반을 주장하였다.

상표권자인 LVMH 그룹은 자신의 상표가 침해를 받았다는 사실을 상표법이 아닌 부정경쟁방지법을 통해 주장한 것이다. LVMH 그룹이 부정경쟁방지법을 통해 자사의 상표 침해를 주장한 이유는 상표법상 인정되는 상표권의 효력 범위 때문이다.

Ⅰ. 효력의 내용

상표권은 상표권자가 지정상품에 관하여 그 등록상표를 사용하는 것을 독점하도록 하는 적극적 효력과 권원 없는 타인이 지정상품에 관하여 그 등록상표를 사용하는 것을 금지하는 소극적 효력을 가진다.

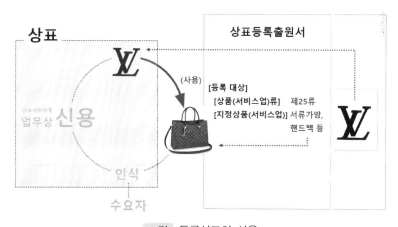

그림 등록상표의 사용

1. 적극적 효력

상표권의 적극적 효력이라 함은 상표권자가 지정상품에 관하여 그 등록상표를 사용하는 것을 독점하도록 하는 상표권의 효력을 말한다. 예를 들어 LVMH 그룹은 자사가 소유한 상표권을 통해 서류가방, 핸드백 등의 지정상품에 관하여 등록상표인 영문으로 구성된 루이비통 또는 그 영문 이니셜을 사용하는 것을 독점한다.

(1) 관련 조문

상표권자는 지정상품에 관하여 그 등록상표를 사용할 권리를 독점한다.[1] 상표법 제89조에 따라 상표권은 지정상품에 관하여 그 등록상표를 사용할 권리를 상표권자가 독점하도록 하는 효력을 가진다는 것이다. 여기서 사용할 권리란 상표법 제2조 제1항 제11호와 동조 제2항이 규정하는 상표의 사용에 해당하는 행위는 물론 사용권 설정행위와 같은 수익행위와 상표권의 양도 등과 같은 처분행위를 모두 포함하는 개념이다.[2]

(2) 관련 판례 - 대법원 1999. 6. 25. 선고 98후58 판결

본 판례에는 상표권자 A 그리고 B가 등장한다. A는 본 건 등록상표 WINK를 상품류 구분 제52류의 서적, 계간잡지 등을 지정상품으로 1990년 6월 29일에 상표등록 출원을 하여 1991년 12월 19일에 상표등록을 받았다. 1995년 1월 26일, B는 상표등록 취소심판을 청구하고 본 건 등록상표 WINK가 심판청구일 전

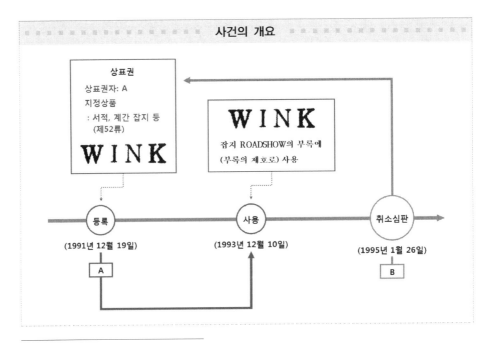

---

1) 상표법 제89조.
2) 특허청, 조문별 상표법해설, 2004년 4월, 241면.

3년 이상 국내에서 그 지정상품에 사용된 사실이 없으므로 그 상표등록이 취소되어야 한다고 주장하였다.

가. B의 주장

B는 "본 건 등록상표를 정당한 이유 없이 그 지정상품에 본 건 심판 청구일 전 계속하여 3년 이상 국내에서 사용한 사실이 없으므로 상표법 제119조 제1항 제3호('제119조 제1항 제3호'는 현행 상표법(법률 제18817호)으로 수정하여 표시한 것이다. 이하 같다.)의 규정에 의하여 그 등록이 취소되어야 한다."[3]고 주장하였다. 상표법 제119조 제1항 제3호에 따라 상표권자·전용사용권자 또는 통상사용권자 중 어느 누구도 정당한 이유 없이 등록상표를 그 지정상품에 대하여 취소심판청구일 전 계속하여 3년 이상 국내에서 사용하고 있지 아니한 경우에는 그 상표등록의 취소심판을 청구할 수 있다. 본 건 등록상표는 정당한 이유 없이 그 지정상품에 본 건 심판청구일 전 계속하여 3년 이상 국내에서 사용한 사실이 없다. 따라서 본 건 등록상표는 상표법 제119조 제1항 제3호의 규정에 의하여 그 등록이 취소되어야 한다는 것이다.

나. 상표권자 A의 주장

A는 "본 건 등록상표 WINK는 1993년 12월 10일, 잡지 ROADSHOW의 부록에(부록의 제호로) 사용된 사실이 있으므로 본 건 등록상표는 그 지정상품에 본 건 심판 청구일전 3년 이내에 정당하게 사용되었다."[4]고 주장하였다. 본 건 등록상표 WINK는 1993년 12월 10일, 잡지 ROADSHOW의 부록에(부록의 제호로) 사용된 사실이 있다. 본 건 등록상표에 대한 상표등록 취소심판은 1995년 1월 26일에 제기되었다. 본 건 등록상표는 그 지정상품에 본 건 심판청구일 전 3년 이내에 정당하게 사용되었으므로 본 건 등록상표에 대한 상표등록 취소 주장은 부당하다는 것이다.

다. 대법원의 판단[5]

"상표권자·전용사용권자 또는 통상사용권자 중 어느 누구도 정당한 이유 없이 등록상표를 그 지정상품에 대하여 취소심판청구일 전 계속하여 3년 이상 국

---

3) 심판소 1996. 7. 25. 95당90 심결.
4) 심판소 1996. 7. 25. 95당90 심결.
5) 대법원 1999. 6. 25. 선고 98후58 판결.

내에서 사용하고 있지 아니한 경우에는 그 상표등록의 취소심판을 청구할 수 있다.[6] 상표법상 상표의 사용이라 함은 상품 또는 상품의 포장에 상표를 표시하는 행위 등을 의미하고 여기에서 말하는 상품은 그 자체가 교환가치를 가지고 독립된 상거래의 목적물이 되는 물품을 의미한다. 상품의 선전광고나 판매촉진 또는 고객에 대한 서비스 제공 등의 목적으로 그 상품과 함께 또는 이와 별도로 고객에게 무상으로 배부되어 거래시장에서 유통될 가능성이 없는 이른바 광고매체가 되는 물품은 비록 그 물품에 상표가 표시되어 있다고 하더라도 물품에 표시된 상표 이외의 다른 문자나 도형 등에 의하여 광고하고자 하는 상품의 출처표시로 사용된 것으로 인식할 수 있는 등의 특별한 사정이 없는 한 그 자체가 교환가치를 가지고 독립된 상거래의 목적물이 되는 물품이라고 볼 수 없으므로 이와 같은 물품에 상표를 표시한 것은 상표의 사용이라고 할 수 없다. A는 종전부터 자신이 발행하여 오던 영화·음악·연예인 등에 관한 정보를 담은 ROADSHOW (로드쇼)라는 월간잡지의 독자들에 대하여 그 동안의 성원에 보답하고 그 구매욕을 촉진시키기 위한 사은품으로 1993년 12월 10일경 외국의 유명한 영화배우들의 사진을 모아 본 건 등록상표인 WINK라는 제호의 책자를 발행하여 독자들에게 제공하였는데 위 WINK라는 제호의 책자는 그 자체가 교환가치를 가지고 거래시장에서 유통될 가능성이 있는 독립된 상거래의 목적물이 될 수 없어 광고매체가 되는 물품에 해당되므로 위 책자에 본 건 등록상표가 제호로 사용된 것은 본 건 등록상표의 사용이라고 할 수 없다."

2. 소극적 효력

상표권의 소극적 효력이라 함은 권원 없는 타인이 지정상품에 관하여 그 등록상표를 사용하는 것을 금지하는 상표권의 효력을 말한다. 예를 들어 상표권자인 LVMH 그룹은 권원 없는 타인이 서류가방, 핸드백 등의 지정상품에 관하여 등록상표인 영문으로 구성된 루이비통 또는 그 영문 이니셜을 사용하는 것을 금지할 수 있다.

(1) 관련 조문

상표권자 또는 전용사용권자는 자기의 권리를 침해한 자 또는 침해할 우려가

---

6) 상표법 제119조 제1항 제3호.

있는 자에 대하여 그 침해의 금지 또는 예방을 청구할 수 있다.[7] 상표법 제107조 제1항에 따라 상표권자는 권원 없는 타인이 지정상품에 관하여 그 등록상표를 사용하는 것에 대하여 금지할 수 있다.[8] 상표권 또는 전용사용권은 소유권 등 물권에 유사한 독점배타권의 성질을 가지므로 그 침해행위를 금지시켜 상표에 대한 독점배타권적 사용권을 신속히 회복시키기 위해서는 민법상의 물권적 청구권과 유사한 권리가 인정될 필요가 있다는 취지에서 소유권 침해에 대한 민법상 소유물방해제거 및 방해예방청구권과 대응되는 상표권 침해금지 및 침해예방청구권을 규정한 것이다.[9]

(2) 관련 판례 - 대법원 2007. 1. 25. 선고 2005다67223 판결

본 판례에는 상표권자 A와 A의 본 건 등록상표와 동일 또는 유사한 표장을 사용하는 B가 등장한다. A는 영문 BLACK COFFEE와 한글 진한커피로 구성된

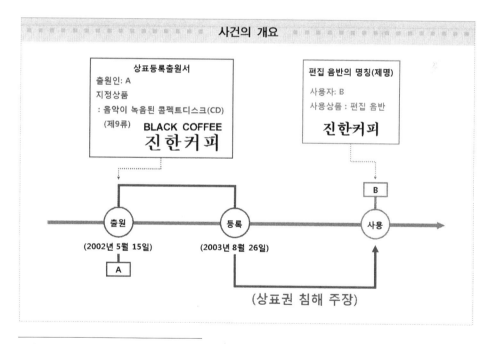

---

7) 상표법 제107조 제1항.
8) 상표권에 전용사용권을 설정한 경우 상표권자는 그 설정범위 내에서는 그 상표를 사용할 권리가 없지만 민법상 소유권에 기한 방해배제청구권이 질권 등 제한물권의 설정 후에 인정되는 경우와 같이 전용사용권자와는 별도로 금지청구권을 행사할 수 있다(특허청, 조문별 상표법해설, 2004년 4월, 294면).
9) 특허청, 조문별 상표법해설, 2004년 4월, 293면.

본 건 등록상표를 상품류 구분 제9류의 음악이 녹음된 콤팩트디스크(CD) 등을 지정상품으로 2002년 5월 15일에 상표등록 출원을 하여 2003년 8월 26일에 상표등록을 받았다. 1999년 10월 22일, B는 국내 가요를 선별하여 진한커피라는 명칭의 편집 음반을 제작하여 판매하였고, 2000년 12월 18일에는 같은 방식으로 진한커피 제2집이라는 명칭의 편집 음반을 제작하여 판매하였다. 이에 대하여 A는 B에 대해 상표권 침해를 주장하면서 B를 상대로 상표사용금지가처분 신청을 하였다.

가. 상표권자 A의 주장

A는 "B가 진한커피라는 제호를 사용하여 편집 음반을 제작, 판매한 것은 A의 상표권을 침해하는 행위에 해당한다."[10]고 주장하였다. A는 BLACK COFFEE라는 영문자의 하단에 진한커피라는 한글로 구성된 본 건 등록상표에 대한 상표권자이다. 진한커피라는 명칭의 편집 음반을 제작하여 판매한 B의 행위는 A가 가진 상표권을 침해하는 행위에 해당한다. 따라서 B를 상대로 상표사용금지가처분을 신청하면서 상표권 침해를 주장하였다는 것이다.

나. B의 주장

B는 "본 건 등록상표는 부정경쟁행위를 목적으로 등록된 것이므로 그 등록이 무효일 뿐 아니라, 그렇지 않다 하더라도 본 건 가처분 신청은 부정경쟁행위를 목적으로 한 것이므로 권리 남용에 해당되는 것이므로 신청을 인용하여서는 아니 된다."[11]고 주장하였다. B가 진한커피라는 명칭의 편집 음반을 제작하여 판매한 것은 1999년 10월 22일이다. 2000년 12월 18일에는 진한커피 제2집이라는 명칭의 편집 음반을 제작하여 판매하였다. A는 본 건 등록상표를 2002년 5월 15일에 상표등록 출원을 하여 2003년 8월 26일에 등록받았다. A는 B가 제작 및 판매한 편집 음반의 명칭인 진한커피에 화체된 신용 등에 편승하여 이익을 얻기 위한 부정경쟁의 목적으로 상표권을 등록받은 후, 그 상표권에 근거하여 본 건 가처분 신청을 한 것이므로 권리 남용에 해당된다는 것이다.

---

10) 서울고등법원 2005. 11. 2. 선고 2005나45485 판결.
11) 서울고등법원 2005. 11. 2. 선고 2005나45485 판결.

다. 대법원의 판단[12]

"음반은 일반 유체물과 마찬가지로 독립된 거래의 대상이 되는 상품이므로 음반의 종류 및 성격, 음반의 제명이 저작물의 내용 등을 직접적으로 표시하는지 여부 및 실제 사용 태양, 동일 제명이 사용된 후속 시리즈 음반의 출시 여부, 광고·판매 실적 및 기간 등 구체적·개별적 사정 여하에 따라 음반의 제명이 일반 수요자에게 상품의 출처를 표시하고 자기의 업무에 관계된 상품과 타인의 업무에 관계된 상품을 구별하는 표지로서 인식되는 때에는 그 음반의 제명은 단순히 창작물의 내용을 표시하는 명칭에 머무르지 않고 자타상품의 식별표지로서 기능한다고 봄이 상당하다. 그리고 자타상품의 식별표지로서 기능하는 음반의 제명에 화체된 업무상의 신용이나 고객흡인력 등은 음반의 제작·판매자가 투여한 자본과 노력 등에 의하여 획득되는 것이므로 이와 같은 무형의 가치는 특별한 사정이 없는 한 음반에 수록된 저작물의 저작자가 아니라 음반의 제작·판매자에게 귀속된다. 한편 상표권자가 당해 상표를 출원·등록하게 된 목적과 경위, 상표권을 행사하기에 이른 구체적·개별적 사정 등에 비추어 상대방에 대한 상표권의 행사가 상표사용자의 업무상의 신용유지와 수요자의 이익보호를 목적으로 하는 상표제도의 목적이나 기능을 일탈하여 공정한 경쟁질서와 상거래 질서를 어지럽히고 수요자 사이에 혼동을 초래하거나 상대방에 대한 관계에서 신의성실의 원칙에 위배되는 등 법적으로 보호받을 만한 가치가 없다고 인정되는 경우 그 상표권의 행사는 권리행사의 외형을 갖추었다 하더라도 등록상표에 관한 권리를 남용하는 것으로서 허용될 수 없다. B의 진한커피 시리즈 편집음반에 사용된 진한커피라는 제명은 A의 본 건 등록상표의 출원·등록 당시 이미 편집음반 상품과 관련하여서는 단순히 창작물의 내용을 표시하는 명칭에 머무르지 않고 거래자나 일반 수요자 사이에 특정인의 상품을 표시하는 식별표지로서 인식되기에 이르렀고 그 진한커피 제명에는 B의 신용과 고객흡인력이 화체되어 있다고 봄이 상당하다. 따라서 A의 상표권 행사는 A가 B의 자본과 노력 등에 의하여 진한커피 제명에 화체된 신용 등에 편승하여 이익을 얻을 목적인 것으로, 본 건 등록상표를 출원·등록한 것을 기화로 오히려 그 신용 등의 정당한 귀속 주체인 B로부터 그 신용 등을 빼앗아 자신의 독점 하에 두려는 행위에 다름 아니

---

12) 대법원 2007. 1. 25. 선고 2005다67223 판결.

어서 A의 이러한 상표권의 행사는 상표제도의 목적이나 기능을 일탈하고 법적으로 보호받을 만한 가치가 없다고 인정되므로 비록 상표권의 행사라는 외형을 갖추었다 하더라도 본 건 등록상표에 관한 권리를 남용하는 것으로서 허용될 수 없다."

Ⅱ. 효력의 범위

현대사회에서 휴대폰은 필수품이다. 누구나 휴대폰을 하나쯤은 가지고 있다는 의미이다. 그리고 내 손에 들려있는 나의 것인 휴대폰은 언제 어디서나 나의 소유이다. 그 휴대폰을 멸실 또는 처분하지 않는 이상, 내 휴대폰은 언제 어디서나 나에게 소유권이 인정된다. 이렇게 당연한 이야기가 상표권에 대해서는 안타깝게도 당연한 이야기가 아니다. 상표권은 그 효력의 범위에 있어서 일정한 한계를 가지기 때문이다.

1. 내용적 효력 범위

상표권의 적극적 효력과 소극적 효력은 그 효력의 범위에 있어서 차이가 존재한다. 적극적 효력은 상표법 제91조에 따라 동일 범위에 대해서만 그 효력이 인정된다. 소극적 효력은 상표법 제108조 제1항 제1호에 따라 동일 범위뿐만 아니라 유사 범위에 대해서까지 그 효력이 인정된다.

(1) 적극적 효력의 범위

상표권의 적극적 효력의 범위는 등록상표의 동일 범위와 그 지정상품의 동일 범위까지로 한정된다.[13] 상표법 제91조 제1항에 따라 등록상표의 보호범위는 상표등록출원서에 적은 상표 및 기재사항에 따라 정해진다. 또한 상표법 제91조 제2항에 따라 지정상품의 보호범위는 상표등록출원서 또는 상품분류전환등록신청서에 기재된 상품에 따라 정해지기 때문이다.

(2) 소극적 효력의 범위

상표권의 소극적 효력의 범위는 등록상표의 동일 또는 유사 범위와 그 지정

---

13) 상표법 제91조.

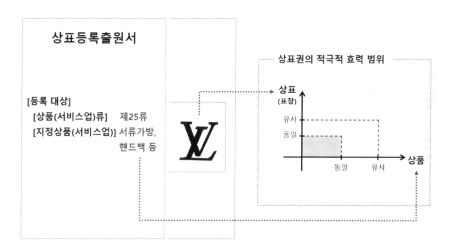

그림 상표권의 적극적 효력 범위

상품의 동일 또는 유사 범위에 대해서까지 인정된다. 따라서 권원 없는 타인이 지정상품에 관하여 그 등록상표를 사용하는 행위는 상표권을 침해하는 행위에 해당한다. 뿐만 아니라 타인의 등록상표와 동일한 상표를 그 지정상품과 유사한 상품에 사용하거나 타인의 등록상표와 유사한 상표를 그 지정상품과 동일·유사한 상품에 사용하는 행위는 상표권을 침해한 것으로 본다.[14] 상표법 제108조 제

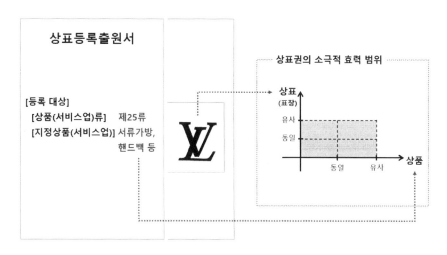

그림 상표권의 소극적 효력 범위

---

14) 상표법 제108조 제1항 제1호.

1항 제1호는 표장과 상품의 다양화가 가능한 오늘날의 경제현실에 비추어 상표권의 실효성을 실질적으로 확보하기 위해 상표권 침해를 판단함에 있어 등록상표와 지정상품의 기준을 유사상표와 유사상품에까지 확대하고 있는 것이다.[15)]

(3) 관련 판례 - 대법원 2015. 5. 28. 선고 2013후1924 판결

본 판례에는 상표권자 A 그리고 B가 등장한다. A는 본 건 등록상표 꾸이랑을 상품류 구분 제29류의 건조쥐포, 오징어포, 육포 등을 지정상품으로 2009년 6월 22일에 상표등록 출원을 하여 2011년 10월 28일에 상표등록을 받았다. B는 2003년 10월경부터 어육포 등을 제작·판매하면서 문자로 구성된 꾸이맨이라는 표장을 상품 포장에 사용하였다. 2012년 3월 21일, B는 상표등록 취소심판을 청구하고 A가 본 건 등록상표를 고의로 변형하여 사용함으로써 수요자로 하여금 B의 상품과 출처의 혼동을 생기게 하였으므로 그 상표등록이 취소되어야 한다고 주장하였다.

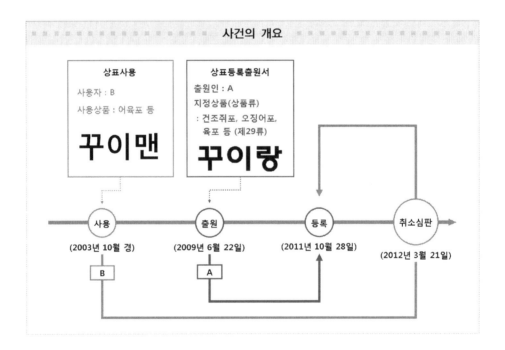

15) 특허청, 조문별 상표법해설, 2004년 4월, 296면.

가. B의 주장

B는 "B가 사용하는 상표의 명성에 편승하고자 A는 고의로 본 건 등록상표를 실사용상표의 형태와 같이 변형하여 사용함으로써, 그 결과 B의 상품과 출처의 혼동을 일으키고 있으므로 본 건 등록상표는 상표법 제119조 제1항 제1호('제119조 제1항 제1호'는 현행 상표법(법률 제18817호)으로 수정하여 표시한 것이다. 이하 같다.) 규정에 의하여 그 등록이 취소되어야 한다."[16]고 주장하였다. 상표법 제119조 제1항 제1호에 따라 상표권자가 고의로 지정상품에 등록상표와 유사한 상표를 사용하거나 지정상품과 유사한 상품에 등록상표 또는 이와 유사한 상표를 사용함으로써 수요자에게 상품의 품질을 오인하게 하거나 타인의 업무와 관련된 상품과 혼동을 불러일으키게 한 경우에는 그 상표등록의 취소심판을 청구할 수 있다. A는 고의로 본 건 등록상표를 실사용상표의 형태와 같이 변형하여 사용함으로써 수요자로 하여금 B의 상품과 출처의 혼동을 생기게 하였다. 따라서 본 건 등록상표는 상표법 제119조 제1항 제1호의 규정에 의하여 그 등록이 취소되어야 한다는 것이다.

| B의 사용상표 | 상표권자 A의 실사용 상표 |

그림 B의 사용상표와 상표권자 A의 실사용 상표

나. 상표권자 A의 주장

A는 "A가 사용하는 실사용상표는 본 건 등록상표의 유사범위에서 사용하는 것이 아니라 A가 등록받은 등록상표를 사용하는 것이므로 본 건 등록상표는 상표법 제119조 제1항 제1호에 해당되지 아니한다."[17]고 주장하였다. A는 본 건

---

16) 특허심판원 2013. 3. 29. 2012당862 심결.
17) 특허심판원 2013. 3. 29. 2012당862 심결.

등록상표 꾸이랑을 상품류 구분 제29류의 건조쥐포, 오징어포, 육포 등을 지정상품으로 상표등록을 받았다. 이에 따라 A는 본 건 등록상표 꾸이랑을 그 지정상품인 건조쥐포, 오징어포, 육포 등에 사용한 것일 뿐이므로 본 건 등록상표에 대한 상표등록 취소 주장은 부당하다는 것이다.

다. 대법원의 판단[18]

"상표법 제119조 제1항 제1호(현행 상표법으로 수정 표시: 저자 주)에서 상표권자가 고의로 지정상품에 등록상표와 유사한 상표를 사용하거나 지정상품과 유사한 상품에 등록상표 또는 이와 유사한 상표를 사용함으로써 수요자로 하여금 상품 품질의 오인 또는 타인의 업무에 관련된 상품과의 혼동을 생기게 한 경우에 그 상표등록을 취소할 수 있도록 한 것은 상표권자가 상표제도의 본래 목적에 반하여 자신의 등록상표를 그 사용권 범위를 넘어 부정하게 사용하지 못하도록 규제함으로써 상품 거래의 안전을 도모하고 타인의 상표의 신용이나 명성에 편승하려는 행위를 방지하여 거래자와 수요자의 이익보호는 물론 다른 상표를 사용하는 사람의 영업상 신용과 권익도 아울러 보호하려는 데 그 취지가 있다. 따라서 실제 사용된 실사용상표가 등록상표를 타인의 대상상표와 동일 또는 유사하게 보이도록 변형한 것이어서 그 사용으로 인하여 대상상표와의 관계에서 등록상표를 그대로 사용한 경우보다 수요자가 상품 출처를 오인·혼동할 우려가 더 커지게 되었다면 상표법 제119조 제1항 제1호에서 정한 부정사용을 이유로 한 상표등록취소심판에서는 그 실사용상표의 사용을 등록상표와 유사한 상표의 사용으로 볼 수 있다.[19] 실사용상표 및 본 건 등록상표가 A의 상품 포장에서 실제로 사용되는 위치, 배열 및 그 주변 문양이 그보다 훨씬 앞서부터 대상상표 및 그 문자 구성부분이 B의 상품 포장에서 사용되고 있는 위치, 배열 및 그 주변 문양과 극히 유사함을 알 수 있다. 따라서 A의 상품 포장에 실제 사용된 실사용상표는 수요자의 입장에서 독립적인 출처 표시로 인식될 수 있다는 전제에서 실사용상표는 본 건 등록상표에 도형 등을 추가하여 변형한 본 건 등록상표의 유사상표로 보이고 나아가 이를 대상상표와 대비하면 실사용상표가 A의 상품에 사용될 경우에 B의 상표가 사용되는 B의 상품과 어떤 관계가 있는 것으로

---

18) 대법원 2015. 5. 28. 선고 2013후1924 판결.
19) 대법원 2013. 12. 26. 선고 2012후1521 판결.

여겨질 수 있어 거래상 상품의 출처에 오인·혼동을 생기게 할 염려가 있다."

2. 시간적 효력 범위

상표법 제83조 제1항은 상표권의 존속기간을 10년으로 한정함으로써 사용하지 않는 상표권이 자연스럽게 소멸하는 계기가 될 수 있도록 하고 있다. 또한 상표법 제83조 제2항에서는 상표권의 존속기간을 갱신 가능하도록 함으로써 사용하고 있는 상표권을 반영구적으로 유지시킬 수 있도록 하였다. 이는 상표가 장기간 사용될수록 상표권자의 신용과 소비자의 신뢰도 그만큼 축적되는 것이므로 이 경우에는 상표권의 존속기간을 갱신 가능하도록 하는 것이 상표권자와 소비자 모두에게 이익이 되기 때문이다.[20]

(1) 존속기간

존속기간이라 함은 권리의 효력이 유효하게 작용하는 기간을 말한다.[21] 상표법 제83조 제1항에 따라 상표권의 존속기간은 설정등록이 있는 날부터 10년으로 한다.

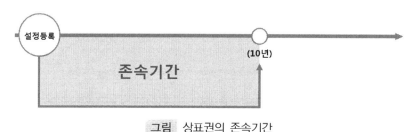

그림 상표권의 존속기간

(2) 존속기간갱신등록신청

상표권의 존속기간은 존속기간갱신등록신청에 의하여 10년씩 갱신할 수 있다.[22][23] 등록상표에 무형의 재산적 가치가 존재하는 한 그 등록상표와 관련한 상표권도 존속하여야 할 필요성이 존재한다. 따라서 상표법 제83조 제2항은 상

---

20) 특허청, 조문별 상표법해설, 2004년 4월, 210면.

21) https://dic.daum.net/word/view.do?wordid=kkw000233323&supid=kku000297994

22) 상표법 제83조 제2항.

23) 2010. 1. 27. 법률 제9987호 상표법 개정으로 갱신등록출원제도를 폐지하고 갱신등록신청제도를 도입하였고 구상표법 제45조(상표권의 존속기간갱신등록거절결정)는 삭제되었다(특허심판원 심판정책과, 2017 심사편람(제12판), 2017년 3월, 658면).

표권자로 하여금 존속기간갱신등록신청을 하게 함으로써 갱신에 의한 상표권의
등록 유지 여부를 상표권자의 선택에 의하도록 하고 있다.[24]

가. 신청서의 제출

존속기간갱신등록신청을 하고자 하는 자는 상표법 제84조 제1항 각 호의 사
항을 적은 존속기간갱신등록신청서를 특허청장에게 제출하여야 한다.[25]

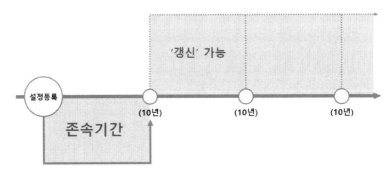

그림 존속기간갱신등록신청에 의한 상표권 존속기간의 갱신

ㄱ. 신청서 기재사항

존속기간갱신등록신청서에는 출원인의 성명 및 주소, 출원인의 대리인이 있는
경우에는 그 대리인의 성명 및 주소나 영업소의 소재지, 지정상품 및 산업통상
자원부령으로 정하는 상품류, 그 밖에 산업통상자원부령으로 정하는 사항, 그리
고 등록상표의 등록번호를 기재한다.[26] 대리인에 의하여 절차를 밟을 때에는 그
대리권을 증명하는 서류 1부를 첨부하여야 한다.[27]

ㄴ. 신청 기간

존속기간갱신등록신청서는 상표권의 존속기간 만료 전 1년 이내에 제출하여
야 한다. 다만, 이 기간에 존속기간갱신등록신청을 하지 아니한 자는 상표권의
존속기간이 끝난 후 6개월 이내에 할 수 있다.[28]

---

24) 특허청, 조문별 상표법해설, 2004년 4월, 213면.
25) 상표법 제84조 제1항.
26) 상표법 제84조 제1항.
27) 상표법 시행규칙 제59조 제1항.
28) 상표법 제84조 제2항.

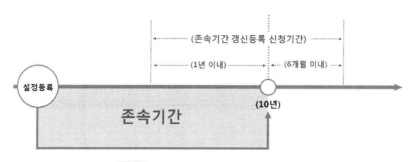

그림 존속기간갱신등록의 신청 기간

나. 절차의 준용

존속기간갱신등록신청 절차의 보정에 관해서는 절차의 보정에 관한 상표법 제39조가 준용된다.[29] 따라서 존속기간갱신등록신청 절차가 미성년자 등의 행위능력 또는 대리권의 범위에 위반된 경우, 수수료를 내지 아니한 경우, 또는 상표법 또는 상표법에 따른 명령으로 정한 방식에 위반된 경우 특허청장은 존속기간갱신등록신청 절차를 밟는 자에게 보정을 명하여야 한다.[30]

다. 처 리

존속기간갱신등록 신청기간에 존속기간갱신등록신청을 하면 상표권의 존속기간이 갱신된 것으로 본다.[31] 그리고 존속기간갱신등록은 원등록(原登錄)의 효력이 끝나는 날의 다음 날부터 효력이 발생한다.[32]

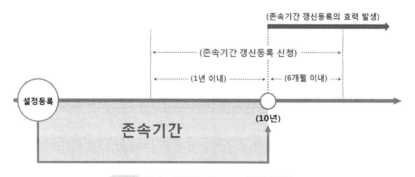

그림 존속기간갱신등록의 효력 발생

---

29) 상표법 제88조 제1항.
30) 상표법 제39조.
31) 상표법 제85조 제1항.
32) 상표법 제85조 제2항.

(3) 관련 판례 - 대법원 2018. 8. 30. 선고 2016두36000 판결

본 판례에는 상표권자 A 그리고 특허청이 등장한다. A는 본 건 등록상표 씨트리(C-TRI)를 상품류 구분 제3류의 마스크팩, 미용비누, 샴푸 등을 지정상품으로 2000년 9월 27일에 상표등록 출원을 하여 2002년 2월 28일에 상표등록을 받았다. 그 후 본 건 등록상표에 대한 상표등록 취소심판이 청구되었고 피청구인이 A가 아님에도 이것이 간과된 채, 2007년 11월 20일 위 취소심판의 심결 확정을 이유로 A의 상표권은 소멸등록이 되었다. 2014년 1월 28일, A는 상표권이 부적법하게 소멸등록된 것을 이유로 소멸등록된 상표권의 회복등록을 신청하는 한편 상표권의 존속기간갱신등록을 신청하였다. 2014년 1월 28일, 특허청은 소멸등록된 상표권의 회복등록을 한 다음 다시 존속기간 만료를 이유로 상표권의 소멸등록을 하였다. 또한 2014년 6월 10일, 특허청은 소멸된 본 건 상표권의 존속기간갱신등록을 거절하였다. 이에 대하여 A는 상표권의 존속기간갱신등록 거절결정 불복심판을 청구하고 특허청이 한 상표권의 존속기간갱신등록 거절결정에 대한 취소를 주장하였다.

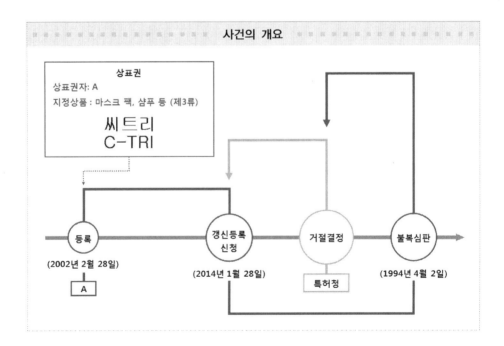

가. 특허청의 주장

특허청은 "존속기간갱신등록의 신청은 상표권의 존속기간이 끝난 후 6개월 이내에 할 수 있으므로 상표권의 존속기간이 만료된 2012년 2월 29일로부터 6개월 이내에 하여야 한다. 그런데 2014년 1월 28일에 이르러서야 비로소 존속기간갱신등록을 신청하였으므로 존속기간갱신등록을 할 수 없다는 이유로 상표권의 존속기간갱신등록을 거부한 것이다."[33)]고 주장하였다. 상표법 제84조 제2항('제84조 제2항'은 현행 상표법(법률 제18817호)으로 수정하여 표시한 것이다.)에 따라 존속기간갱신등록신청서는 상표권의 존속기간 만료 전 1년 이내에 제출하여야 한다. 다만 이 기간에 존속기간갱신등록신청을 하지 아니한 자는 상표권의 존속기간이 끝난 후 6개월 이내에 할 수 있다. 상표권의 존속기간은 설정등록이 있는 날부터 10년으로 한다.[34)] 본 건 등록상표는 2002년 2월 28일에 상표권이 설정등록 되었으므로 상표권의 존속기간은 2012년 2월 28일에 만료된다. 따라서 존속기간갱신등록 신청은 상표권의 존속기간이 만료된 2012년 2월 29일로부터 6개월 이내에 하여야 하는데 2014년 1월 28일에 존속기간갱신등록을 신청하였으므로 상표권의 존속기간갱신등록을 거부하였다는 것이다.

나. 상표권자 A의 주장

A는 "상표권이 위법하게 소멸등록된 2007년 11월 20일부터 회복등록이 이루어진 2014년 1월 28일까지는 상표권의 존속기간이 진행되지 않는다. 즉 상표권의 존속기간갱신등록을 신청한 2014년 1월 28일 당시에는 상표권의 존속기간이 아직 만료되지 않은 것이다. 따라서 상표권의 존속기간이 2012년 2월 29일 만료되었음을 이유로 존속기간갱신등록을 거부한 처분은 위법한 것이다."[35)]고 주장하였다.

다. 대법원의 판단[36)]

"상표권 등록은 상표권 발생의 요건이지만 존속요건은 아니다. 따라서 상표권이 부적법하게 소멸등록이 되었다고 하더라도 상표권의 효력에는 아무런 영향이

---

33) 서울고등법원 2016. 2. 18. 선고 2015누42253 판결.
34) 상표법 제83조 제1항.
35) 서울고등법원 2016. 2. 18. 선고 2015누42253 판결.
36) 대법원 2018. 8. 30. 선고 2016두36000 판결.

없고 상표권의 존속기간도 그대로 진행된다. 상표권이 부적법하게 소멸등록된 때에는 상표권자는 특허권 등의 등록령 제27조의 절차에 따라 그 회복을 신청할 수 있다. 이러한 회복등록은 부적법하게 말소된 등록을 회복하여 처음부터 그러한 말소가 없었던 것과 같은 효력을 보유하게 하는 등록에 불과하므로 회복등록이 되었다고 해도 상표권의 존속기간에 영향이 있다고 볼 수 없다.[37] 본 건 등록상표의 상표권자인 A가 아닌 제3자를 상대로 상표등록취소심판이 제기되었는데 특허심판원이 이를 간과한 채 상표등록을 취소하는 심결을 하였고 특허청장은 위 상표권의 소멸등록을 하였다. 이후 취소심결에 문제가 있음을 깨달은 A가 위 상표권의 존속기간갱신등록 신청기한이 경과한 후에 상표권의 회복등록과 존속기간갱신등록을 신청하자, 특허청장이 상표권의 회복등록을 한 다음 다시 존속기간 만료를 이유로 상표권의 소멸등록을 하고 상표권의 존속기간갱신등록을 거부하였다. 본 사안에서 취소심결의 효력은 당사자가 아닌 A에게는 미치지 않으므로 A의 상표권은 소멸되지 아니한 채 그대로 존속하고 존속기간도 계속 진행한다고 보아야 한다. 또한 그 존속기간갱신등록 신청기한까지 존속기간갱신등록신청이 없었으므로 위 상표권은 존속기간 만료로 소멸한 것이다. 이미 존속기간 만료로 소멸한 이상 회복등록을 하였더라도 이미 소멸한 상표권이 다시 살아나는 것은 아니다. 상표권에는 다수의 이해관계가 복잡하게 얽힐 수 있으므로 상표권의 존속기간 만료 및 갱신 여부는 상표법의 규정에 따라 획일적으로 정해져야 하고 이미 존속기간 만료로 소멸한 이상 회복등록을 하였다고 해서 이미 소멸한 상표권이 다시 살아나는 것은 아니며 제반 사정에 비추어 위 처분이 신의칙에 반하지 않는다."

3. 장소적 효력 범위

상표권은 속지주의 원칙을 따른다. 따라서 국내에서 등록받은 상표권은 국내에서만 효력을 가진다. 국내에서 상표등록을 받은 상표를 다른 나라에서도 보호받기 위해서는 그 나라의 법률이 정하는 바에 의해 상표권을 취득하여야 한다.[38]

---

37) 대법원 2002. 11. 22. 선고 2000두9229 판결; 대법원 2014. 1. 16. 선고 2013후2309 판결.
38) 마찬가지로 각 나라에서 등록받은 상표권의 성립, 소멸도 그 나라의 법률에 따르기 때문에 각 나라에서 등록받은 상표권은 서로 독립하여 병존한다(송영식 등, 송영식 지적소유권법(하), 육법사,

III. 효력의 제한

상표권은 일정한 경우 그 효력이 제한된다. 등록상표의 경우에도 특정인에게 독점배타권을 부여하는 것이 공익에 합치하지 않는 경우에는 상표권의 독점적 효력이 제한되기 때문이다.[39] 또한 상표법 제92조에 따라 타인의 디자인권 등과의 관계 및 사용권과의 관계에서 상표권의 독점적 효력이 제한된다. 이와 함께 상표법 제160조에 따라 재심에 의하여 회복한 상표권의 효력이 제한된다.

1. 상표권의 효력이 미치지 아니하는 범위

상표출원 전부터 이미 사용되고 있는 상호, 품질이나 효능을 보통으로 사용하는 방법으로 표시하는 상표 등에 대해서는 상표권의 효력이 미치지 아니한다.[40] 상표법 제90조 제1항은 등록상표의 구성 중 일부분에 식별력이 없는 부분이 존재하는 경우 그 부분에 대해서는 상표권의 배타적 효력을 일부 제한함으로써 상표권의 안정적 보호와 아울러 공익과의 조화를 이루기 위하여 마련된 규정이다.[41]

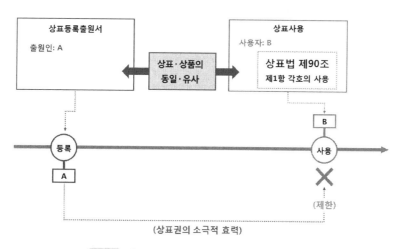

그림 상표권의 배타적 효력이 제한되는 경우

2008년 11월, 241면).
39) 특허청, 조문별 상표법해설, 2004년 4월, 245면.
40) 상표법 제90조 제1항.
41) 특허청, 조문별 상표법해설, 2004년 4월, 245면.

(1) 자기의 성명 등을 사용하는 상표

자기의 성명·명칭 또는 상호·초상·서명·인장 또는 저명한 아호·예명·필명과 이들의 저명한 약칭을 상거래 관행에 따라 사용하는 상표에는 상표권의 효력이 미치지 아니한다.[42]

가. 조문의 취지

상표법 제90조 제1항 제1호는 자기의 성명 등을 상거래 관행에 따라 사용하는 상표가 있고 이와 같은 상표와 동일 또는 유사 관계에 있는 등록상표가 있는 경우 자기의 성명 등을 상거래 관행에 따라 사용하는 상표에는 그 등록상표와 관련된 상표권의 효력이 미치지 아니하도록 한 규정이다.[43]

나. 조문의 내용

상표권자 A와 상표권자 A의 등록상표와 동일 또는 유사한 상표를 사용하는 B가 있다고 가정하자. B가 사용하는 상표는 자기의 성명·명칭 또는 상호·초상·서명·인장 또는 저명한 아호·예명·필명과 이들의 저명한 약칭을 상거래 관행에 따라 사용하는 상표이다. 이 경우 상표권자 A가 가지는 상표권의 효력은 B가 사용하는 상표에 미치지 아니한다는 것이다.

다. 관련 판례 - 대법원 1987. 2. 24. 선고 86후111 판결

본 판례에는 상표권자 A 그리고 B가 등장한다. A는 본 건 등록상표인 진흥전기공업사(Jin Heong Electric)를 상품류 구분 제39류의 전기계폐기, 백열전등기구, 콘센트 등을 지정상품으로 1981년 5월 16일에 상표등록 출원을 하여 1982년 1월 18일에 상표등록을 받았다. B는 1973년 12월 13일에 진흥주식회사를 상호로 등기하고 이때부터 그 상호인 진흥주식회사 또는 그 약칭으로 보이는 (가)호표장 JIN HEUNG을 사용하여 왔다. (가)호표장은 전기계폐기, 백열전등기구, 콘센트 등과 관련하여 사용되었다. 1983년 3월 11일, A는 B를 상대로 권리범위 확인심판을 청구하고 (가)호표장이 본 건 등록상표와 서로 동일 또는 유사하므로 (가)호표장은 본 건 등록상표의 권리범위에 속한다고 주장하였다.

---

42) 상표법 제90조 제1항 제1호.
43) 특허청, 조문별 상표법해설, 2004년 4월, 245면.

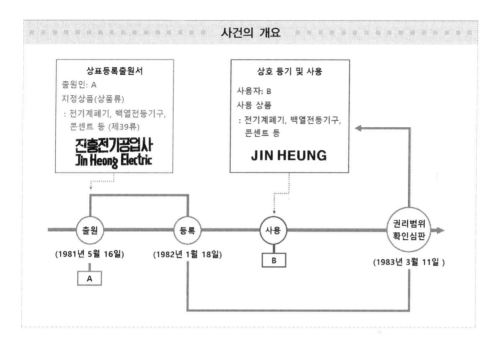

(가) 상표권자 A의 주장

A는 "본 건 등록상표인 진흥전기공업사(Jin Heong Electric)는 (가)호표장인 JIN HEUNG과 그 외관, 칭호 및 관념이 동일하고 또 본 건 등록상표의 지정상품과 (가)호표장을 상표로 사용하고 있는 상품이 동일하므로 (가)호표장은 본 건 등록상표의 권리범위에 속한다."[44]고 주장하였다. (가)호표장인 JIN HEUNG은 진기계폐기, 백열전등기구, 콘센트 등과 관련하여 사용되었다. 본 건 등록상표인 진흥전기공업사(Jin Heong Electric)는 상품류 구분 제39류의 전기계폐기, 백열전등기구, 콘센트 등을 지정상품으로 하여 1982년 1월 18일에 상표등록을 받았다. 본 건 등록상표와 (가)호표장은 영문자로 구성된 Jin Heong(진흥) 부분이 공통되어 그 외관, 칭호 및 관념이 동일하고 본 건 등록상표의 지정상품과 (가)호표장과 관련된 상품이 동일하다. 따라서 (가)호표장은 본 건 등록상표의 권리범위에 속한다는 것이다.

(나) B의 주장

B는 "(가)호표장인 JIN HEUNG은 본 건 등록상표인 진흥전기공업사(Jin

---

44) 심판소 1984. 1. 12. 83심판178 심결.

Heong Electric)가 상표 출원되기 수년 전부터 상호등기를 하여 보통으로 사용하는 방법으로 표시한 표장에 해당하므로 상표법 제90조 제1항 제1호('제90조 제1항 제1호'는 현행 상표법(법률 제18817호)으로 수정하여 표시한 것이다. 이하 같다.)의 규정에 의하여 본 건 등록상표의 효력은 (가)호표장에 미치지 아니한다."[45]고 주장하였다. 상표법 제90조 제1항 제1호에 따라 자기의 성명·명칭 또는 상호·초상·서명·인장 또는 저명한 아호·예명·필명과 이들의 저명한 약칭을 상거래관행에 따라 사용하는 상표에는 상표권의 효력이 미치지 아니한다. (가)호표장은 본 건 등록상표가 상표 출원되기 수년 전부터 상호등기를 하여 보통으로 사용하는 방법으로 표시한 표장에 해당한다. 따라서 본 건 등록상표의 효력은 상표법 제90조 제1항 제1호의 규정에 의해 (가)호표장에 미치지 아니한다는 것이다.

(다) 대법원의 판단[46]

"상표법 제90조 제1항 제1호(현행 상표법으로 수정 표시: 저자 주)의 규정에 의하여 자기의 상호 또는 이의 저명한 약칭을 보통으로 사용하는 방법으로 표시하는 상표에는 그것이 상표권설정의 등록이 있은 후에 부정경쟁의 목적으로 사용하는 경우가 아닌 이상 상표권의 효력이 미치지 않도록 되어 있다. 여기에서 보통으로 사용하는 방법이라 함은 상품의 거래, 광고, 선전이나 상품 자체에 관하여 상품거래 사회에서 보통 행하여지는 방법으로 자기의 상호 또는 그 약칭을 사용하는 경우를 지칭하는 것이다. 따라서 B가 그의 상품자체 또는 상품의 포장, 광고 등에 사용한 상표는 상표권자 A가 본 건 상표등록을 하기 이전에 이미 등기를 마친 진흥주식회사라는 B의 상호이므로 상표법 제90조 제1항 제1호에 의하여 상표권자 A의 등록상표권의 효력이 여기에 미칠 수 없다."

(2) 기술적 표장 등을 보통으로 사용하는 상표

등록상표의 지정상품과 동일·유사한 상품의 보통명칭·산지·품질·원재료·효능·용도·수량·형상·가격 또는 생산방법·가공방법·사용방법 및 시기를 보통으로 사용하는 방법으로 표시하는 상표에는 상표권의 효력이 미치지 아니한다.[47]

---

45) 심판소 1984. 1. 12. 83심판178 심결.
46) 대법원 1987. 2. 24. 선고 86후111 판결.
47) 상표법 제90조 제1항 제2호.

가. 조문의 취지

상품의   산지・품질・원재료・효능・용도・수량・형상・가격・생산방법・가공방법・사용방법 또는 시기를 보통으로 사용하는 방법으로 표시한 표장만으로 된 상표는 상표등록을 받을 수 없다.[48] 상품의 산지・품질・원재료・효능・용도・수량・형상・가격・생산방법・가공방법・사용방법 또는 시기를 보통으로 사용하는 방법으로 표시한 표장은 누구나가 자유롭게 사용할 수 있어야만 하기 때문이다. 또한 등록상표의 구성 중 일부분에 상품의 보통명칭이나 소위 기술적 표장이 존재하는 경우에도 그 부분에 대해서는 상표권의 효력이 제한되어야 한다. 따라서 상표법은 제90조 제1항 제2호를 통해 상품의 보통명칭과 소위 기술적 표장으로 일컬어지는 상표법 제33조 제1항 제3호와 동일한 내용을 보통으로 사용하는 방법으로 표시한 상표에는 상표권의 효력을 제한하고 있다.[49]

나. 조문의 내용

상표권자 A와 상표권자 A가 가지는 등록상표의 지정상품과 동일・유사한 상품에 표시하는 상표를 사용하는 B가 있다고 가정하자. B가 사용하는 상표는 상품의・산지・품질・원재료・효능・용도・수량・형상・가격 또는 생산방법・가공방법・사용방법 및 시기를 보통으로 사용하는 방법으로 표시하는 상표이다. 이 경우 상표권자 A가 가지는 상표권의 효력은 B가 사용하는 상표에 미치지 아니한다는 것이다.

다. 관련 판례 - 대법원 1995. 4. 14. 선고 94후227 판결

본 판례에는 상표권자 A와 (가)호표장을 사용한 B가 등장한다. A는 본 건 등록상표인 사각형도형과 한글 및 도형화된 한자 황금당으로 구성된 결합상표를 상품류 구분 제44류의 보석, 귀금속류 등을 지정상품으로 1984년 3월 24일에 상표등록 출원을 하여 1985년 4월 22일에 상표등록을 받았다. B는 (가)호표장인 한글로 구성된 황금당을 상품류구분 제44류에 명시된 금을 포함한 상품전부에 사용하였다. A가 B에 대하여 상표권 침해를 주장하자 1991년 4월 30일, B는 A를 상대로 권리범위 확인심판을 청구하고 본 건 등록상표에 관한 상표권의 효력

---

48) 상표법 제33조 제1항 제3호.
49) 특허청, 조문별 상표법해설, 2004년 4월, 246면.

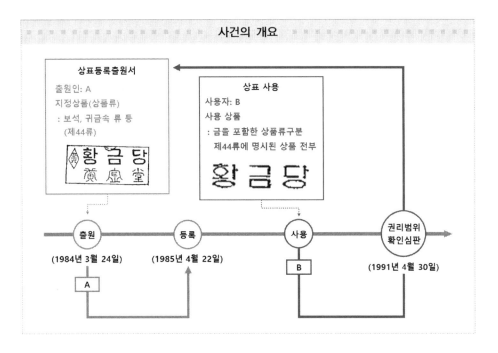

이 (가)호표장에 미치지 아니함을 이유로 (가)호표장은 본 건 등록상표의 권리범위에 속하지 아니한다고 주장하였다.

(가) B의 주장

B는 "(가)호표장은 그 지정상품의 품질표시 내지 관용표장에 해당하는 것이므로 상표법 제90조 제1항 제2호 및 제4호('제90조 제1항 제2호 및 제4호'는 현행 상표법(법률 제18817호)으로 수정하여 표시한 것이다. 이하 같다.)의 규정에 해당되어 상표권의 효력이 미치지 아니하는 범위의 표장이므로 본 건 등록상표의 권리범위에 속하지 아니한다."[50]고 주장하였다. 상표법 제90조 제1항 제2호에 따라 등록상표의 지정상품과 동일·유사한 상품의 보통명칭·산지·품질·원재료·효능·용도·수량·형상·가격 또는 생산방법·가공방법·사용방법 및 시기를 보통으로 사용하는 방법으로 표시하는 상표에는 상표권의 효력이 미치지 아니한다. 또한 상표법 제90조 제1항 제4호에 따라 등록상표의 지정상품과 동일·유사한 상품에 대하여 관용하는 상표와 현저한 지리적 명칭 및 그 약어 또는 지도로 된 상표에는 상표권의 효력이 미치지 아니한다. (가)호표장인 한글로 구성된 황

---

50) 심판소 1991. 12. 9. 91당334 심결.

금당은 상품류구분 제44류에 명시된 금을 포함한 상품전부에 사용되었다. (가)호표장의 구성 중 황금은 (가)호표장이 사용된 상품인 금과 관련하여 상품의 품질이나 원재료 표시에 해당한다. (가)호표장의 구성 중 당은 관용적으로 점포의 이름에 붙여 쓰이는 것에 해당한다. 따라서 본 건 등록상표의 효력은 상표법 제90조 제1항 제2호 및 제4호의 규정에 의해 (가)호표장에 미치지 아니한다는 것이다.

(나) 상표권자 A의 주장

A는 "(가)호표장은 그 지정상품의 품질표시이거나 관용표장에 해당하지 아니하므로 B의 주장은 받아들일 수 없다."[51]고 주장하였다. (가)호표장인 한글로 구성된 황금당은 상품류구분 제44류에 명시된 금을 포함한 상품전부에 사용되었다. (가)호표장의 구성 중 황금은 금을 제외한 상품류구분 제44류에 명시된 상품전부에 대해서는 상품의 품질이나 원재료 표시에 해당하지 아니한다. (가)호표장이 사용된 상품인 금과 관련하여 상품의 산지나 품질 표시에 해당한다. 또한 (가)호표장인 황금당이라는 표장 자체가 금이나 보석제품을 취급하는 점포의 의미로 관용적으로 사용되는 표장에 해당한다고 볼 수는 없다. 따라서 (가)호표장은 상표법 제90조 제1항 제2호 및 제4호의 규정에 해당되지 아니하므로 상표권의 효력이 미치지 아니하는 범위의 표장에 해당하지 아니한다는 것이다.

(다) 대법원의 판단[52]

"상표법 제33조 제1항 제2호(현행 상표법으로 수정 표시: 저자 주)와 제3호(현행 상표법으로 수정 표시: 저자 주)의 규정에 의하면 그 상품에 대하어 관용하는 상표 또는 그 상품의 산지·품질·원재료·효능·용도·수량·형상·가격·생산방법·가공방법·사용방법 또는 시기를 보통으로 사용하는 방법으로 표시한 표장만으로 된 상표는 상표등록을 받을 수 없다. 상표등록을 받는다 하더라도 같은 법 제90조 제1항 제2호와 제4호(현행 상표법으로 수정 표시: 저자 주)에 의해 등록상표의 지정상품과 동일·유사한 상품의 보통명칭·산지·품질·원재료·효능·용도·수량·형상·가격 또는 생산방법·가공방법·사용방법 및 시기를 보통으로 사용하는 방법으로 표시하는 상표 또는 등록상표의 지정상품과 동일·유사한

51) 심판소 1991. 12. 9. 91당334 심결.
52) 대법원 1995. 4. 14. 선고 94후227 판결.

상품에 대하여 관용하는 상표와 현저한 지리적 명칭 및 그 약어 또는 지도로 된 상표에 대해서는 그 상표권의 효력이 미치지 아니한다. (가)호 표장은 그 사용상품 중 귀금속류에 속하는 금 또는 금도금 관련제품에 대한 관계에서는 황금이라는 사용상품의 원재료나 품질을 표시한 것이라고 할 것이나, 이를 제외한 다른 귀금속류나 보석류(보석 및 그 모조품)와의 관계에서는 원재료나 품질을 표시한 기술적 표장에 해당한다고 할 수 없다. 또한 그 표장에 사용된 당은 관용적으로 점포의 이름에 붙여 쓰이는 것이기는 하나 황금당이라는 표장 자체가 금이나 보석제품을 취급하는 점포의 의미로 관용적으로 사용되는 표장에 해당한다고 볼 수는 없다. 따라서 (가)호 표장을 본 건 등록상표의 지정상품과 유사한 상품인 금 또는 금도금 관련제품에 사용하는 데에는 상표법 제90조 제1항 제2호의 법리에 따라 본 건 등록상표의 금지적 효력이 미칠 수 없으나, 그 나머지 귀금속제품 및 보석류제품에 (가)호 표장을 사용하는 것은 그 품질 등을 표시하는 것이 아니므로 여전히 본 건 등록상표의 금지적 효력에 저촉된다.”

(3) 등록상표의 입체적 형상과 동일·유사한 상표

입체적 형상으로 된 등록상표의 경우 그 입체적 형상이 누구의 업무에 관련된 상품을 표시하는 것인지 식별할 수 없는 경우에는 등록상표의 지정상품과 동일·유사한 상품에 사용하는 등록상표의 입체적 형상과 동일·유사한 형상으로 된 상표에 대해서 상표권의 효력이 미치지 아니한다.[53]

가. 조문의 취지

식별력이 없는 입체적 형상 부분을 포함하고 있는 상표가 전체적으로는 식별력이 인정되어 상표등록이 되더라도 식별력이 없는 입체적 형상 부분에는 그 상표권의 효력이 미치지 아니한다.[54] 따라서 상표법 제90조 제1항 제3호는 입체적 형상으로 된 등록상표의 경우 그 입체적 형상이 누구의 업무에 관련된 상품을 표시하는 것인지 식별할 수 없는 경우에는 등록상표의 지정상품과 동일·유사한 상품에 사용하는 등록상표의 입체적 형상과 동일·유사한 형상으로 된 상표에 대해서 상표권의 효력이 미치지 아니하도록 하고 있다.

---

53) 상표법 제90조 제1항 제3호.
54) 입체적 형상 자체에는 식별력이 없더라도 식별력이 있는 기호·문자·도형 등과 결합하여 상표가 전체적으로 식별력이 있는 경우 상표등록이 가능하다(대법원 2015. 2. 26. 선고 2014후2306 판결).

나. 조문의 내용

상표권자 A와 상표권자 A의 등록상표와 동일·유사한 상표를 사용하는 B가 있다고 가정하자. 상표권자 A의 등록상표는 식별력이 없는 입체적 형상과 식별력이 있는 기호·문자·도형 등이 결합하여 전체적으로 식별력이 있는 상표에 해당한다. B가 사용하는 상표는 A의 등록상표인 입체적 형상과 동일·유사한 형상으로 된 상표이다. 이 경우 A가 가지는 상표권의 효력은 B가 사용하는 상표에 미치지 아니한다는 것이다.

(4) 관용상표 또는 현저한 지리적 명칭 등으로 된 상표

등록상표의 지정상품과 동일·유사한 상품에 대하여 관용하는 상표와 현저한 지리적 명칭 및 그 약어 또는 지도로 된 상표에는 상표권의 효력이 미치지 아니한다.[55]

가. 조문의 취지

상품에 대하여 관용하는 상표는 상표등록을 받을 수 없다.[56] 또한 현저한 지리적 명칭이나 그 약어 또는 지도만으로 된 상표는 상표등록을 받을 수 없다.[57] 상품에 대하여 관용하는 표장, 그리고 현저한 지리적 명칭이나 그 약어 또는 지도는 누구나가 자유롭게 사용할 수 있어야만 하기 때문이다. 따라서 상표법은 제90조 제1항 제4호를 통해 당해 상품을 취급하는 일반 수요자나 거래업계가 그 상품의 명칭으로 일반적으로 사용한 결과 자타상품의 식별력을 상실한 관용표장, 국내 일반 수요자에게 널리 알려진 지리적 명칭이나 그 약어, 그리고 지도로 된 상표에는 상표권의 효력을 제한하고 있다.[58]

나. 조문의 내용

상표권자 A와 상표권자 A가 가지는 등록상표의 지정상품과 동일·유사한 상품에 표시하는 상표를 사용하는 B가 있다고 가정하자. B가 사용하는 상표는 등록상표의 지정상품과 동일·유사한 상품에 대하여 관용하는 상표 또는 현저한

---

55) 상표법 제90조 제1항 제4호.
56) 상표법 제33조 제1항 제2호.
57) 상표법 제33조 제1항 제4호.
58) 특허청, 조문별 상표법해설, 2004년 4월, 246면.

지리적 명칭 및 그 약어 또는 지도로 된 상표이다. 이 경우 상표권자 A가 가지는 상표권의 효력은 B가 사용하는 상표에 미치지 아니한다는 것이다.

다. 관련 판례 - 대법원 1994. 9. 27. 선고 94다2213 판결

본 판례에는 상표권자 A 그리고 B가 등장한다. A는 본 건 등록서비스표인 서울가든을 서비스업류 구분 제112류의 요식업(갈비, 불고기)을 지정서비스업으로 1988년 3월 28일에 서비스표등록 출원을 하여 1989년 6월 9일에 서비스표등록을 받았다. B는 (가)호표장인 석촌서울가든을 요식업(징기스칸, 갈비)에 사용하였다. 1994년 1월 18일, A는 B를 상대로 권리범위 확인심판을 청구하고 (가)호표장인 석촌서울가든이 본 건 등록서비스표 서울가든과 동일 또는 유사하므로 (가)호표장은 본 건 등록상표의 권리범위에 속한다고 주장하였다.

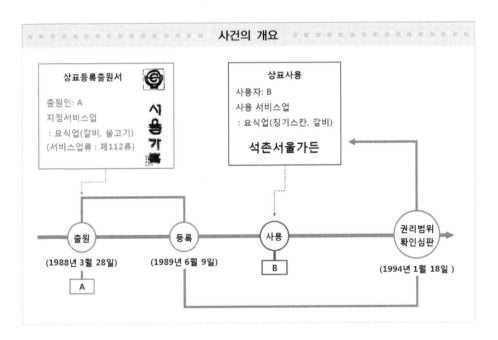

(가) 상표권자 A의 주장

A는 "(가)호표장 석촌서울가든은 본 건 등록서비스표 서울가든과 칭호, 외관, 관념이 동일 또는 유사하므로 (가)호표장은 본 건 등록상표의 권리범위에 속한다."[59]고 주장하였다. 본 건 등록상표와 (가)호표장은 문자로 구성된 서울가든

부분이 공통되어 그 외관, 칭호 및 관념이 동일하고 본 건 등록상표의 지정상품과 (가)호표장과 관련된 상품이 동일하다. 따라서 (가)호표장은 본 건 등록상표의 권리범위에 속한다는 것이다.

(나) B의 주장

B는 "(가)호표장 석촌서울가든 중 서울은 현저한 지리적 명칭이며 가든은 요식업에 있어서 관용화된 표장이므로 본 건 등록상표의 효력은 (가)호표장에 미치지 아니한다."[60]고 주장하였다. 상표법 제90조 제1항 제4호('제90조 제1항 제4호'는 현행 상표법(법률 제18817호)으로 수정하여 표시한 것이다. 이하 같다.)에 따라 등록상표의 지정상품과 동일·유사한 상품에 대하여 관용하는 상표와 현저한 지리적 명칭 및 그 약어 또는 지도로 된 상표에는 상표권의 효력이 미치지 아니한다. 본 건 등록상표와 (가)호표장에 공통하는 부분인 서울가든 중 서울은 현저한 지리적 명칭에 해당하고 가든은 관용하는 상표에 해당한다. 따라서 본 건 등록상표의 효력은 상표법 제90조 제1항 제4호의 규정에 의해 (가)호표장에 미치지 아니한다는 것이다.

(다) 대법원의 판단[61]

"상표법 제90조(현행 상표법으로 수정 표시: 저자 주)는 상표권자가 상표법상 가지는 권리에 대하여 그 각호에 해당하는 경우에는 상표권자에게 그 권리를 독점적으로 부여하는 것이 적절하지 않다고 인정하여 상표권의 효력이 미치지 않도록 규정한 것이므로 그 상표의 등록이 무효인가의 여부에 관계없이 상표권의 효력이 다른 상표에 미칠 수 없다.[62] 그리고 이 법리는 서비스표에도 동일하게 적용된다. 따라서 도형과 문자가 결합된 본 건 등록서비스표의 문자 부분인 서울가든 중 서울은 대한민국 수도의 명칭으로서 현저한 지리적 명칭이고 가든은 현재 일반적, 관용적으로 음식점 특히 갈비집, 불고기집 등에 사용되고 있는 표장이므로 이는 상표법 제90조 제1항 제4호(현행 상표법으로 수정 표시: 저자 주)의 규정에 의하여 B가 사용하는 석촌서울가든이라는 문자로 된 서비스표에 대하여는 그 효력이 미치지 아니한다. 또한 어떤 서비스표가 상표법 제90조 제1항 제4

---

59) 심판원 1995. 2. 21. 94당70 심결.
60) 심판원 1995. 2. 21. 94당70 심결.
61) 대법원 1994. 9. 27. 선고 94다2213 판결.
62) 대법원 1981. 3. 10. 선고 80다548 판결; 대법원 1984. 1. 24. 선고 83후69 판결.

호 소정의 관용표장, 현저한 지리적 명칭으로 이루어진 경우에는 비록 그 서비스표가 한편으로 제90조 제1항 제1호(현행 상표법으로 수정 표시: 저자 주) 본문 소정의 자기의 상호를 보통으로 사용하는 방법으로 표시하는 서비스표에 해당하더라도 부정경쟁의 목적으로 사용하는지 여부에 관계없이 그 등록서비스표와 관련된 상표권의 효력이 이에 미칠 수 없다.[63]"

(5) 기능적인 입체적 형상 등으로 된 상표

등록상표의 지정상품 또는 그 지정상품 포장의 기능을 확보하는 데 불가결한 형상, 색채, 색채의 조합, 소리 또는 냄새로 된 상표에는 상표권의 효력이 미치지 아니한다.[64]

가. 조문의 취지

상표등록을 받으려는 상품 또는 그 상품의 포장의 기능을 확보하는 데 꼭 필요한 입체적 형상, 색채, 색채의 조합, 소리 또는 냄새만으로 된 상표에 대해서는 상표등록을 받을 수 없다.[65] 상품 또는 그 상품의 포장의 기능을 확보하는 데 꼭 필요한 입체적 형상, 색채, 색채의 조합, 소리 또는 냄새는 누구나가 자유롭게 사용할 수 있어야만 하기 때문이다. 따라서 상표법 제90조 제1항 제5호는 입체상표 제도 및 소리 또는 냄새 상표의 도입에 따라 지정상품 또는 지정상품의 포장의 기능에 불가피한 부분에 대해서는 상표권의 효력을 제한하고 있다.[66]

나. 조문의 내용

상표권자 A와 상표를 사용하는 B가 있다고 가정하자. B가 사용하는 상표는 상표권자 A가 가지는 등록상표의 지정상품 또는 그 지정상품 포장의 기능을 확보하는 데 불가결한 형상, 색채, 색채의 조합, 소리 또는 냄새로 된 상표이다. 이 경우 상표권자 A가 가지는 상표권의 효력은 B가 사용하는 상표에 미치지 아니한다는 것이다.

---

63) 대법원 1987. 6. 23. 선고 86후4 판결.
64) 상표법 제90조 제1항 제5호.
65) 상표법 제34조 제1항 제15호.
66) 특허청, 조문별 상표법해설, 2004년 4월, 246면.

2. 타인의 디자인권 등과의 관계에 의한 제한

상표권자·전용사용권자 또는 통상사용권자는 그 등록상표를 사용할 경우에 그 사용상태에 따라 그 상표등록출원일 전에 출원된 타인의 특허권·실용신안권·디자인권 또는 그 상표등록출원일 전에 발생한 타인의 저작권과 저촉되는 경우에는 지정상품 중 저촉되는 지정상품에 대한 상표의 사용은 특허권자·실용신안권자·디자인권자 또는 저작권자의 동의를 받지 아니하고는 그 등록상표를 사용할 수 없다.[67]

상표권자·전용사용권자 또는 통상사용권자는 그 등록상표의 사용이 부정경쟁방지 및 영업비밀보호에 관한 법률 제2조 제1호 카목에 따른 부정경쟁행위에 해당하는 경우에는 같은 목에 따른 타인의 동의를 받지 아니하고는 그 등록상표를 사용할 수 없다.[68]

(1) 조문의 취지

상표법 제92조 제1항은 상표법과 특허법, 디자인보호법 및 저작권법의 보호법익이 서로 다른 관계로 각각의 법률에 의한 별개의 권리가 발생하지만 보호하고자 하는 권리의 내용이 공통되어 권리간의 저촉 또는 충돌이 생길 수 있으므로 이를 조정하기 위한 것이다. 특히 입체상표의 도입으로 상표의 사용 태양이 특허 등을 실시한 물품과 동일하거나 유사할 수 있게 됨에 따라 저촉심사를 하지 아니하는 선·후출원 권리 사이의 조정을 위해 마련된 규정이다.[69] 한편 상표법 제92조 제2항은 상표권의 사용이 부정경쟁행위에 해당하게 될 경우 그 사용을 제한하기 위해 마련된 규정이다.

(2) 조문의 내용

상표법 제92조에 따라 일정한 경우 상표권의 효력이 제한된다. 구체적으로 타인의 디자인권 등과 저촉되거나 타인의 경제적 이익을 침해하는 경우 등록상표의 사용이 제한을 받게 된다.

---

67) 상표법 제92조 제1항.
68) 상표법 제92조 제2항.
69) 특허청, 조문별 상표법해설, 2004년 4월, 254면.

가. 타인의 디자인권 등과 저촉되는 경우

상표권자 B와 디자인권자 A가 있다고 가정하자. 디자인권자 A의 디자인권은 상표권자 B의 상표권보다 먼저 출원되어 등록된 것이다. 또한 상표권자 B의 상표권과 디자인권자 A의 디자인권은 서로 그 권리의 범위에서 서로 저촉관계에 있다. 이 경우 상표권자 B는 디자인권자 A의 동의를 받지 아니하고는 자신의 등록상표를 사용할 수 없다. 물론 상표권자 B가 가지고 있는 상표권이 독점적인 권리임에는 틀림이 없다. 그럼에도 불구하고 상표권자 B가 자신의 등록상표를 사용하기 위해 디자인권자 A의 동의를 필요로 한다는 점에서 상표권의 효력이 제한되는 경우에 해당되는 것이다.

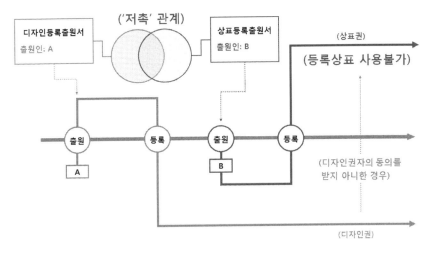

그림 타인의 디자인권 등과의 관계에 의한 상표권의 효력 제한

나. 타인의 경제적 이익을 침해하는 경우

상표권자·전용사용권자 또는 통상사용권자는 그 등록상표의 사용이 타인의 상당한 투자나 노력으로 만들어진 성과 등을 공정한 상거래 관행이나 경쟁질서에 반하는 방법으로 자신의 영업을 위하여 무단으로 사용함으로써 타인의 경제적 이익을 침해하는 행위[70]에 해당하는 경우에는 그 타인의 동의를 받지 아니하고는 그 등록상표를 사용할 수 없다.[71]

---

70) 부정경쟁방지 및 영업비밀보호에 관한 법률 제2조 제1호 카목.

3. 사용권과의 관계에 의한 제한

전용사용권이 설정된 경우 상표법 제95조 제3항에 따라 전용사용권자가 등록상표를 사용할 권리를 독점하는 범위에서 상표권자의 상표권이 제한된다.[72) 또한 통상사용권이 설정된 경우 제97조 제2항에 따라 통상사용권자가 등록상표를 사용할 권리를 가지는 범위에서 상표권자가 가지는 상표권의 소극적 효력이 제한된다. 특히 법정 통상사용권이 설정된 경우 그 법정 통상사용권이 설정된 범위에 대하여 상표권의 효력이 제한된다.[73)

4. 재심에 의하여 회복한 상표권의 효력 제한

상표등록이 무효 또는 취소된 후 재심에 의하여 그 효력이 회복된 경우 상표권의 효력은 해당 심결이 확정된 후 그 회복된 상표권의 등록 전에 선의(善意)로 해당 등록상표와 같은 상표를 그 지정상품과 같은 상품에 사용한 행위, 상표법 제108조에서 규정하는 침해로 보는 행위에 해당하는 행위에는 미치지 아니한다.[74)

상표권의 권리범위에 속하지 아니한다는 심결이 확정된 후 재심에 의하여 이와 상반되는 심결이 확정된 경우에도 상표권의 효력은 선의로 해당 등록상표와 같은 상표를 그 지정상품과 같은 상품에 사용한 행위, 상표법 제108조에서 규정하는 침해로 보는 행위에 해당하는 행위에는 미치지 아니한다.[75)

(1) 조문의 취지

상표등록이 무효 또는 취소되는 경우 그 등록상표는 누구나 사용할 수 있게 된다. 그러나 재심에 의해 그 상표권이 회복된 경우 상표등록에 대한 무효 또는 취소 심결이 확정된 시점부터 회복되기까지의 기간에 대해서도 상표권은 유효한 것이 된다. 이 경우 그 상표권이 무효 또는 취소가 된 것을 믿고 그 상표를 사용한 자에게 상표권 침해를 인정한다면 공평의 원칙에 반하게 될 것이다. 따라서 상표법 제160조를 규정함으로써 선의의 상표 사용자에게는 당해 회복된 상표

---

71) 상표법 제92조 제2항.
72) 상표법 제89조.
73) 법률에 의한 통상사용권 부분 참조.
74) 상표법 제160조 제1호, 상표법 제160조 제2호.
75) 상표법 제160조 제3호.

권의 효력이 미치지 않도록 하여 선의의 사용자와 상표권자 간의 법적인 형평을 고려한 것이다.[76] 상표권의 권리범위에 속하지 아니한다는 심결이 확정된 후 재심에 의하여 이와 상반되는 심결이 확정된 경우에도 마찬가지이다.

(2) 조문의 내용

상표등록이 무효 또는 취소된 후 재심에 의하여 그 효력이 회복된 경우 상표권의 효력은 제한된다. 또한 상표권의 권리범위에 속하지 아니한다는 심결이 확정된 후 재심에 의하여 이와 상반되는 심결이 확정된 경우에도 상표권의 효력은 제한된다.

가. 무효 또는 취소된 후 상표권이 회복된 경우

상표권자 A와 A의 등록상표와 동일 또는 유사한 상표를 사용한 B가 있다고 가정하자. 상표권자 A의 상표권은 무효 또는 취소된 후 재심에 의하여 그 효력이 회복되었다. B는 상표권자 A의 상표권이 무효 또는 취소된 후 재심에 의하여 그 효력이 회복되기 전까지 선의로 A의 등록상표와 동일 또는 유사한 상표를 그 지정상품과 동일 또는 유사한 상품에 사용하였다. 이 경우 A의 상표권이 무효 또는 취소된 후 재심에 의하여 그 효력이 회복되기 전까지 B가 선의로 해

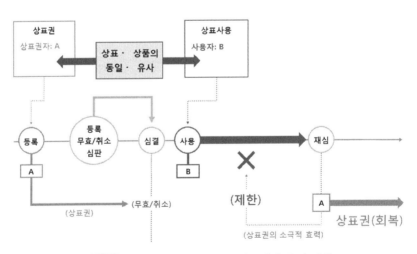

그림 재심에 의하여 회복한 상표권의 효력 제한

---

76) 선의를 요건으로 하는 것은 악의의 사용자에 대하여는 소급하여 침해자로 보아도 부당하지 않기 때문이다(특허청, 조문별 상표법해설, 2004년 4월, 369면).

당 등록상표와 같은 상표를 그 지정상품과 같은 상표에 사용한 행위, 상표법 제108조에서 규정하는 침해로 보는 행위에 대하여 상표권자 A가 가지는 상표권의 효력은 제한된다.

나. 상반된 권리범위 확인심결이 확정된 경우

상표권자 A와의 권리범위 확인심판에서 상표권의 권리범위에 속하지 아니한다는 심결이 확정된 것을 믿고 그 상표를 사용한 B가 있다고 가정하자. 그 후 상표권자가 재심을 청구하였고 재심에 의하여 이와 상반되는 심결이 확정되었다. 이 경우 그 상표권의 권리범위에 속하지 아니한다는 심결을 믿고 그 상표를 사용한 B에게 상표권 침해를 인정한다면 공평의 원칙에 반하게 된다. 따라서 B가 선의로 해당 등록상표와 같은 상표를 그 지정상품과 같은 상품에 사용한 행위, 상표법 제108조에서 규정하는 침해로 보는 행위에 대하여 상표권의 효력은 제한된다.

제 9 장

상표권 침해

공동체 미덕 담긴 말
'제주 올레'... 소주업체 분쟁까지

주식회사 한라산은 다른 업체가 가지고 있었던 올래의 상표권을 사들인 후 제주소주를 상대로 소송을 제기하였다. 주식회사 한라산은 제주 지역 소주시장에서 독점적 지위를 누리고 있는 회사이다.

소송의 발단은 2014년 9월 주식회사 한라산이 기존 제품인 한라산물 순한 소주를 한라산 올래로 바꿔 출시하면서 시작되었다. 제주소주가 올레를 상표명으로 사용하면서 자사의 상품과 혼동을 유발하고, 결과적으로 자사 상품의 매출이 떨어질 우려가 있다는 것이 소송의 이유였다.

■ 오마이뉴스(http://www.ohmynews.com/NWS_Web/View/at_pg.aspx?CNTN_CD=A0002372737) 2020년 3월 13일 방문.

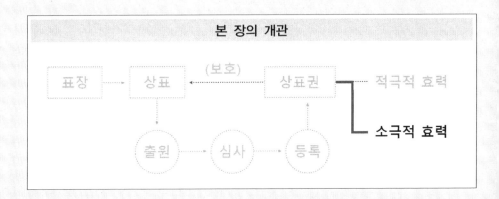

본 장의 개관

2014년 8월 경 주식회사 한라산은 주식회사 제주소주를 상대로 권리범위 확인심판을 청구하였다. 권리범위 확인심판에서 주식회사 한라산은 "주식회사 제주소주가 사용한 상표는 주식회사 한라산은 등록상표의 권리범위에 속한다."[1]고 주장하였다.

주식회사 한라산의 등록상표는 올래이다. 주식회사 제주소주가 자사의 소주에 사용한 상표는 올레이다. 그럼에도 불구하고 주식회사 한라산이 권리범위 확인심판을 청구한 것은 상표법이 상표권 침해의 범위를 동일 범위뿐만 아니라 유사 범위에까지 확대하여 인정하고 있기 때문이다. 뿐만 아니라 상표법은 등록상표에 대한 침해 유형을 침해의 예비적 행위에 대해서까지 확대하여 인정하고 있다.

I. 침해의 유형

상표법에서 인정하고 있는 상표권 침해로는 상표법 제107조 제1항과 동법 제108조 제1항 제1호에서 규정하고 있는 직접침해와 상표법 제108조 제1항 제2호 내지 제4호에서 명시하고 있는 간접침해가 있다.

1. 직접침해

직접침해라 함은 상표권자가 가진 상표권의 효력을 직접적으로 침해하는 것을 말한다. 상표권의 효력을 직접적으로 침해하는 것이라 함은 권원 없는 타인이 지정상품과 동일 또는 유사한 상품에 관하여 그 등록상표와 동일 또는 유사한 표장을 사용하는 것을 말한다. 이와 관련하여 상표법 제107조 제1항에서는 상표권자 또는 전용사용권자가 자기의 권리를 침해한 자 또는 침해할 우려가 있는 자에 대하여 그 침해의 금지 또는 예방을 청구할 수 있도록 하고 있다. 또한 상표법 제108조 제1항 제1호는 타인의 등록상표와 동일한 상표를 그 지정상품과 유사한 상품에 사용하거나 타인의 등록상표와 유사한 상표를 그 지정상품과 동일·유사한 상품에 사용하는 행위에 대해 상표권 또는 전용사용권을 침해하는 것으로 간주하고 있다.

---

1) 특허심판원 2015. 1. 19. 2014당2008 심결.

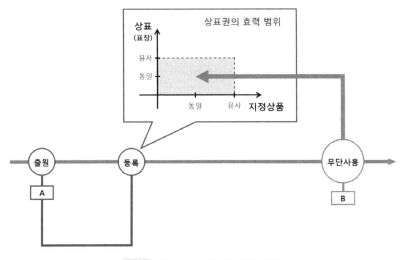

그림 상표법상 직접침해의 태양

2. 간접침해

간접침해라 함은 상표권의 효력을 간접적으로 침해하는 것을 말한다. 상표권의 효력을 간접적으로 침해하는 것이라 함은 타인의 등록상표와 동일·유사한 상표를 그 지정상품과 동일·유사한 상품에 사용하거나 사용하게 할 목적으로 교부·판매·위조·모조 또는 소지하는 행위[2]; 타인의 등록상표를 위조 또는 모조하거나 위조 또는 모조하게 할 목적으로 그 용구를 제작·교부·판매 또는 소지하는 행위[3]; 타인의 등록상표 또는 이와 유사한 상표가 표시된 지정상품과 동일·유사한 상품을 양도 또는 인도하기 위하여 소지하는 행위[4]를 말한다. 이와 같은 행위는 상표권을 직접적으로 침해하는 것은 아니지만 방치하면 침해행위로 이어질 개연성이 큰 예비적 행위에 해당하므로 상표법은 제108조 제1항 제2호 내지 제4호에서 상표권을 침해하는 행위로 간주하고 있다.[5]

---

2) 상표법 제108조 제1항 제2호.
3) 상표법 제108조 제1항 제3호.
4) 상표법 제108조 제1항 제4호.
5) 특허청, 조문별 상표법해설, 2004년 4월, 297면.

II. 침해의 범위

상표법은 제91조에서 규정하고 있는 동일 범위뿐만 아니라 제108조 제1항 제1호에서 명시하고 있는 유사 범위에 대해서까지 상표권을 침해하는 것으로 인정하고 있다.

1. 동일 범위

상표법은 제91조에서 등록상표 등의 보호범위를 명시하고 있다. 상표법 제91조 제1항에 의해 등록상표의 보호범위는 상표등록출원서에 적은 상표 및 기재사항에 따라 정해진다. 또한 상표법 제91조 제2항에 의해 지정상품의 보호범위는 상표등록출원서 또는 상품분류전환등록신청서에 기재된 상품에 따라 정해진다. 따라서 권원 없는 타인이 상표등록출원서에 기재된 상품과 동일한 범위의 상품에 관하여 상표등록출원서에 적은 상표와 동일한 범위의 표장을 사용하는 경우 상표권 침해를 구성하게 된다.

(1) 상표의 동일

상표법상 등록상표의 보호범위는 동법 제91조 제1항에 따라 상표등록출원서에 적은 상표 및 기재사항과 동일 범위에 대하여 인정된다. 여기서 동일 범위라 함은 등록상표 그 자체뿐만 아니라 거래 사회통념상 등록상표와 동일하게 볼 수 있는 형태의 상표를 포함한다.[6]

가. 판 단

상표의 동일성이 인정되는 경우로는 등록상표와 동일한 상표를 사용하는 경우[7]는 물론 거래통념상 식별표지로서 상표의 동일성을 해치지 않을 정도로 변형하여 사용하는 경우[8]도 포함한다.[9] 예를 들어 상표의 부기적인 부분을 제외한 요부가 동일한 상표, 문자 등의 크기나 색채만을 달리하는 상표 등을 들 수 있다.[10] 따라서 등록상표의 요부가 아닌 부기적 부분을 변형하여 사용한 것에 지

---

6) 대법원 1995. 4. 25. 선고 93후1834 전원합의체 판결.
7) 이와 같은 경우를 물리적 동일이라고 한다.
8) 이와 같은 경우를 실질적 동일이라고 한다.
9) 대법원 2005. 9. 29. 선고 2004후622 판결.

나지 아니하는 경우 동일한 상표를 사용한 것으로 보아야 한다.[11]

나. 관련 판례 – 대법원 2013. 9. 26. 선고 2012후2463 전원합의체 판결

본 판례에는 상표권자 A 그리고 B가 등장한다. A는 본 건 등록상표를 상품류 구분 제7류의 고무브이벨트를 지정상품으로 1992년 4월 9일에 상표등록 출원을 하여 1994년 3월 22일에 상표 등록을 받았다. 그 후 2004년 3월 9월에 상표권의 존속기간을 갱신하였다. 2011년 3월 28일, B는 상표등록 취소심판을 청구하고 본 건 등록상표가 그 지정상품에 대하여 정당한 이유 없이 상표등록 취소심판청구일 전 계속하여 3년 이상 국내에서 사용되지 아니하였으므로 그 상표등록이 취소되어야 한다고 주장하였다.

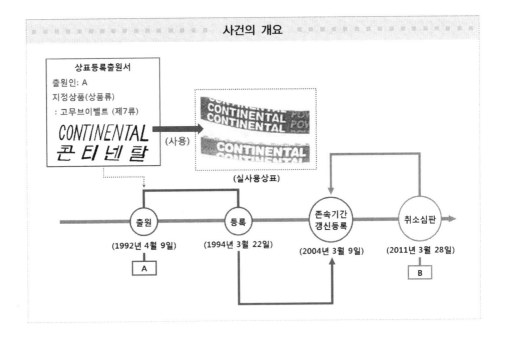

(가) B의 주장

B는 "본 건 등록상표는 상표권자, 전용사용권자 또는 통상사용권자 중 어느 누구에 의해서도 그 지정상품에 대하여 본 건 취소심판청구일 전 계속하여 3년

---

10) 특허청, 상표심사기준, 특허청 상표심사정책과, 2019년 1월, 50705면.
11) 대법원 1992. 11. 10. 선고 92후650 판결.

이상 국내에서 정당하게 사용되지 아니하였으므로 상표법 제119조 제1항 제3호 ('제119조 제1항 제3호'는 현행 상표법(법률 제18817호)으로 수정하여 표시한 것이다. 이하 같다.)에 해당되어 그 등록이 취소되어야 한다."¹²⁾고 주장하였다. 상표법은 제119조 제1항 제3호에서 상표권자·전용사용권자 또는 통상사용권자 중 어느 누구도 정당한 이유 없이 등록상표를 그 지정상품에 대하여 취소심판청구일 전 계속하여 3년 이상 국내에서 사용하고 있지 아니한 경우에는 그 상표등록의 취소심판을 청구할 수 있도록 하고 있다. 본 건 등록상표는 상단에 영문자 CONTINENTAL과 하단에 국문 콘티넨탈이 결합되어 구성된 상표이다. 그러나 상단 영문자 부분인 CONTINENTAL만이 실제 상표로 사용되었다. 이는 본 건 등록상표의 동일 범위를 벗어난 사용에 해당한다. 따라서 본 건 등록상표는 상표권자, 전용사용권자 또는 통상사용권자 중 어느 누구에 의해서도 그 지정상품에 대하여 본 건 취소심판청구일 전 계속하여 3년 이상 국내에서 정당하게 사용되지 아니하였으므로 그 상표등록을 취소하여야 한다는 것이다.

(나) 상표권자 A의 주장

A는 "본 건 등록상표의 지정상품인 고무브이벨트에 대하여 본 건 등록상표 중 상단 영문자 부분 CONTINENTAL으로 된 표장을 본 건 취소심판청구일 전 3년 이내에 국내에서 사용하였고 이와 같은 실사용상표는 거래사회의 통념상 본 건 등록상표와 동일하게 볼 수 있는 형태의 상표에 해당한다."¹³⁾고 주장하였다. 본 건 등록상표의 지정상품인 고무브이벨트에 대하여 본 건 등록상표 중 상단 영문자 부분 CONTINENTAL으로 된 표장을 국내에서 사용하였다. 이와 같은 사용은 거래사회의 통념싱 본 건 등록상표와 동일 범위에서의 사용에 해당하므로 본 건 등록상표에 대한 상표등록 취소 주장은 부당하다는 것이다.

(다) 대법원의 판단¹⁴⁾

"상표법 제119조 제1항 제3호(현행 상표법으로 수정 표시: 저자 주)는 상표권자 또는 사용권자에게 등록상표를 지정상품에 사용할 의무를 부과하고 일정기간 상표를 사용하지 아니한 경우 그에 대한 제재로 상표등록을 취소할 수 있도록 규

---

12) 특허법원 2012. 6. 21. 선고 2012허115 판결.
13) 특허법원 2012. 6. 21. 선고 2012허115 판결.
14) 대법원 2013. 9. 26. 선고 2012후2463 전원합의체 판결.

정하고 있다. 본 규정의 취지는 일정한 요건만 구비하면 사용 여부에 관계없이 상표를 등록받을 수 있도록 하는 등록주의를 채택함으로써 발생할 수 있는 폐해를 시정하고 타인의 상표 선택의 기회를 확대하기 위함에 있다.[15] 위와 같은 불사용으로 인한 상표등록취소 제도의 취지에 비추어 볼 때 등록상표를 사용한다고 함은 등록상표와 동일한 상표를 사용하는 경우를 말하고 유사상표를 사용하는 경우는 포함되지 아니하나 동일한 상표에는 등록상표 그 자체뿐만 아니라 거래통념상 등록상표와 동일하게 볼 수 있는 형태의 상표도 포함된다.[16] 그런데 상품의 특성, 상품이 판매되는 시장, 시대의 변화 등에 따라 등록상표를 다소 변형하여 사용하기도 하는 것이 거래의 현실이어서 영문자와 아울러 그에 대한 한글 발음을 옮긴 음역이 결합된 상표를 등록한 후 영문자나 그 한글 음역 중 어느 한 부분을 생략한 채 사용하는 경우도 흔히 발생한다. 지정상품을 고무브이벨트로 하는 본 건 등록상표는 영문자 CONTINENTAL과 이를 단순히 음역한 한글 콘티넨탈이 이단으로 병기되어 있는 형태로 이루어져 있고 실사용상표는 본 건 등록상표 중 상단의 영문자 부분만이 표시된 형태로 되어 있다. 우리나라의 현재 영어 보급수준을 고려하면 본 건 등록상표의 상단 영문자 부분과 하단 한글 음역 부분은 모두 일반 수요자나 거래자에게 대륙(풍)이라는 의미로 관념될 뿐 그 결합으로 인하여 새로운 관념이 생겨나지는 아니하고 또 영문자 부분 CONTINENTAL은 그 한글 음역 부분 콘티넨탈의 병기 없이도 콘티넨탈로 동일하게 호칭될 것으로 보이므로 본 건 등록상표 중 상단의 영문자 부분만으로 된 실사용상표는 일반 수요자나 거래자에게 본 건 등록상표 그 자체와 동일한 호칭과 관념을 일으킨다. 그렇다면 실사용상표의 사용은 거래통념상 본 건 등록상표와 동일하게 볼 수 있는 형태의 상표 사용에 해당한다고 봄이 타당하다."

(2) 상품의 동일

상표법상 지정상품의 보호범위는 동법 제91조 제2항에 따라 상표등록출원서 또는 상품분류전환등록신청서에 기재된 상품과 동일 범위에 대하여 인정된다. 여기서 동일 범위라 함은 지정상품 그 자체뿐만 아니라 거래사회의 통념상 지정상품과 동일하게 볼 수 있는 상품을 포함한다.[17]

---

15) 대법원 2011. 6. 30. 선고 2011후354 판결.
16) 대법원 1995. 4. 25. 선고 93후1834 전원합의체 판결; 대법원 2009. 5. 14. 선고 2009후665 판결.

가. 판 단

동일한 상품인지 여부에 대한 판단은 양 상품의 품질·용도·형상·사용방법·유통경로 및 공급자와 수요자 등 상품의 속성과 거래의 실정을 종합적으로 고려하여 객관적으로 판단한다.[18]

나. 관련 판례 – 대법원 2000. 10. 24. 선고 99후345 판결

본 판례에는 상표권자 A 그리고 B가 등장한다. A는 본 건 등록상표 SCABAL TEX를 상품류 구분 제49류의 견직물, 목면직물, 소모직물 등을 지정상품으로 1989년 12월 8일에 상표등록 출원을 하여 1991년 3월 6일에 상표등록을 받았다. 1997년 4월 4일, B는 상표등록 취소심판을 청구하고 본 건 등록상표 SCABAL TEX가 그 지정상품에 대하여 정당한 이유 없이 상표등록 취소심판청구일 전 계속하여 3년 이상 국내에서 사용되지 아니하였으므로 그 상표등록이 취소되어야 한다고 주장하였다.

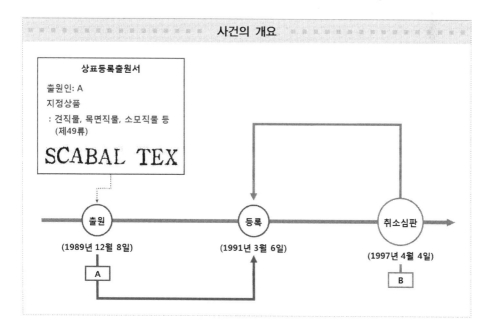

---

17) 대법원 2001. 1. 19. 선고 2000후3166 판결.
18) 대법원 2009. 7. 23. 선고 2007후4434 판결.

(가) B의 주장

B는 "본 건 등록상표는 국내에서 심판청구일 전 계속하여 3년 이상 그 지정 상품인 견직물, 목면직물, 소모직물 등에 대하여 사용되지 않았으므로 상표법 제 119조 제1항 제3호('제119조 제1항 제3호'는 현행 상표법(법률 제18817호)으로 수정 하여 표시한 것이다. 이하 같다.)에 해당하여 그 등록이 취소되어야 한다."[19]고 주 장하였다. 상표법 제119조 제1항 제3호에 따라 상표권자·전용사용권자 또는 통 상사용권자 중 어느 누구도 정당한 이유 없이 등록상표를 그 지정상품에 대하여 취소심판청구일 전 계속하여 3년 이상 국내에서 사용하고 있지 아니한 경우에는 그 상표등록의 취소심판을 청구할 수 있다. 본 건 등록상표 SCABAL TEX는 견 직물, 목면직물, 소모직물 등을 지정상품으로 상표등록을 받았다. 실제로는 본 건 등록상표의 지정상품이 아닌 양복지에 사용되었다. 따라서 본 건 등록상표는 상표법 제119조 제1항 제3호의 규정에 의하여 그 등록이 취소되어야 한다는 것 이다.

(나) 상표권자 A의 주장

A는 "본 건 등록상표가 그 지정상품에 정당하게 사용된 바 있다."[20]고 주장 하며 SCABAL과 MADE BY J.MOBANG이라는 영문자가 표기된 양복지 실물견 본을 제출하였다. 본 건 등록상표가 사용된 양복지는 본 건 등록상표의 지정상 품 중 하나인 소모직물과 거래사회의 통념상 동일성 있는 상품에 해당한다. 따 라서 본 건 등록상표는 그 지정상품에 본 건 심판청구일 전 3년 이내에 정당하 게 사용되었으므로 본 건 등록상표에 대한 상표등록 취소 주장은 부당하다는 것 이다.

(다) 대법원의 판단[21]

"상표권자·전용사용권자 또는 통상사용권자 중 어느 누구도 정당한 이유 없 이 등록상표를 그 지정상품에 대하여 취소심판청구일 전 계속하여 3년 이상 국 내에서 사용하고 있지 아니한 경우에는 그 상표등록의 취소심판을 청구할 수 있 다.[22] 상표권자 A가 1987년 1월 9일부터 현재까지 서울 서초구에서 제일모방이

---

19) 특허심판원 1998. 8. 28. 97당399 심결.
20) 특허심판원 1998. 8. 28. 97당399 심결.
21) 대법원 2000. 10. 24. 선고 99후345 판결.

란 상호로 모직물 등의 도매업에 종사하여 오면서 서울 중구에서 양복점을 경영하는 소외인에게 1997년 1월 10일 가장자리에 MADE BY J.MOBANG SCABAL이라고 표시된 양복지를 판매하였는데 위 양복지는 상표권자 A가 양복지를 제조하는 중소업체에게 상표권자 A의 상호인 제일모방을 의미하는 J.MOBANG과 상표권자 A의 상표인 본 건 등록상표 중 일부인 SCABAL을 표기하여 주문자상표부착방식(이른바 OEM 방식)으로 양복지를 제조할 것을 의뢰하여 이를 납품받아 위 소외인에게 판매한 사실을 인정할 수 있다. 본 건 등록상표의 지정상품 중 하나인 소모직물은 양모의 가느다란 긴 털로 만든 모직물을 말하는 것으로서 일반적으로 양복지로 많이 사용되고, 또한 상표권자 A가 행하고 있는 사업종목에 모직물의 도매업이 포함되어 있는 점을 보태어 보면 결국 본 건 등록상표는 그 지정상품 중 하나인 소모직물에 관하여 사용되었다고 봄이 상당하다."

2. 유사 범위

타인의 등록상표와 동일한 상표를 그 지정상품과 유사한 상품에 사용하는 행위, 타인의 등록상표와 유사한 상표를 그 지정상품과 동일·유사한 상품에 사용하는 행위에 대해서는 상표권을 침해한 것으로 본다.[23] 따라서 권원 없는 타인이 등록상표와 동일한 상표를 그 지정상품과 유사한 상품에 사용하는 경우, 등록상표와 유사한 상표를 그 지정상품과 동일·유사한 상품에 사용하는 경우 상표권 침해를 구성하게 된다.

(1) 상표의 유사

상표법 제108조 제1항 제1호에 따라 등록상표의 유사 범위에 대한 사용에 대해서까지 상표권 침해로 간주된다. 상표의 유사라 함은 대비되는 두 개의 상표가 서로 다른 부분이 있더라도 외관이나 칭호 또는 관념이 유사하여 전체적으로 일반 수요자가 오인·혼동하기 쉬운 경우를 말한다.[24]

가. 판단의 요소

상표의 유사성 유무를 판단함에 있어서는 각 상표의 외관, 호칭, 관념 등을

---

22) 상표법 제119조 제1항 제3호.
23) 상표법 제108조 제1항 제1호.
24) 대법원 1996. 7. 12. 선고 95후1623 판결.

객관적, 전체적으로 관찰하되 그 궁극적 판단 기준은 결국 당해 실사용상표의 사용으로 대상상표의 표장상품과의 사이에 상품출처의 오인·혼동이 야기될 우려가 객관적으로 존재하는가의 여부에 두어야 한다.[25] 따라서 외관·칭호·관념 중에서 어느 하나가 유사하다 하더라도 다른 점도 고려할 때 전체로서는 수요자들로 하여금 명확히 품질이나 출처의 오인·혼동을 피할 수 있는 경우에는 유사한 것이라고 할 수 없고, 다만 서로 다른 부분이 있더라도 외관이나 칭호 또는 관념이 유사하여 전체적으로 일반 수요자가 오인·혼동하기 쉬운 경우에는 유사한 것이라고 하여야 한다.[26]

(가) 칭 호

칭호라 함은 상표를 말하거나 읽을 때 발음되는 소리를 말한다. 오늘날 방송 등 광고선전 매체나 전화 등의 광범위한 보급에 따라 상표를 음성 매체 등으로 광고하거나 전화로 상품을 주문하는 일 등이 빈번한 점 등을 고려할 때 문자상표의 유사 여부를 판단함에 있어서는 그 칭호의 유사 여부가 가장 중요한 요소가 된다.[27]

ㄱ. 판 단

문자상표의 칭호는 상표에 표시된 문자를 읽을 때 자연스럽게 발음되는 소리를 가지고 경험칙에 비추어 관찰한다.[28] 특히 외국어로 이루어진 상표의 칭호는 우리나라의 거래자나 일반 수요자의 대부분이 그 외국어를 보고 특별한 어려움 없이 자연스럽게 하는 발음에 의하여 정하여야 한다. 이와 관련하여 판례는 "본 건 출원상표 ELOCOM은 우리나라의 거래자나 일반 수요자의 자연스러운 발음에 따라 엘로콤, 엘로컴, 에로콤, 에로컴 등으로 호칭된다고 봄이 상당하다. 그 중 본 건 출원상표 ELOCOM이 엘로콤 또는 엘로컴으로 호칭되는 경우에는 선출원 등록상표 엘레콤과 그 호칭이 유사하므로 양 상표는 동일·유사한 지정상품에 사용될 경우 거래자나 일반 수요자로 하여금 출처의 오인·혼동을 일으키

---

25) 대법원 1988. 5. 10. 선고 87후87, 87후88 판결; 대법원 1999. 9. 17. 선고 98후423 판결; 대법원 2000. 4. 25. 선고 98후1877 판결.
26) 대법원 1996. 4. 9. 선고 95후1692 판결; 대법원 1996. 7. 12. 선고 95후1623 판결; 대법원 2000. 2. 22. 선고 99후1850 판결.
27) 대법원 2000. 2. 25. 선고 97후3050 판결.
28) 대법원 1993. 9. 14. 선고 92후544 판결.

게 할 염려가 있다."고 하였다.[29] 다만 우리나라의 거래자나 일반 수요자의 대부분이 실제로 그 외국어 상표를 특정한 발음으로 널리 칭호·인식하고 있다는 등의 구체적·개별적 사정이 있는 경우에는 이를 고려하여 외국어 상표의 칭호를 정할 수 있을 것이나[30] 그와 같은 구체적·개별적 사정은 증거에 의하여 명확하게 인정되는 것이어야 한다.[31]

한편 상표 서로 간에 다른 부분이 있어도 그 요부를 이루는 문자가 유사하여 그 칭호에 있어서 혼동하기 쉬운 경우에는 유사상표에 해당한다.[32] 이와 관련하여 판례는 "등록상표 한국인단주식회사와 인용상표 인단을 대비하여 보면, 위 상표들이 외관에 있어서는 서로 유사하다고 보기 어려워도 칭호에 있어서는 등록상표의 요부 중의 하나인 인단 부분이 인용상표의 칭호와 완전히 동일하여 상표를 그 특징적인 부분만으로 간략하게 호칭하는 일이 많은 거래계에서는 등록상표 또한 인용상표와 마찬가지로 인단 또는 한국인단으로 약칭할 경우가 많을 것이어서 이 점에서 위 상표들은 일반 수요자로 하여금 상품출처의 오인, 혼동을 일으킬 정도로 서로 유사하다고 하지 않을 수 없다."[33]고 하였다.

ㄴ. 관련 판례 - 대법원 2008. 4. 24. 선고 2007후180 판결

본 판례에는 상표권자 A와 A의 상표등록에 대한 무효를 주장한 B가 등장한다. A는 본 건 등록서비스표 세티즌을 서비스업류 구분 제35류의 컴퓨터 네트워크상의 온라인광고업 등을 지정서비스업으로 2003년 12월 10일에 서비스표등록 출원을 하여 2005년 5월 16일에 서비스표등록을 받았다. 2005년 8월 17일, B는 상표등록 무효심판을 청구하고 본 건 등록서비스표 세티즌이 선등록서비스표 CITIZEN과 유사하여 상표법 제34조 제1항 제7호('제34조 제1항 제7호'는 현행 상표법(법률 제18817호)으로 수정하여 표시한 것이다. 이하 같다.)에 해당한다는 이유로 A의 서비스표등록에 대한 무효를 주장하였다. 선등록서비스표 CITIZEN은 서비스업류 구분 제101류의 광고대행업 등을 지정서비스업으로 1995년 5월 13일에 서비스표등록 출원을 하여 1997년 4월 17일에 서비스표등록을 받은 것이다.

---

29) 대법원 2006. 9. 8. 선고 2006후954 판결.
30) 대법원 2000. 1. 21. 선고 99후2532 판결; 대법원 2005. 11. 10. 선고 2004후2093 판결.
31) 대법원 2006. 9. 8. 선고 2006후954 판결.
32) 대법원 1986. 3. 11. 선고 85후134; 대법원 1984. 12. 26. 선고 84후70 판결.
33) 대법원 1990. 1. 23. 선고 88후493 판결.

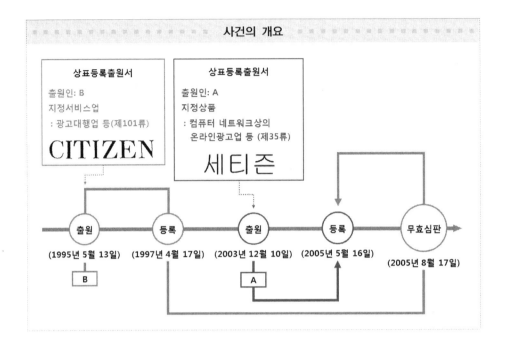

(ㄱ) B의 주장

B는 "본 건 등록서비스표 세티즌은 선등록서비스표 CITIZEN과 유사하여 상표법 제34조 제1항 제7호에 해당하는 등록무효 사유가 있으므로 그 등록이 무효가 되어야 한다."[34]고 주장하였다. 본 건 등록서비스표 세티즌은 컴퓨터 네트워크상의 온라인광고업 등을 지정서비스업으로 등록되었다. 선등록서비스표 CITIZEN은 광고대행업 등을 지정서비스업으로 서비스표등록을 받았다. 따라서 본 건 등록서비스표는 선등록서비스표와 그 상표 및 지정상품이 서로 유사하므로 상표법 제34조 제1항 제7호의 규정을 적용하여 본 건 등록상표의 무효를 주장한다는 것이다.

(ㄴ) 상표권자 A의 주장

A는 "본 건 등록서비스표는 선등록서비스표와 외관, 관념, 칭호가 서로 비유사하므로 상표법 제34조 제1항 제7호에 해당하는 등록무효 사유가 없다."[35]고 주장하였다. 본 건 등록서비스표는 세티즌이다. 선등록서비스표 CITIZEN은 시티

---

34) 특허심판원 2006. 5. 30. 2005당1982 심결.
35) 특허심판원 2006. 5. 30. 2005당1982 심결.

즌으로 호칭된다. 따라서 본 건 등록서비스표는 선등록서비스표와 외관, 관념, 칭호가 서로 비유사하므로 본 건 등록상표는 상표법 제34조 제1항 제7호에 해당하지 않는다는 것이다.

(ㄷ) 대법원의 판단[36]

"선출원에 의한 타인의 등록상표와 동일·유사한 상표로서 그 지정상품과 동일·유사한 상품에 사용하는 상표에 대해서는 상표등록을 받을 수 없다.[37] 선출원에 의한 타인의 등록상표와 동일·유사한 상표로서 그 지정상품과 동일·유사한 상품에 사용하는 상표가 상표등록이 된 경우 이해관계인 또는 심사관은 무효심판을 청구할 수 있다.[38] 세티즌으로 이루어진 본 건 등록서비스표는 한글로 표기된 바에 따라 세티즌으로 호칭되고 CITIZEN으로 이루어진 선등록서비스표는 시티즌으로 호칭될 것인바, 두 서비스표는 호칭되는 음절수가 3음절로 서로 같고 세 음절 중 첫 음절의 초성과 둘째 음절 및 마지막 음절의 전부가 ㅅ과 티즌으로 같으며, 첫 음절의 모음만이 ㅔ와 ㅣ로 다를 뿐이어서 전체적인 청감에 있어 극히 유사하다. 따라서 그 관념과 외관을 고려하더라도 호칭이 유사한 두 서비스표를 동일·유사한 지정서비스업에 함께 사용하는 경우에 일반수요자나 거래자로 하여금 출처의 오인·혼동을 일으킬 염려가 있다."

(나) 외 관

외관이라 함은 상표에 표시된 기호·문자·도형 등 상표의 외관상의 형상을 말한다.[39] 외관이 유사하다는 것은 대비되는 두 개의 상표에 표시된 문자·도형·기호 등 상표의 외관상의 형상을 시각에 호소하여 관찰하였을 경우 그들이 상품의 식별표지로서 서로 혼동되기 쉬운 경우를 말한다.[40]

ㄱ. 판 단

외관의 유사성 판단은 주로 기호, 도형, 입체적 형상 또는 이들과 색채를 결합한 상표 간에 적용되나 문자상표 간에도 문자의 구성과 형태를 감안하여 외관

---

36) 대법원 2008. 4. 24. 선고 2007후180 판결.
37) 상표법 제34조 제1항 제7호.
38) 상표법 제117조 제1항 제1호.
39) 특허청, 상표심사기준, 특허청 상표심사정책과, 2019년 1월, 50708면.
40) 대법원 1993. 9. 14. 선고 92후544 판결.

의 유사성을 고려하여야 한다.[41] 이와 관련하여 판례는 "외관에 있어서도 양 상표 모두 고딕체의 영어 대문자로 구성된 것으로서 앞부분의 여섯 개의 문자 AUTOLO가 동일하고 끝 부분의 CK와 G의 차이만이 있어 외관이 서로 유사하여 양 상표가 동일, 유사한 상품에 사용되는 경우 일반 수요자로 하여금 상품 출처의 오인·혼동을 일으키게 할 염려가 있다."[42]고 하였다.

특히 도형상표들에 있어서는 그 외관이 지배적인 인상을 남기는 것이므로 외관이 동일·유사하여 양 상표를 다 같이 동종 상품에 사용하는 경우 일반 수요자로 하여금 상품의 출처에 관하여 오인·혼동을 일으킬 염려가 있다면 양 상표는 유사하다고 보아야 한다.[43] 이와 관련하여 판례는 "두 상표의 외관을 이격적으로 관찰하면 두 표장은 모두 검은색 도형 내부에 옆으로 누운 아치형의 도형 2개가 상하로 배치되어 있는 점, 검은색 도형의 왼쪽 부분이 오른쪽 부분보다 2배 정도 두꺼운 점 등에서 공통되고, 알파벳 B를 이용하여 도안화한 것으로 보이는 점에서 모티브가 동일하여 전체적인 구성과 거기에서 주는 지배적 인상이 유사하다."[44]고 하였다. 따라서 칭호와 관념의 차이에도 불구하고 외관상 극히 유사하여 거래상 상품출처 및 품질의 혼동·오인을 가져올 우려가 있는 경우에는 양 상표가 유사한 것으로 인정될 수 있다.[45]

ㄴ. 관련 판례 – 대법원 2008. 3. 13. 선고 2008후19 판결

본 판례에는 상표출원인 A, 특허청이 등장한다. A는 본 건 출원상표인 독수리 형상의 도형상표를 상품류 구분 제18류의 운동가방, 가죽제 열쇠케이스 등과 제25류의 가죽신, 고무부츠 등을 지정상품으로 2006년 5월 9일에 상표등록 출원을 하였다. 이에 대하여 특허청은 본 건 출원상표가 타인의 선출원 등록상표와 동일 또는 유사하여 상표등록 받을 수 없다는 이유로 상표등록을 거절하였다. 독수리 형상의 도형으로 구성된 선출원 등록상표는 상품류 구분 제18류의 가죽제 상자, 가죽제 열쇠케이스 등과 제25류의 부츠, 가죽신, 운동화 등을 지정상품으로 2002년 10월 1일에 상표등록 출원되어 2004년 7월 27일에 상표등록이 되

---

41) 특허청, 상표심사기준, 특허청 상표심사정책과, 2019년 1월, 50708면.
42) 대법원 2000. 4. 11. 선고 99후581 판결.
43) 대법원 1994. 3. 22. 선고 93후1605 판결; 대법원 2000. 12. 26. 선고 98도2743 판결; 대법원 2013. 3. 14. 선고 2010도15512 판결; 대법원 2016. 7. 14. 선고 2015후1348 판결.
44) 대법원 2016. 7. 14. 선고 2015후1348 판결.
45) 대법원 1990. 2. 13. 선고 89후308 판결.

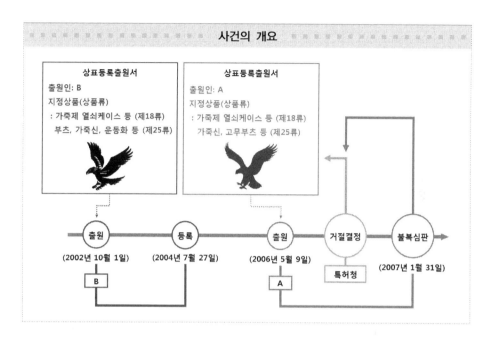

사건의 개요

었다. 2007년 1월 31일, A는 상표등록 거절결정 불복심판을 청구하고 특허청의 상표등록 거절결정에 대한 취소를 주장하였다.

(ㄱ) 특허청의 주장

특허청은 "본 건 출원상표는 타인의 선출원 등록상표의 지정상품들과 관련하여 볼 때 타인의 선출원 등록상표와 외관이 동일 또는 유사한 상표에 해당하므로 상표법 제34조 제1항 제7호('제34조 제1항 제7호'는 현행 상표법(법률 제18817호)으로 수정하여 표시한 깃이다. 이하 같다.)에 해당하여 상표등록을 받을 수 없다."[46]라고 주장하였다. 선출원에 의한 타인의 등록상표와 동일·유사한 상표로서 그 지정상품과 동일·유사한 상품에 사용하는 상표는 상표법 제34조 제1항 제7호에 의해 상표등록을 받을 수 없다. 본 건 출원상표와 선출원 등록상표는 모두 독수리 형상의 도형상표이다. 또한 본 건 출원상표와 선출원 등록상표는 모두 상품류 구분 제18류와 제25류의 상품들을 그 지정상품으로 한다. 따라서 상표법 제34조 제1항 제7호의 규정을 적용하여 본 건 출원상표에 대한 상표등록을 거절하였다는 것이다.

---

46) 특허심판원 2007. 6. 14. 2007원1259 심결.

(ㄴ) 상표출원인 A의 주장

A는 "본 건 출원상표는 새의 그림자 즉, 실루엣만으로 구성된 것이지만 선출원 등록상표는 새의 눈동자의 형상, 깃털 깃의 방향, 깃털 등에 흰색 선들이 묘사되어 있고 양 상표는 날개의 방향, 발의 위치 등 전체적인 형상도 서로 달라 오인 혼동의 우려가 없다."[47]고 주장하였다. 본 건 출원상표는 새의 그림자 즉, 실루엣만으로 구성된 것이다. 반면 선출원 등록상표는 새의 눈동자의 형상, 깃털 깃의 방향, 깃털 등에 흰색 선들이 묘사되어 있다. 또한 양 상표는 날개의 방향, 발의 위치 등 전체적인 형상도 서로 달라 오인 혼동의 우려가 없다. 따라서 본 건 출원상표는 상표법 제34조 제1항 제7호의 규정에 해당하지 아니하므로 상표 등록 거절결정을 취소하여야 한다는 것이다.

(ㄷ) 대법원의 판단[48]

"상표의 유사 여부는 두 개의 상표를 놓고 그 외관, 호칭, 관념 등을 객관적, 전체적, 이격적으로 관찰하여 거래상 일반 수요자나 거래자가 상표에 대하여 느끼는 직관적 인식을 기준으로 하여 그 상품의 출처에 대한 오인·혼동의 우려가 있는지의 여부에 의하여 판별되어야 하므로 비교되는 2개의 상표의 구성부분을 구체적으로 대비하여 유사 여부를 판단하여서는 아니 될 것이다. 본 건 출원상표는 실루엣으로 도형화한 것으로 일견하여 독수리로 직감되는 상표이고 선출원 등록상표는 독수리로 직감되는 도형으로 날개와 머리 부분에 흰색 선이 표현되어 있어 세부적인 면에서는 일부 다른 점을 부인할 수는 없으나, 양 상표는 모두 날개를 활짝 편 날고 있는 독수리로 직감되는 상표로써 이들 상표를 객관적, 이격적으로 관찰할 때 오인 혼동의 염려가 있는 유사한 상표이다. 또한 본 건 출원상표의 제18류 및 제25류에 속하는 지정상품과 선출원 등록상표의 지정상품은 그 상품의 형상, 성질, 수요자 및 거래자의 범위, 유통경로 등 거래실정이 서로 동일하거나 유사한 상품들에 해당한다. 따라서 본 건 출원상표는 선출원 등록상표와 유사하고, 지정상품도 유사하므로 상표법 제34조 제1항 제7호(현행 상표법으로 수정 표시: 저자 주)의 규정에 해당하여 상표등록을 받을 수 없다."

---

47) 특허심판원 2007. 6. 14. 2007원1259 심결.
48) 대법원 2008. 3. 13. 선고 2008후19 판결.

(다) 관 념

관념이라 함은 상표가 가지는 의미를 말한다.[49] 상표가 가지는 의미란 일반 수요자나 거래자를 기준으로 하여 그들이 그 상표를 보고 직관적으로 깨닫게 되는 것을 말한다.[50] 따라서 심사숙고하거나 사전을 찾아보고서 비로소 그 뜻을 알 수 있는 것은 고려대상이 될 수 없다.[51] 특히 도형상표는 그 도형이 일반 수요자에 의해 이해되는 바에 따라 관념이 정하여지고 그 관념에 따라 유사여부가 판단된다.[52] 이와 관련하여 판례는 "본 건 등록상표는 일반 수요자나 거래자에게 창과 방패를 든 채 말을 타고 있는 기사의 관념으로 인식될 것으로 보이는 반면, 인용상표는 관념에 있어서 단순히 말을 탄 사람 또는 말을 탄 폴로경기의 선수 정도로 인식될 뿐이므로 본 건 등록상표와 인용상표는 관념이 상이하다."[53]고 하였다.

ㄱ. 판 단

관념은 칭호와 마찬가지로 상표의 요부로부터 나오며 어떤 의미를 가진 단어로 된 상표에 있어서는 칭호가 유사하면 관념도 유사한 경우가 보통이다.[54] 이와 관련하여 판례는 "본 건 출원상표는 영문자로 SNOW BRAND라고 표기한 문자상표이고 인용상표는 한글로 스노우라고 표기한 문자상표이다. 칭호에 있어서 본 건 출원상표는 스노우 브랜드라 호칭될 것이나 이를 SNOW와 BRAND로 분리하는 것이 부자연스럽지 아니하고 일반거래계에서는 간략히 그 특징적인 부분만으로 호칭하는 것이 통례이므로 스노우로 호칭될 수도 있어 이러한 경우에는 인용상표와 그 칭호가 동일하게 되므로 인용상표와 칭호가 유사하다 아니할 수 없다. 관념에 있어서도 본 건 출원상표는 눈 또는 눈표로 인식될 것이고 인용상표는 영문자 SNOW를 한글로 표기한 것으로서 눈으로 직감되므로 양자는

---

49) 특허청, 상표심사기준, 특허청 상표심사정책과, 2019년 1월, 50709면.
50) 대법원 1987. 2. 24. 선고 86후132 판결; 대법원 1989. 9. 29. 선고 88후1410 판결.
51) 대법원 1992. 8. 14. 선고 92후520 판결; 대법원 1992. 10. 23. 선고 92후896 판결.
52) 특허청, 상표심사기준, 특허청 상표심사정책과, 2019년 1월, 50709면.
53) 대법원 2001. 11. 27. 선고 2000후1481 판결.
54) 특허청, 상표심사기준, 특허청 상표심사정책과, 2019년 1월, 50709면. 반대의 경우로 "외관과 칭호가 너무 달라서 비록 관념상으로는 일부 동일 또는 유사한 점이 있다고 하더라도 일반 수요자의 입장에서 전체적, 객관적, 이격적으로 관찰하면 양 상표는 서로 유사하지 아니하다."라고 판시한 판례도 있다(대법원 1997. 2. 28. 선고 96후931 판결).

유사하다. 따라서 결국 본 건 출원상표는 인용상표와 그 관념, 칭호가 유사하여 오인·혼동의 우려가 있어 유사한 상표이다."[55]고 하였다. 그러나 외관과 호칭이 다르지만 관념이 극히 유사하여 양 표장을 동일·유사한 상품에 사용할 경우 일반 수요자로서는 출처를 오인·혼동할 우려가 있다면 두 상표는 유사한 것으로 판단된다.[56] 이와 관련하여 판례는 "본 건 등록상표는 나비모양을 한 도형상표이고 선출원 등록상표인 인용상표는 좌측에 B의 도형을 하고 그 우측에 로마문자로 UTTERFLY라 표기한 도형과 문자의 결합상표이므로 그 외관에 있어서는 크게 다르나 본 건 등록상표는 나비의 형상이므로 나비로 호칭될 가능성이 높고 인용상표는 도안의 오른쪽 끝부분을 영문자 B자로 인식할 수 있어 이를 영문자 표기부분과 합쳐 BUTTERFLY로 쉽게 읽을 수 있어 관념에 있어서 양상표가 모두 나비로 인식되므로 관념이 동일하여 양상표는 외관의 차이에도 불구하고 오인, 혼동의 우려가 있다.[57]"고 하였다.

한편 하나의 상표에서 두 개 이상의 관념을 생각할 수 있는 경우에 그중 하나의 관념이 다른 상표의 그것과 동일 또는 유사하다고 인정될 때에는 결국 두 상표는 유사한 것으로 판단된다.[58] 이와 관련하여 판례는 "출원상표 Personal System/2와 인용상표 Personal·퍼스날의 유사 여부판단에서 본 건 출원상표는 Personal이라는 영문자에 의하여 인식되거나 System이라는 영문자에 의하여 인식될 것인데 흔히 Personal이라는 문자에 의하여 인식될 것이고 본 건 출원상표가 Personal이라는 문자에 의하여 인식되는 경우에는 인용상표와 그 칭호나 관념이 동일 또는 유사하다."[59]고 하였다. 반면 아무런 뜻이 없는 조어로 된 상표는 관념이 있다고 할 수 없으므로 관념은 대비대상이 되지 아니하며, 다른 요소를 통해 유사여부를 판단한다. 이와 관련하여 판례는 "본 건 등록상표인 SUN

---

55) 대법원 1991. 12. 24. 선고 91후1205 판결.
56) 이와 관련하여 "본 건 등록서비스표의 문자부분 21세기컨설팅주식회사의 구성 중 주식회사는 회사의 종류를 나타내고, 컨설팅은 업종을 나타내는 것으로서 식별력이 없거나 약하므로 본 건 등록서비스표는 21세기로 호칭·관념되고, 한편 CENTURY는 세기, 100년 등의 의미를 지닌 중학생 수준의 단어에 해당하여 일반 수요자는 인용표장 CENTURY 21을 21세기로 관념할 것이므로 본 건 등록서비스표와 인용표장은 외관과 호칭이 다르지만 관념이 극히 유사하여 양 표장을 동일·유사한 서비스업 등에 사용할 경우 일반 수요자로서는 출처를 오인·혼동할 우려가 있다."고 한 판례가 있다(대법원 2001. 12. 28. 선고 2001후2467 판결).
57) 대법원 1990. 10. 16. 선고 90후687 판결.
58) 대법원 1991. 12. 27. 선고 91후1076 판결.
59) 대법원 1990. 5. 8. 선고 89후1394 판결.

SCIENCE는 태양 과학 등의 의미로 인식되는 반면 선출원상표의 요부인 SENSCIENCE는 특별한 관념이 떠오르지 않는 조어이므로 양 상표의 관념을 대비할 수 없다고 하더라도, 호칭이 유사한 양 상표를 동일·유사한 지정상품에 함께 사용하는 경우 일반 수요자에게 상품의 출처에 관하여 오인·혼동을 일으킬 염려가 있으므로 양 상표는 표장이 서로 유사하다.[60]"고 하였다.

ㄴ. 관련 판례 - 대법원 1997. 7. 11. 선고 96후2197 판결

본 판례에는 상표출원인 A, 특허청이 등장한다. A는 본 건 출원서비스표인 삽살개 형상의 도형상표를 서비스업류 구분 제106류의 전화통신업, 무선통신업 등을 지정서비스업으로 1993년 5월 4일에 서비스표등록 출원을 하였다. 이에 대하여 특허청은 본 건 출원서비스표가 선출원 서비스표인 인용서비스표와 동일 또는 유사하여 상표등록 받을 수 없다는 이유로 상표등록을 거절하였다. 인용서비스표는 지정서비스업류 구분 제106류의 전화통신업, 정보통신업 등을 지정서비스업으로 1993년 2월 20일에 서비스표등록 출원을 하여 1994년 5월 16일에 서비스표등록이 되었다. 1995년 7월 3일, A는 상표등록 거절결정 불복심판을 청

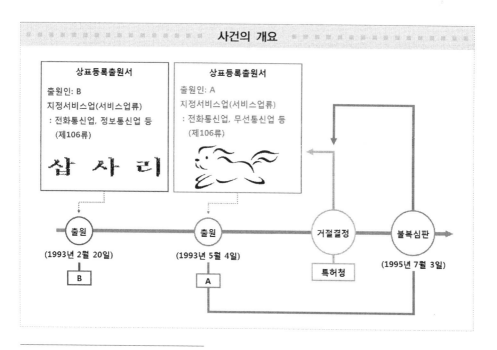

사건의 개요

상표등록출원서
출원인: B
지정서비스업(서비스업류)
: 전화통신업, 정보통신업 등
(제106류)
삽 사 리

상표등록출원서
출원인: A
지정서비스업(서비스업류)
: 전화통신업, 무선통신업 등
(제106류)

출원
(1993년 2월 20일)
B

출원
(1993년 5월 4일)
A

거절결정
특허청

불복심판
(1995년 7월 3일)

---

60) 대법원 2017. 7. 11. 선고 2014후2535 판결.

구하고 특허청의 상표등록 거절결정에 대한 취소를 주장하였다.

(ㄱ) 특허청의 주장

특허청은 "본 건 출원서비스표는 선출원 서비스표인 인용서비스표와 그 관념이 유사하다는 이유로 상표법 제35조 제1항('제35조 제1항'은 현행 상표법(법률 제18817호)으로 수정하여 표시한 것이다. 이하 같다.)의 선출원 규정을 적용하여 서비스표 등록에 대한 거절결정을 하였다."[61]라고 주장하였다. 본 건 출원서비스표는 도형만으로 구성되어 있고 인용서비스표 삽사리는 문자만으로 구성되어 있어 외관은 서로 다르다. 그러나 일반 수요자나 거래자들은 본 건 출원서비스표를 그 모습이 삽살개(삽사리)로 쉽게 연상할 수 있다. 또한 본 건 출원서비스표와 인용서비스표는 모두 서비스업류 구분 제106류의 전화통신업, 무선통신업 등을 지정서비스업으로 출원된 사실을 알 수 있는 바, 본 건 출원서비스표와 인용서비스표는 서로 유사한 서비스표에 해당한다. 본 건 출원서비스표의 출원일은 1993년 5월 4일이고 인용서비스표는 1993년 2월 20일에 출원되었으므로 상표법 제35조 제1항의 선출원 규정을 적용하여 본 건 출원서비스표에 대한 서비스표 등록을 거절하였다는 것이다.

(ㄴ) 상표출원인 A의 주장

A는 "본 건 출원서비스표는 도형으로 구성된 상표인 반면 인용서비스표는 삽사리라고 하는 문자로 구성된 상표로서 서로 그 외관, 칭호, 관념이 현저히 상이한 표장에 해당한다."[62]고 주장하였다. 본 건 출원서비스표는 도형만으로 구성된 것이다. 인용서비스표는 삽사리라고 하는 문자만으로 구성되었다. 본 건 출원서비스표와 인용서비스표는 그 표장에 있어서 현저히 상이한 것이다. 따라서 인용서비스표와 본 건 출원서비스표는 서로 선출원과 후출원의 관계에 해당하지 않아 상표법 제35조 제1항의 선출원 규정을 적용할 수는 없다는 것이다.

(ㄷ) 대법원의 판단[63]

"상표법 제35조 제1항(현행 상표법으로 수정 표시: 저자 주)에 따라 동일·유사한 상품에 사용할 동일·유사한 상표에 대하여 다른 날에 둘 이상의 상표등록출

---

61) 항고심판원 1996. 10. 31. 95항원1536 심결.
62) 항고심판원 1996. 10. 31. 95항원1536 심결.
63) 대법원 1997. 7. 11. 선고 96후2197 판결.

원이 있는 경우에는 먼저 출원한 자만이 그 상표를 등록받을 수 있다. 본 건 출원서비스표는 도형만으로 구성되어 있고 1993년 2월 20일에 출원된 인용서비스표 삽사리는 문자만으로 구성되어 있어 외관은 서로 다르다고 하겠으나, 본 건 출원서비스표는 그 모습이 삽사리(삽살개)로 쉽게 연상될 뿐만 아니라 일반 수요자나 거래자들이 삽사리를 털이 북슬북슬한 개로 쉽게 인식할 것이다. 따라서 본 건 출원서비스표와 인용서비스표는 그 관념과 칭호에 있어서 유사하므로 양 서비스표가 동일·유사한 지정서비스업에 다 함께 사용된다면 거래자나 일반 수요자로 하여금 서비스업의 출처에 관하여 오인·혼동을 불러일으킬 염려가 있는 바, 본 건 출원서비스표는 상표법 제35조 제1항의 선출원 규정에 따라 등록이 거절된다.”

나. 판단의 기준

상표의 동일·유사여부는 그 상표소유자의 주관적 희망이나 의사를 기준으로 할 것이 아니라 그 상표가 거래실정이나 일반 수요자에게 객관적으로 어떻게 인식되느냐에 의해 판단되어야 한다.[64] 따라서 상표의 유사여부는 지정상품의 일반 거래자나 수요자의 보통의 주의력을 기준으로 판단한다.[65] 또한 해당 상품에 관한 거래실정도 상표의 유사여부 판단의 기준이 된다.[66] 이를 통해 상품 출처에 관한 오인·혼동의 우려가 있는지의 관점에서 상표의 유사여부를 판단한다.

(가) 일반 수요자의 주의력

상표의 유사 여부는 보통의 주의력을 가진 국내의 일반 수요자나 거래자들을 기준으로 판단한다.[67] 따라서 두 개의 상표가 그 외관, 호칭, 관념 등에 의하여 일반 수요자[68]에게 주는 인상, 기억, 연상 등을 전체적으로 종합할 때 상품의 출처에 관하여 오인·혼동을 일으킬 우려가 있는 경우 그 두 개의 상표는 서로 유사하다고 보아야 한다.[69]

---

64) 대법원 1990. 9. 28. 선고 89후1325 판결.
65) 대법원 1991. 6. 14. 선고 90후2355 판결.
66) 대법원 2007. 2. 26.자 2006마805 결정; 대법원 2013. 3. 14. 선고 2010도15512 판결; 대법원 2015. 10. 15. 선고 2014다216522 판결; 대법원 2016. 8. 24. 선고 2014다19202 판결.
67) 대법원 2000. 4. 11. 선고 98후2627 판결.
68) **일반 수요자**란 최종 소비자는 물론이고 중간 수요자 또는 그 상품판매를 위한 도·소매상을 포함한다(대법원 1995. 12. 26. 선고 95후1098 판결).
69) 대법원 2013. 3. 14. 선고 2010도15512 판결; 대법원 2016. 7. 14. 선고 2015후1348 판결.

ㄱ. 판 단

상표의 유사 여부 판단은 보통의 주의력[70]을 가진 우리나라의 일반 수요자나 거래자를 기준으로 판단하여야 한다.[71] 이와 관련하여 판례는 "(가)호 표장과 본건 등록상표는 은행나무와 은행잎 도형의 표현에 있어서 미세한 변형이 있을 뿐 전체적으로 보아 일반 수요자나 거래자의 보통의 주의력으로는 동일성의 범위 내에 있다고 봄이 상당하다."[72]고 하였다. 따라서 그 지정상품들이 그와 관련된 전문가 등에 의하여서만 수요되거나 거래되는 특수한 상품에 해당한다고 볼 특별한 사정이 없는 한 일반 수요자의 평균적인 주의력을 기준으로 상표의 유사 여부를 판단한다.[73] 이와 관련하여 판례는 "오늘날 퍼스널 컴퓨터나 콤팩트디스크플레이어 등 광디스크나 집적회로가 사용된 전자기기가 널리 보급되어 있는 점에 비추어 본 건 출원상표의 지정상품 중의 미기록 또는 컴퓨터프로그램이나 게임프로그램이 수록된 광디스크드라이브, 광디스크, 광디스크카트리지는 물론 인용상표의 지정상품인 집적회로(IC) 접속소켓이나 그 관련 제품 등은 전자기기 전문취급자들 만에 의하여 수요 거래된다고 볼 수 없고 컴퓨터나 그 주변 전자기기의 일반 이용자도 이를 직접 구매하는 경우가 많으며 이들 일반 수요자의 주의력이 생활필수품 등의 수요자와는 다르겠지만 평균적으로 컴퓨터나 집적회로 또는 그 접속도구에 관한 어느 정도의 지식을 가졌다거나 그에 관한 문헌을 참고하거나 전문가의 의견을 들어 구매할 정도의 주의력을 가진다고 단정할 수 없다. 따라서 양 상표를 동일 유사 지정상품에 사용한다면 위 각 지정상품의 일반 수요자로서는 양상표의 호칭이 유사함으로 말미암아 상품의 출처에 관하여 오인·혼동을 일으킬 염려가 있다 할 것이므로 양 상표는 유사한 상표에 해당한다."[74]고 하였다.

또한 두 상표의 유사여부는 그 지정상품의 거래에서 일반적인 수요자나 거래자가 상표에 대하여 느끼는 직관적 인식을 기준으로 판단한다.[75] 이와 관련하여

---

70) 보통의 주의력이라 함은 일반 수요자나 거래자의 평균적인 주의력을 말한다.
71) 대법원 2000. 4. 11. 선고 98후2627 판결; 대법원 2006. 9. 8. 선고 2006후954 판결; 대법원 2020. 4. 29. 선고 2019후11121 판결.
72) 대법원 2002. 6. 25. 선고 2000후2682 판결.
73) 대법원 1995. 9. 26. 선고 95후439 판결; 대법원 1995. 12. 26. 선고 95후1098 판결; 대법원 1997. 3. 25. 선고 96후313,320 판결.
74) 대법원 1999. 11. 23. 선고 97후2842 판결.
75) 대법원 1994. 8. 12. 선고 93후1919 판결.

판례는 "본 건 출원상표는 한글로 케포렉스라고 횡서표기된 문자상표이고 인용상표는 한글과 영문으로 KEPODEX(케포덱스)라고 횡서 병기된 문자상표이다. 우선 칭호에 관하여 볼 때 렉과 덱의 발음 차이가 있기는 하나 칭호전체의 발음은 극히 유사할 뿐 아니라 외관에 있어서도 인용상표에는 본 건 출원상표에 없는 영문자 표기를 병기하고 있기는 하나 횡서로 된 한글표기부분은 매우 흡사하다. 따라서 그 지정상품의 거래에 있어서 일반 수요자나 거래자는 위 두 상표를 동일한 것으로 인식하여 상품의 출처에 대한 오인·혼동을 일으킬 우려가 있다."[76]고 하였다. 따라서 상표의 유사여부를 판단함에 있어서 상표의 의미내용은 일반 수요자나 거래자를 기준으로 하여 그들이 그 상표를 보고 직관적으로 깨달을 수 있는 것이어야 하고 심사숙고하거나 사전을 찾아보고서 비로소 그 뜻을 알 수 있는 것은 고려대상이 될 수 없다.[77] 이와 관련하여 판례는 "본 건 등록상표의 문자부분인 OVAL이란 영어단어는 우리 사회에서 흔히 사용되고 있는 것이라고 할 수 없으므로 본 건 등록상표의 지정상품인 행주 등의 일반 거래자나 수요자라고 볼 수 있는 가정주부들이 직관적으로 난형의, 난형의 물건, 타원형의 땅, 달걀 모양의, 타원형의라는 의미를 지닌 단어로 인식할 수 있다고 볼 수 없다."[78]고 하였다.

ㄴ. 관련 판례 – 대법원 1991. 6. 14. 선고 90후2355 판결

본 판례에는 상표출원인 A, 특허청이 등장한다. A는 본 건 출원상표인 한글 에이디엠과 영문자 ADM이 결합된 상표를 상품류 구분 제10류의 순환기관계용약제 외 수종을 지정상품으로 1987년 11월 25일에 상표등록출원을 하였다. 이에 대하여 특허청은 본 건 출원상표가 선출원 등록상표인 인용상표와 칭호가 유사한 상표에 해당하여 상표등록 받을 수 없다는 이유로 상표등록을 거절하였다. 인용상표는 한글 에이디엔과 영문자로 A.D.N.이 결합된 상표로 상품류 구분 제10류의 순환기관계용약제 외 수종을 지정상품으로 1985년 12월 4일에 상표등록출원되어 1986년 11월 4일에 상표등록이 되었다. 1989년 11월 17일, A는 상표등록 거절결정 불복심판을 청구하고 특허청의 상표등록 거절결정에 대한 취소를

---

76) 대법원 1986. 2. 11. 선고 85후65 판결.
77) 대법원 1987. 2. 24. 선고 86후132 판결; 대법원 1989. 9. 29. 선고 88후1410 판결; 대법원 1992. 8. 14. 선고 92후520 판결; 대법원 1992. 10. 23. 선고 92후896 판결.
78) 대법원 1992. 11. 13. 선고 92후636 판결.

주장하였다.

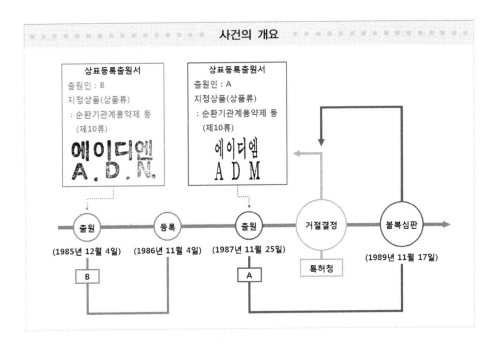

(ㄱ) 특허청의 주장

특허청은 "본 건 출원상표 에이디엠과 선출원 등록상표인 인용상표 에이디엔이 칭호에 있어서 서로 유사하므로 상표법 제34조 제1항 제7호('제34조 제1항 제7호'는 현행 상표법(법률 제18817호)으로 수정하여 표시한 것이다. 이하 같다.)의 규정을 적용하여 그 상표등록을 거절하였다."[79]고 주장하였다. 본 건 출원상표는 에이디엠이다. 선출원 등록상표인 인용상표는 에이디엔이다. 모두 4음절로 발음되고 셋째 음까지의 발음이 동일하며 넷째음도 쉽게 구별되지 아니하므로 양 상표는 호칭에 있어 유사하다. 선출원에 의한 타인의 등록상표와 동일·유사한 상표로서 그 지정상품과 동일·유사한 상품에 사용하는 상표는 상표법 제34조 제1항 제7호에 의해 상표등록을 받을 수 없다. 따라서 상표법 제34조 제1항 제7호의 규정을 적용하여 본 건 출원상표에 대한 상표등록을 거절하였다는 것이다.

---

79) 항고심판소 1990. 10. 31. 89항원1122 심결.

(ㄴ) 상표출원인 A의 주장

A는 "본 건 출원상표가 인용상표와 비유사하므로 상품출처의 오인, 혼동을 일으킬 염려가 없으므로 상표법 제34조 제1항 제7호에 해당하지 않는다."[80]고 주장하였다. 본 건 출원상표와 인용상표는 관념과 외관이 상이하고 칭호에 있어서도 양 상표는 어두부분이 에이디로 동일하기는 하나 어미부분이 엠과 엔으로 명확하게 구별되어 전체적으로 관찰하면 오인·혼동을 일으킬 정도로 유사하지 않다. 또한 본 건 출원상표의 지정상품인 의약품에 관하여 출원인이 주무관청인 보사부의 품목제조 판매허가를 받았으므로 상품출처의 오인·혼동에 대한 우려는 배제하여야 한다. 따라서 본 건 출원상표는 상표법 제34조 제1항 제7호의 규정에 해당하지 아니하므로 상표등록 거절결정을 취소하여야 한다는 것이다.

(ㄷ) 대법원의 판단[81]

"상표의 유사여부는 동종 또는 유사한 상품에 사용되는 두 상표의 외관, 칭호, 관념을 객관적, 전체적, 이격적으로 관찰하여 그 어느 한 가지에 있어서라도 거래상 상품 간에 오인·혼동의 우려가 있는지의 여부에 의하여 판단해야 한다. 본 건 출원상표는 에이디엠으로 인용상표는 에이디엔으로 호칭되어 다같이 4음절로 발음되고 셋째 음까지의 발음이 동일하며 넷째 음도 쉽게 구별되지 아니하므로 칭호가 유사하고 지정상품도 유사하여 일반수요자나 거래자로 하여금 상품출처의 오인·혼동을 일으킬 우려가 있으므로 본 건 출원상표는 상표등록을 받을 수 없다. 특히 뚜렷한 관념이 없는 조어로 된 두 상표의 외관이 다소 다르다고 하더라도 그 칭호가 유사한 이상 전체적으로 상품출처의 오인·혼동을 일으킬 우려를 배제할 수 없는 것이고 상표의 유사여부는 지정상품의 일반 거래자나 수요자의 보통의 주의력을 기준으로 하여 결정하여야 하므로 양 상표의 지정상품인 의약품에 관하여 주무관청인 보사부의 품목제조 판매허가를 받았다거나 의약품의 종류와 상표등록수가 많다는 사정만으로는 상품출처의 오인·혼동의 우려를 배제할 수 없다."

---

80) 항고심판소 1990. 10. 31. 89항원1122 심결.
81) 대법원 1991. 6. 14. 선고 90후2355 판결.

(나) 상품의 거래실정

상표의 유사 여부는 그 상표가 사용될 지정상품의 주된 수요계층과 기타 그 상품의 거래실정을 고려하여 판단한다.[82] 상품을 둘러싼 일반적인 거래실정으로는 시장의 성질, 수요자의 재력이나 지식, 주의의 정도, 전문가인지 여부, 연령, 성별, 당해 상품의 속성과 거래방법, 거래장소, 사후관리 여부, 상표의 현존 및 사용상황, 상표의 주지 정도 및 당해 상품과의 관계, 수요자의 일상 언어생활 등이 종합적·전체적으로 고려된다.[83]

ㄱ. 판   단

2개의 상표가 상표 자체의 외관·칭호·관념에서 서로 유사하여 일반적·추상적·정형적으로는 양 상표가 서로 유사해 보인다 하더라도 당해 상품을 둘러싼 일반적인 거래실정과 상표의 주지 정도 및 당해 상품과의 관계 등을 종합적·전체적으로 고려하여 거래사회에서 수요자들이 구체적·개별적으로는 상품의 출처에 관하여 오인·혼동할 염려가 없을 경우 양 상표가 공존하더라도 당해 상표권자나 수요자 및 거래자들의 보호에 아무런 지장이 없으므로 그러한 상표의 등록을 금지하거나 등록된 상표를 무효라고 할 수 없다.[84] 이와 관련하여 판례는 "본 건 출원상표 POLO와 선출원 등록상표인 인용상표 POLA의 유사 여부와 관련하여 본 건 출원상표 POLO는 오래 전부터 국내에서 상당한 정도로 광고선전을 해 오면서 그 지정상품들을 판매해 왔으며 특허청 발행의 외국유명상표집에 등재되어 있고 특허청에서 주로 많이 도용되는 외국상표로 분류하고 있는 점 등을 종합하면 국내의 수요자 간에 현저하게 인식되어 있는 저명한 상표에 해당한다. 반면 인용상표 POLA가 수요자 간에 널리 인식되었다는 자료는 없는바, 위와 같은 사정과 거래실정에 비추어 보면 양 상표가 동일한 지정상품에 다 같이 사용될 경우라도 거래자나 일반수요자에게 상품의 품질이나 출처에 대하여 오인·혼동을 일으키게 할 염려는 없다."[85]고 하였다.

---

82) 대법원 1995. 9. 26. 선고 95후439 판결; 대법원 1995. 12. 26. 선고 95후1098 판결; 대법원 1997. 3. 25. 선고 96후313, 320 판결; 대법원 1999. 11. 23. 선고 97후2842 판결.
83) 대법원 1996. 7. 30. 선고 95후1821 판결; 대법원 2009. 4. 9. 선고 2008후4783 판결; 대법원 2011. 12. 27. 선고 2010다20778 판결.
84) 대법원 2000. 1. 21. 선고 99후2532 판결; 대법원 2006. 10. 26. 선고 2005후2250 판결.
85) 대법원 1996. 9. 24. 선고 96후153, 96후191 판결.

ㄴ. 관련 판례 - 대법원 1996. 7. 30. 선고 95후1821 판결

본 판례에는 상표권자 A와 A의 상표등록에 대한 무효를 주장한 B가 등장한다. A는 본 건 등록상표 Rolens를 상품류 구분 제35류의 측정용 시계를 지정상품으로 1991년 7월 6일에 상표등록 출원하여 1992년 8월 19일에 상표등록을 받았다. 1992년 12월 30일, B는 상표등록 무효심판을 청구하고 본 건 등록상표 Rolens가 선출원 등록상표인 인용상표 Rolex와 유사한 표장이라는 이유로 A의 상표등록에 대한 무효를 주장하였다. 인용상표 Rolex는 도형과 문자가 결합된 상표로 상품류 구분 제35류의 손목시계 등을 지정상품으로 1966년 10월 27일에 상표등록 출원을 하여 1966년 11월 7일 상표등록을 받았다. 그 후 1977년 4월 28일 및 1987년 5월 7일에 각각 상표권의 존속기간 갱신등록이 되었다.

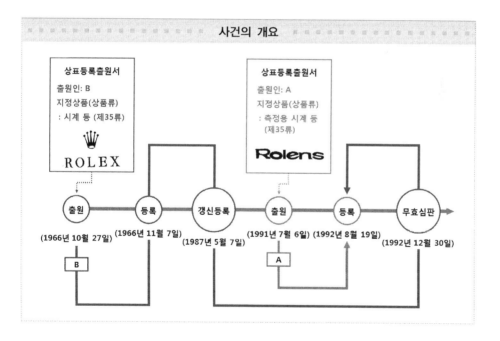

(ㄱ) B의 주장

B는 "본 건 등록상표는 B의 저명한 등록상표인 인용상표의 존재에도 불구하고 1991년 7월 6일 상표등록 출원하여 1992년 8월 19일 상표등록된 것으로서 인용상표와 유사한 표장이므로 상표법 제34조 제1항 제9호 및 제11호('제34조 제1항 제9호 및 제11호'는 현행 상표법(법률 제18817호)으로 수정하여 표시한 것이다. 이

하 같다.)의 규정에 위반하여 등록된 것이므로 그 등록이 무효되어야 한다."[86]고 주장하였다. 상표법 제34조 제1항 제9호에 따라 타인의 상품을 표시하는 것이라고 수요자들에게 널리 인식되어 있는 상표와 동일·유사한 상표로서 그 타인의 상품과 동일·유사한 상품에 사용하는 상표에 대해서는 상표등록을 받을 수 없다. 또한 상표법 제34조 제1항 제11호에 따라 수요자들에게 현저하게 인식되어 있는 타인의 상품이나 영업과 혼동을 일으키게 하거나 그 식별력 또는 명성을 손상시킬 염려가 있는 상표에 대해서는 상표등록을 받을 수 없다. 인용상표는 1966년 10월 27일에 상표등록 출원을 하여 1966년 11월 7일 상표등록을 받은 저명상표이다. 본 건 등록상표는 1991년 7월 6일 상표등록 출원하여 1992년 8월 19일 상표등록된 것으로서 인용상표와 유사한 상표이다. 따라서 상표법 제34조 제1항 제9호 및 제11호의 규정을 적용하여 본 건 등록상표의 무효를 주장한다는 것이다.

(ㄴ) 상표권자 A의 주장

A는 "본 건 등록상표와 인용상표는 서로 비유사할 뿐만 아니라 인용상표는 독특한 왕관도형이 있는 저명상표로서 그 상품은 대단한 고가품이고 본 건 등록상표에 의한 상품은 중·저가의 시계류이므로 양 상표는 실거래사회에서 전혀 오인·혼동의 우려가 없다. 본 건 등록상표는 A가 1975년 이래 19년간 독점사용하면서 상품의 국내외 대량판매 및 선전광고에 의하여 중층이하의 수요자들에게 주지된 것이므로 상표법 제34조 제1항 제9호 및 제11호의 규정에 해당되지 않는다."[87]고 주장하였다. 인용상표의 상품은 고가품이고 본 건 등록상표의 상품은 중·저가의 시계류이므로 양 상표는 실거래사회에서 전혀 오인·혼동의 우려가 없다. 또한 본 건 등록상표는 중층이하의 수요자들에게 널리 인식되어 있는 주지상표이므로 상표법 제34조 제1항 제9호 및 제11호의 규정에 해당되지 않는다는 것이다.

(ㄷ) 대법원의 판단[88]

"상표는 특정한 영업주체의 상품을 표창하는 것으로서 그 출처의 동일성을

---

86) 특허심판원 1993. 11. 16. 92당1451 심결.
87) 특허심판원 1993. 11. 16. 92당1451 심결.
88) 대법원 1996. 7. 30. 선고 95후1821 판결.

식별하게 함으로써 그 상품의 품위 및 성질을 보증하는 작용을 하며 상표법은 이와 같은 상표의 출처 식별 및 품질보증의 기능을 보호함으로써 당해 상표의 사용에 의하여 축조된 상표권자의 기업신뢰이익을 보호하고 유통질서를 유지하며 수요자로 하여금 상품의 출처의 동일성을 식별하게 하여 수요자가 요구하는 일정한 품질의 상품 구입을 가능하게 함으로써 수요자의 이익을 보호하려고 한다.[89] 비록 2개의 상표가 상표 자체의 외관·칭호·관념에서 서로 유사하여 일반적·추상적·정형적으로는 양 상표가 서로 유사해 보인다 하더라도 당해 상품을 둘러싼 일반적인 거래실정, 즉 시장의 성질, 고객층의 재력이나 지식 정도, 전문가인지 여부, 연령, 성별, 당해 상품의 속성과 거래방법, 거래장소, 고장수리 등 사후관리 여부, 상표의 현존 및 사용 상황, 상표의 주지 정도 및 당해 상품과의 관계, 수요자의 일상 언어생활 등을 종합적·전체적으로 고려하여 거래사회에서 수요자들이 구체적·개별적으로는 상품의 품질이나 출처에 관하여 오인·혼동할 염려가 없을 경우에는 양 상표가 공존하더라도 당해 상표권자나 수요자 및 거래자들의 보호에 아무런 지장이 없으므로 그러한 상표의 등록을 금지하거나 등록된 상표를 무효라고 할 수는 없다. 본 건 등록상표는 그 출원 당시에 시계류의 국내 일반 거래계에서 수요자간에 널리 알려져 있었고 본 건 등록상표의 상품들은 중저가의 상품이어서 거래자 및 일반 수요자는 일반적인 보통 수준의 사람들인데 반하여 인용상표의 상품들은 세계적으로 유명한 고가, 고품질의 시계로서 그 주요 거래자는 재력이 있는 소수의 수요자에 불과하며 양 상표의 지정상품들은 외형과 품위에 있어서 현저한 차이가 있다. 또한 기록상 국내에 인용상표의 지정상품들을 판매하는 대리점이 있다는 자료도 없거니와 이들 상품들을 정식으로 수입하여 판매된 자료도 나타나 있지 아니하는 등 인용상표의 지정상품은 국내에서는 공항 등의 보세구역 면세점에서 극히 소량 거래되고 있을 뿐이고 외국 여행객을 통하여 극소수 반입되는 정도에 불과하다. 따라서 위와 같은 사정과 거래실정에 비추어 보면 양 상표가 동일한 지정상품에 다 같이 사용될 경우라도 거래자나 일반 수요자에게 상품의 품질이나 출처에 대하여 오인·혼동을 일으키게 할 염려는 없을 것이다. 이와 같이 본 건 등록상표가 상품의 품질이나 출처에 대하여 오인·혼동을 일으킬 염려가 없는 상표에 해당하는 것

---

89) 대법원 1995. 11. 7. 선고 94도3287 판결.

이라면 상표법 제34조 제1항 제9호, 제11호(현행 상표법으로 수정 표시: 저자 주)가 적용될 여지는 없다."

(다) 수요자의 오인·혼동

상표의 유사여부는 궁극적으로 상표법의 제도적 목적인 상표모용에 의한 혼동초래행위를 금하여 상표에 화체된 상표권자의 영업상의 신용을 보호해야 한다는 입장에서 상품의 출처를 혼동할 우려가 있느냐 없느냐를 기준으로 하여 판단된다.[90] 상표란 자기의 상품과 타인의 상품을 식별하기 위하여 사용되는 바, 기본적으로 당해 상표가 부착된 상품의 출처가 특정한 영업주체임을 나타내는 상품출처표시기능과 이에 수반되는 품질보증기능을 수행한다.[91] 그런데 어느 두 개의 상표들이 서로 유사한 경우 그 두 개의 상표들은 서로 상품출처표시기능과 이에 수반되는 품질보증기능의 장애를 겪게 된다. 상품출처표시기능과 품질보증기능의 장애는 상품 출처에 대한 수요자의 오인·혼동이 발생할 우려가 크다는 것을 의미한다. 그리고 수요자에 의한 상품 출처의 오인·혼동은 상표법이 목적으로 하는 산업발전과 아울러 수요자의 이익 보호에 대한 장애로 연결되기 때문이다. 따라서 상표의 유사 여부에 대한 궁극적 판단 기준은 결국 당해 두 개의 상표 사이에 상품출처의 오인·혼동이 야기될 우려가 객관적으로 존재하는가의 여부에 있다.[92]

ㄱ. 판 단

상품의 출처나 품질의 오인, 혼동은 현실적으로 오인, 혼동이 생긴 경우뿐만 아니라 혼동이 생길 염려가 객관적으로 존재하면 족하다.[93] 이와 관련하여 판례는 "본 건 등록상표를 변형한 형태로 실사용상표 TECO가 그 지정상품과 동일·유사한 플라스틱완구제품에 사용하여 왔고 이와 대비되는 대상상표 LEGO는 주지·저명한 상표라고 할 것인데 실사용상표 TECO와 대상상표 LEGO를 비교하여 보면 첫 철자인 T와 L은 서로 상이하나 모음인 E, O가 동일하고 C와 G가 유사하게 보일 뿐만 아니라 그 전체적인 서체도 동일하다. 또한 실사용상표

---

90) 대법원 1988. 1. 12. 선고 86후77 판결.
91) 대법원 2002. 9. 24. 선고 99다42322 판결.
92) 대법원 1988. 5. 10. 선고 87후87, 87후88 판결; 대법원 1999. 9. 17. 선고 98후423 판결; 대법원 2000. 4. 25. 선고 98후1877 판결.
93) 대법원 1987. 6. 9. 선고 86후51,52 판결; 대법원 1990. 9. 11. 선고 89후2304 판결.

는 적색의 배경 하에 노란색의 바탕, 검은색의 테두리가 있는 흰색 글씨 등으로 표기되어 사용되고 있어 실제로 사용된 대상상표와 그 색상 및 그 배열에 있어 동일한 점 등 양 상표의 전체적인 구성, 아이디어, 모티브 등이 동일하거나 극히 유사하여 그 호칭에 있어 차이가 있음에도 불구하고 실사용상표로부터 주지·저명한 대상상표가 쉽게 연상됨으로 인하여 거래상 상품의 출처의 오인·혼동을 생기게 할 염려가 있다.”[94]고 하였다. 따라서 상표의 오인·혼동의 우려는 지정상품과 관련하여 일반적, 추상적으로 상품의 품질이나 출처의 오인·혼동 가능성이 존재하는지 여부에 의해 판단되어야 하고, 구체적인 오인·혼동의 발생 유무나 대비되는 각 표장을 사용하는 자 사이에서의 분쟁 유무 등은 고려할 바가 아니다.[95]

ㄴ. 관련 판례 – 대법원 2015. 10. 15. 선고 2013후1214 판결

본 판례에는 상표권자 A 그리고 B가 등장한다. A는 본 건 등록상표 소녀시대를 상품류 구분 제25류의 의류, 가방류 등을 지정상품으로 2007년 7월 16일에 상표등록 출원을 하여 2009년 2월 10일에 상표등록을 받았다. 국내에서 유명한

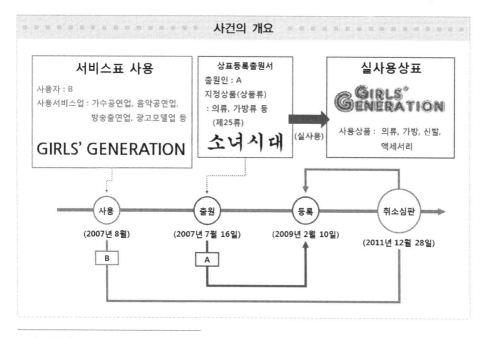

---

94) 대법원 2000. 4. 25. 선고 98후1877 판결.
95) 대법원 1999. 10. 8. 선고 97후3111 판결.

연예기획사인 B는 2007년 7월경 Girls' Generation이라는 영문 명칭의 9인조 여성그룹 가수의 각 구성원을 인터넷에 공개한 다음, 2007년 8월부터 첫 번째 음반을 제작 및 판매하기 시작하였다. 2011년 12월 28일, B는 상표등록 취소심판을 청구하고 A가 본 건 등록상표를 고의로 변형하여 사용함으로써 B 기획사 소속 여성그룹 가수(Girls' Generation)의 명칭과 오인·혼동을 일으킬 염려가 있으므로 그 상표등록이 취소되어야 한다고 주장하였다.

(ㄱ) B의 주장

B는 "본 건 등록상표 소녀시대가 한글만으로 등록된 상표임에도 불구하고 고의적으로 본 건 등록상표 대신 GIRLS' GENERATION이란 표장을 의류, 가방, 신발, 액세서리에 사용함으로써 세계적으로 널리 알려져 있는 소녀시대의 영문 명칭인 GIRLS' GENERATION과 오인·혼동을 야기하고 있으므로 상표법 제119조 제1항 제1호('제119조 제1항 제1호'는 현행 상표법(법률 제18817호)으로 수정하여 표시한 것이다. 이하 같다.)에 해당되어 그 등록이 취소되어야 한다."[96]고 주장하였다. 상표법 제119조 제1항 제1호에 따라 상표권자가 고의로 지정상품에 등록상표와 유사한 상표를 사용하거나 지정상품과 유사한 상품에 등록상표 또는 이와 유사한 상표를 사용함으로써 수요자에게 상품의 품질을 오인하게 하거나 타인의 업무와 관련된 상품과 혼동을 불러일으키게 한 경우에는 그 상표등록의 취소심판을 청구할 수 있다. A는 고의로 본 건 등록상표 소녀시대를 실사용상표 Girls' Generation와 같이 변형하여 사용함으로써 소녀시대의 영문 명칭인 GIRLS' GENERATION과 오인·혼동을 생기게 하였다. 따라서 본 건 등록상표는 상표법 제119조 제1항 제1호의 규정에 의하여 그 등록이 취소되어야 한다는 것이다.

(ㄴ) 상표권자 A의 주장

A는 "B가 소녀시대라는 걸그룹의 노래 내지는 이에 파생되는 관련업의 매니지먼트를 담당할 뿐 소녀시대 또는 GIRLS' GENERATION이라는 표장으로 의류, 신발, 가방 내지는 관련 악세사리에 대해 소매업을 하거나 인터넷을 통한 판매를 하고 있지 아니하므로 대상상표의 상품과 출처의 혼동을 일으키게 할 염려

---

96) 특허심판원 2012. 8. 7. 2011당3288 심결.

가 객관적으로 명백하다고 보기 어렵다."⁹⁷⁾고 주장하였다. B는 소녀시대 또는
GIRLS' GENERATION이라는 표장으로 의류, 신발, 가방 내지는 관련 악세사리
에 대해 소매업을 하거나 인터넷을 통한 판매를 한 사실은 없다. 따라서 A의 실
사용상표 Girls' Generation이 일반 수요자로 하여금 대상상표에 관한 상품이나
서비스업과 출처의 오인·혼동을 일으키게 할 염려가 객관적으로 존재한다고 볼
수 없으므로 본 건 등록상표에 대한 상표등록 취소 주장은 부당하다는 것이다.

(ㄷ) 대법원의 판단⁹⁸⁾

"상표법 제119조 제1항 제1호(현행 상표법으로 수정 표시: 저자 주)에서 정한
상표등록취소 사유의 하나인 상표권자가 실제로 사용하는 상표와 혼동의 대상이
되는 타인의 상표 사이의 혼동 유무를 판단함에 있어서는 당해 상표의 사용으로
타인 상표의 상품과 사이에 상품출처의 오인·혼동이 야기될 우려가 객관적으로
존재하는가에 두어야 한다.⁹⁹⁾ Girls' Generation이라는 영문 명칭의 9인조 여성
그룹 가수(이하 본 건 그룹가수라 한다.)는 B의 전체적인 기획·관리에 따라 A의
실사용상표 사용 당시까지 다양한 음악공연 활동을 하면서 MTV, Mnet 및 MBC
등의 다수 방송프로그램에 출연하였고 위와 같은 음악공연·방송출연 활동에서
얻은 높은 인지도를 바탕으로 의류, 식품, 디지털 가전, 게임 등 다양한 상품의
광고모델로 활동하였으며 같은 기간 본 건 그룹가수와 관련된 기사가 다양한 매
체에 여러 차례 보도되었다. 또한 본 건 그룹가수는 2007년 골든디스크 시상식
신인상 및 2008년 대한민국연예예술상 그룹가수상 등 다수의 상을 받았다. 따라
서 대상상표는 실사용상표의 사용 당시 이미 국내에서 저명성을 획득하였던 것
에 비하여 본 건 등록상표에 대한 인식 정도는 그에 훨씬 미달하였던 점, 실사
용상표는 본 건 등록상표로부터 상당한 변형이 가해진 것으로서 구성 문자가 2
단으로 배열되고 일부 도안화되어 있기는 하나 동일한 문자로 구성된 대상상표
와 그 전체적인 표장이 매우 유사한 점, 실사용상표의 사용상품인 의류, 가방,
신발, 액세서리 등과 대상상표의 사용서비스업인 가수공연업, 음악공연업, 방송
출연업, 광고모델업 등은 경제적으로 밀접한 관련성이 있는 점 등을 모두 고려
하면 A의 실사용상표 사용으로 B의 대상상표의 사용상품·서비스업과 사이에

97) 특허심판원 2012. 8. 7. 2011당3288 심결.
98) 대법원 2015. 10. 15. 선고 2013후1214 판결.
99) 대법원 2012. 10. 11. 선고 2012후2227 판결.

그 출처의 오인·혼동이 야기될 우려가 객관적으로 존재한다."

다. 판단의 방법

상표의 유사 여부는 동종의 상품에 사용되는 두 개의 상표를 전체적, 객관적, 이격적으로 관찰하여 판단한다.[100] 상표를 전체적으로 관찰하는 경우에도 지정상품의 보통명칭, 관용표장, 기술적 표장, 업종표시나 기타 식별력이 없는 부분은 제외하고, 수요자의 주의를 끌기 쉬운 식별력 있는 요부를 대비하여 유사 여부를 판단한다.[101]

(가) 전체적·객관적·이격적 관찰

상표의 유사 여부는 상표를 전체로서 관찰하여 그 외관, 칭호, 관념을 비교 검토함으로써 판단하여야 함이 원칙이다.[102] 따라서 전체적 관찰을 원칙으로 객관적·이격적으로 관찰하여 상표의 유사 여부를 판단한다. 여기서 객관적 관찰이라 함은 상표 자체의 구성을 기초로 하여 객관적으로 관찰하는 것을 말한다.[103] 또한 이격적 관찰이라 함은 별도의 기회에 별개의 장소에서 상표를 대하였을 때 다른 상표에 대한 유사감을 불러일으킬 수 있는지의 여부를 관찰함을 의미한다.[104]

ㄱ. 판 단

상표의 기능면에서 보면 상표 구성부분의 일부만을 추출하여 이 부분만을 타인의 상표와 비교하여 상표의 유사여부를 판단하는 것은 허용될 수 없다.[105] 상표의 기능은 일반적으로 상표를 구성하는 전체가 일체로 되어 발휘하게 되기 때문이다.[106] 따라서 대비되는 상표 사이에 유사한 부분이 있다고 하더라도 그 부분만으로 분리 인식될 가능성이 희박하거나 전체적으로 관찰할 때 명확히 출처의 혼동을 피할 수 있는 경우에는 유사상표라고 할 수 없다.[107] 이와 관련하여

---

100) 대법원 2000. 1. 28. 선고 97후3272 판결.
101) 대법원 1998. 4. 24. 선고 97후1887 판결; 대법원 1998. 10. 13. 선고 97후2804 판결; 대법원 1999. 4. 23. 선고 98후874 판결; 대법원 1999. 7. 23. 선고 98후2382 판결; 대법원 1999. 10. 8. 선고 97후3111 판결.
102) 대법원 1994. 5. 24. 선고 94후265 판결.
103) 특허청, 상표심사기준, 특허청 상표심사정책과, 2019년 1월, 50710면.
104) 대법원 1989. 12. 12. 선고 88후1335 판결.
105) 대법원 1988. 3. 8. 선고 87후24 판결; 대법원 1990. 7. 27. 선고 89후919 판결.
106) 대법원 1987. 2. 24. 선고 86후121 판결.

판례는 "본 건 출원상표와 선출원 등록상표의 구성 중 JIMMY 부분이 서로 동일하다고 하더라도 JIMMY 부분이 이들 상표에서 차지하는 비중과 다른 구성요소와 결합되어 있는 정도와 위치 및 이들 상표의 전체적인 구성, 형태 및 관념 등에 비추어 볼 때 그 지정상품인 트렁크, 핸드백, 지갑, 우산 등의 거래에서 일반 수요자나 거래자가 본 건 출원상표와 선출원 등록상표를 모두 JIMMY 부분만으로 호칭·관념함으로써 그 지정상품의 출처에 관하여 오인·혼동을 일으킬 염려가 있다고 보기는 어렵다."[108]고 하였다.

다만 상표는 거래과정을 통하여 상표로서의 기능을 현실적으로 발휘하는 것이며 그 과정에서 거래 당사자가 상표를 서로 대비하여 관찰하는 경우는 드물다.[109] 오히려 때와 장소를 달리하여 자기가 기억하고 있는 심리적 영상에 의하여 이격적으로 상표의 이동을 판단하게 되는 것이 일반적이다.[110] 이와 관련하여 판례는 "본 건 등록상표인 루우판과 관련하여 영문자 LURAN으로 구성된 인용상표의 경우 루우란으로 길게 발음될 여지가 충분히 있고 끝 음절의 판과 란의 발음정도의 차이가 있지만 이들 상표들의 칭호를 결정적으로 구별할 만큼 뚜렷한 차이라고 할 수도 없다. 따라서 이들 상표들을 전체적, 이격적으로 볼 때 본 건 등록상표와 인용상표는 같은 지정상품에 사용한다면 거래상 서로 오인·혼동을 일으키기에 충분할 정도로 이들 상표는 서로 유사하다."[111]고 하였다.

ㄴ. 관련 판례 - 대법원 2018. 8. 30. 선고 2017후981 판결

본 판례에는 상표출원인 A, 특허청이 등장한다. A는 본 건 출원상표 MOU를 상품류 구분 제25류의 의류, 신발, 모자를 지정상품으로 2014년 7월 11일에 상표등록 출원을 하였다. 이에 대하여 특허청은 본 건 출원상표가 선출원 등록상표와 동일 또는 유사하여 상표등록 받을 수 없다는 이유로 상표등록을 거절하였다. 선출원 등록상표는 상품류 구분 제25류의 의류, 신발, 모자를 지정상품으로 1988년 5월 27일에 상표등록 출원되어 1989년 9월 12일에 상표등록이 되었다. 그 후 2009년 3월 23일에 상표권의 존속기간이 갱신되었다. 2015년 7월 2일, A

---

107) 대법원 1992. 1. 21. 선고 91후1359 판결; 대법원 2002. 11. 26. 선고 2001후3415 판결.
108) 대법원 2006. 8. 25. 선고 2005후2908 판결.
109) 대법원 1988. 3. 8. 선고 87후24 판결; 대법원 1990. 7. 27. 선고 89후919 판결.
110) 대법원 1987. 2. 24. 선고 86후121 판결.
111) 대법원 1991. 8. 27. 선고 88후325 판결.

는 상표등록 거절결정 불복심판을 청구하고 B의 상표등록 거절결정에 대한 취소를 주장하였다.

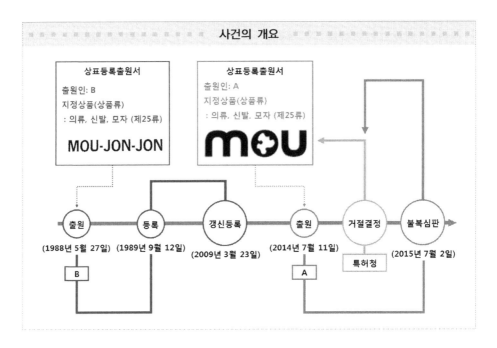

(ㄱ) 특허청의 주장

특허청은 "본 건 출원상표 MOU는 선출원 등록상표 MOU-JON-JON과 표장 및 지정상품이 동일·유사하므로 상표법 제34조 제1항 제7호('제34조 제1항 제7호'는 현행 상표법(법률 제18817호)으로 수정하여 표시한 것이다. 이하 같다.)에 해당하여 등록을 받을 수 없다."[112]라고 주장하였다. 선출원에 의한 타인의 등록상표와 동일·유사한 상표로서 그 지정상품과 동일·유사한 상품에 사용하는 상표는 상표법 제34조 제1항 제7호에 의해 상표등록을 받을 수 없다. 본 건 출원상표 MOU는 선출원 등록상표 MOU-JON-JON 중 그 요부에 해당하는 MOU 부분과 동일하다. 본 건 출원상표는 상품류 구분 제25류의 의류, 신발, 모자를 지정상품으로 출원되었다. 선출원 등록상표도 상품류 구분 제25류의 의류, 신발, 모자를 지정상품으로 한다. 따라서 상표법 제34조 제1항 제7호의 규정을 적용하여 본 건 출원상표에 대한 상표등록을 거절하였다는 것이다.

---

112) 특허심판원 2016. 10. 28. 2015원3800 심결.

(ㄴ) 상표출원인 A의 주장

A는 "본 건 출원상표는 엠오유로 호칭되고 타인의 선출원 등록상표는 전체로 서 무존존으로 호칭되어 호칭이 서로 유사하지 않으므로 상표법 제34조 제1항 제7호에 해당하지 않는다."[113]고 주장하였다. 본 건 출원상표 MOU는 엠오유로 호칭된다. 선출원 등록상표 MOU-JON-JON은 전체로서 무존존으로 호칭된다. 전체관찰의 원칙에 따라 본 건 출원상표와 선출원 등록상표를 전체로서 대비하 면 양 상표는 서로 유사하지 아니하다. 따라서 본 건 출원상표는 상표법 제34조 제1항 제7호의 규정에 해당하지 아니하므로 상표등록 거절결정을 취소하여야 한 다는 것이다.

(ㄷ) 대법원의 판단[114]

"둘 이상의 문자 또는 도형의 조합으로 이루어진 결합상표 중에서 일반 수요 자에게 그 상표에 관한 인상을 심어주거나 기억·연상을 하게 함으로써 그 부분 만으로 독립하여 상품의 출처표시기능을 수행하는 부분, 즉 요부가 있는 경우 적절한 전체관찰의 결론을 유도하기 위해서는 그 요부를 가지고 상표의 유사 여 부를 대비·판단하는 것이 필요하다. 그러나 상표 중에서 요부라고 할 만한 것 이 없다면 전체관찰의 원칙에 따라 상표를 전체로서 대비하여 유사 여부를 판단 하여야 한다. 그리고 상표의 구성 부분이 요부인지 여부는 그 부분이 주지·저 명하거나 일반 수요자에게 강한 인상을 주는 부분인지 전체 상표에서 높은 비중 을 차지하는 부분인지 등의 요소를 따져 보되, 여기에 다른 구성 부분과 비교한 상대적인 식별력 수준이나 그와의 결합상태와 정도, 지정상품과의 관계, 거래실 정 등까지 종합적으로 고려하여 판단하여야 한다.[115] 선출원 등록상표에서 MOU 부분과 JON이나 JON-JON 부분은 모두 주지·저명하거나 수요자들에게 강한 인상을 주는 부분이라고 보기 어렵고 상대적인 식별력의 우열도 없어 보인다. 또한 선출원 등록상표는 본 건 출원상표의 출원일 무렵 인터넷쇼핑몰 등에서 한 글로 표기되는 경우 무존존으로 표기되는 경우가 많았던 것으로 보이고 엠오유 로 약칭되거나 엠오유존존 등으로 호칭되었다고 볼 만한 자료는 보이지 않는다.

---

113) 특허심판원 2016. 10. 28. 2015원3800 심결.
114) 대법원 2018. 8. 30. 선고 2017후981 판결.
115) 대법원 2017. 2. 9. 선고 2015후1690 판결.

이와 같은 거래실정을 고려하면 선출원 등록상표에서 MOU 부분의 비중이 나머지 JON이나 JON−JON 부분의 비중보다 높다고 볼 수는 없고 선출원 등록상표가 MOU 부분만으로 호칭·관념된다고 보는 것은 자연스럽지 않다. 따라서 선출원 등록상표에서 MOU 부분만이 독립하여 상품의 출처표시기능을 수행한다고 볼 수는 없으므로 본 건 출원상표 MOU는 선출원 등록상표 MOU−JON−JON의 구성 부분 전체와 대비할 때 서로 유사하다고 볼 수 없다."

(나) 요부 관찰

요부라 함은 다른 구성 부분과 상관없이 그 부분만으로 일반 수요자에게 두드러지게 인식되는 독자적인 식별력 때문에 다른 상표와 유사 여부를 판단할 때 대비의 대상이 되는 것을 말한다.[116] 상표가 외관상 또는 관념상 그 구성요소를 분리 관찰하는 것이 부자연스럽다고 여겨질 정도로 불가분적으로 결합된 것이 아닌 한 수요자의 주의를 끄는 주요 부분을 분리하여 그 부분을 기준으로 유사 여부를 판단하는 이른바 분리관찰 내지 요부관찰도 보완적 수단으로 이루어진다.[117]

상표의 구성 부분이 요부인지 여부는 그 부분이 주지·저명하거나 일반 수요자에게 강한 인상을 주는 부분인지, 전체 상표에서 높은 비중을 차지하는 부분인지 등의 요소를 따져 보되 여기에 다른 구성 부분과 비교한 상대적인 식별력 수준이나 그와의 결합상태와 정도, 지정상품과의 관계, 거래실정 등까지 종합적으로 고려하여 판단하여야 한다.[118] 다만 상표의 구성 중 식별력이 없거나 미약한 부분과 동일한 표장이 거래사회에서 오랜 기간 사용된 결과 상표의 등록 또는 지정상품 추가등록 전부터 수요자 간에 누구의 업무에 관련된 상품을 표시하는 것인가 현저하게 인식되어 있는 경우에는 그 부분도 사용된 상품에 관하여 식별력 있는 요부가 될 수 있다.[119] 이와 관련하여 판례는 "본 건 등록상표의 구성 중 문자부분인 SUPERIOR는 골프화가 본 건 등록상표의 지정상품으로 추가등록결정된 2010년 10월 27일경 이미 골프의류, 골프가방뿐만 아니라 골프화

---

116) 대법원 2001. 12. 14. 선고 2001후1808 판결; 대법원 2006. 5. 25. 선고 2004후912 판결; 대법원 2017. 3. 9. 선고 2015후932 판결.
117) 대법원 2001. 2. 23. 선고 98다63674 판결.
118) 대법원 2017. 2. 9. 선고 2015후1690 판결; 대법원 2018. 8. 30. 선고 2017후981 판결.
119) 대법원 2008. 5. 15. 선고 2005후2977 판결.

에 관해서도 국내 수요자나 거래자에게 누구의 업무에 관련된 상품을 표시하는 것으로 현저하게 인식되어 있었다고 보아야 한다. 따라서 본 건 등록상표의 구성 중 문자부분인 SUPERIOR는 지정상품으로 추가등록된 골프화에 관해서는 독립하여 자타 상품의 식별기능을 하는 부분, 즉 요부가 될 수 있다."[120]고 하였다. 또한 상표의 요부를 판단함에 있어서 상표의 의미내용은 일반 소비자나 거래자를 기준으로 하여 그들이 그 상표를 보고 직관적으로 깨달을 수 있는 것이어야 하고, 심사숙고하거나 사전을 찾아보고서야 비로소 그 뜻을 알 수 있는 것은 고려대상이 아니다.[121]

ㄱ. 판 단

상표 중에서 일반 수요자에게 그 상표에 관한 인상을 심어주거나 기억·연상을 하게 함으로써 그 부분만으로 독립하여 상품의 출처표시기능을 수행하는 부분, 즉 요부가 있는 경우 적절한 전체관찰의 결론을 유도하기 위해서는 그 요부를 가지고 상표의 유사 여부를 대비·판단하는 것이 필요하다.[122] 특히 결합상표의 경우 그 전체 구성 중 요부를 이루는 일부만을 분리 내지 추출하여 그 요부에서 생기는 외관, 호칭, 관념에 의하여 상표의 유사 여부를 판단할 수 있다.[123] 이와 관련하여 판례는 "본 건 출원상표의 요부인 CIRCLE을 선출원 등록상표 Circle과 대비하여 보건대 양 상표는 외관에서 다소 차이가 있으나 호칭과 관념이 유사하여 양 상표가 동일 또는 유사한 상품에 함께 사용될 경우 일반 거래자나 수요자가 상품의 출처를 오인·혼동할 염려가 있으므로 결국 본 건 출원상표는 선출원 등록상표와 그 표장이 유사하다고 보아야 한다."[124]고 하였다. 따라서 요부에 있어 서로 유사하여 거래상 혼동, 오인의 우려가 있으면 양 상표는 유사하다고 아니할 수 없으며 그 밖의 도형, 기호, 부기문자의 차이만으로는 그 유사성을 배제하기 어렵다.[125)126]

---

120) 대법원 2012. 11. 29. 선고 2011후774 판결.
121) 대법원 1987. 2. 24. 선고 86후132 판결; 대법원 1989. 9. 29. 선고 88후1410 판결; 대법원 1991. 12. 27. 선고 91후1182 판결; 대법원 1992. 8. 14. 선고 92후520 판결.
122) 대법원 1996. 12. 10. 선고 95후2008, 2015 판결; 대법원 1998. 10. 23. 선고 97후2019 판결; 대법원 1999. 3. 12. 선고 98후2412 판결; 대법원 1999. 7. 9. 선고 98후1846 판결; 대법원 1999. 10. 8. 선고 97후3111 판결; 대법원 2017. 2. 9. 선고 2015후1690 판결; 대법원 2018. 8. 30. 선고 2017후981 판결; 대법원 2019. 8. 14. 선고 2018후10848 판결.
123) 대법원 1992. 8. 18. 선고 92후254 판결; 대법원 2007. 3. 29. 선고 2006후3502 판결.
124) 대법원 2008. 10. 9. 선고 2008후1470 판결.

ㄴ. 관련 판례 – 대법원 2017. 2. 9. 선고 2015후1690 판결

본 판례에는 서비스표권자 A와 A의 서비스표등록에 대한 무효를 주장하는 B가 등장한다. A는 본 건 등록서비스표인 자생초를 서비스업류 구분 제44류의 병원업, 한방의료업, 한의원업 등을 지정서비스업으로 2008년 2월 25일에 서비스표등록 출원을 하여 2008년 10월 25일에 서비스표 등록을 받았다. 2014년 7월 11일, B는 상표등록 무효심판을 청구하고 본 건 등록서비스표인 자생초가 B의 주지·저명한 선출원 등록서비스표인 자생한방병원과 유사한 표장으로 수요자의 오인·혼동을 야기할 염려가 있다는 이유로 A의 서비스표등록에 대한 무효를 주장하였다. B의 선출원 등록서비스표인 자생한방병원은 지정서비스업류 구분 제44조의 의료업, 한방병원업 등을 지정서비스업으로 1993년 4월 28일 서비스표 출원되어 1995년 1월 18일 서비스표등록이 되었다. 그 후 2005년 4월 4일 서비스표권의 존속기간이 갱신 등록되었다.

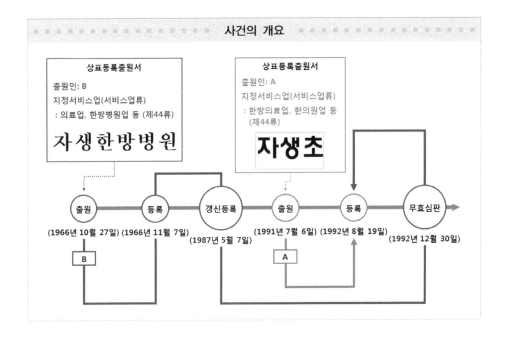

---

125) 대법원 1980. 12. 9 선고 80후16 판결; 대법원 1987. 4. 28. 선고 84후21 판결.
126) 다만 요부가 비슷하다고 판단되는 경우에도 거기에 결합된 다른 문자나 도형 등으로 인하여 두 상표가 전체적으로 출처에 오인, 혼동을 일으킬 우려가 있을 정도로 유사하지 아니하다면 두 상표는 유사상표가 아니라고 보아야 한다(대법원 1991. 9. 24. 선고 90후2515 판결).

(ㄱ) B의 주장

B는 "본 건 등록서비스표인 자생초는 B의 주지·저명한 선출원 등록서비스표인 자생한방병원과 유사한 표장으로 공존하는 경우 수요자의 오인·혼동을 야기할 염려가 있고 수요자를 기만할 우려가 있는 서비스표에 해당하는 바, 그 등록이 무효로 되어야 한다."[127]고 주장하였다. 본 건 등록서비스표와 선출원 등록서비스표는 모두 문자 부분 중 자생이라는 부분을 가진다. 자생이라는 부분은 양 서비스표에서 모두 일반 수요자에게 두드러지게 인식되는 독자적인 식별력을 가지는 부분에 해당한다. 따라서 본 건 등록서비스표와 선출원 등록서비스표가 공존하는 경우 수요자의 오인·혼동을 야기할 염려가 있어 본 건 등록서비스표의 무효를 주장한다는 것이다.

(ㄴ) 상표권자 A의 주장

A는 "본 건 등록서비스표인 자생초와 선출원 등록서비스표인 자생한방병원은 그 뜻과 의미가 확연히 달라 구분지어서 사용되는 것으로 자생초를 자생으로 약칭할 수 없으며 통상적으로 약칭하여 부르지도 않으므로 무효사유가 존재하지 않는다."[128]고 주장하였다. 본 건 등록서비스표인 자생초와 선출원 등록서비스표인 자생한방병원은 전체적으로 그 뜻과 의미가 확연히 다른 것이다. 따라서 자생초를 자생으로 약칭할 수 없으며 통상적으로 약칭하여 부르지도 않으므로 본 건 등록서비스표에는 무효사유가 존재하지 않는다는 것이다.

(ㄷ) 대법원의 판단[129]

"둘 이상의 문자 또는 노형의 조합으로 이루어진 결합상표는 그 구성 부분 전체의 외관, 호칭, 관념을 기준으로 상표의 유사 여부를 판단하는 것이 원칙이나, 상표 중에서 일반 수요자에게 그 상표에 관한 인상을 심어주거나 기억·연상을 하게 함으로써 그 부분만으로 독립하여 상품의 출처표시기능을 수행하는 부분, 즉 요부가 있는 경우 적절한 전체관찰의 결론을 유도하기 위해서는 그 요부를 가지고 상표의 유사 여부를 대비·판단하는 것이 필요하다.[130] 상표에서

---

127) 특허심판원 2015. 5. 19. 2014당1671 심결.
128) 특허심판원 2015. 5. 19. 2014당1671 심결.
129) 대법원 2017. 2. 9. 선고 2015후1690 판결.
130) 대법원 2006. 1. 26. 선고 2003도3906 판결; 대법원 2006. 11. 9. 선고 2006후1964 판결; 대법원 2011. 1. 27. 선고 2010도7352 판결; 대법원 2014. 6. 26. 선고 2012다12849 판결.

요부는 다른 구성 부분과 상관없이 그 부분만으로 일반 수요자에게 두드러지게 인식되는 독자적인 식별력 때문에 다른 상표와 유사 여부를 판단할 때 대비의 대상이 되는 것이므로 상표에서 요부가 존재하는 경우에는 그 부분이 분리관찰이 되는지를 따질 필요 없이 요부만으로 대비함으로써 상표의 유사 여부를 판단할 수 있다고 보아야 한다. 그리고 상표의 구성 부분이 요부인지 여부는 그 부분이 주지·저명하거나 일반 수요자에게 강한 인상을 주는 부분인지 전체 상표에서 높은 비중을 차지하는 부분인지 등의 요소를 따져 보되 여기에 다른 구성 부분과 비교한 상대적인 식별력 수준이나 그와의 결합상태와 정도, 지정상품과의 관계, 거래실정 등까지 종합적으로 고려하여 판단하여야 한다. 문자로 이루어진 선출원 등록서비스표가 가지고 있는 자생 부분은 자기 자신의 힘으로 살아감, 저절로 나서 자람 등의 의미를 가진 단어로서 지정서비스업과의 관계에서 본질적인 식별력이 있는 반면, 선출원 등록서비스표의 한방병원 부분은 그 지정서비스업을 나타내는 부분으로서 식별력이 없다. 자생한방병원이라는 서비스표가 한방의료업 등에 사용된 기간, 언론에 소개된 횟수와 내용, 그 홍보의 정도 등에 비추어 볼 때 위 서비스표에서 식별력이 있는 자생 부분은 본 건 등록서비스표의 지정서비스업과 동일·유사하거나 최소한 경제적 견련성이 있는 한방의료업 등과 관련하여 일반 수요자들에게 널리 인식되어 그 식별력이 더욱 강해졌다고 할 수 있다. 이러한 점 등을 종합하여 보면 선출원 등록서비스표에서 자생은 독립적인 식별표지 기능을 발휘하는 요부에 해당한다. 한편 본 건 등록서비스표의 문자 부분 중 자생 부분은 선출원 등록서비스표의 요부와 동일하여 마찬가지로 강한 식별력을 가지는 반면에 초 부분은 약초나 건초 등과 같이 풀을 의미하는 한자어로 많이 사용되어 그 지정서비스업과 관련하여 약의 재료나 원료 등을 연상시킨다는 점에서 식별력이 높지 않다고 보일 뿐만 아니라, 강한 식별력을 가지는 자생 부분과 비교하여 볼 때 상대적인 식별력도 미약하다. 나아가 자생초가 스스로 자라나는 풀 등의 의미를 가진다고 하더라도 이는 사전에 등재되어 있지 아니한 단어로서 자생과 초 각각의 의미를 결합한 것 이상의 새로운 의미가 형성되는 것도 아니라는 점 등까지 보태어 보면 본 건 등록서비스표의 문자 부분 중 자생이 초와 결합한 일체로서만 식별표지 기능을 발휘한다고 보기는 어렵다. 또한 본 건 등록서비스표 중 네모 도형은 별다른 특징이 없는 부분으로서 문자 부분과의 결합상태와 정도 등에 비추어 위와 같은 판단에 아무런 영향을 줄 수 없다. 이러한 사정 등을 종합하여 보면 본 건 등록서비스표에서는 자생 부분이 독립적인 식별표지 기능을 발휘하는 요부라고 할 수 있다. 그렇다면 선출원 등록서비스표와 본 건 등록서비스표는 모두 요부가 자생이므로 자생이 분리관찰이 되는지를 따질 필요 없이 자생을 기준으로 위 서비스표들을 대비하면 그 호칭과 관념이 동일하여 유사한 서비스표에 해당한다."

(다) 식별력 없는 부분 제외

상표를 전체적으로 관찰하는 경우에도 그 구성요소 중 수식어나 단순한 부기문자 또는 기술적 표장 등 식별력이 없는 부분은 제외하고 유사 여부를 판단한다.[131] 식별력이 없거나 미약한 경우 특정인에게 이를 독점사용하게 하는 것은 부적당하고 누구라도 자유롭게 사용하게 할 필요가 있기 때문이다.[132]

어떤 상표가 식별력이 없는 상표에 해당하는지 여부는 그 상표가 지니고 있는 관념, 지정상품과의 관계 및 거래사회의 실정 등을 감안하여 객관적으로 결정한다.[133] 특히 등록 또는 출원공고된 상표의 수나 출원인 또는 상표권자의 수, 해당 구성 부분의 본질적인 식별력의 정도 및 지정상품과의 관계, 공익상 특정인에게 독점시키는 것이 적당하지 않다고 보이는 사정의 유무 등을 종합적으로 고려하여 식별력이 없거나 미약한지 여부를 판단한다.[134]

ㄱ. 판 단

상표의 구성요소 중 당해 지정상품의 보통명칭이나 기술적 표장 등으로 표시된 부분이 포함되어 있으면 그러한 부분은 자타상품의 식별력이 없으므로 상표의 유사여부를 판단함에 있어서도 이를 제외한 나머지 부분만을 대비하여 관찰한다.[135] 상표의 구성 부분 전부가 식별력이 없는 경우에는 그중 일부만이 요부

---

131) 대법원 1992. 10. 9. 선고 92후1103 판결; 대법원 1994. 1. 28. 선고 93후1254 판결; 대법원 1996. 12. 10. 선고 95후2008, 2015 판결; 대법원 1997. 6. 24. 선고 96후2258 판결; 대법원 1998. 10. 23. 선고 97후2019 판결; 대법원 1999. 3. 12. 선고 98후2412 판결; 대법원 1999. 7. 9. 선고 98후1846 판결; 대법원 1999. 7. 23. 선고 98후2382 판결; 대법원 1999. 10. 8. 선고 97후3111 판결.

132) 대법원 2003. 1. 24. 선고 2002다6876 판결; 대법원 2005. 10. 14. 선고 2005도5358 판결.

133) 대법원 1991. 12. 24. 선고 91후455 판결; 대법원 2006. 5. 25. 선고 2004후912 판결.

134) 대법원 2017. 3. 9. 선고 2015후932 판결; 대법원 2019. 8. 14. 선고 2018후10848 판결.

135) 대법원 1992. 9. 14. 선고 91후1250 판결; 대법원 1993. 6. 29. 선고 93후84 판결; 대법원 1994. 1. 28. 선고 93후1254 판결; 대법원 1994. 2. 8. 선고 93후1094 판결; 대법원 1994. 8. 12. 선고

가 된다고 할 수 없으므로 상표 전체를 기준으로 유사 여부를 판단한다.[136] 이
와 관련하여 판례는 "본 건 출원상표의 구성부분 MAGIC은 마술의, 신기한 등의
뜻을 가지고 있어 그 지정상품들과 관련하여 놀라운 정도로 품질이나 효능이 우
수하다는 의미를 나타내고 있음을 부정할 수 없어 MAGIC은 자타 상품을 구별
할 수 있는 식별력이 없거나 부족하다고 보아야 할 것이므로 본 건 출원상표에
서 MAGIC 부분이 요부가 된다고 보기는 어렵다. 또한 본 건 출원상표의 나머
지 구성부분 JAR는 항아리, 음료식품용의 아가리가 넓은 보온병 등의 뜻을 가지
고 있어 전기보온밥통, 전기밥솥, 밥솥과 관련하여서는 식별력이 없다. 따라서
전기보온밥통, 전기밥솥, 밥솥과 관련하여서는 본 건 출원상표에 일반수요자나
거래자의 주의를 끄는 요부가 따로 없어 본 건 출원상표와 인용상표를 전체로서
관찰하여 볼 때 양 상표는 외관·호칭 및 관념이 상이하여 서로 유사하지 아니
하다."[137]고 하였다.

다만 상표의 구성 중 그 일부분이 지정상품의 품질 등을 암시 또는 강조하는
것으로 보인다고 하더라도 일반 수요자나 거래자가 지정상품의 품질 등을 표시
하는 것으로 바로 인식할 수 없는 것은 그 식별력을 함부로 부정해서는 아니 된
다.[138] 이와 관련하여 판례는 "본 건 등록서비스표 홍초불닭 중 불닭 부분이 본
건 등록서비스표의 출원 당시를 기준으로 볼 때 그 지정서비스업인 닭요리전문
간이식당업, 닭요리전문식당체인업 등과 관련하여 불을 이용한 닭요리 등으로
암시될 가능성은 있으나 그 지정서비스업에서 제공되는 요리의 제조방법 및 가
공방법 등을 직감시키는 것으로 보기 어려워 식별력이 없다고 할 수 없다."[139]고
하였다.

ㄴ. 관련 판례 - 대법원 2000. 2. 11. 선고 97후3135 판결

본 판례에는 상표권자 A와 (가)호표장을 사용한 B가 등장한다. A는 본 건 등
록상표 GOLD BLEND를 상품류 구분 제5류의 지정상품 커피, 커피시럽, 대용커
피, 홍차 등에 사용할 목적으로 1982년 8월 26일에 상표등록 출원을 하여 1983

93후1919 판결; 대법원 1995. 7. 25. 선고 95후255 판결.

136) 대법원 2001. 4. 27. 선고 2000후2453 판결; 대법원 2001. 6. 29. 선고 99후1843 판결; 대법원
  2017. 3. 15. 선고 2016후2447 판결.
137) 대법원 2001. 6. 29. 선고 99후1843 판결.
138) 대법원 2013. 2. 28. 선고 2012후3527 판결.
139) 대법원 2006. 12. 8. 선고 2005후674 판결.

년 6월 22일에 상표등록을 받았다. 그 후 1993년 6월 15일에 상표권의 존속기간을 갱신하였다. B는 원두커피에 KILIMANJARO GOLD BLEND로 구성된 (가)호표장을 상표로 사용하였다. A가 B를 상대로 상표권 침해를 주장하자 1995년 2월 16일, B는 A를 상대로 권리범위 확인심판을 청구하고 (가)호표장과 본 건 등록상표가 서로 유사하지 아니함을 이유로 (가)호표장은 본 건 등록상표의 권리범위에 속하지 아니한다고 주장하였다.

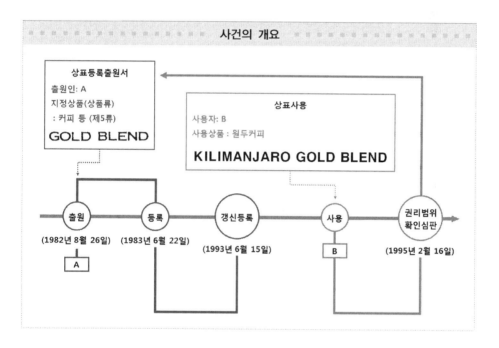

(ㄱ) B의 주장

B는 "본 건 등록상표 GOLD BLEND는 그 지정상품과의 관계에서 최상의 배합, 또는 최고의 배합 비율로 이루어진 커피 등으로 인식되어 지정상품의 품질, 효능을 표시하는 성질 표시에 해당될 뿐만 아니라 상표법 제90조 제1항 제2호('제90조 제1항 제2호'는 현행 상표법(법률 제18817호)으로 수정하여 표시한 것이다. 이하 같다.)의 규정에 의한 상표권의 효력이 미치지 아니하는 범위에 속하는 바, (가)호 표장은 본 건 등록상표의 권리범위에 속하지 아니한다."[140]고 주장하였

---

140) 특허심판원 1996. 3. 12. 95당158 심결.

다. 상표법 제90조 제1항 제2호에 따라 등록상표의 지정상품과 동일·유사한 상품의 보통명칭·산지·품질·원재료·효능·용도·수량·형상·가격 또는 생산방법·가공방법·사용방법 및 시기를 보통으로 사용하는 방법으로 표시하는 상표에는 상표권의 효력이 미치지 아니한다. 본 건 등록상표 GOLD BLAND는 그 지정상품의 품질, 효능을 표시하는 성질 표시에 해당되어 상표법 제90조 제1항 제2호의 규정에 해당된다. 따라서 (가)호표장은 본 건 등록상표의 권리범위에 속하지 아니한다는 것이다.

(ㄴ) 상표권자 A의 주장

A는 "본 건 등록상표 GOLD BLEND는 지정상품에서 직접적인 관념이 노출되지 아니하기 때문에 상품의 성질을 간접적으로는 암시하고 있으나 직접적으로 표시하지 않고 있어 성질 표시의 표장만으로 된 상표라고는 할 수 없고, 세계적으로 등록을 받아 그 상표 자체로도 식별력이 매우 높을 뿐 아니라 사용에 의한 식별력도 갖춘 상표에 해당한다."[141]고 주장하였다. 본 건 등록상표 GOLD BLEND는 지정상품의 성질을 직접적으로 표시하는 것은 아니므로 성질표시 표장이 아니다. 또한 세계 여러 나라에서 등록을 받은 상표로 사용에 의한 식별력도 갖춘 상표에 해당된다. 따라서 본 건 등록상표는 상표법 제90조 제1항 제2호의 규정에 해당되지 않고 (가)호표장은 본 건 등록상표의 권리범위에 속한다는 것이다.

(ㄷ) 대법원의 판단[142]

"본 건 등록상표의 구성 중 BLEND란 단어는 차, 술 등 식음료의 원료 등을 배합한다는 의미가 있고 GOLD란 단어는 훌륭한, 최고급의 등의 의미가 있어 GOLD BLEND란 표장은 수요자 간에 지정상품 중 커피, 대용커피, 커피시럽에 관하여는 물론이고 나머지 지정상품인 홍차, 사이다 등에 사용될 경우에도 원료가 매우 잘 배합된 홍차, 사이다 등으로 직감적으로 인식된다. 따라서 등록상표 GOLD BLEND는 상표법 제33조 제1항 제3호(현행 상표법으로 수정 표시: 저자 주) 및 상표법 제90조 제1항 제2호(현행 상표법으로 수정 표시: 저자 주) 소정의 지정상품의 품질, 효능, 가공방법 등을 보통으로 사용하는 방법으로 직접적으로

---

141) 특허심판원 1996. 3. 12. 95당158 심결.
142) 대법원 2000. 2. 11. 선고 97후3135 판결.

표시하는 성질표시 내지 기술적 표장에 해당한다고 봄이 상당하다.[143] 등록상표 GOLD BLEND는 국외에서 주지 저명한 것은 별론으로 하더라도 그 갱신등록 출원 전에 A가 국내에서 등록상표와 동일한 상표를 계속적·독점적으로 널리 사용함으로써 그 결과 일반 수요자 간에 등록상표가 A의 상표로 현저히 인식되어 있다고 인정할 만한 자료가 부족하므로 결국 (가)호 표장 중의 GOLD BLEND 부분은 등록상표와 동일하나 이는 상표법 제90조 제1항 제2호의 규정에 해당하는 부분이어서 식별력이 없는 부분에 불과하여 양 상표는 서로 유사하다고 할 수 없어 같은 취지에서 (가)호 표장이 등록상표의 권리범위에 속하지 아니한다."

(2) 상품의 유사

상품의 유사라 함은 대비되는 상품들이 일반 거래사회의 통념상 상품 출처의 오인·혼동을 일으킬 정도로 근사한 것을 말한다.[144] 어떤 상표가 선출원 등록상표와 동일 또는 유사하더라도 그 지정상품이 선출원 등록상표의 지정상품과 서로 다른 경우 상품출처의 오인·혼동은 발생하지 아니한다.[145]

상품의 유사 여부에 대한 판단은 거래사회의 통념, 즉 거래의 실정을 기준으로 한다. 이를 통하여 상품 출처의 오인·혼동을 일으킬 가능성이 있는지 여부를 판단하여 상품의 유사 여부를 판단한다. 또한 상품의 유사 여부를 판단함에 있어서는 상품과 서비스업 사이에서도 동종·유사성이 인정된다.[146]

가. 거래의 실정

지정상품의 동일·유사 여부는 상품의 속성인 품질, 형상, 용도와 생산부문, 판매부문, 수요자의 범위 등 거래의 실정을 고려하여 일반거래의 통념에 따라 판단하여야 한다.[147] 이와 관련하여 판례는 "국내의 일반 수요자 사이에는 휴대전화와 휴대전화 충전기가 동일 출처를 가진다는 점에 대하여 강한 인식이 형성되어 있는 한편, 휴대전화는 거래 통념상 선출원 등록상표의 지정상품들을 포함

---

143) 대법원 1997. 5. 30. 선고 96다56382 판결.
144) 대법원 2000. 7. 28. 선고 98후850 판결; 대법원 2004. 7. 22. 선고 2003후144 판결.
145) 대법원 1982. 11. 23. 선고 80후74 판결; 대법원 1990. 7. 10. 선고 89후2090 판결.
146) 대법원 1994. 2. 8. 선고 93후1421, 1438 판결.
147) 대법원 1994. 2. 22. 선고 93후1506 판결; 대법원 1993. 5. 11. 선고 92후2106 판결; 대법원 1994. 11. 25. 선고 94후1435 판결.

한 전자제품과 제조자, 유통경로, 판매자, 수요자 층 등이 일치한다. 결국 본 건 등록상표의 지정상품인 휴대전화 충전기에 선출원 등록상표의 지정상품들과 동일·유사한 상표가 사용될 경우 구체적인 상품군의 동일 여부와는 관계없이 거래자나 일반 수요자들로 하여금 제품 출처에 관한 오인·혼동을 불러일으킬 염려가 충분히 있다."148)고 하였다.

(가) 상품류 구분과의 관계

지정상품의 동일 또는 유사성은 어디까지나 그 품질, 용도, 형상, 거래의 실정 등을 고려하여 거래의 통념에 따라 결정하여야 하므로 상표법시행규칙상의 상품류 구분별표 중 같은 유별에 속해 있다하여 바로 동종 또는 유사한 상품이라고 단정할 수는 없다.149) 특히 상품류 구분은 상표등록사무의 편의를 위하여 구분한 것으로서 상품의 유사 범위를 정한 것은 아니다.150) 상품류 구분 표의 같은 유별에 속하고 있다고 하여 바로 동일 또는 유사한 상품이라고 단정할 수는 없는 것이고, 서로 다른 유별에 속하는 상품이라도 동종 유사의 상품이 있을 수 있기 때문이다.151) 이와 관련하여 판례는 "본 건 출원상표의 지정상품 중 향수와 선출원 등록상표의 지정상품인 자동차용 방향제는 모두 상표법 시행규칙상 상품류구분 제3류에 속하는 것이다. 그러나 향수는 주로 인체에 사용되는 화장품인 반면 자동차용 방향제는 자동차 실내에 사용되는 자동차용품이라는 점에서 그 용도에 중첩되는 부분이 없고 일반적으로는 향수는 화장품 등을 생산하는 기업에서 생산되고 백화점이나 화장품 전문 대리점 등에서 판매가 이루어지며 자동차용 방향제는 주로 자동차 용품을 생산·판매하는 기업에서 생산·판매가 이루어지는 것으로 보이므로 양 상품의 생산 부문과 판매 부문은 서로 구분된다. 또한 수요자의 범위에 있어서도 가정용 또는 개인용 승용차가 널리 보급됨에 따라 자동차용 방향제의 수요자의 범주에 일반소비자들이 포함된 사정을 감안하더라도

---

148) 대법원 2004. 7. 22. 선고 2003후144 판결.
149) 대법원 1982. 12. 28. 선고 81후41 판결; 대법원 1984. 3. 27. 선고 82후5 판결; 대법원 1987. 2. 10. 선고 85후113 판결; 대법원 1987. 8. 25. 선고 86후152 판결.
150) 대법원 1997. 2. 14. 선고 96후924 판결; 대법원 2000. 10. 27. 선고 2000후815 판결; 대법원 2002. 10. 25. 선고 2001후1037 판결.
151) 대법원 1984. 9. 25. 선고 83후65 판결; 대법원 1990. 7. 10. 선고 89후2090 판결; 대법원 1991. 3. 27. 선고 90후1178 판결; 대법원 1991. 5. 28. 선고 91후35 판결; 대법원 1992. 8. 14. 선고 91후1717 판결.

향수의 수요자는 주로 고급스런 이미지를 선호하는 소비자들로서 여성이 상대적으로 많은 반면에 자동차용 방향제의 수요자는 남녀를 불문하나 주로 승용차, 택시 등 자동차의 운전자들이라는 점에서 양 상품의 수요자의 범위 또한 차이가 있다. 따라서 본 건 출원상표의 지정상품 중 향수와 선출원 등록상표의 지정상품인 자동차용 방향제는 그 용도와 생산 및 판매 부문, 수요자의 범위 등을 종합적으로 고려해 볼 때 거래통념상 동일·유사한 상표를 위 상품들에 사용하더라도 그 출처의 오인·혼동을 일으킬 염려가 없는 상품에 속한다."152)고 하였다.153)

(나) 관련 판례 - 대법원 2002. 10. 25. 선고 2001후1037 판결

본 판례에는 상표권자 A와 A의 상표등록에 대한 무효를 주장한 B가 등장한다. A는 본 건 등록상표 우드락(WOOD LAC)을 상품류 구분 제22류의 인쇄잉크, 봉투, 그림물감, 팔레트, 제도용 수지발포판, 제도용 스티카판 등을 지정상품으로

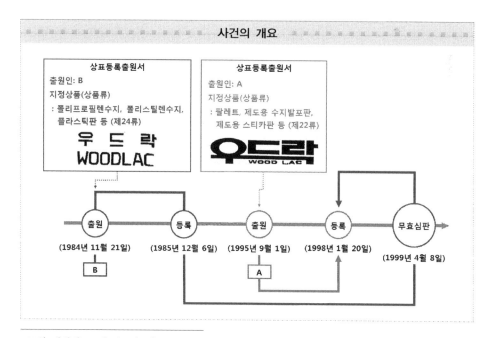

---

152) 대법원 2006. 6. 16. 선고 2004후3225 판결.

153) 한편 "본 건 출원상표의 지정상품과 인용상표의 지정상품은 다 같이 상품류 구분 제10류 제4군 약제의 상품군에 속한 것들로서 위 상품류 구분이 비록 상품의 유사여부를 정하는 것은 아니라 하더라도 인용상표의 지정상품 중 항생제, 종양치료제 등은 인체용은 물론 동물용 약제로도 사용되고 있고 양 상표 지정상품의 생산 또는 판매처 역시 동일하거나 유사함이 거래사회의 실정이 므로 양 상표의 지정상품은 유사한 상품이라 보지 않을 수 없다."라고 하는 판례도 있다(대법원 1987. 2. 24. 선고 86후132 판결).

1995년 9월 1일에 상표등록 출원하여 1998년 1월 20일에 상표등록을 받았다. 1999년 4월 8일, B는 본 건 등록상표 우드락(WOOD LAC)이 선출원 등록상표인 인용상표 우드락(WOODLAC)과 서로 동일 또는 유사하여 수요자를 기만할 염려가 있다는 이유로 A의 상표등록에 대한 무효를 주장하였다. 인용상표 우드락(WOODLAC)은 상품류 구분 제24류의 폴리프로필렌수지, 폴리스틸렌수지, 플라스틱판 등을 지정상품으로 1984년 11월 21일에 상표등록 출원되어 1985년 12월 6일에 상표등록되었다.

ㄱ. B의 주장

B는 "본 건 등록상표 우드락(WOOD LAC)의 지정상품 중 제도용 수지발포판 및 제도용 스티카판에 대하여는 B의 선출원 등록상표인 우드락(WOODLAC)과 외관·칭호·관념 면에서 전체적으로 동일·유사하고 그 지정상품도 동일·유사하므로 상표법 제34조 제1항 제7호('제34조 제1항 제7호'는 현행 상표법(법률 제18817호)으로 수정하여 표시한 것이다. 이하 같다.)에 위반하여 등록된 것이고, 양상표가 다같이 공존하여 사용되는 경우에는 당해 상품의 거래자나 일반수요자로 하여금 품질의 오인이나 출처의 혼동의 우려가 있고 수요자를 기만할 염려가 있어 상표법 제34조 제1항 제12호('제34조 제1항 제12호'는 현행 상표법(법률 제18817호)으로 수정하여 표시한 것이다. 이하 같다.)에 위반하여 등록된 것이어서 마땅히 그 등록이 무효로 되어야 한다."[154]고 주장하였다. 상표법 제34조 제1항 제7호에 따라 선출원에 의한 타인의 등록상표와 동일·유사한 상표로서 그 지정상품과 동일·유사한 상품에 사용하는 상표에 대해서는 상표등록을 받을 수 없다. 또한 상표법 제34조 제1항 제12호에 따라 상품의 품질을 오인하게 하거나 수요자를 기만할 염려가 있는 상표에 대해서는 상표등록을 받을 수 없다. 본 건 등록상표의 지정상품 중 제도용 수지발포판, 제도용 스티카판과 인용상표의 지정상품 중 플라스틱판은 일반 거래사회의 통념상 동일·유사한 것이므로 일반 수요자로 하여금 품질의 오인이나 출처의 혼동의 우려가 있고 수요자를 기만할 염려가 있다. 따라서 상표법 제34조 제1항 제7호 및 제12호의 규정을 적용하여 본 건 등록상표의 무효를 주장한다는 것이다.

---

154) 특허심판원 1999. 11. 29. 1999당633 심결.

ㄴ. 상표권자 A의 주장

A는 "본 건 등록상표 우드락(WOOD LAC)은 새로운 문구용 상품에 사용하기 위하여 A가 만든 도형화한 한글과 영문자의 조어상표로서 B의 인용상표 우드락(WOODLAC)과 지정상품류가 다른 상이한 상표이며, 아무런 증거의 제출도 없이 막연히 본 건 등록상표가 B의 상품이나 상표와 혼동을 일으킬 정도이므로 수요자를 기만할 염려가 있는 상표라고 주장하고 있는 B의 주장은 성립될 수 없는 것이다."[155]고 주장하였다. 본 건 등록상표 우드락(WOOD LAC)은 상품류 구분 제22류의 인쇄잉크, 봉투, 그림물감, 팔레트, 제도용 수지발포판, 제도용 스티카판 등을 지정상품으로 한다. 인용상표 우드락(WOODLAC)은 상품류 구분 제24류의 폴리프로필렌수지, 폴리스틸렌수지, 플라스틱판 등을 지정상품으로 한다. 따라서 본 건 등록상표와 인용상표는 서로 지정상품의 상품류가 서로 다른 상이한 상표이므로 상표법 제34조 제1항 제7호 및 제12호의 규정에 해당되지 않는다는 것이다.

ㄷ. 대법원의 판단[156]

"상품의 유사 여부는 대비되는 상품에 동일 또는 유사한 상표를 사용할 경우에 동일 업체에 의하여 제조 또는 판매되는 상품으로 오인될 우려가 있는지 여부를 기준으로 하여 판단하되 상품 자체의 속성인 품질, 형상, 용도와 생산부문, 판매부문, 수요자의 범위 등 거래의 실정 등을 종합적으로 고려하여 일반 거래 사회의 통념에 따라 판단하여야 하고 상표법 제36조 제1항(현행 상표법으로 수정 표시: 저자 주) 및 같은법 시행규칙 제28조 제1항(현행 상표법 시행규칙(산업통상자원부령 제405호)으로 수정 표시: 저자 주)에 의한 상품류 구분은 상표등록사무의 편의를 위하여 구분한 것으로서 상품의 유사 범위를 정한 것은 아니다.[157] 폴리스틸렌 수지를 압축 발포시켜 제조한 플라스틱판을 폴리스틸렌 수지발포판(FOAM BOARD)이라 한다. 폴리스틸렌 수지발포판 원단 중 양쪽 표면 모두 요철이 없어 반들반들한 성질을 가진 종류의 것을 적당한 크기로 자른 후 열처리로서 2~3겹씩 붙이는 공정을 거쳐 생산된 제품 및 그것에 특수 칼라잉크를 도

---

155) 특허심판원 1999. 11. 29. 1999당633 심결.
156) 대법원 2002. 10. 25. 선고 2001후1037 판결.
157) 대법원 1997. 2. 14. 선고 96후924 판결; 대법원 2000. 10. 27. 선고 2000후815 판결.

포하거나 다시 무늬를 얹거나 코르크를 접착하거나 아트지를 접착한 제품을 일괄하여 제도용 수지발포판이라는 이름을 붙였다. 또한 제도용 수지발포판의 한쪽 면 또는 양쪽 면에 특수한 접착제를 도포하고 그 위에 아트지를 부착하여 수요자가 필요에 따라 위 아트지를 떼어내고 다른 모형을 부착하여 모양을 낼 수 있게 한 제품을 제도용 스티카판이라고 이름을 지어 그들 제품을 지정상품 중 일부로 하여 본 건 상표등록을 한 사실이 인정된다. 본 건 등록상표의 지정상품 중 제도용 수지발포판 및 제도용 스티카판은 그 가공정도에 비추어 볼 때 인용상표의 지정상품 중 플라스틱판과 서로 품질, 형상이 동일·유사하고 그 용도도 동일·유사하며 판매자, 수요자 등에도 일치하는 점이 있으므로 거래의 통념상 유사한 상품에 해당된다. 따라서 우드락과 WOOD LAC이 결합된 본 건 등록상표와 인용상표는 서로 유사한 상표이므로 결국 본 건 등록상표의 지정상품 중 제도용 수지발포판과 제도용 스티카판은 상표법 제34조 제1항 제7호(현행 상표법으로 수정 표시: 저자 주)에 위반하여 등록된 것으로서 그 등록이 무효로 되어야 한다."

나. 상품 출처의 오인·혼동 가능성

유사성 유무를 판단함에 있어서 그 궁극적 판단기준은 결국 상품출처의 오인·혼동이 야기될 우려가 객관적으로 존재하는가의 여부에 두어야 한다.[158]

(가) 오인·혼동 가능성의 의미

상품의 품질 오인이나 타인의 업무에 관계되는 상품과의 혼동은 현실적으로 그러한 오인·혼동이 생긴 경우뿐만 아니라 오인·혼동이 생길 염려가 객관적으로 존재하면 족하다.[159] 이와 관련하여 판례는 "본 건 출원상표의 AM/FM 라디오 수신기, MP3 플레이어 등과 선출원 등록상표의 휴대용 통신기계기구는 상품의 용도 및 생산부문, 판매부문, 수요자의 범위 등이 일치하여 양 상표의 지정상품에 동일 또는 유사한 상표가 사용될 경우 동일한 업체에 의하여 제조 또는 판매되는 상품으로 오인·혼동될 염려가 있으므로 결국 양 상표의 지정상품 또한

---

158) 대법원 1984. 11. 13. 선고 83후70 판결; 대법원 1986. 2. 11. 선고 85후6 판결; 대법원 1988. 5. 10. 선고 87후87, 87후88 판결; 대법원 2000. 4. 25. 선고 98후1877 판결; 대법원 2012. 10. 11. 선고 2012후2227 판결; 대법원 2020. 2. 13. 선고 2017후2178 판결.
159) 대법원 1987. 6. 9. 선고 86후51, 86후52 판결; 대법원 1990. 9. 11. 선고 89후2304 판결; 대법원 1999. 9. 17. 선고 98후423 판결.

유사하다고 보아야 한다."160)고 하였다.

(나) 관련 판례 - 대법원 2004. 5. 14. 선고 2002후1256 판결

본 판례에는 상표권자 A와 A의 상표등록에 대한 무효를 주장한 B가 등장한다. A는 본 건 등록상표 스피드(SPEED)를 상품류 구분 제5류의 녹차, 과실액, 커피, 코코아, 사과주스, 오렌지주스, 광천수, 얼음 등을 지정상품으로 1996년 3월 22일에 상표등록 출원을 하여 1997년 9월 8일에 상표등록을 받았다. 2001년 7월 27일, B는 상표등록 무효심판을 청구하고 본 건 등록상표 스피드(SPEED)가 선출원 등록상표인 인용상표 스피드와 유사한 상표라는 이유로 A의 상표등록에 대한 무효를 주장하였다. 인용상표 스피드는 상품류 구분 제2류의 쌀, 인삼, 두유 등을 지정상품으로 1995년 4월 13일에 상표등록 출원되어 1996년 10월 29일에 상표등록되었다.

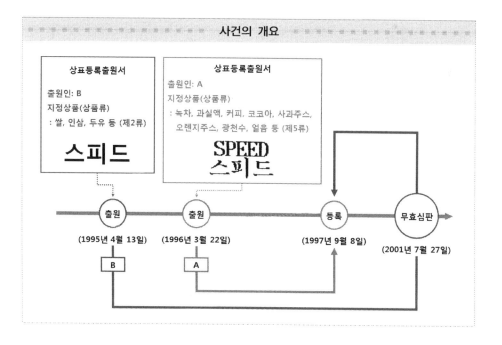

ㄱ. B의 주장

B는 "본 건 등록상표 스피드(SPEED)는 타인의 선출원 등록상표인 인용상표

---

160) 대법원 2008. 10. 9. 선고 2008후1470 판결.

스피드와 유사한 상표로서 상표법 제35조('제35조'는 현행 상표법(법률 제18817호)으로 수정하여 표시한 것이다. 이하 같다.)에 해당되어 그 등록이 무효가 되어야 한다."161)고 주장하였다. 상표법 제35조 제1항에 따라 동일·유사한 상품에 사용할 동일·유사한 상표에 대하여 다른 날에 둘 이상의 상표등록출원이 있는 경우에는 먼저 출원한 자만이 그 상표를 등록받을 수 있다. 본 건 등록상표는 1996년 3월 22일에 상표등록 출원되었다. 인용상표는 본 건 등록상표의 출원일보다 앞선 1995년 4월 13일에 상표등록 출원이 되었다. 본 건 등록상표의 지정상품 중 녹차, 과실액, 커피, 코코아, 사과주스, 오렌지주스와 인용상표의 지정상품 중 두유는 동일·유사한 상표가 사용될 경우 그 출처의 오인·혼동을 일으킬 염려가 있는 거래통념상 유사한 상품에 속한다. 따라서 상표법 제35조의 규정을 적용하여 본 건 등록상표의 무효를 주장한다는 것이다.

ㄴ. 상표권자 A의 주장

A는 "본 건 등록상표 스피드(SPEED)의 지정상품은 인용상표 스피드의 지정상품과 그 상품류 구분을 달리하는 이종상품이므로 B의 주장은 성립할 수 없는 것이다."162)고 주장하였다. 본 건 등록상표의 상품류 구분은 제5류이다. 인용상표의 상품류 구분은 제2류이다. 따라서 본 건 등록상표의 지정상품은 인용상표의 지정상품과 그 상품류 구분을 달리하는 이종상품에 해당되므로 상표법 제35조의 규정에 해당되지 않는다는 것이다.

ㄷ. 대법원의 판단163)

"상표의 등록무효 여부는 지정상품별로 판단하여야 하는 것이고164) 지정상품의 유사 여부는 대비되는 상품에 동일 또는 유사한 상표를 사용할 경우 동일 업체에 의하여 제조 또는 판매되는 상품으로 오인될 우려가 있는가의 여부를 기준으로 하여 판단하되 상품 자체의 속성인 품질, 형상, 용도와 생산 부문, 판매 부문, 수요자의 범위 등 거래의 실정 등을 종합적으로 고려하여 일반 거래의 통념에 따라 판단하여야 한다.165) 본 건 등록상표의 지정상품인 녹차, 과실액, 커피,

---

161) 특허심판원 2002. 1. 31. 2001당1391 심결.
162) 특허심판원 2002. 1. 31. 2001당1391 심결.
163) 대법원 2004. 5. 14. 선고 2002후1256 판결.
164) 대법원 2002. 10. 11. 선고 2000후2804 판결; 대법원 2002. 12. 10. 선고 2000후3401 판결.
165) 대법원 2000. 7. 28. 선고 98후850 판결; 대법원 2000. 10. 27. 선고 2000후815 판결.

코코아, 사과주스, 오렌지주스, 광천수, 얼음과 본 건 등록상표의 출원 전에 출원된 인용상표의 지정상품 중 두유의 유사 여부에 관하여 본 건 등록상표의 지정상품인 커피, 코코아와 각종의 과일주스는 식물 열매의 추출물 그 자체 혹은 이에 물과 기타 식품첨가물을 섞어 만드는 것이고 두유 역시 식물의 열매인 대두 및 대두 가공품의 추출물에 물과 식염, 당분 등을 섞어 만드는 것이며 공히 액체 형상으로 종이팩이나 유리병 등에 담겨 기호용 음료로 판매되는 것이 보통인 점에 비추어 품질, 형상, 용도가 서로 유사하다. 또한 식품의약품안전청에서 고시하는 식품공전 상 과실, 채소음료, 탄산음료, 두유류, 발효음료류 등이 다 같이 음료류로 분류되어 있으며 각종 과일주스와 이온음료 등 청량음료 또는 커피, 유제품을 생산하는 상당수의 국내 음료 제조업자가 두유를 아울러 생산·판매하고 있고 실제로 인용상표권자 역시 두유를 시판하고 있으며 그 판매 경로 역시 슈퍼마켓이나 편의점, 백화점 등의 음료 판매대에 다른 음료와 함께 진열·판매되는 것이 보통이고 두유의 경우 반드시 과실주스 등과 차별되는 소비자층을 가진다고 보기도 어려우므로 생산·판매 부문 및 수요자층 역시 일치한다. 따라서 본 건 등록상표의 지정상품 중 녹차, 과실액, 커피, 코코아, 사과주스, 오렌지주스와 인용상표의 지정상품 중 두유는 그 상품의 재료나 품질에 있어서는 일부 차이가 있고 상표법 시행규칙 제28조 제1항(현행 상표법 시행규칙으로 수정 표시: 저자 주)에 의한 상품류 구분상 다른 상품류에 속하기는 하지만 위 상품류 구분은 상표등록 사무의 편의를 위하여 구분한 것으로서 상품의 유사 범위를 정한 것이 아니므로 다른 상품류에 속한다고 하여 곧바로 유사한 상품이 아니라고 단정할 수는 없는 것이고 위 상품들의 형상, 용도와 생산 부문, 판매 부문, 수요자의 범위 등을 종합하면 위 상품들은 거래통념상 동일·유사한 상표가 사용될 경우 그 출처의 오인·혼동을 일으킬 염려가 있는 유사한 상품에 속한다고 봄이 상당하다."

다. 상품과 서비스업

서비스 중에서 상품과 관계있는 서비스에 대해서는 어느 상품에 사용되는 표장과 동일 또는 유사한 표장을 그 상품과 밀접한 관련이 있는 서비스업에 사용할 경우 일반 수요자가 그 서비스의 제공자를 상품의 제조·판매자와 동일인인 것처럼 서비스의 출처에 대하여 혼동을 일으킬 우려가 있다.[166] 특히 거래사회

의 실정으로 보아 서비스의 제공과 상품의 제조·판매가 동일한 업자에 의하여
이루어지는 때가 많고 일반인들 또한 그렇게 생각하는 경향이 있는 경우에는 그
와 같은 혼동의 우려는 더욱 커질 것이다.[167] 따라서 상품과 서비스업 사이에서
도 동일 또는 유사성이 인정되지만 상표는 상품 그 자체를, 서비스표는 서비스
의 출처를 식별시키기 위한 표장으로서 각자 수행하는 기능이 다르므로 상품과
서비스업 사이의 동일 또는 유사성을 지나치게 광범위하게 인정하여서는 아니
된다.[168]

(가) 상품과 서비스업의 유사 판단

상품과 서비스 사이의 동일 또는 유사성은 서비스와 상품 간의 밀접한 관계
유무, 상품의 제조·판매와 서비스의 제공이 동일 사업자에 의하여 이루어지는
것이 일반적인가, 그리고 일반인이 그와 같이 생각하는 것이 당연하다고 인정되
는가 하는 점 등을 따져 보아 거래사회의 통념에 따라 이를 인정한다.[169] 구체
적으로 상품과 서비스의 용도가 일치하는가, 상품의 판매 장소와 서비스의 제공
장소가 일치하는가, 수요자의 범위가 일치하는가, 유사한 표장을 사용할 경우 출
처의 혼동을 초래할 우려가 있는가 하는 점 등을 따져 보아 거래사회의 통념에
따라 상품과 서비스 사이의 동일 또는 유사성이 인정된다.[170] 이와 관련하여 판
례는 "본 건 등록단체표장은 상표법시행규칙상의 서비스업류 구분 제112류인 귀
금속 및 보석디자인업, 귀금속 및 보석감정업 등 5개 서비스업을 그 지정서비스
업으로 하고 인용상표는 상표법시행규칙상의 상품류 구분 제45류인 목걸이, 귀
걸이, 반지 등 10개 상품을 지정상품으로 하고 있다. 따라서 본 건 등록단체표
장의 지정서비스업의 취급 대상 물품은 인용상표의 지정상품에 해당되는 목걸
이, 귀걸이, 반지 등과 같은 귀금속 및 보석류이므로 인용상표의 지정상품과 본
건 등록단체표장의 지정서비스업은 밀접한 관련이 있다. 결국 본 건 등록단체표
장이 인용상표의 지정상품과 밀접한 관련이 있는 그 지정서비스업 등에 사용될
경우 일반 수요자가 그 지정서비스업의 제공자를 인용상표의 지정상품의 제조판

---

166) 대법원 1987. 7. 21. 선고 86후167 판결; 대법원 1994. 2. 8. 선고 93후1421, 1438 판결; 대법원
  1999. 2. 23. 선고 98후1587 판결.
167) 대법원 1999. 7. 9. 선고 98후2887 판결.
168) 대법원 1999. 2. 23. 선고 98후1587 판결.
169) 대법원 1994. 2. 8. 선고 93후1421, 1438(병합) 판결.
170) 대법원 2006. 7. 28. 선고 2004후1304 판결.

매자와 동일인인 것으로 지정서비스업의 출처에 관하여 오인·혼동을 일으킬 우려가 있다."[171]고 하였다.

(나) 관련 판례 — 대법원 2001. 12. 28. 선고 2001후2467 판결

본 판례에는 상표권자 A와 A의 상표등록에 대한 무효를 주장하는 B가 등장한다. A는 본 건 등록서비스표 21세기컨설팅주식회사를 서비스업류 구분 제41류의 서적출판업, 교육정보제공업 등을 지정서비스업으로 1998년 3월 24일에 서비스표등록 출원을 하여 1999년 3월 19일에 서비스표 등록을 받았다. 2000년 4월 3일, B는 상표등록 무효심판을 청구하고 본 건 등록서비스표가 선출원 등록상표인 인용상표와 서로 동일·유사하여 일반 수요자나 거래자가 상품출처에 오인·혼동을 일으킬 염려가 있다는 이유로 A의 상표등록에 대한 무효를 주장하였다. 인용상표 CENTURY 21은 상품류 구분 제52류의 카탈로그, 팜플렛, 잡지, 신문, 서적 등을 지정상품으로 1984년 10월 17일 상표 출원되어 1985년 10월 4일 상표등록이 되었다. 그 후 1996년 7월 26일 상표권의 존속기간이 갱신 등록되었다.

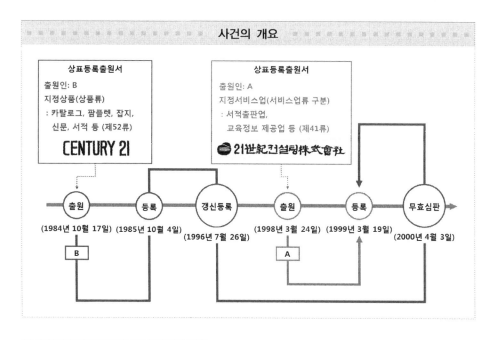

---

171) 대법원 1998. 7. 24. 선고 97후2309 판결.

ㄱ. B의 주장

B는 "본 건 등록서비스표는 선출원 등록상표인 인용상표와 서로 동일·유사하므로 상표법 제34조 제1항 제7호('제34조 제1항 제7호'는 현행 상표법(법률 제18817호)으로 수정하여 표시한 것이다. 이하 같다.)의 규정에 위반되어 등록된 것이어서 그 등록이 무효로 되어야 한다."[172]고 주장하였다. 본 건 등록서비스표 21세기컨설팅주식회사는 서적출판업 등을 그 지정서비스업으로 등록받았다. 선출원 등록상표인 인용상표 CENTURY 21은 서적 등을 그 지정상품으로 상표등록을 받았다. 본 건 등록서비스표 21세기컨설팅주식회사의 구성 중 컨설팅주식회사는 식별력이 없거나 약하므로 본 건 등록서비스표는 21세기로 관념되고, 인용상표 CENTURY 21은 21세기로 관념할 것이므로 본 건 등록서비스표와 인용상표는 관념이 극히 유사하다. 또한 인용상표의 지정상품인 서적 등은 본 건 등록서비스표의 지정서비스업인 서적출판업과 거래 통념상 밀접한 관련성이 있어 서로 유사하다. 따라서 본 건 등록서비스표와 선출원 등록상표인 인용상표가 공존하는 경우 수요자의 오인·혼동을 야기할 염려가 있어 본 건 등록서비스표의 무효를 주장한다는 것이다.

ㄴ. 상표권자 A의 주장

A는 "본 건 등록서비스표는 전체적으로 인용상표와 비유사하고, 그 지정서비스업 대부분도 인용상표의 지정상품과 서로 유사하지 아니하므로 그 등록이 무효가 아니다."[173]고 주장하였다. 본 건 등록서비스표 21세기컨설팅주식회사는 서비스업류 구분 제41류의 서적출판업, 교육정보제공업 등을 지정서비스업으로 등록을 받은 서비스표이다. 인용상표 CENTURY 21은 상품류 구분 제52류의 카탈로그, 팜플렛, 잡지, 신문, 서적 등을 지정상품으로 등록을 받은 상표이다. 따라서 본 건 등록서비스표와 인용상표는 전체적으로 비유사하고, 그 지정서비스업과 지정상품도 서로 유사하지 아니하므로 본 건 등록서비스표는 무효사유에 해당하지 않는다는 것이다.

---

172) 특허심판원 2000. 12. 19. 2000당529 심결.
173) 특허심판원 2000. 12. 19. 2000당529 심결.

ㄷ. 대법원의 판단[174]

"상표법 제34조 제1항 제7호(현행 상표법으로 수정 표시: 저자 주)에 따라 선출원에 의한 타인의 등록상표와 동일·유사한 상표로서 그 지정상품과 동일·유사한 상품에 사용하는 상표에 대해서는 상표등록을 받을 수 없다. 본 건 등록서비스표의 문자부분 21세기컨설팅주식회사의 구성 중 주식회사는 회사의 종류를 나타내고 컨설팅은 업종을 나타내는 것으로서 식별력이 없거나 약하므로 본 건 등록서비스표는 21세기로 호칭·관념되고 인용상표의 구성 중 CENTURY는 세기, 100년 등의 의미를 지닌 중학생 수준의 단어에 해당하여 일반 수요자는 인용상표 CENTURY 21을 21세기로 관념할 것이므로 본 건 등록서비스표와 인용상표는 외관과 호칭이 다르지만 관념이 극히 유사하여 양 표장을 동일·유사한 서비스업 등에 사용할 경우 일반 수요자로서는 출처를 오인·혼동할 우려가 있다. 또한 인용상표의 지정상품인 서적 등은 일반적으로 출판사에서 제작하여 서점 등을 통하여 유통되므로 서적출판업과 거래 통념상 밀접한 관련성이 있어 본 건 등록서비스표의 지정서비스업 중 서비스업류 구분 제41류의 서적출판업과 위 지정상품인 서적은 서로 유사하므로 본 건 등록서비스표의 지정서비스업 중 인용상표의 지정상품과 유사한 것에 대하여 그 등록을 무효로 한 본 건 심결은 정당하다."

Ⅲ. 침해의 구제

상표법은 상표권 침해행위에 대한 구제 수단으로 민사적 구제 수단과 형사적 구제 수단을 마련하고 있다. 이에 따라 상표권자는 권원 없는 타인에 의한 상표권의 침해에 대하여 상표법에서 정한 민·형사적 구제를 받을 수 있다.

1. 민사적 구제

상표권 침해에 대한 구제를 위하여 상표법이 마련하고 있는 민사적 구제 수단으로는 침해 금지·예방 청구권, 손해배상청구권, 신용회복청구권 등이 있다.

---

174) 대법원 2001. 12. 28. 선고 2001후2467 판결.

(1) 침해 금지 · 예방 청구권

상표권자 또는 전용사용권자는 자기의 권리를 침해한 자 또는 침해할 우려가 있는 자에 대하여 그 침해의 금지 또는 예방을 청구할 수 있다.[175] 이 경우 상표권자 또는 전용사용권자는 침해행위를 조성한 물건의 폐기, 침해행위에 제공된 설비의 제거나 그 밖에 필요한 조치를 청구할 수 있다.[176]

가. 침해행위의 금지 등

법원은 상표권 침해의 금지 또는 예방을 청구하는 소가 제기된 경우 원고 또는 고소인의 신청에 의하여 임시로 침해행위의 금지, 침해행위에 사용된 물건 등의 압류나 그 밖에 필요한 조치를 명할 수 있다.[177]

나. 고의의 추정

등록상표임을 표시한 타인의 상표권 또는 전용사용권을 침해한 자는 그 침해행위에 대하여 그 상표가 이미 등록된 사실을 알았던 것으로 추정한다.[178]

(2) 손해배상청구권

상표권자 또는 전용사용권자는 자기의 상표권 또는 전용사용권을 고의 또는 과실로 침해한 자에 대하여 그 침해에 의하여 자기가 받은 손해의 배상을 청구할 수 있다.[179]

가. 손해액의 추정

손해배상을 청구하는 경우 상표법 제110조의 규정에 따라 상표권자 또는 전용사용권자가 입은 손해액이 추정된다.

나. 법정손해배상의 청구

상표권자 또는 전용사용권자는 자기가 사용하고 있는 등록상표와 같거나 동일성이 있는 상표를 그 지정상품과 같거나 동일성이 있는 상품에 사용하여 자기의 상표권 또는 전용사용권을 고의나 과실로 침해한 자에 대하여 상표법 제109

---

175) 상표법 제107조 제1항.
176) 상표법 제107조 제2항.
177) 상표법 제107조 제3항.
178) 상표법 제112조.
179) 상표법 제109조.

조에 따른 손해배상을 청구하는 대신 1억원(고의적으로 침해한 경우에는 3억원) 이하의 범위에서 상당한 금액을 손해액으로 하여 배상을 청구할 수 있다. 이 경우 법원은 변론전체의 취지와 증거조사의 결과를 고려하여 상당한 손해액을 인정할 수 있다.[180] 또한 자기의 상표권 또는 전용사용권을 고의나 과실로 침해한 자에 대하여 상표법 제109조에 따라 손해배상을 청구한 상표권자 또는 전용사용권자는 법원이 변론을 종결할 때까지 그 청구를 1억원(고의적으로 침해한 경우에는 3억원) 이하의 범위에서 상당한 금액을 손해액으로 하는 배상 청구로 변경할 수 있다.[181]

다. 서류의 제출

법원은 상표권 또는 전용사용권의 침해에 관한 소송에서 당사자의 신청에 의하여 다른 당사자에 대하여 해당 침해행위로 인한 손해를 계산하는 데에 필요한 서류의 제출을 명할 수 있다. 다만 그 서류의 소지자가 그 서류의 제출을 거절할 정당한 이유가 있는 경우에는 그러하지 아니하다.[182]

라. 손실보상청구권과의 비교

손실보상청구권이라 함은 출원인이 경고 후 상표권을 설정등록할 때까지의 기간에 발생한 해당 상표의 사용에 관한 업무상 손실에 상당하는 보상금의 지급을 청구하기 위한 것이다.[183] 따라서 경고 후 상표권을 설정등록할 때까지의 기

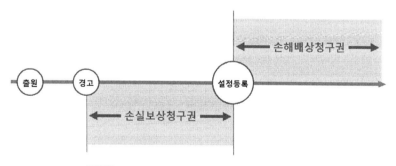

그림 손해배상청구권과 손실보상청구권의 대상

---

180) 상표법 제111조 제1항.
181) 상표법 제111조 제2항.
182) 상표법 제114조.
183) 상표법 제58조 제2항.

간에 발생한 업무상 손실에 상당하는 보상금의 지급을 청구하는 것이 손실보상 청구권이라면 설정등록 이후 발생한 상표권 또는 전용사용권 침해에 따른 손해를 배상받기 위해 청구하는 것이 손해배상청구권이다.

(3) 신용회복청구권

법원은 고의나 과실로 상표권 또는 전용사용권을 침해함으로써 상표권자 또는 전용사용권자의 업무상 신용을 떨어뜨린 자에 대하여 상표권자 또는 전용사용권자의 청구에 의해 손해배상을 갈음하거나 손해배상과 함께 상표권자 또는 전용사용권자의 업무상 신용회복을 위하여 필요한 조치를 명할 수 있다.[184]

2. 형사적 구제

상표권 침해에 대한 구제를 위하여 상표법이 마련하고 있는 형사적 구제 수단으로는 침해죄, 비밀유지명령 위반죄, 위증죄, 거짓 표시의 죄, 거짓 행위의 죄 등이 있다.

(1) 침해죄

상표권 또는 전용사용권의 침해행위를 한 자는 7년 이하의 징역 또는 1억원 이하의 벌금에 처한다.[185]

가. 양벌규정

법인의 대표자나 법인 또는 개인의 대리인, 사용인, 그 밖의 종업원이 그 법인 또는 개인의 업무에 관하여 침해죄(상표법 제230조)의 위반행위를 하면 그 행위자를 벌하는 외에 그 법인에게는 3억원 이하의 벌금을 부과하고 그 개인에게는 1억원 이하의 벌금을 부과한다. 다만 법인 또는 개인이 그 위반행위를 방지하기 위하여 해당 업무에 관하여 상당한 주의와 감독을 게을리 하지 아니한 경우에는 그러하지 아니하다.

나. 몰 수

상표권 또는 전용사용권의 침해행위에 제공되거나 그 침해행위로 인하여 생긴 상표・포장 또는 상품(이른바 "침해물")과 그 침해물의 제작에 주로 사용하기

---

184) 상표법 제113조.
185) 상표법 제230조.

위하여 제공된 제작 용구 또는 재료는 몰수한다.

(2) 비밀유지명령 위반죄

국내외에서 정당한 사유 없이 비밀유지명령을 위반한 자는 5년 이하의 징역 또는 5천만원 이하의 벌금에 처한다.[186] 비밀유지명령 위반의 죄에 대해서는 비밀유지명령을 신청한 자의 고소가 있어야 공소를 제기할 수 있다.[187]

(3) 위증죄

상표법에 따라 선서한 증인, 감정인 또는 통역인이 특허심판원에 대하여 거짓의 진술·감정 또는 통역을 하였을 경우에는 5년 이하의 징역 또는 5천만원 이하의 벌금에 처한다.[188] 거짓의 진술·감정 또는 통역에 따른 죄를 범한 자가 그 사건의 상표등록여부결정 또는 심결의 확정 전에 자수하였을 경우에는 그 형을 감경하거나 면제할 수 있다.[189]

(4) 거짓 표시의 죄

거짓 표시의 금지(상표법 제224조)를 위반한 자는 3년 이하의 징역 또는 3천만원 이하의 벌금에 처한다.[190] 법인의 대표자나 법인 또는 개인의 대리인, 사용인, 그 밖의 종업원이 그 법인 또는 개인의 업무에 관하여 거짓 표시의 죄(상표법 제233조)의 위반행위를 하면 그 행위자를 벌하는 외에 그 법인에게는 6천만원 이하의 벌금을 부과하고 그 개인에게는 3천만원 이하의 벌금형을 부과한다. 다만 법인 또는 개인이 그 위반행위를 방지하기 위하여 해당 업무에 관하여 상당한 주의와 감독을 게을리 하지 아니한 경우에는 그러하지 아니하다.[191]

(5) 거짓 행위의 죄

거짓이나 그 밖의 부정한 행위를 하여 상표등록, 지정상품의 추가등록, 존속기간갱신등록, 상품분류전환등록 또는 심결을 받은 자는 3년 이하의 징역 또는 3천만원 이하의 벌금에 처한다.[192] 법인의 대표자나 법인 또는 개인의 대리인,

---

186) 상표법 제231조 제1항.
187) 상표법 제231조 제2항.
188) 상표법 제232조 제1항.
189) 상표법 제232조 제2항.
190) 상표법 제233조.
191) 상표법 제235조.

사용인, 그 밖의 종업원이 그 법인 또는 개인의 업무에 관하여 거짓 행위의 죄 (상표법 제234조)의 위반행위를 하면 그 행위자를 벌하는 외에 그 법인에게는 6천만원 이하의 벌금을 부과하고 그 개인에게는 3천만원 이하의 벌금형을 부과한다. 다만 법인 또는 개인이 그 위반행위를 방지하기 위하여 해당 업무에 관하여 상당한 주의와 감독을 게을리 하지 아니한 경우에는 그러하지 아니하다.[193]

(6) 과태료

민사소송법 제299조 제2항 또는 제367조에 따라 선서를 한 사람으로서 특허심판원에 대하여 거짓 진술을 한 사람,[194] 특허심판원으로부터 증거조사 또는 증거보전에 관하여 서류나 그 밖의 물건의 제출 또는 제시 명령을 받은 자로서 정당한 이유 없이 그 명령에 따르지 아니한 자,[195] 특허심판원으로부터 증인, 감정인 또는 통역인으로 출석이 요구된 사람으로서 정당한 이유 없이 출석요구에 응하지 아니하거나 선서·진술·증언·감정 또는 통역을 거부한 사람[196]에 해당하는 자에게는 50만 원 이하의 과태료를 부과한다.[197]

---

192) 상표법 제234조.
193) 상표법 제235조.
194) 상표법 제237조 제1항 제1호.
195) 상표법 제237조 제1항 제2호.
196) 상표법 제237조 제1항 제3호.
197) 상표법 제237조 제1항.

심판, 재심, 소송

레고, 의류업체 BANC를 상대로 심판을 제기하다

레고(LEGO)는 누구나가 알고 있는 덴마크의 장난감 제조 회사이다. 다양한 모양을 만들 수 있는 플라스틱 브릭(brick) 장난감을 만들어 판매한다. 굳이 설명을 하지 않아도 플라스틱 브릭 장난감이 담겨진 종이 상자에 인쇄된 LEGO라는 상표에 대해 우리는 너무나도 잘 알고 있다.

2008년 3월 4일, 레고는 의류업체인 BANC를 상대로 상표등록 무효심판을 청구하였다. BANC의 등록상표가 자사의 상표와 매우 유사하여 일반 수요자들로 하여금 출처의 오인·혼동을 일으킬 염려가 있다는 것이 레고가 BANC를 상대로 상표등록 무효심판을 청구한 이유였다.

■ 특허심판원 2011. 3. 30. 2009당2373 심결.

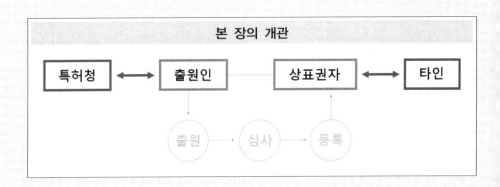

본 장의 개관

특허청 ⟷ 출원인 ···· 상표권자 ⟷ 타인

출원 ⟶ 심사 ⟶ 등록

레고가 BANC를 상대로 제기한 상표등록 무효심판은 상표법에 마련된 분쟁해결 수단 중 하나이다. 상표법은 상표와 관련된 분쟁을 해소하기 위한 수단으로 심판제도를 두고 있다. 상표법에 마련된 분쟁해소 수단으로는 심판제도 이외에도 재심 및 소송 제도가 있다.

Ⅰ. 심 판

심판이란 상표 출원에 대하여 심사관이 행한 처분 또는 그 처분에 의해 등록된 상표권 효력의 유효 여부 등에 관한 분쟁을 신속·정확하게 해결하기 위하여 특허심판원의 심판관합의체에 의하여 행해지는 특별행정심판제도를 말한다.[1]

1. 심판의 청구

심판의 청구라 함은 상표와 관련된 분쟁의 해결을 위하여 심판청구서를 작성하여 특허심판원장에게 제출하는 것을 말한다. 심판은 상표와 관련된 분쟁의 해결을 위해 심판청구서를 특허심판원장에게 제출하는 것에서 시작된다.

(1) 당사자

당사자라 함은 자기의 이름으로 심판을 청구하거나 청구를 받는 자를 말한다. 구체적으로는 심판 절차에 있어 청구인, 피청구인을 당사자라 한다.[2] 같은 상표권에 대하여 심판을 청구하는 자가 2인 이상이면 각자 또는 그 모두가 공동으로 심판을 청구할 수 있다.[3]

가. 요 건

적법한 심판 당사자가 되기 위해서는 당사자능력,[4] 당사자적격[5] 등의 당사자에 관한 심판청구요건을 구비하고 있을 것이 요구된다.[6] 당사자적격은 특정권리

---

1) 특허심판원 심판정책과, 2017 심사편람(제12판), 2017년 3월, 3면.
2) 특허심판원 심판정책과, 2017 심사편람(제12판), 2017년 3월, 83면.
3) 상표법 제124조 제1항.
4) 당사자능력이라 함은 절차의 주체가 될 수 있는 능력이고, 원칙적으로 권리능력을 가진 자는 당사자능력이 있다(특허심판원 심판정책과, 2017 심사편람(제12판), 2017년 3월, 85면).
5) 당사자적격이라 함은 청구로서 주장된 특정 권리관계에 관하여 당사자로서 절차를 밟고 심결을 받는 데 필요한 자격을 말한다(특허심판원 심판정책과, 2017 심사편람(제12판), 2017년 3월, 93면).

관계에서 결정되는 것이므로 당사자능력이나 절차능력과 같이 특정 사건과 관계 없이 일반적 · 추상적으로 정하여지는 자격 내지 인격적 능력과는 구별된다.[7]

나. 공동심판의 청구

상표권 또는 상표등록을 받을 수 있는 권리의 공유자가 그 공유인 권리에 관하여 심판을 청구할 경우에는 공유자 모두가 공동으로 청구하여야 한다.[8] 공유인 상표권의 상표권자에 대하여 심판을 청구할 경우에도 공유자 모두를 피청구인으로 청구하여야 한다.[9] 공동심판의 청구인이나 피청구인 중 1인에게 심판절차의 중단 또는 중지의 원인이 있을 경우에는 모두에 대하여 그 효력이 발생한다.[10]

(2) 참가인

참가인이라 함은 심판의 계속 중에 심판당사자의 일방에 참여하여 그 심판절차를 수행하는 제3자를 말한다.[11] 심판의 결과에 따라서는 제3자가 법률상 불측의 손해를 입는 경우가 발생할 수 있다. 이 경우 제3자가 자기의 법률상 이익을 보호할 수 있도록 심판에 있어서 참가제도가 마련되어 있다.

가. 참가의 종류

심판에 대한 참가의 유형으로는 당사자 참가와 보조 참가가 있다.

(가) 당사자 참가

당사자 참가라 함은 당사자로서 심판을 청구할 수 있는 자(예: 이해관계인이 2 이상인 경우)가 이해관계인 중 한 사람의 심판청구에 참가하여 공동심판청구인과 같은 입장에서 심판절차를 진행하는 참가를 말한다.[12] 따라서 심판을 청구할 수 있는 자는 심리가 종결될 때까지 그 심판에 참가할 수 있다.[13] 이 경우 참가인은 피참가인이 그 심판의 청구를 취하한 후에도 심판절차를 속행할 수 있다.[14]

---

6) 특허심판원 심판정책과, 2017 심사편람(제12판), 2017년 3월, 84면.
7) 특허심판원 심판정책과, 2017 심사편람(제12판), 2017년 3월, 93면.
8) 상표법 제124조 제3항.
9) 상표법 제124조 제2항.
10) 상표법 제124조 제4항.
11) 특허심판원 심판정책과, 2017 심사편람(제12판), 2017년 3월, 132면.
12) 특허심판원 심판정책과, 2017 심사편람(제12판), 2017년 3월, 132면.
13) 상표법 제142조 제1항.

(나) 보조 참가

보조 참가라 함은 심판결과에 이해관계를 가지는 제3자(예: 전용실시권자, 통상실시권자, 질권자)가 당사자 일방을 도와서 심판절차를 보조하는 참가를 말한다.[15] 상표법 제142조 제3항에 따라 심판의 결과에 대하여 이해관계를 가진 자는 심리가 종결될 때까지 당사자의 어느 한쪽을 보조하기 위하여 그 심판에 참가할 수 있다.

나. 참가의 신청 및 결정

참가의 신청은 심리가 종결될 때까지 할 수 있다.[16] 이미 계속되어 있는 심판에 참가하는 것이므로 심판이 계속 중이고, 또한 심리종결 전이어야 한다.

(가) 참가의 신청

심판에 참가하려는 자는 참가신청서를 심판장에게 제출하여야 한다.[17] 참가신청을 받은 경우 심판장은 참가신청서 부본을 당사자와 다른 참가인에게 송달하고 기간을 정하여 의견서를 제출할 수 있는 기회를 주어야 한다.[18] 의견서를 제출하려는 당사자와 다른 참가인은 의견서에 증거자료를 첨부하여 특허심판원장이나 심판장에게 제출하여야 한다.[19]

(나) 참가 여부의 결정

참가신청이 있는 경우에는 심판에 의하여 그 참가 여부를 결정하여야 한다.[20] 참가여부의 결정은 서면으로 하여야 하며 그 이유를 붙여야 한다.[21] 참가여부의 결정에 대해서는 불복할 수 없다.[22]

다. 참가의 소멸

참가는 참가불허가의 결정이 있는 때, 심결이 확정된 때, 참가신청이 취하된

---

14) 상표법 제142조 제2항.
15) 특허심판원 심판정책과, 2017 심사편람(제12판), 2017년 3월, 134면.
16) 상표법 제142조 제1항, 상표법 제142조 제3항.
17) 상표법 제143조 제1항.
18) 상표법 제143조 제2항.
19) 상표법 시행규칙 제66조 제2항.
20) 상표법 제143조 제3항.
21) 상표법 제143조 제4항.
22) 상표법 제143조 제5항.

때에 소멸한다.[23)]

(3) 심판청구서

심판을 청구하려는 자는 심판청구서를 작성하여 특허심판원장에게 제출하여야 한다. 상표등록의 무효심판 등에 대한 심판청구서에는 당사자의 성명 및 주소, 당사자의 대리인이 있는 경우에는 그 대리인의 성명 및 주소나 영업소의 소재지, 심판사건의 표시, 청구의 취지 및 그 이유 등의 사항을 기재한다.[24)] 보정각하결정 등에 대한 심판청구서에는 청구인의 성명 및 주소, 청구인의 대리인이 있는 경우에는 그 대리인의 성명 및 주소나 영업소의 소재지, 출원일 및 출원번호, 지정상품 및 그 상품류, 심사관의 거절결정일 또는 보정각하결정일, 심판사건의 표시, 청구의 취지 및 그 이유 등의 사항을 기재한다.[25)]

2. 심판의 절차

심판의 절차는 민사소송법의 절차와 유사하다. 따라서 그 업무의 절차와 행위의 효력이 사법적 절차 및 판결의 효력과 같다.[26)]

(1) 심판청구서의 수리

수리(受理) 행위란 타인의 행위를 유효한 행위로서 수령하는 행위를 말한다.[27)] 심판청구서를 수리하는 경우 특허심판원장은 심판번호를 부여하고 그 사건에 대한 합의체를 구성할 심판관을 지정하여야 한다.[28)]

가. 심판번호 부여

심판청구서가 수리된 경우 심판번호가 부여된다. 심판번호는 당사자계 심판사건, 결정계 심판사건 및 재심사건 등으로 구분하여 매년 갱신하되 연도별로 일련번호를 부여한다.[29)]

---

23) 특허심판원 심판정책과, 2017 심사편람(제12판), 2017년 3월, 138면.
24) 상표법 제125조 제1항.
25) 상표법 제126조 제1항.
26) 특허심판원 심판정책과, 2017 심사편람(제12판), 2017년 3월, 4면.
27) 예를 들어 원서(願書)・신고서・청원서・소원장・소장 등의 수령을 들 수 있고, 단순한 사실인 수수 또는 도달과 다르게 타인의 행위를 유효한 행위라고 판단하여 수리할 의사로써 수령하는 준법률행위적 행정행위를 의미한다(https://100.daum.net/encyclopedia/view/48XX12100367).
28) 상표법 시행규칙 제62조 제1항.
29) 특허심판원 심판정책과, 2017 심사편람(제12판), 2017년 3월, 16면.

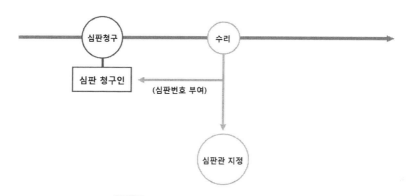

그림 심판번호 부여 및 심판관 지정

나. 심판관의 지정

심판청구가 있는 경우 특허심판원장은 심판관에게 심판하게 한다.[30] 따라서 특허심판원장은 각 심판사건에 대하여 심판관합의체를 구성할 심판관을 지정하여야 한다.[31] 심판관합의체는 3명 또는 5명의 심판관으로 구성된다.[32]

심판관은 직무상 독립하여 심판한다.[33] 특허심판원장은 상표법 제130조 제1항에 따라 지정된 심판관 중에서 1명을 심판장으로 지정하여야 한다.[34] 심판장은 그 심판사건에 관한 사무를 총괄한다.[35] 심판관 중 심판에 관여하는 데에 지장이 있는 사람이 있는 경우 특허심판원장은 다른 심판관에게 심판을 하게 할 수 있다.[36] 심판관을 지정하거나 지정된 심판관이 변경된 경우 특허심판원장은 그 사실을 당사자에게 통지하여야 한다.[37]

다. 심판관의 제척·기피·회피

심판관의 제척·기피·회피라 함은 심판관이 그가 담당하는 구체적인 사건과 인적·물적으로 특수한 관계가 있는 경우 심판의 공정성을 유지하기 위하여 그 사건의 직무집행에서 배제되는 제도를 말한다.[38]

---

30) 상표법 제129조 제1항.
31) 상표법 제130조 제1항.
32) 상표법 제132조 제1항.
33) 상표법 제129조 제3항.
34) 상표법 제131조 제1항.
35) 상표법 제131조 제2항.
36) 상표법 제130조 제2항.
37) 상표법 시행규칙 제62조 제2항.

(가) 심판관의 제척

심판관이 그가 담당하는 심판사건의 당사자 또는 당사자와 친족 관계인 경우 상식적으로 그 심판관에게 공평한 심판을 기대할 수 없다. 이와 같이 공평한 심판을 기대할 수 없는 일정한 경우에 그에 해당하는 심사관에 대하여 그 심판사건과 관련한 직무의 집행을 할 수 없도록 배제시키는 것을 제척이라고 한다.[39]

ㄱ. 제척의 신청

상표법 제134조에 따른 제척의 원인이 있는 경우 당사자 또는 참가인은 제척신청을 할 수 있다.[40] 제척신청을 하려는 자는 그 원인을 적은 서면을 특허심판원장에게 제출하여야 한다.[41] 제척의 원인은 신청한 날부터 3일 이내에 소명(疎明)[42]하여야 한다.[43] 제척신청은 심결시까지 할 수 있다.[44]

ㄴ. 제척신청의 효과

제척의 신청이 있으면 그 신청에 대한 결정이 있을 때까지 심판절차가 중지된다.[45] 제척신청의 대상이 된 심판관은 그 제척에 대한 심판에 관여할 수 없다.[46]

ㄷ. 제척신청에 대한 결정

제척신청이 있는 경우 심판으로 결정하여야 한다.[47] 결정은 서면으로 하여야 하며 그 이유를 붙여야 한다.[48] 또한 그 결정에는 불복할 수 없다.[49]

심판의 결과 제척원인이 있는 심판관이 관여한 심리는 절차상 무효가 된다. 따라서 심결 전이라면 다시 심리하지 않으면 안 되고 심결이 확정된 때에는 재

---

38) 특허심판원 심판정책과, 2017 심사편람(제12판), 2017년 3월, 67면.
39) 다음백과 법률용어사전(https://100.daum.net/encyclopedia/view/48XX12102344).
40) 상표법 제135조.
41) 상표법 제137조 제1항.
42) 소명이라 함은 증명보다 낮은 정도의 개연성, 즉 심판관이 일응 확실한 것이라고 추측을 얻은 상태 또는 그와 같은 상태에 이르도록 증거를 제출하는 당사자의 노력을 말한다(특허심판원 심판정책과, 2017 심사편람(제12판), 2017년 3월, 69면).
43) 상표법 제137조 제2항.
44) 특허심판원 심판정책과, 2017 심사편람(제12판), 2017년 3월, 68면.
45) 상표법 제139조.
46) 상표법 제138조 제2항.
47) 상표법 제138조 제1항.
48) 상표법 제138조 제3항.
49) 상표법 제138조 제4항.

심 사유에 해당된다.[50]

(나) 심판관의 기피

제척원인이 있는 심판관이 제척되지 않고 심판사건에 나서는 경우가 반드시 없다고는 할 수 없다. 또한 제척원인이 없더라도 심판관이 불공평한 재판을 할 염려가 있는 경우가 있을 수 있다. 이와 같은 경우 당사자 등의 신청에 의해 그 심판관을 직무집행에서 배제시키는 것을 기피라고 한다.[51]

ㄱ. 기피의 신청

심판관에게 공정한 심판을 기대하기 어려운 사정이 있는 경우 당사자 또는 참가인은 기피신청을 할 수 있다.[52] 기피신청을 하려는 자는 그 원인을 적은 서면을 특허심판원장에게 제출하여야 한다.[53] 심판관에게 심판의 공정을 기대하기 어려운 사정이 있는 경우라 함은 당사자가 그 심판관의 불공정을 염려할 만한 객관적, 합리적 이유가 있는 경우를 말한다.[54] 기피의 원인은 신청한 날부터 3일 이내에 소명(疏明)하여야 한다.[55]

당사자 또는 참가인은 사건에 대하여 심판관에게 서면 또는 말로 진술을 한 후에는 기피신청을 할 수 없다. 다만 기피의 원인이 있는 것을 알지 못한 경우 또는 기피의 원인이 그 후에 발생한 경우에는 그러하지 아니하다.[56]

ㄴ. 기피신청의 효과

기피의 신청이 있으면 그 신청에 대한 결정이 있을 때까지 심판절차가 중지된다.[57] 기피신청의 대상이 된 심판관은 그 기피에 대한 심판에 관여할 수 없다.[58]

ㄷ. 기피신청에 대한 결정

기피신청이 있는 경우 심판으로 결정하여야 한다.[59] 결정은 서면으로 하여야

---

50) 특허심판원 심판정책과, 2017 심사편람(제12판), 2017년 3월, 70면.
51) 다음백과 법률용어사전(https://100.daum.net/encyclopedia/view/48XX12102345).
52) 상표법 제136조 제1항.
53) 상표법 제137조 제1항.
54) 특허심판원 심판정책과, 2017 심사편람(제12판), 2017년 3월, 73면.
55) 상표법 제137조 제2항.
56) 상표법 제136조 제2항.
57) 상표법 제139조.
58) 상표법 제138조 제2항.

하며 그 이유를 붙여야 한다.[60) 또한 그 결정에는 불복할 수 없다.[61)

기피신청이 이유가 있다고 결정되는 경우 그 심판관은 그 결정 후 직무집행에서 제외된다. 또한 기피신청이 이유가 있다고 결정되는 경우 그 원인이 제척 원인에 해당되는 때에는 그 원인이 발생한 때 이후에 해당 심판관이 관여한 심판절차는 무효가 된다.[62)

(다) 심판관의 회피

회피라 함은 심판관이 심판사건에 관하여 제척 또는 기피의 원인이 있다고 생각하여 스스로 직무집행에서 피하는 것을 말한다.[63) 심판관의 제척(상표법 제134조) 또는 기피(상표법 제136조) 사유에 해당하는 경우 그 심판관은 특허심판원 장의 허가를 받아 해당 사건에 대한 심판을 회피할 수 있다.[64)

ㄱ. 회피의 신고

제척 및 기피 등의 원인으로 심판관의 공정을 기대하기 어려운 사정이 있는 경우 그 심판관은 심판원장에게 신고하여 사건에 관여하지 않아야 한다.

ㄴ. 회피의 허가

회피의 경우에는 별도의 심결을 요하지 않으며 심판원장의 허가를 얻으면 된다. 심결시까지의 회피신고에 대하여 그 신고가 이유 있다고 인정되는 경우 심판원장은 심판정책과장에게 심판관의 지정변경을 지시한다.[65)

(2) 심 리

심리는 심사 절차의 단계에 따라 방식심리와 적법성심리 그리고 본안심리로 나누어 살펴볼 수 있다.

가. 방식심리

방식심리란 심판장이 심판청구서 등에 대해 법령에서 정한 방식에 적합한지

---

59) 상표법 제138조 제1항.
60) 상표법 제138조 제3항.
61) 상표법 제138조 제4항.
62) 특허심판원 심판정책과, 2017 심사편람(제12판), 2017년 3월, 75면.
63) 다음백과 법률용어사전(https://100.daum.net/encyclopedia/view/48XX12102346).
64) 상표법 제140조.
65) 특허심판원 심판정책과, 2017 심사편람(제12판), 2017년 3월, 77면.

여부를 심리하는 것을 말한다. 심판부의 주심심판관이 심판장 명의로 방식심리를 수행하게 된다.[66]

(가) 보정명령

심판청구서가 상표등록의 무효심판 등에 대한 심판청구방식(상표법 제125조 제1항·제3항) 또는 보정각하결정 등에 대한 심판청구방식(상표법 제126조 제1항)에 위반된 경우, 심판에 관한 절차가 미성년자 등의 행위능력(상표법 제4조 제1항) 또는 대리권의 범위(상표법 제7조)에 위반된 경우, 수수료(상표법 제78조)를 내지 아니한 경우, 이 법 또는 이 법에 따른 명령으로 정하는 방식에 위반된 경우 심판장은 기간을 정하여 그 보정을 명하여야 한다.[67] 이 경우 1개월 이내의 기간을 지정하여야 한다.[68]

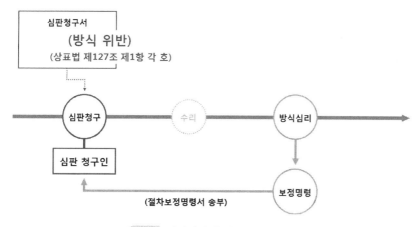

그림 방식심리에 따른 보정명령

(나) 요지 변경

심판청구서를 보정하는 경우에는 요지를 변경할 수 없다.[69] 따라서 상표등록의 무효심판 등에 대한 심판청구서 기재사항 중 상표권자의 기재사항을 바로 잡기 위하여 보정(추가하는 것을 포함한다)하는 경우,[70] 보정각하결정 등에 대한 심

---

66) 특허심판원 심판정책과, 2017 심사편람(제12판), 2017년 3월, 35면.
67) 상표법 제127조 제1항.
68) 상표법 시행규칙 제61조.
69) 상표법 제125조 제2항, 제126조 제2항.
70) 상표법 제125조 제2항 제1호.

판청구서 기재사항 중 청구인의 기재사항을 바로잡기 위하여 보정(추가하는 것을 포함한다)하는 경우,[71] 청구의 이유를 보정하는 경우,[72] 권리범위 확인심판에서 심판청구서의 확인대상 상표 및 상표가 사용되고 있는 상품(청구인이 주장하는 피청구인의 상표와 그 사용상품을 말한다)에 대하여 피청구인이 자신이 실제로 사용하고 있는 상표 및 그 사용상품과 비교하여 다르다고 주장하는 경우에 청구인이 피청구인의 사용 상표 및 그 상품과 같게 하기 위하여 심판청구서의 확인대상 상표 및 사용상품을 보정하는 경우[73]에 대해서만 보정이 인정된다.[74]

보정명령을 받은 자가 지정된 기간 내에 보정을 하지 아니하거나 보정한 사항이 심판청구서의 요지를 변경하는 경우에는 심판청구서 또는 해당 절차와 관련된 청구 등을 결정으로 각하하여야 한다.[75] 결정은 서면으로 하여야 하며 그 이유를 붙여야 한다.[76]

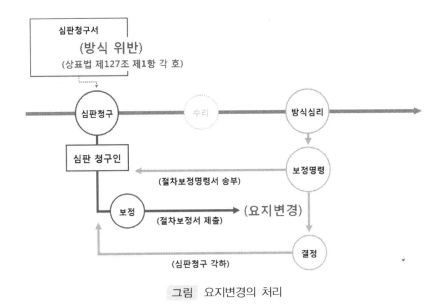

그림 요지변경의 처리

---

71) 상표법 제126조 제2항 제1호.
72) 상표법 제125조 제2항 제2호, 제126조 제2항 제2호.
73) 상표법 제125조 제2항 제3호.
74) 상표법 제125조 제2항, 제126조 제2항.
75) 상표법 제127조 제2항.
76) 상표법 제127조. 제3항.

나. 적법성심리

적법성심리라 함은 심판합의체가 심판청구 자체의 적법성 여부를 심리하는 것으로 심판청구가 적법해지기 위해 갖추어야 할 심판청구요건 내지 적법요건에 대한 심리를 말한다.[77]

(가) 부적법한 심판청구의 처리

부적법한 심판청구로서 그 흠을 보정할 수 없는 경우에는 피청구인에게 답변서 제출의 기회를 주지 아니하고 심결로써 그 청구를 각하할 수 있다.[78] 실존하지 않는 자를 당사자로 하는 심판청구, 당사자능력이 없는 자의 심판청구, 당사자적격이 없는 자의 심판청구, 일사부재리에 위반된 경우, 특허심판원에 이미 계속 중인 사건에 대한 동일한 심판청구, 심판청구시에는 적법한 심판청구였으나 심판청구 후 대상출원이 취하·포기되어 심판대상물이 소멸한 경우, 심판청구기간 경과 후의 심판청구 등이 부적법한 심판청구로서 그 흠을 보정할 수 없는 경우에 해당한다.[79]

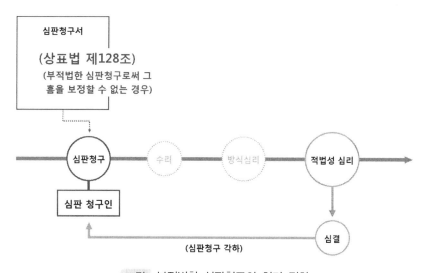

그림 부적법한 심판청구의 처리 절차

---

77) 특허심판원 심판정책과, 2017 심사편람(제12판), 2017년 3월, 35면.
78) 상표법 제128조.
79) 특허심판원 심판정책과, 2017 심사편람(제12판), 2017년 3월, 45면.

(나) 적법한 심판청구의 처리

심판이 청구되면 심판장은 청구서 부본을 피청구인에게 송달하고 기간을 정하여 답변서를 제출할 수 있는 기회를 주어야 한다.[80] 피청구인이 답변서를 제출하려는 경우 답변서에 증거자료를 첨부하여 특허심판원장 또는 심판장에게 제출하여야 한다.[81] 답변서를 수리하였을 경우 심판장은 그 부본을 청구인에게 송달하여야 한다.[82]

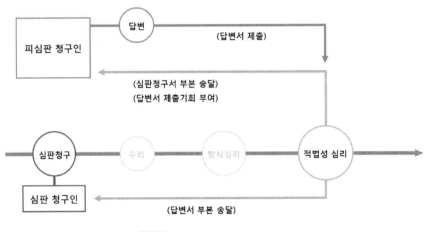

그림 적법성 심리에 따른 절차

다. 본안심리

본안심리라 함은 심사청구가 법규에 부합하다고 인정하여 수리하였을 경우에 심사청구의 실체적 내용에 대하여 행하는 심리를 말한다.[83]

(가) 심리의 진행

본안심리는 구술심리 또는 서면심리를 통하여 진행된다. 다만 당사자가 구술심리를 신청한 경우 서면심리만으로 결정할 수 있다고 인정되는 경우 이외에는 구술심리를 하여야 한다.[84] 구술심리를 신청하려는 당사자는 신청서를 특허심판

---

80) 상표법 제133조 제1항.
81) 상표법 시행규칙 제63조 제1항.
82) 상표법 제133조 제2항.
83) https://dic.daum.net/word/view.do?wordid=kkw000571017&supid=kku010411462
84) 상표법 제141조 제1항.

원장 또는 심판장에게 제출하여야 한다.[85]

ㄱ. 심판장

심판장은 당사자 또는 참가인이 법정기간 또는 지정기간 내에 절차를 밟지 아니하거나 상표법 제141조 제3항에 따라 심판장이 정하여 서면으로 송달한 기일에 출석하지 아니하여도 심판을 진행할 수 있다.[86] 구술심리에 의한 심판을 할 경우 심판장은 그 기일 및 장소를 정하고 그 취지를 적은 서면을 당사자와 참가인에게 송달하여야 한다.[87]

심판장은 심판사건을 합리적으로 해결하기 위하여 필요하다고 인정되면 당사자의 동의를 받아 해당 심판사건의 절차를 중지[88]하고 결정으로 해당 사건을 발명진흥법 제41조에 따른 산업재산권분쟁조정위원회에 회부할 수 있다.[89] 심판사건을 산업재산권분쟁조정위원회에 회부한 경우 심판장은 해당 심판사건의 기록을 조정위원회에 송부하여야 한다.[90]

산업재산권분쟁조정위원회의 조정절차가 조정 불성립으로 종료된 경우 심판장은 심판사건의 중지 결정을 취소하고 심판을 재개하며, 조정이 성립된 경우 해당 심판청구는 취하된 것으로 본다.[91]

ㄴ. 심판관

심판관은 당사자 또는 참가인이 신청하지 아니한 이유에 대해서도 심리할 수 있다. 이 경우 기간을 정하여 당사자와 참가인에게 그 이유에 대하여 의견을 진술할 수 있는 기회를 주어야 한다.[92] 그러나 심판관은 청구인이 신청하지 아니한 청구의 취지에 대해서는 심리할 수 없다.[93]

---

85) 상표법 시행규칙 제65조.
86) 상표법 제145조.
87) 상표법 제141조 제3항.
88) 심판장은 심판에서 필요하면 직권 또는 당사자의 신청에 따라 그 심판사건과 관련되는 다른 심판의 심결이 확정되거나 소송절차가 완결될 때까지 그 절차를 중지할 수 있다(상표법 제151조 제1항).
89) 상표법 제151조의2 제1항.
90) 상표법 제151조의2 제2항.
91) 상표법 제151조의2 제3항.
92) 상표법 제146조 제1항.
93) 상표법 제146조 제2항.

(나) 증거조사 및 증거보전

심판관은 당사자, 참가인 또는 이해관계인의 신청에 의하여 또는 직권으로 증거조사나 증거보전을 할 수 있다.[94] 심판절차에서의 주장이나 증거의 제출에 관하여는 민사소송법 제146조, 제147조 및 제149조를 준용한다.[95]

ㄱ. 증거조사

증거조사에 관해서는 민사소송법 중 증거조사에 관한 규정이 준용된다.[96] 증거에 의한 심증형성과정은 일반적으로 증거신청 → 채택여부결정 → 증거조사실시 → 실시결과에 따른 심증형성의 순서로 진행된다.[97] 심판장이 직권으로 증거조사를 하였을 경우에는 그 결과를 당사자, 참가인 또는 이해관계인에게 송달하고 기간을 정하여 의견서를 제출할 수 있는 기회를 주어야 한다.[98]

ㄴ. 증거보전

증거보전이란 통상의 증거조사 시까지 기다리면 그 조사가 불능 또는 곤란하게 될 염려가 있는 특정의 증거에 대하여 사전에 조사하여 그 결과를 보전하여 두기 위한 심판절차를 말한다.[99] 증거보전 신청은 심판청구 전에는 특허심판원장에게 하고 심판계속 중에는 그 사건의 심판장에게 하여야 한다.[100] 따라서 증거보전을 신청하려는 자는 신청서를 특허심판원장 또는 심판장에게 제출하여야 한다.[101]

심판청구 전에 증거보전 신청이 있는 경우 특허심판원장은 그 신청에 관여할 심판관을 지정한다.[102] 심판장이 직권으로 증거보전을 하였을 경우에는 그 결과를 당사자, 참가인 또는 이해관계인에게 송달하고 기간을 정하여 의견서를 제출할 수 있는 기회를 주어야 한다.[103] 증거보전에 관해서는 민사소송법 중 증거보

---

94) 상표법 제144조 제1항.
95) 상표법 제145조의2.
96) 상표법 제144조 제2항.
97) 특허심판원 심판정책과, 2017 심사편람(제12판), 2017년 3월, 214면.
98) 상표법 제144조 제5항.
99) 특허심판원 심판정책과, 2017 심사편람(제12판), 2017년 3월, 253면.
100) 상표법 제144조 제3항.
101) 상표법 시행규칙 제67조 제3항.
102) 상표법 제144조 제4항.
103) 상표법 제144조 제5항.

전에 관한 규정이 준용된다.[104)

(다) 심리의 병합 또는 분리

심판관합의체는 당사자 양쪽 또는 어느 한 쪽이 같은 둘 이상의 심판에 대하여 심리 또는 심결을 병합하거나 분리할 수 있다.[105)

ㄱ. 심리의 병합

심리의 병합이란 2 이상의 심판사건을 동일의 심판절차에 의해 심리하는 것을 말한다. 심리의 중복을 피하여 심리 절차의 경제성을 도모함과 동시에 심결 간의 모순 또는 저촉을 피하기 위해 심리를 병합한다. 따라서 심리를 병합하기 위해서는 2 이상의 심판이 동일 종류이고 심리종결 전이어야 한다. 또한 당사자의 양쪽 또는 한 쪽이 동일할 것을 요한다. 심리를 병합하는 경우 심판장은 그 취지를 당사자에게 통지한다.[106)

ㄴ. 심리의 분리

심리의 분리라 함은 2 이상의 심판사건을 동일의 심판절차에 의해 심리하기 위해 병합한 것을 분리하는 것을 말한다. 심판사건이 다른 심판사건과 관련성이 없다고 인정되어 동일한 절차로 심판할 필요가 없을 뿐 아니라 심리의 복잡화 및 지연의 원인이 되고 있다고 인정되는 경우에는 심리를 분리하여 각각 별개의 절차에 의해 심리함으로써 절차의 간명과 촉진을 도모하기 위한 것이다. 심리의 분리는 심판관(합의체)의 재량에 속하는 바, 직권에 의해 결정한다. 심리를 분리하는 경우 심판장은 그 취지를 당사자에게 통지한다.[107)

(라) 심리종결의 통지

심판장은 사건이 심결을 할 정도로 성숙하였을 경우 당사자와 참가인에게 심리의 종결을 알려야 한다.[108)

---

104) 상표법 제144조 제2항.
105) 상표법 제147조.
106) 특허심판원 심판정책과, 2017 심사편람(제12판), 2017년 3월, 160면.
107) 특허심판원 심판정책과, 2017 심사편람(제12판), 2017년 3월, 165면.
108) 상표법 제149조 제3항.

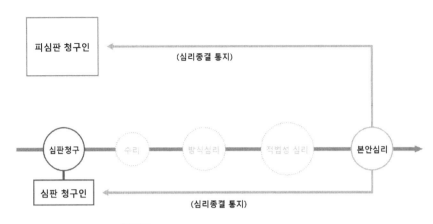

그림 본안심리에 따른 심리종결의 통지

ㄱ. 통지의 취지

심리종결의 통지는 당사자에게 자료의 추가제출이나 심리재개신청의 기회를 주려는 취지가 아니라 사건이 심결할 수 있는 정도로 성숙하였다고 인정되는 경우 그 심리종결을 당사자에게 통지하고 지체 없이 심결하도록 하기 위한 훈시규정에 불과하다.[109] 심리종결의 통지는 그 취지를 고려하여 심결일보다 먼저 통지한다.[110]

ㄴ. 심리의 재개

심판장은 필요하다고 인정되는 경우 심리종결을 통지한 후에도 당사자 또는 참가인의 신청에 의하여 또는 직권으로 심리를 재개할 수 있다.[111] 심리의 재개를 신청하려는 당사자 또는 참가인은 신청서를 특허심판원장 또는 심판장에게 제출하여야 한다.[112] 심리종결통지를 한 후 신청 또는 직권에 의하여 심리를 재개하는 경우 심리재개를 통지한 후 심리를 재개한다.[113]

(3) 심 결

심결이란 심판에서 심리의 결정을 하는 것을 말한다.[114] 심판은 특별한 규정

---

109) 대법원 1984. 8. 14. 선고 84후20 판결.
110) 특허심판원 심판정책과, 2017 심사편람(제12판), 2017년 3월, 347면.
111) 상표법 제149조 제4항.
112) 상표법 시행규칙 제71조.
113) 특허심판원 심판정책과, 2017 심사편람(제12판), 2017년 3월, 347면.
114) https://dic.daum.net/word/view.do?wordid=kkw000160856&supid=kku000203967

이 있는 경우를 제외하고는 심결로써 종결한다.[115] 심결은 심판의 번호, 당사자와 참가인의 성명 및 주소(당사자와 참가인의 대리인이 있는 경우에는 그 대리인의 성명 및 주소나 영업소의 소재지), 심판사건의 표시, 심결의 주문, 심결의 이유(청구의 취지와 그 이유의 요지를 포함한다) 심결 연월일의 사항을 적은 서면으로 하여야 하며 심결을 한 심판관은 그 서면에 기명날인하여야 한다.[116]

심결에는 부적법한 심판청구의 심결각하[117]와 본안심리를 거친 심결[118]이 있다. 결정각하, 심판청구의 취하, 출원의 포기·취하·변경에 의한 심판의 종료, 기타 심판절차의 중지 및 심리재개 사유가 발생한 경우를 제외하고는 심결을 하여 심판사건을 종료한다.[119]

가. 심결 등본의 송달

심결은 심리종결의 통지를 한 날부터 20일 이내에 한다.[120] 심결 또는 결정이 있는 경우 심판장은 그 등본을 당사자, 참가인 및 심판에 참가신청을 하였으나 그 신청이 거부된 자에게 송달하여야 한다.[121]

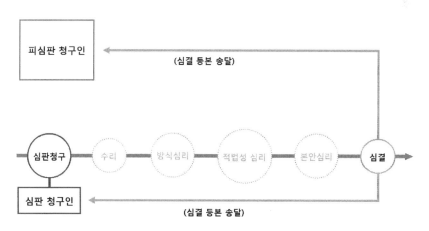

그림 심결에 따른 심결 등본의 송달

---

115) 상표법 제149조 제1항.
116) 상표법 제149조 제2항.
117) 부적법한 심판청구로서 그 흠을 보정할 수 없는 경우에는 피청구인에게 답변서 제출의 기회를 주지 아니하고 심결로써 그 청구를 각하할 수 있다(상표법 제128조).
118) 상표법 제149조 제1항에서 말하는 심결을 말한다.
119) 특허심판원 심판정책과, 2017 심사편람(제12판), 2017년 3월, 357면.
120) 상표법 제149조 제5항.
121) 상표법 제149조 제6항.

나. 심결의 확정

심결의 확정이라 함은 심판원이 한 심결·결정이 당사자의 불복으로 인한 취소가 불가능하게 되었음을 의미한다. 심결 및 결정에 대해 불복이 있는 자가 심결 또는 결정의 등본을 받은 날부터 30일 이내에 특허법원에 소를 제기하지 않거나, 심결취소소송 판결에 대해 상고가 제기되지 않거나, 소가 제기되더라도 종국적으로 심결·결정이 지지되어 통상의 불복신청방법으로 취소할 수 없는 상태로 된 때 심결이 확정된다.[122]

(4) 심판청구의 취하

심판청구의 취하라 함은 심판청구인이 심판청구의 전부 또는 일부를 철회하는 특허심판원에 대한 단독적 의사표시를 말한다.[123] 심판청구는 심결이 확정될 때까지 취하할 수 있다.[124] 둘 이상의 지정상품에 관하여 상표등록의 무효심판(상표법 제117조 제1항), 존속기간갱신등록의 무효심판(상표법 제118조 제1항), 상품분류전환등록의 무효심판(상표법 제214조 제1항)이 청구되었을 경우에는 지정상품마다 심판청구를 취하할 수 있다.[125]

가. 취하의 절차

심판청구서 부본이 피청구인에게 송달되어 이에 대한 답변서가 제출된 후 심판청구를 취하하려는 경우에는 상대방의 동의를 받아야 한다.[126] 따라서 심판청구를 취하하려는 자는 취하서[127]에 상대방의 동의가 필요한 경우 동의를 증명하는 서류, 대리인에 의하여 절차를 밟는 경우에는 그 대리권을 증명하는 서류를 첨부하여 특허심판원장 또는 심판장에게 제출하여야 한다.[128] 심판청구가 취하된 경우 특허심판원장 또는 심판장은 취하 사실을 당사자, 참가인 또는 참가신청을 하였으나 신청이 거부된 자에게 통지하여야 한다.[129]

---

122) 특허심판원 심판정책과, 2017 심사편람(제12판), 2017년 3월, 797면.
123) https://100.daum.net/encyclopedia/view/209XX82500839
124) 상표법 제148조 제1항.
125) 상표법 제148조 제2항.
126) 상표법 제148조 제1항.
127) 특허법 시행규칙 별지 제12호 서식.
128) 상표법 시행규칙 제69조 제2항.
129) 상표법 시행규칙 제69조 제1항.

나. 취하의 효과

심판청구가 취하된 경우 그 심판청구 또는 그 지정상품에 대한 심판청구는 처음부터 없었던 것으로 본다.[130) 심판청구를 취하하면 그 청구가 없었던 것과 동일한 상태로 돌아가기 때문에 후일에 이르러 동일한 청구취지로 같은 피청구인에 대하여 다시 심판을 청구할 수 있다.[131)

3. 심판의 종류

상표법상 심판은 크게 결정계 심판과 당사자계 심판으로 나뉜다. 결정계 심판은 심판당사자로서의 청구인과 피청구인이 대립구조를 취하지 않고 청구인만 존재하는 특징을 가진다. 당사자계 심판은 청구인과 피청구인이 존재하고 양 당사자가 서로 대립하는 구조를 취하는 특징을 가진다.

(1) 결정계 심판

결정계 심판이라 함은 당사자가 대립구조를 취하지 않고 청구인만 존재하는 심판을 말한다.

가. 종 류

상표법에 마련되어 있는 결정계 심판으로는 보정각하결정에 대한 심판과 거절결정에 대한 심판이 있다. 결정계 심판은 출원인에게 불복의 기회를 보장하고 특허청에는 시정의 기회를 제공하여 심사의 공정성과 완전성을 기하기 위하여 마련된 것이나.[132)

(가) 보정각하결정에 대한 심판

보정각하결정에 대한 심판이란 보정각하결정을 받은 출원인이 그 결정에 대하여 불복하는 경우에 청구하는 심판을 말한다. 보정각하결정을 받은 자가 그 결정에 불복할 경우에는 그 결정등본을 송달받은 날부터 3개월 이내에 심판을 청구할 수 있다.[133) 출원인이 보정각하결정에 대한 심판을 청구한 경우 심사관은 그 심판의 심결이 확정될 때까지 그 상표등록출원의 심사를 중지하여야 한다.[134)

---

130) 상표법 제148조 제3항.
131) 특허심판원 심판정책과, 2017 심사편람(제12판), 2017년 3월, 335면.
132) 특허심판원 심판정책과, 2017 심사편람(제12판), 2017년 3월, 699면.
133) 상표법 제115조.

출원공고결정 전의 보정이 각하되었을 경우 출원인은 상표법 제115조에 따라 그 보정각하결정에 대한 심판을 청구할 수 있다. 그러나 출원공고결정 후의 보정[135]에 대한 각하결정에 대해서는 불복할 수 없다. 다만 거절결정에 대한 심판을 청구하는 경우에는 그러하지 아니하다.[136] 따라서 출원공고결정 후의 보정에 대하여 특허청이 행한 보정각하결정에 대해서는 거절결정에 대한 심판을 통해 불복할 수 있다.

(나) 거절결정에 대한 심판

거절결정에 대한 심판이란 심사관으로부터 거절결정을 받은 출원인이 그 결정에 대하여 불복하는 경우에 청구하는 심판을 말한다. 상표등록 거절결정, 지정상품추가등록 거절결정 또는 상품분류전환등록 거절결정을 받은 자가 불복하는 경우에는 그 거절결정의 등본을 송달받은 날부터 3개월 이내에 심판을 청구할 수 있다.[137][138]

심사 또는 이의신청에서 밟은 상표에 관한 절차는 상표등록 거절결정, 지정상품추가등록의 거절결정, 그리고 상품분류전환등록의 거절결정에 대한 심판에서도 그 효력이 있다.[139]

나. 절차적 특징

보정각하결정에 대한 심판이나 거절결정에 대한 심판의 청구인은 보정각하결정이나 거절결정을 받은 자이다.[140] 보정각하결정 및 거절결정에 대한 심판에는 참가(상표법 제142조)나 심리 등(상표법 제141조)에 관한 규정이 적용되지 아니한다.[141] 따라서 결정계 심판에 대해서는 참가가 인정되지 않는다.

(가) 심리 단계

보정각하결정 및 거절결정에 대한 심판에는 답변서 제출 등(상표법 제133조 제

---

134) 상표법 제42조 제3항.
135) 상표법 제41조.
136) 상표법 제42조 제5항.
137) 상표법 제116조.
138) 따라서 거절결정에 대한 심판은 다시 상표등록 거절결정, 지정상품추가등록 거절결정, 그리고 상품분류전환등록 거절결정에 대한 심판으로 나뉜다.
139) 상표법 제155조.
140) 상표법 제115조, 상표법 제116조.
141) 상표법 제154조.

1항)에 관한 규정이 적용되지 아니한다.[142] 따라서 보정각하결정에 대한 심판이나 거절결정에 대한 심판이 청구되더라도 피청구인에 대하여 청구서 부본을 송달하거나 그에 따른 답변서 제출 기회를 부여하지는 않는다.

(나) 심결 단계

보정각하결정에 대한 심판이나 거절결정에 대한 심판이 청구된 경우 심판관합의체는 그 청구가 이유 있다고 인정하는 경우에는 심결로써 보정각하결정 또는 거절결정을 취소하여야 한다.[143][144] 보정각하결정 또는 거절결정을 취소하는 경우에는 심사에 부칠 것이라는 심결을 할 수 있다.[145] 이 경우 보정각하결정 또는 거절결정에 대한 심결에서 그 취소의 기본이 된 이유는 그 사건에 대하여 심사관을 기속(羈束)한다.[146]

다. 관련 판례 – 대법원 2012. 12. 13. 선고 2011후958 판결

본 판례에는 상표출원인 A, 특허청이 등장한다. A는 본 건 출원상표 GEORGIA를 상품류 구분 제30류의 커피, 차, 코코아 등을 지정상품으로 2008년 5월 14일에 상표등록 출원을 하였다. 이에 대하여 특허청은 본 건 출원상표 GEORGIA가 전체적으로도 수요자가 누구의 업무와 관련된 상품을 표시하는 상표인지를 식별할 수 없다는 이유로 상표등록을 거절하였다. 2009년 7월 10일, A는 상표등록 거절결정 불복심판을 청구하고 특허청의 상표등록 거절결정에 대한 취소를 주장하였다.

(가) 심판절차의 흐름

A가 제출한 상표등록 거절결정에 대한 심판청구서는 2009년 4월 24일에 수리되었다. 심판청구서가 수리됨에 따라 심판번호가 부여되었고 그 사건에 대한 합의체를 구성할 심판관이 지정되었다. 이와 같은 사실은 2009년 7월 17일, 당사자에게 통지되었다.

---

142) 상표법 제154조.
143) 상표법 제156조 제1항.
144) 청구된 심판이 이유가 없다고 인정되는 때에는 당해 심판청구를 기각한다.
145) 상표법 제156조 제2항.
146) 상표법 제156조 제3항.

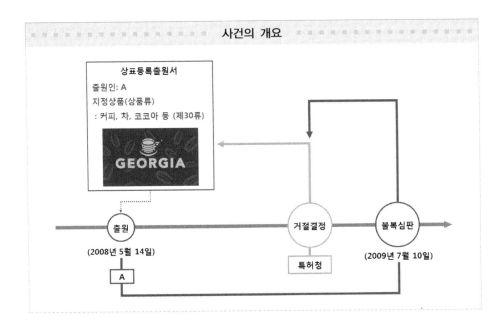

ㄱ. 심리 단계

2009년 7월 20일, 심판장은 A가 제출한 심판청구서 등에 대한 보정을 명하였다. 이에 따라 2009년 8월 13일, A는 심판청구서 등에 대한 보정서를 제출하였다. 그 후 사건이 심결을 할 정도로 성숙됨에 따라 2010년 11월 1일, 심판장은 당사자에게 심리의 종결을 통지하였다.

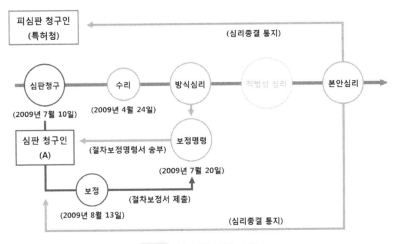

그림 심리 단계의 흐름

ㄴ. 심결 단계

2010년 11월 2일, 당사자에게 거절결정에 대한 심판의 심결 등본이 송달되었다.

(나) 특허청의 주장

특허청은 "본 건 출원상표의 GEORGIA는 아시아 북서부에 있는 나라인 그루지야 및 미국 남동부에 있는 주인 조지아를 의미하는 표시로서 현저한 지리적 명칭에 해당되고, 검은색 바탕에 찻잔 및 원두커피의 도형은 지정상품과 관련하여 원재료, 용도 등을 나타내는 성질표시에 해당한다. 따라서 전체적으로도 수요자가 누구의 업무와 관련된 상품을 표시하는 상표인지를 식별할 수 없으므로 상표법 제33조 제1항 제3호, 제4호 및 제7호('제33조 제1항 제3호, 제4호 및 제7호'는 현행 상표법(법률 제18817호)으로 수정하여 표시한 것이다. 이하 같다.)에 해당하여 상표등록을 받을 수 없다."[147]라고 주장하였다. 상표법 제33조 제1항 제3호는 그 상품의 산지·품질·원재료·효능·용도·수량·형상·가격·생산방법·가공방법·사용방법 또는 시기를 보통으로 사용하는 방법으로 표시한 표장만으로 된 상표를 제외하고는 상표등록을 받을 수 있다고 명시한다. 또한 현저한 지리적 명칭이나 그 약어 또는 지도만으로 된 상표는 상표법 제33조 제1항 제4호에 의해 상표등록을 받을 수 없다. 본 건 출원상표는 검은색 바탕에 찻잔 및 원두커피의 도형과 영문자 GEORGIA가 결합된 상표이다. 본 건 출원상표의 구성 중 검은색 바탕에 찻잔 및 원두커피의 도형은 원재료, 용도 등을 나타내는 성질표시에 해당한다. 또한 본 건 출원상표의 구성 중 영문자 GEORGIA는 현저한 지리적 명칭에 해당한다. 특히 본 건 출원상표는 전체적으로도 수요자가 누구의 업무와 관련된 상품을 표시하는 상표인지를 식별할 수 없는 상표에 해당하므로 본 건 출원상표에 대한 상표등록을 거절하였다는 것이다.

(다) 상표출원인 A의 주장

A는 "본 건 출원상표의 찻잔모양의 도형은 독창적으로 고안해 낸 독특한 모양의 도형으로서 일반적인 찻잔의 모양과 달리하고 있고, GEORGIA는 아시아 북서부에 위치한 그루지야라는 나라의 이름, 또는 미국 남동부의 주 이름이라고 일반 수요자가 현저하게 인식되고 있다고 볼 수 없으므로 본 건 출원상표는 수

---

147) 특허심판원 2010. 11. 2. 2009원6500 심결.

요자가 누구의 업무에 관련된 상품을 표시하는가를 식별할 수 있는 표장에 해당
되므로 상표법 제33조 제1항 제3호, 제4호 및 제7호에 해당되지 않는다."[148]고
주장하였다. 본 건 출원상표의 구성 중 찻잔모양의 도형은 독창적으로 고안해
낸 독특한 모양의 도형에 해당한다. 또한 본 건 출원상표의 구성 중 영문자
GEORGIA는 일반 수요자에게 현저히 인식되어 있는 것이라고 볼 수 없다. 따라
서 본 건 출원상표는 수요자가 누구의 업무에 관련된 상품을 표시하는가를 식별
할 수 있는 표장에 해당되므로 상표법 제33조 제1항 제3호, 제4호 및 제7호에
해당되지 않는다는 것이다.

(라) 대법원의 판단[149]

"상표법 제33조 제1항 제4호(현행 상표법으로 수정 표시: 저자 주)는 현저한 지
리적 명칭·그 약어 또는 지도만으로 된 상표는 등록을 받을 수 없다고 규정하
고 있다. 이와 같은 상표는 그 현저성과 주지성 때문에 상표의 식별력을 인정할
수 없어 어느 특정 개인에게만 독점사용권을 부여하지 않으려는 데 그 규정의
취지가 있다.[150] 이에 비추어 보면 상표법 제33조 제1항 제4호의 규정은 현저한
지리적 명칭, 그 약어 또는 지도만으로 된 표장에만 적용되는 것이 아니고, 현저
한 지리적 명칭 등이 식별력 없는 기술적 표장 등과 결합되어 있는 경우라고 하
더라도 그 결합에 의하여 본래의 현저한 지리적 명칭이나 기술적 의미 등을 떠
나 새로운 관념을 낳는다거나 새로운 식별력을 형성하는 것이 아니라면 지리적
명칭 등과 기술적 표장 등이 결합된 표장이라는 사정만으로 위 법조항의 적용이
배제된다고 할 수 없다.[151] 한편 위 규정에서 말하는 현저한 지리적 명칭이란
단순히 지리적, 지역적 명칭을 말하는 것일 뿐 특정상품과 지리적 명칭을 연관
하여 그 지방의 특산물의 산지표시로서의 지리적 명칭임을 요하는 것은 아니다.
따라서 그 지리적 명칭이 현저하기만 하면 여기에 해당하고, 지정상품과 사이에
특수한 관계가 있음을 인식할 수 있어야만 하는 것은 아니다.[152] 본 건 출원상
표 GEORGIA는 커피 원두를 도안화한 도형이 음영으로 여러 개 그려진 검은색

---

148) 특허심판원 2010. 11. 2. 2009원6500 심결.
149) 대법원 2012. 12. 13. 선고 2011후958 판결.
150) 대법원 1997. 8. 22. 선고 96후1682 판결.
151) 대법원 2002. 4. 26. 선고 2000후181 판결.
152) 대법원 2000. 6. 13. 선고 98후1273 판결.

바탕의 직사각형 내부에 찻잔을 도안화한 도형과 영문자 GEORGIA를 노란색으로 상하 2단으로 배치하여 구성한 표장이다. 그런데 그 중 문자부분 GEORGIA는 아시아 북서부에 있는 국가인 그루지야의 영문 명칭 또는 미국 남동부의 주의 명칭으로서 일반 수요자들에게 널리 알려져 있으므로 현저한 지리적 명칭에 해당한다.[153] 그리고 커피 원두 도형은 커피 원두의 형상과 모양을 그대로 표시한 것에 불과하고 찻잔 도형은 다소 도안화가 되어 있으나 찻잔 형상의 기본적인 형태를 유지하고 있어 일반 수요자들이 이를 본 건 출원상표의 지정상품 중 커피의 원두와 그 음용의 용도에 쓰이는 찻잔의 형상으로 직감할 수 있으므로 이들 도형부분은 커피와 관련하여 볼 때 식별력이 없다. 그렇다면 위 문자부분과 도형부분의 결합에 의하여 본 건 출원상표가 본래의 현저한 지리적 명칭이나 기술적 의미를 떠나 새로운 관념을 낳는다거나 새로운 식별력을 형성하는 것도 아니므로 본 건 출원상표는 전체적으로 보아 일반 수요자들 사이에 주로 현저한 지리적 명칭인 GEORGIA로 인식될 것이어서 상표법 제33조 제1항 제4호가 규정하는 현저한 지리적 명칭만으로 된 표장에 해당된다."

(2) 당사자계 심판

당사자계 심판이라 함은 이미 설정된 권리 또는 사실 관계에 관한 분쟁이 발생하여 당사자가 대립된 구조를 취하는 심판을 말한다. 상표법에 마련되어 있는 당사자계 심판으로는 무효심판과 취소심판, 그리고 권리범위 확인심판이 있다.

가. 무효심판

무효심판이란 상표법에 규정된 소정의 무효사유에 해당함을 이유로 일단 유효하게 설정등록된 상표권을 처음부터 또는 그 사유의 발생시부터 소급하여 소멸시켜줄 것을 요구하는 심판을 말한다. 상표법은 무효원인이 있는 상표권의 경우 이를 무효로 할 수 있도록 함으로써 하자있는 권리의 존속으로 인한 폐해를 방지할 수 있도록 무효심판제도를 마련하고 있다.[154]

(가) 종 류

상표법상 무효심판은 상표등록 무효심판, 지정상품추가등록 무효심판, 상표권

---

153) 대법원 1986. 2. 25. 선고 85후106 판결.
154) 특허심판원 심판정책과, 2017 심사편람(제12판), 2017년 3월, 539면.

존속기간갱신등록 무효심판 및 상품분류전환등록 무효심판으로 나뉜다.

ㄱ. 상표등록 무효심판

상표등록이 상표법 제117조 제1항 각 호에서 규정하고 있는 무효사유의 어느 하나에 해당하는 경우 이해관계인 또는 심사관은 무효심판을 청구할 수 있다.[155]

ㄴ. 지정상품추가등록 무효심판

지정상품의 추가등록이 상표법 제117조 제1항 각 호에서 규정하고 있는 무효 사유의 어느 하나에 해당하는 경우 이해관계인 또는 심사관은 무효심판을 청구할 수 있다.[156]

ㄷ. 상표권 존속기간갱신등록 무효심판

상표권 존속기간갱신등록이 상표법 제118조 제1항 각 호에서 규정하고 있는 무효사유의 어느 하나에 해당하는 경우 이해관계인 또는 심사관은 무효심판을 청구할 수 있다.[157]

ㄹ. 상품분류전환등록 무효심판

상품분류전환등록이 상표법 제214조 제1항 각 호에서 규정하고 있는 무효사 유의 어느 하나에 해당하는 경우 이해관계인 또는 심사관은 무효심판을 청구할 수 있다.[158]

(나) 절차적 특징

무효심판은 상표권이 소멸된 후에도 청구할 수 있다.[159][160] 무효심판을 청구하는 경우 등록상표의 지정상품(또는 추가등록된 등록상표의 지정상품, 갱신등록된 등록상표의 지정상품, 상품분류전환등록에 관한 지정상품)이 둘 이상인 경우에는 지정상품마다 청구할 수 있다.[161]

---

155) 상표법 제117조 제1항.
156) 상표법 제117조 제1항.
157) 상표법 제118조 제1항.
158) 상표법 제214조 제1항.
159) 상표법 제117조 제2항, 상표법 제118조 제2항, 상표법 제214조 제2항.
160) 다만 상표법 제34조 제1항 제6호부터 제10호까지 및 제16호, 제35조, 제118조 제1항 제1호 및 제214조 제1항 제3호에 해당하는 것을 사유로 하는 상표등록의 무효심판, 존속기간갱신등록의 무효심판 또는 상품분류전환등록의 무효심판은 상표등록일, 존속기간갱신등록일 또는 상품분류전환등록일부터 5년이 지난 후에는 청구할 수 없다(상표법 제122조 제1항).
161) 상표법 제117조 제1항, 상표법 제118조 제1항, 상표법 제214조 제1항.

ㄱ. 심리 단계

무효심판이 청구된 경우 심판장은 그 취지를 해당 상표권의 전용사용권자와 그 밖에 상표에 관한 권리를 등록한 자에게 통지하여야 한다.[162]

ㄴ. 심결 단계

상표등록(또는 지정상품추가등록, 존속기간갱신등록, 상품분류전환등록)을 무효로 한다는 심결이 확정된 경우 그 상표권은 처음부터 없었던 것으로 본다.[163] 다만 상표등록된 후 그 상표권자가 외국인의 권리능력 규정[164]에 따라 상표권을 누릴 수 없는 자로 되거나 그 등록상표가 조약에 위반된 경우,[165] 상표등록된 후 그 등록상표가 식별력이 인정되지 아니하는 상표[166]에 해당하게 된 경우,[167] 지리적 표시 단체표장등록이 된 후 그 등록단체표장을 구성하는 지리적 표시가 원산지 국가에서 보호가 중단되거나 사용되지 아니하게 된 경우[168]에 해당되어 상표등록을 무효로 한다는 심결이 확정된 경우 상표권은 그 때부터 없었던 것으로 본다.[169]

(다) 관련 판례 – 대법원 2017. 7. 11. 선고 2014후2535 판결

본 판례에는 상표권자 A와 A의 상표등록에 대한 무효를 주장한 B가 등장한다. A는 본 건 등록상표 SUN SCIENCE를 상품류 구분 제3류의 향수, 화장품, 비누 등을 지정상품으로 2009년 12월 7일에 상표등록 출원하여 2012년 7월 5일에 상표등록을 받았다. 2013년 4월 5일, B는 상표등록 무효심판을 청구하고 본 건 등록상표 SUN SCIENCE가 선출원상표 SENSCIENCE STYLING과 유사한 표장이라는 이유로 A의 상표등록에 대한 무효를 주장하였다. 선출원상표 SENSCIENCE STYLING은 상품류 구분 제3류의 향수, 화장품, 비누 등을 지정상

---

162) 상표법 제117조 제5항, 상표법 제118조 제4항, 상표법 제214조 제2항.
163) 상표법 제117조 제3항, 상표법 제118조 제3항, 상표법 제214조 제3항.
164) 상표법 제27조.
165) 상표법 제117조 제1항 제5호.
166) 상표법 제33조 제1항.
167) 상표법 제117조 제1항 제6호.
168) 상표법 제117조 제1항 제7호.
169) 상표법 제117조 제3항. 이 경우에 등록상표가 상표법 제117조 제1항 제5호부터 제7호까지의 규정에 해당하게 된 때를 특정할 수 없는 경우에는 해당 상표권은 상표법 제117조 제1항에 따른 무효심판이 청구되어 그 청구내용이 등록원부에 공시(公示)된 때부터 없었던 것으로 본다(상표법 제117조 제4항).

품으로 2009년 8월 5일에 상표등록 출원을 하여 2010년 9월 27일 상표등록을 받았다. 그 후 2014년 12월 2일에 상표권이 소멸되었다.

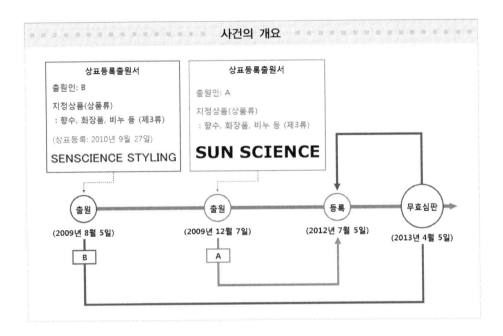

ㄱ. 심판절차의 흐름

B가 제출한 상표등록 무효심판의 청구서는 2013년 4월 5일에 수리되었다. 심판청구서가 수리됨에 따라 심판번호가 부여되었고 그 사건에 대한 합의체를 구성할 심판관이 지정되었다. 이와 같은 사실은 2013년 4월 15일, 당사자에게 통지되었다.

(ㄱ) 심리 단계

상표등록 무효심판이 청구됨에 따라 2013년 4월 15일, A에게 심판청구서 부본이 송달되었고 기간을 정하여 답변서를 제출할 수 있는 기회가 부여되었다. 2013년 5월 13일, A는 답변서를 제출하였다. 답변서가 제출됨에 따라 2013년 5월 23일, 답변서 부본이 B에게 송달되었다. 그 후 사건이 심결을 할 정도로 성숙됨에 따라 2014년 4월 22일, 심판장은 당사자에게 심리의 종결을 통지하였다.

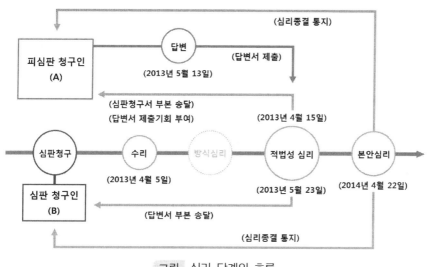

그림 심리 단계의 흐름

(ㄴ) 심결 단계

2014년 4월 23일, 당사자에게 상표등록 무효심판에 대한 심결 등본이 송달되었다.

ㄴ. B의 주장

B는 "본 건 등록상표는 선출원상표와 표장이 유사하고 지정상품이 동일 또는 유사하여 상표법 제35조 제1항('제35조 제1항'은 현행 상표법(법률 제18817호)으로 수정하여 표시한 것이다. 이하 같다.)의 선출원 규정에 해당하는 바, 그 등록이 무효가 되어야 한다."[170]고 주장하였다. 상표법 제35조 제1항에 따라 동일·유사한 상품에 사용할 동일·유사한 상표에 대하여 다른 날에 둘 이상의 상표등록출원이 있는 경우에는 먼저 출원한 자만이 그 상표를 등록받을 수 있다. 2009년 12월 7일에 상표등록 출원된 본 건 등록상표 SUN SCIENCE는 2009년 8월 5일에 상표등록 출원된 선출원상표 SENSCIENCE STYLING의 요부인 SENSCIENCE 부분과 유사한 상표이다. 양 상표는 모두 상품류 구분 제3류의 향수, 화장품, 비누 등을 지정상품으로 한다. 따라서 상표법 제35조 제1항의 규정을 적용하여 선출원상표 SENSCIENCE STYLING과의 관계에서 후출원 상표에 해당하는 본 건 등록상표 SUN SCIENCE의 무효를 주장한다는 것이다.

---

170) 특허심판원 2018. 2. 6. 2017당(취소판결)162 심결.

ㄷ. 상표권자 A의 주장

A는 "본 건 등록상표는 선출원상표와 표장과 그 지정상품이 서로 유사하지 아니하여 상표법 제35조 제1항의 선출원 규정에 해당하지 않는 바, 그 등록이 무효가 아니다."[171]고 주장하였다. 본 건 등록상표는 SUN SCIENCE이다. 선출원 상표는 SENSCIENCE STYLING이다. 따라서 본 건 등록상표인 SUN SCIENCE와 선출원상표인 SENSCIENCE STYLING은 전체적으로 서로 유사하지 아니하므로 본 건 등록상표는 상표법 제35조 제1항의 선출원 규정에 해당되지 않는다는 것이다.

ㄹ. 대법원의 판단[172]

"둘 이상의 문자 또는 도형의 조합으로 이루어진 결합상표는 그 구성 부분 전체의 외관, 호칭, 관념을 기준으로 상표의 유사 여부를 판단하는 것이 원칙이나, 상표 중에서 일반 수요자에게 그 상표에 관한 인상을 심어주거나 기억·연상을 하게 함으로써 그 부분만으로 독립하여 상품의 출처표시기능을 수행하는 부분, 즉 요부가 있는 경우 적절한 전체관찰의 결론을 유도하기 위해서는 그 요부를 가지고 상표의 유사 여부를 대비·판단하는 것이 필요하다.[173] 본 건 등록상표는 SUN SCIENCE로 구성되어 있고, 선출원상표는 SENSCIENCE STYLING으로 구성되어 있다. 선출원상표 중 STYLING 부분은 그 지정상품인 화장품, 화장품 키트(화장품 셋트) 등과의 관계에서 용도나 효능 등을 나타내어 식별력이 미약한 반면 SENSCIENCE 부분은 조어로서 식별력이 있으므로, 선출원상표는 SENSCIENCE를 요부로 하여 상표의 유사 여부를 대비·판단할 필요가 있다. 본 건 등록상표인 SUN SCIENCE는 썬싸이언스로 선출원상표의 요부인 SENSCIENCE는 쎈싸이언스로 호칭될 수 있는데 이 경우 양 상표는 첫음절의 모음에서 다소 차이가 있을 뿐 전체적으로 비슷하게 들리므로 호칭이 유사하다. 본 건 등록상표는 태양 과학 등의 의미로 인식되는 반면 선출원상표의 요부인 SENSCIENCE는 특별한 관념이 떠오르지 않는 조어이므로 양 상표의 관념을 대비할 수 없다고 하더라도 호칭이 유사한 양 상표를 동일·유사한 지정상품에 함

---

171) 특허심판원 2018. 2. 6. 2017당(취소판결)162 심결.
172) 대법원 2017. 7. 11. 선고 2014후2535 판결.
173) 대법원 2017. 2. 9. 선고 2015후1690 판결.

께 사용하는 경우 일반 수요자에게 상품의 출처에 관하여 오인·혼동을 일으킬 염려가 있으므로 양 상표는 표장이 서로 유사하다고 보아야 한다."

나. 취소심판

취소심판이란 일단 유효하게 성립한 상표등록, 사용권등록의 효력을 그 등록 후에 발생한 사유를 이유로 장래에 향하여 상실시키는 심판이다. 무효심판이 효력을 처음부터 없었던 것으로 하는데 비하여 취소심판은 장래에 향하여 효력을 상실시키는 점에서 무효심판과의 차이를 가진다.

(가) 종 류

상표법상 취소심판은 상표등록의 취소심판과 사용권등록의 취소심판으로 나뉜다.

ㄱ. 상표등록 취소심판

등록상표가 상표등록 취소사유[174]의 어느 하나에 해당하는 경우에는 그 상표등록의 취소심판을 청구할 수 있다.[175] 상표등록 취소사유 중 상표권자·전용사용권자 또는 통상사용권자 중 어느 누구도 정당한 이유 없이 등록상표를 그 지정상품에 대하여 취소심판청구일 전 계속하여 3년 이상 국내에서 사용하고 있지 아니한 경우[176]에 해당하는 것을 사유로 취소심판을 청구하는 경우 등록상표의 지정상품이 둘 이상 있는 경우에는 일부 지정상품에 관하여 취소심판을 청구할 수 있다.[177][178]

ㄴ. 사용권등록의 취소심판

전용사용권자 또는 통상사용권자가 지정상품 또는 이와 유사한 상품에 등록 상표 또는 이와 유사한 상표를 사용함으로써 수요자에게 상품의 품질을 오인하게 하거나 타인의 업무와 관련된 상품과의 혼동을 불러일으키게 한 경우[179]에는

---

174) 상표법 제119조 제1항 각 호.
175) 상표법 제119조 제1항.
176) 상표법 제119조 제1항 제3호.
177) 상표법 제119조 제2항.
178) 이 경우 피청구인이 해당 등록상표를 취소심판청구에 관계되는 지정상품 중 하나 이상에 대하여 그 심판청구일 전 3년 이내에 국내에서 정당하게 사용하였음을 증명하지 아니하면 상표권자는 취소심판청구와 관계되는 지정상품에 관한 상표등록의 취소를 면할 수 없다. 다만 피청구인이 사용하지 아니한 것에 대한 정당한 이유를 증명한 경우에는 그러하지 아니하다(상표법 제119조 제3항).

그 전용사용권 또는 통상사용권 등록의 취소심판을 청구할 수 있다.[180]

(나) 절차적 특징

상표등록 및 사용권등록의 취소심판은 누구든지 청구할 수 있다.[181][182] 상표법 제119조 제1항 제1호·제2호·제5호, 제7호부터 제9호까지 및 제120조 제1항에 해당하는 것을 사유로 하는 상표등록 및 사용권등록의 취소심판은 취소사유에 해당하는 사실이 없어진 날부터 3년이 지난 후에는 청구할 수 없다.[183]

ㄱ. 심리 단계

상표등록의 취소심판이 청구된 경우 심판장은 그 취지를 해당 상표권의 전용사용권자와 그 밖에 상표에 관한 권리를 등록한 자에게 통지하여야 한다.[184] 사용권등록의 취소심판이 청구되었을 경우 심판장은 그 취지를 해당 전용사용권의 통상사용권자와 그 밖에 전용사용권에 관하여 등록을 한 권리자 또는 해당 통상사용권에 관하여 등록을 한 권리자에게 알려야 한다.[185]

상표등록의 취소심판, 사용권등록의 취소심판을 청구한 후 그 심판청구사유[186]에 해당하는 사실이 없어진 경우에도 취소 사유에 영향이 미치지 아니한다.[187]

ㄴ. 심결 단계

상표등록을 취소한다는 심결, 사용권등록을 취소한다는 심결이 확정되었을 경우 그 상표권, 전용사용권 또는 통상사용권은 그때부터 소멸된다.[188][189]

---

179) 상표법 제119조 제1항 제2호.
180) 상표법 제120조 제1항.
181) 상표법 제119조 제5항, 상표법 제120조 제3항.
182) 다만 상표법 제119조 제1항 제4호 및 제6호에 해당하는 것을 사유로 하는 심판은 이해관계인만이 청구할 수 있다(상표법 제119조 제5항).
183) 상표법 제122조 제2항.
184) 상표법 제119조 제7항.
185) 상표법 제120조 제5항.
186) 상표법 제119조 제1항 각 호. 다만 상표법 제119조 제1항 제4호 및 제6호는 제외한다(상표법 제119조 제4항).
187) 상표법 제119조 제4항, 상표법 제120조 제2항.
188) 상표법 제119조 제6항, 상표법 제120조 제4항.
189) 다만 상표권자·전용사용권자 또는 통상사용권자 중 어느 누구도 정당한 이유 없이 등록상표를 그 지정상품에 대하여 취소심판청구일 전 계속하여 3년 이상 국내에서 사용하고 있지 아니한 경우(상표법 제119조 제1항 제3호)에 해당하는 것을 사유로 상표등록을 취소한다는 심결이 확정된 경우에는 그 심판청구일에 소멸하는 것으로 본다(상표법 제119조 제6항).

(다) 관련 판례 – 대법원 2012. 1. 27. 선고 2011후2916 판결

본 판례에는 서비스표권자 A 그리고 B가 등장한다. A는 본 건 등록서비스표 VICTORIA'S SECRET을 서비스업류 구분 제35류의 시장조사업, 수출입업무대행업, 서비스업류 구분 제36류의 여성의류상품중개업, 가방류상품중개업 등, 서비스업류 구분 제39류의 상품배달업, 서비스업류 구분 제42류의 패션디자인업, 여성의류 및 악세서리 체인스토아업 등을 지정서비스업으로 1990년 6월 16일에 서비스표등록 출원을 하였다. 그 후 출원서비스표에 대하여 1992년 3월 9일에 서비스표등록을 받았고 2002년 2월 20일에 그 존속기간을 갱신하였다. 2010년 4월 28일, B는 상표등록 취소심판을 청구하고 본 건 등록서비스표 VICTORIA'S SECRET이 심판청구일 전 3년 이상 국내에서 그 지정서비스업에 사용된 사실이 없으므로 그 서비스표등록이 취소되어야 한다고 주장하였다.

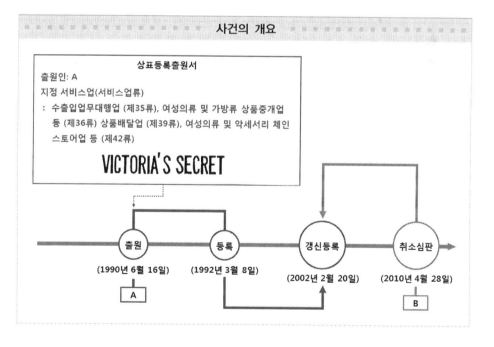

ㄱ. 심판절차의 흐름

B가 제출한 상표등록 취소심판의 청구서는 2010년 4월 28일에 수리되었다. 심판청구서가 수리됨에 따라 심판번호가 부여되었고 그 사건에 대한 합의체를

구성할 심판관이 지정되었다. 이와 같은 사실은 2010년 5월 27일, 당사자에게 통지되었다.

(ㄱ) 심리 단계

상표등록 취소심판이 청구됨에 따라 2010년 5월 27일, A에게 심판청구서 부본이 송달되었고 기간을 정하여 답변서를 제출할 수 있는 기회가 부여되었다. 2010년 7월 1일, A는 지정기간 연장을 신청하였다. 지정기간 연장 신청이 2010년 7월 8일 승인됨에 따라 2010년 7월 30일, A는 답변서를 제출하였다. 답변서가 제출됨에 따라 2010년 8월 6일, 답변서 부본이 B에게 송달되었다. 그 후 사건이 심결을 할 정도로 성숙됨에 따라 2011년 4월 21일, 심판장은 당사자에게 심리의 종결을 통지하였다.

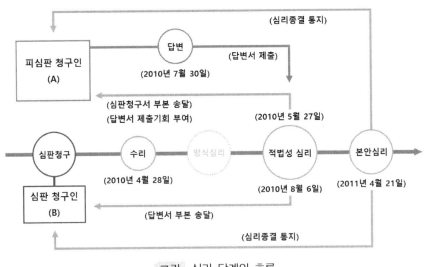

그림 심리 단계의 흐름

(ㄴ) 심결 단계

2011년 4월 22일, 당사자에게 상표등록 취소심판에 대한 심결 등본이 송달되었다.

ㄴ. B의 주장

B는 "본 건 등록서비스표 VICTORIA'S SECRET은 국내에서 심판청구일 전

계속하여 3년 이상 그 지정서비스업인 여성의류, 액세서리 등에 대하여 사용되지 않았으며 그 불사용에 대한 정당한 이유도 발견할 수 없다. 따라서 본 건 등록서비스표는 상표법 제119조 제1항 제3호('제119조 제1항 제3호'는 현행 상표법(법률 제18817호)으로 수정하여 표시한 것이다. 이하 같다.)에 해당하여 그 등록이 취소되어야 한다."[190])고 주장하였다. 상표법 제119조 제1항 제3호에 따라 상표권자 · 전용사용권자 또는 통상사용권자 중 어느 누구도 정당한 이유 없이 등록상표를 그 지정상품에 대하여 취소심판청구일 전 계속하여 3년 이상 국내에서 사용하고 있지 아니한 경우에는 그 상표등록의 취소심판을 청구할 수 있다. 본 건 등록서비스표는 정당한 이유 없이 그 지정서비스업인 여성의류, 액세서리 등에 대하여 본 건 심판청구일 전 계속하여 3년 이상 국내에서 사용한 사실이 없다. 따라서 본 건 등록서비스표는 상표법 제119조 제1항 제3호의 규정에 의하여 그 등록이 취소되어야 한다는 것이다.

ㄷ. 상표권자 A의 주장

A는 "본 건 등록서비스표 VICTORIA'S SECRET은 심판청구일 전 3년 이내에 그 지정서비스업에 해당하는 속옷 및 화장품류 판매/판매중개/체인 및 패션디자인업 등의 제품에 정당하게 사용하였으므로 상표법 제119조 제1항 제3호에 해당하지 아니한다."[191])고 주장하였다. 본 건 등록서비스표 VICTORIA'S SECRET은 그 지정서비스업에 해당하는 속옷 및 화장품류 판매/판매중개/체인 및 패션디자인업 등의 제품에 정당하게 사용된 바 있다. 본 건 등록상표는 상표법 제119조 제1항 제3호에 해당하지 아니하므로 본 건 등록상표에 대한 상표등록 취소 주장은 부당하다는 것이다.

ㄹ. 대법원의 판단[192])

"상표법은 제119조 제1항 제3호(현행 상표법으로 수정 표시: 저자 주)에서 등록상표를 3년 이상 국내에서 사용하고 있지 아니함을 이유로 상표등록의 취소심판을 청구할 수 있도록 규정하고, 제3항(현행 상표법으로 수정 표시: 저자 주)에서는 그 때 등록상표의 지정상품이 2 이상 있는 경우에는 일부 지정상품에 관하여 취

---

190) 특허심판원 2011. 4. 22. 2010당1082 심결.
191) 특허심판원 2011. 4. 22. 2010당1082 심결.
192) 대법원 2012. 1. 27. 선고 2011후2916 판결.

소심판을 청구할 수 있다고 규정하고 있으며 제4항(현행 상표법으로 수정 표시: 저자 주)에서는 3년 이상 불사용하였음을 이유로 상표등록취소심판이 청구된 경우에 피청구인이 당해 등록상표를 취소심판청구에 관계되는 지정상품 중 1 이상에 대하여 그 심판청구일 전 3년 이내에 국내에서 정당하게 사용하였음을 증명하지 아니하는 한 상표권자는 취소심판청구와 관계되는 지정상품에 관한 상표등록의 취소를 면할 수 없다고 규정하고 있다. 이와 같은 규정으로 미루어 볼 때 동시에 수 개의 지정상품에 대하여 심판청구를 한 경우에는 그 심판청구의 대상인 지정상품을 불가분 일체로 취급하여 전체를 하나의 청구로 간주하여 지정상품 중의 하나에 대하여 사용이 입증되면 그 심판청구는 전체로서 인용될 수 없으므로 사용이 입증된 지정상품에 대한 심판청구만 기각하고 나머지 지정상품에 관한 심판청구를 인용할 것은 아니다.[193] 이러한 법리는 상표법 제2조 제3항에 의하여 서비스표의 경우에도 마찬가지로 적용된다. 기록에 비추어 살펴보면 본 건 등록서비스표의 서비스표권자가 본 건 등록서비스표를 그 지정서비스업 중 하나인 패션정보제공업에 대하여 취소심판청구일 전 3년 이내에 국내에서 정당하게 사용하였음이 인정된다. 따라서 본 건 등록서비스표에 대한 취소심판청구의 대상인 서비스업류 구분 제36류, 제42류의 지정서비스업 전부를 불가분 일체로 취급하여 그 지정서비스업 중 하나인 제42류의 패션정보제공업에 대한 사용이 입증된 결과 본 건 심판청구는 전체로서 인용될 수 없다고 판단한 것은 정당하다.”

다. 권리범위 확인심판

권리범위 확인심판이라 함은 상표권의 권리자나 그 이해관계인이 등록상표의 보호범위를 확인하기 위하여 청구하는 심판을 말한다. 상표법 제121조에 따라 상표권자, 전용사용권자 또는 이해관계인은 등록상표의 권리범위를 확인하기 위하여 상표권의 권리범위 확인심판을 청구할 수 있다. 권리범위 확인심판의 취지는 상표침해가 성립되기 위한 선결 조건으로서 제3자가 사용 중인 상표가 등록상표의 권리범위에 속하는지 또는 후 등록된 상표가 선 등록된 상표를 이용하고 있어서 그 권리범위에 속하는지 여부에 대해 전문적 식견을 가진 자인 특허심판원에 공신력 있는 판단을 신속히 구하도록 함에 있다. 그 판단 결과를 근거로

---

193) 대법원 1993. 12. 28. 선고 93후718, 725, 732, 749 판결.

당사자 간의 조속한 분쟁 해결을 도모하거나 무익한 다툼을 미연에 방지하기 위한 것이 권리범위 확인심판의 취지이다.[194]

(가) 종 류

권리범위 확인심판은 청구의 취지에 따라 적극적 권리범위 확인심판과 소극적 권리범위 확인심판으로 구분된다.

ㄱ. 적극적 권리범위 확인심판

적극적 권리범위 확인심판이라 함은 상표권자·전용사용권자가 청구하는 것으로 제3자가 사용하는 표장, 즉 확인대상표장이 자신의 등록상표의 권리범위에 속한다는 심결을 구하는 심판을 말한다.[195]

(ㄱ) 당사자

적극적 권리범위 확인심판은 상표권자, 전용실시권자가 제3자를 상대로 제기하는 심판이다. 따라서 적극적 권리범위 확인심판의 청구인은 상표권자 또는 전용실시권자이고 피청구인은 등록상표를 무단으로 실시하고 있는 자가 된다.

(ㄴ) 관련 판례 - 대법원 2019. 4. 3. 선고 2018후11698 판결

본 판례에는 상표권자 A 그리고 B가 등장한다. A는 본 건 등록상표 REVANESSE를 상품류 구분 제3류인 주사기에 담긴 미용관리과정에 사용되는 화장용 겔을 지정상품으로 2009년 7월 9일에 상표등록 출원을 하여 2011년 2월 18일에 상표등록을 받았다. B는 확인대상표장인 영문 REVINESS와 국문 리바이네즈의 결합상표를 상품류 구분 제10류의 의료용 필러, 의료용 필러기기 등을 지정상품으로 2016년 7월 12일에 상표등록 출원을 하여 2017년 4월 24일에 상표등록을 받았다. B는 확인대상표장에 대한 상표등록출원 전 그 확인대상표장을 히알루론산을 성분으로 하는 주름개선제, 보습제, 피부탄력제에 사용하였다. 2016년 6월 16일, A는 B를 상대로 권리범위 확인심판을 청구하고 확인대상표장이 본 건 등록상표의 권리범위에 속한다고 주장하였다.

---

194) 특허심판원 심판정책과, 2017 심사편람(제12판), 2017년 3월, 461면.
195) 특허심판원 심판정책과, 2017 심사편람(제12판), 2017년 3월, 465면.

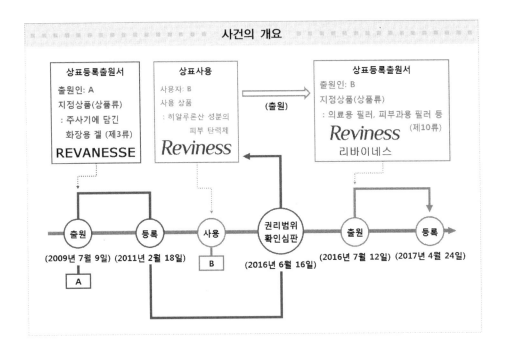

a. 심판절차의 흐름

A가 제출한 적극적 권리범위 확인심판의 청구서는 2016년 6월 16일에 수리되었다. 심판청구서가 수리됨에 따라 심판번호가 부여되었고 그 사건에 대한 합의체를 구성할 심판관이 지정되었다. 이와 같은 사실은 2016년 6월 20일, 당사자에게 통지되었다.

(a) 심리 단계

적극적 권리범위 확인심판이 청구됨에 따라 2016년 6월 21일, B에게 심판청구서 부본이 송달되었고 기간을 정하여 답변서를 제출할 수 있는 기회가 부여되었다. 2016년 7월 18일, B는 답변서를 제출하였다. 답변서가 제출됨에 따라 2016년 7월 21일, 답변서 부본이 A에게 송달되었다. 그 후 사건이 심결을 할 정도로 성숙됨에 따라 2017년 11월 10일, 심판장은 당사자에게 심리의 종결을 통지하였다.

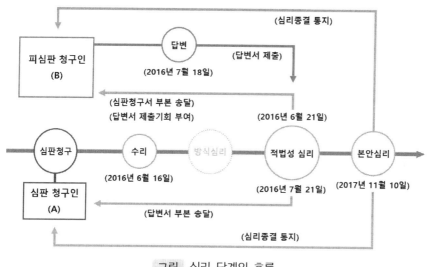

그림   심리 단계의 흐름

(b) 심결 단계

2017년 11월 14일, 당사자에게 적극적 권리범위 확인심판에 대한 심결 등본이 송달되었다.

b. 상표권자 A의 주장

A는 "본 건 등록상표와 확인대상표장은 리바네스, 레바네스, 리바네세, 레비네스, 리바이네스 등으로 호칭되기 때문에 칭호가 유사하고 모두 조어표장으로 도용하지 않고서는 확인대상표장을 만든다는 것은 불가능하므로 표장이 서로 유사하다. 또한 확인대상표상의 사용상품은 히알루론산을 성분으로 하는 주름개선제, 보습제, 피부탄력제라 할 수 있고 이는 바로 본 건 등록상표의 주사기에 담긴 미용관리과정에 사용되는 화장용 겔과 동일하거나 그 범위 내에 속하는 상품이다."196)고 주장하였다. 본 건 등록상표와 확인대상표장은 칭호가 유사하고 모두 조어표장으로 도용하지 않고서는 확인대상표장을 만든다는 것은 불가능하므로 표장이 서로 유사하다. 또한 확인대상표장의 사용상품은 본 건 등록상표의 지정상품과 동일하거나 그 범위 내에 속하는 상품이다. 따라서 양 상표는 칭호가 유사하고 본 건 등록상표의 지정상품과 확인대상표장의 사용상품이 동일하거나 그 범위 내에 속하는 상품이므로 확인대상표장은 본 건 등록상표의 권리범위

---

196) 특허심판원 2017. 11. 14. 2016당1614 심결.

에 속한다는 것이다.

c. B의 주장

B는 "B가 확인대상표장과 실질적으로 동일한 표장을 2017년 4월 24일에 등록받았고 확인대상표장의 사용상품과 B의 상기 등록상표의 지정상품이 의료용 필러로 동일하므로 본 건 심판은 권리 대 권리간의 적극적 권리범위 확인 심판에 해당하므로 본 건 심판청구는 각하되어야 한다. 또한 B가 실제로 판매하고 있는 제품은 주사기 본체, 주사용 바늘 그리고 주사기 본체에 주입된 내용물로 구성되어 주사기 본체에 주사용 바늘을 결합하여 인체의 피하에 직접 주입하는 피부과용 필러로 조직수복용 생체재료에 해당하고 이는 식약처에 의해 의료기기로 분류되는 것이므로 본 건 등록상표의 지정상품인 화장용 겔과는 상품이 다르다."[197]고 주장하였다. 확인대상표장의 사용상품은 인체의 피하에 직접 주입하는 피부과용 필러로 의료기기로 분류되는 것이므로 본 건 등록상표의 지정상품인 화장용 겔과는 상품이 다르다. 따라서 확인대상표장은 본 건 등록상표의 권리범위에 속하지 않는다는 것이다.

d. 대법원의 판단[198]

"상표권의 권리범위확인심판은 등록된 상표를 중심으로 미등록상표인 확인대상표장이 적극적으로 등록상표의 권리범위에 속한다거나 소극적으로 이에 속하지 아니함을 확인하는 것이므로 다른 사람의 등록상표인 확인대상표장에 관한 적극적 권리범위확인심판은 확인대상표장이 심판청구인의 등록상표와 동일 또는 유사하다고 하더라도 등록무효절차 이외에서 등록된 권리의 효력을 부인하는 결과가 되어 부적법하다.[199] 이때 등록상표인 확인대상표장에는 등록된 상표와 동일한 상표는 물론 거래의 통념상 식별표지로서 상표의 동일성을 해치지 않을 정도로 변형된 경우도 포함된다. 확인대상표장이 영문자와 이를 단순히 음역한 한글이 결합된 등록상표에서 영문자 부분과 한글 음역 부분 중 어느 한 부분을 생략한 형태로 되어 있다고 하더라도 그 영문 단어 자체의 의미로부터 인식되는 관념 외에 한글의 결합으로 인하여 새로운 관념이 생겨나지 않고 일반 수요자나 거래자에게 통상적으로 등록상표 그 자체와 동일하게 호칭될 것으로 보이는 한

197) 특허심판원 2017. 11. 14. 2016당1614 심결.
198) 대법원 2019. 4. 3. 선고 2018후11698 판결.
199) 대법원 1992. 10. 27. 선고 92후605 판결; 대법원 2014. 3. 27. 선고 2013후2316 판결.

이는 등록상표와 동일성이 인정되는 상표에 해당한다. 확인대상표장은 영문자 Reviness로 구성되어 있고 B의 등록상표는 확인대상표장과 동일한 형태의 영문자 Reviness와 이를 단순히 음역한 한글 리바이네스가 이단으로 병기되어 있다. 확인대상표장은 B의 등록상표 중 한글 음역 부분을 생략한 형태로 되어 있으나 한글 리바이네스의 결합으로 인하여 새로운 관념이 생겨나지 않고 일반 수요자나 거래자에게 통상적으로 리바이네스로 동일하게 호칭될 것으로 보이므로 거래통념상 B의 등록상표와 동일성 있는 상표에 해당한다. 또한 B는 확인대상표장의 사용상품인 히알루론산 성분의 주름개선제, 보습제, 피부탄력제를 피부에 주사하는 필러 형태로 사용하고 있고 B가 상표등록을 받은 등록상표의 지정상품 중 의료용 필러, 피부과용 필러는 지정상품을 상품류 구분 제3류 또는 제5류의 주사기에 담긴 미용관리과정에 사용되는 화장용 겔, 히알루론산이 포함된 주름개선용 화장품 또는 약제 등으로 상표 등록된 바 있다. 따라서 B가 사용한 확인대상표장의 사용상품과 B가 상표등록을 받은 등록상표의 지정상품은 그 품질·용도·형상·사용방법·유통경로 및 공급자와 수요자 등 상품의 속성과 거래의 실정이 서로 공통된다. 그렇다면 확인대상표장은 B의 등록상표와 동일하므로 본 건 심판청구는 B의 등록상표가 본 건 등록상표의 권리범위에 속한다는 확인을 구하는 적극적 권리범위확인심판으로서 부적법하다."

ㄴ. 소극적 권리범위 확인심판

소극적 권리범위 확인심판이라 함은 상표권에 대항을 받거나 받을 염려가 있는 이해관계인이 상표권자를 상대로 청구하는 것으로 자신이 사용하는 표장, 즉 확인대상표장이 상대방의 등록상표의 권리범위에 속하지 아니한다는 심결을 구하는 심판을 말한다.[200]

(ㄱ) 당사자

소극적 권리범위 확인심판은 이해관계인이 상표권자, 전용사용권자를 상대로 제기하는 심판이다. 따라서 소극적 권리범위 확인심판의 청구인은 이해관계인이고 피청구인은 상표권자, 전용사용권자이다. 이해관계인이라 함은 상표권자 또는 전용사용권자로부터 권리의 대항을 받거나 받을 염려가 있는 자로서 당해 등록

---

200) 특허심판원 심판정책과, 2017 심사편람(제12판), 2017년 3월, 465면.

상표와 동일 또는 유사한 표장을 사용하는 자 등이 될 수 있다.[201]

(ㄴ) 관련 판례 - 대법원 2014. 3. 20. 선고 2011후3698 전원합의체 판결

본 판례에는 상표권자 A와 확인대상표장을 사용한 B가 등장한다. A는 본 건 등록상표를 상품류 구분 제25류의 운동화 등을 지정상품으로 1981년 5월 28일에 상표등록 출원을 하여 1984년 9월 21일에 상표등록을 받았다. 그 후 2004년 7월 13일에 상표권의 존속기간을 갱신하였다. B가 사용한 확인대상표장은 주로 운동화의 측면 갑피에 부착하여 외관이 돋보이게 하는 장식표장이다. A가 B에 대해 확인대상표장이 본 건 등록상표의 권리범위에 속한다고 경고하자 2011년 3월 15일, B는 A를 상대로 권리범위 확인심판을 청구하고 확인대상표장이 본 건 등록상표의 권리범위에 속하지 아니한다고 주장하였다.

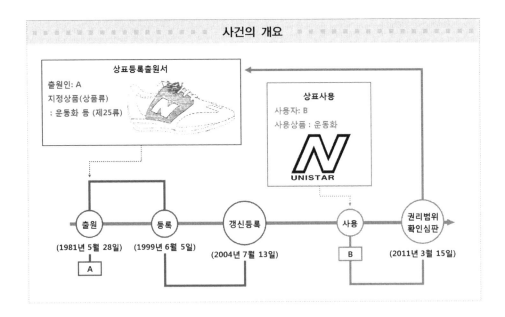

a. 심판절차의 흐름

B가 제출한 소극적 권리범위 확인심판의 청구서는 2011년 3월 15일에 수리되었다. 심판청구서가 수리됨에 따라 심판번호가 부여되었고 그 사건에 대한 합의체를 구성할 심판관이 지정되었다. 이와 같은 사실은 2011년 3월 28일, 당사자에게 통지되었다.

---

201) 특허심판원 심판정책과, 2017 심사편람(제12판), 2017년 3월, 468면.

(a) 심리 단계

2011년 3월 29일, 심판장은 B가 제출한 심판청구서 등에 대한 보정을 명하였다. 이에 따라 2011년 4월 11일, B는 심판청구서 등에 대한 보정서를 제출하였다.

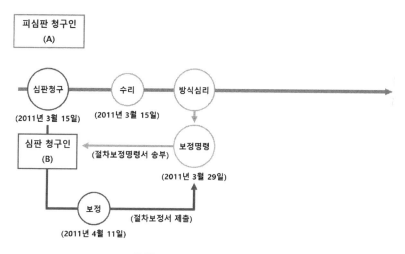

그림 방식심리 단계의 흐름

2011년 4월 19일, A에게 심판청구서 부본이 송달되었고 기간을 정하여 답변서를 제출할 수 있는 기회가 부여되었다. A는 답변서의 제출기간에 대한 연장을 신청하였다. 지정기간 연장은 2011년 5월 13일과 2011년 6월 10일에 신청되었

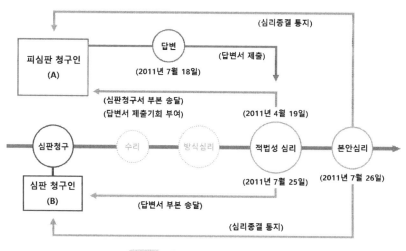

그림 적법성심리 단계의 흐름

고 각각 2011년 5월 20일과 2011년 6월 29일에 승인됨에 따라 2011년 7월 18일, A는 답변서를 제출하였다. 답변서가 제출됨에 따라 2011년 7월 25일, 답변서 부본이 B에게 송달되었다. 그 후 사건이 심결을 할 정도로 성숙됨에 따라 2011년 7월 26일, 심판장은 당사자에게 심리의 종결을 통지하였다.

(b) 심결 단계

2011년 7월 27일, 당사자에게 소극적 권리범위 확인심판에 대한 심결 등본이 송달되었다.

b. B의 주장

B는 "본 건 등록상표는 운동화 형상의 윤곽도형 속에 N과 같은 내부도형이 결합된 상표로서 전체로서 상표의 효력이 발생되는 것이지 도형 내부의 N도형이 상표의 요부로서 분리 관찰되거나 기능하는 것이 아닌 바, 문자만으로 구성된 확인대상표장과는 비유사하여 확인대상표장은 본 건 등록상표의 권리범위에 속하지 아니한다."[202]고 주장하였다. 본 건 등록상표는 운동화 형상의 윤곽도형 속에 N과 같은 내부도형이 결합된 상표이다. 확인대상표장은 보통의 서체로 약간 비스듬히 쓴 알파벳 N과 그 하단에 보통의 서체로 작게 쓴 UNISTAR라는 문자 부분이 결합된 것이다. 본 건 등록상표와 확인대상표장은 전체적으로 서로 유사하지 아니하므로 확인대상표장은 본 건 등록상표의 권리범위에 속하지 아니한다는 것이다.

c. 상표권자 A의 주장

A는 "확인대상표장은 UNISTAR란 부분을 아주 작게 표시하여 거의 보이지 않도록 하고, 본 건 등록상표와 유사한 모양의 운동화에 거의 동일한 위치, 동일한 크기 및 동일한 형상의 N을 표시하는 형태를 띠고 있다는 점에서 본 건 등록상표와 동일 유사한 형상으로 표시하는 것이라 할 것이므로 확인대상표장은 본 건 등록상표의 권리범위에 속한다."[203]고 주장하였다. 확인대상표장에서 UNISTAR 부분은 아주 작게 표시되어 거의 보이지 않고 상대적으로 N 부분이 부각되어 보인다. 본 건 등록상표에서 N 부분과 결합된 다른 구성들은 N 부분을 부각하는 배경에 불과하다. 본 건 등록상표와 확인대상표장은 거의 동일한 위치,

---

202) 특허심판원 2011. 7. 27. 2011당564 심결.
203) 특허심판원 2011. 7. 27. 2011당564 심결.

동일한 크기 및 동일한 형상의 N을 표시하는 형태를 띠고 있다는 점에서 서로 유사하므로 확인대상표장은 본 건 등록상표의 권리범위에 속한다는 것이다.

d. 대법원의 판단[204]

"상표의 유사 여부는 그 외관, 호칭 및 관념을 객관적, 전체적, 이격적으로 관찰하여 그 지정상품의 거래에서 일반 수요자들이 상표에 대하여 느끼는 직관적 인식을 기준으로 그 상품의 출처에 관하여 오인·혼동을 일으키게 할 우려가 있는지에 따라 판단하여야 한다.[205] 그리고 그 판단에서는 자타상품을 구별할 수 있게 하는 식별력의 유무와 강약이 주요한 고려요소가 되고 상표의 식별력은 그 상표가 가지고 있는 관념, 상품과의 관계, 당해 상품이 거래되는 시장의 성질, 거래 실태 및 거래 방법, 상품의 속성, 수요자의 구성, 상표 사용의 정도 등에 따라 달라질 수 있는 상대적·유동적인 것이므로 이는 상표의 유사 여부와 동일한 시점을 기준으로 그 유무와 강약을 판단하여야 한다. A의 실사용상표 N은 운동화 상품에 관하여 적어도 2009년경부터는 수요자 사이에서 누구의 상품을 표시하는 것인지 현저하게 인식될 수 있을 정도가 되었다고 보이고 본 건 등록상표에서 실사용상표와 동일한 N 부분이 다른 구성들과 결합되어 있더라도 그 구성들은 지정상품인 운동화의 형상을 보통으로 사용하는 방법으로 표시한 것이거나 N을 부각하는 배경에 불과하여 그 때문에 N 부분의 식별력이 감쇄되지는 아니할 것으로 보인다. 따라서 본 건 등록상표의 구성 중 N 부분은 적어도 본 건 심결 당시에는 수요자 사이에 상품의 출처를 인식할 수 있게 하는 중심적 식별력을 가진 것으로 보아야 할 것이다. 한편 확인대상표장은 알파벳 N을 보통의 서체로 약간 비스듬히 쓴 N 부분 하단에 보통의 서체로 작게 쓴 UNISTAR라는 문자 부분을 부가한 것에 불과하여 시각적으로 UNISTAR 부분보다 N 부분이 훨씬 두드러져 보일 뿐만 아니라, 위에서 본 바와 같이 본 건 등록상표의 구성 중 N 부분이 운동화 상품에 관하여 수요자 사이에 누구의 상품을 표시하는 것인지 현저하게 인식되게 되었으므로 운동화를 사용상품으로 하는 확인대상표장에서도 위 N 부분과 동일성이 인정되는 N 부분이 수요자의 주의를 끄는 중심적 식별력을 가지는 부분이 된다. 따라서 본 건 등록상표와 확인대상표장이 다 같이 운동

---

204) 대법원 2014. 3. 20. 선고 2011후3698 전원합의체 판결.
205) 대법원 1992. 2. 25. 선고 91후691 판결.

화 상품에 사용될 경우 각각 중심적 식별력을 가지는 N 부분과 N 부분으로 호
칭·관념될 수 있고, 그러한 경우 이들은 호칭·관념이 동일하여 일반 수요자로
하여금 운동화 상품의 출처에 관하여 오인·혼동을 일으키게 할 염려가 있으므
로 양 표장은 유사한 상표에 해당한다."

(나) 절차적 특징

상표권의 권리범위 확인심판의 청구는 현존하는 상표권의 범위를 확정하려는
데에 그 목적이 있다.[206] 따라서 일단 적법하게 발생한 상표권이라 할지라도 그
상표권이 소멸된 이후에는 그에 대한 권리범위확인을 구할 이익은 없어진다.[207]
또한 상표등록이 무효로 된 경우에도 그에 대한 권리범위 확인심판을 청구할 이
익은 물론 그 심결의 취소를 구할 소의 이익이 소멸된다.[208] 확인의 이익이 없
다면 권리범위 확인심판의 청구는 부적법한 것이므로 심결로써 각하된다.[209] 등
록상표의 지정상품이 둘 이상 있는 경우에는 지정상품마다 권리범위 확인심판을
청구할 수 있다.[210]

Ⅱ. 재 심

재심이라 함은 확정된 심결에 대하여 재심사유에 해당하는 중대한 하자가 있
음을 이유로 하여 그 심결의 파기와 재심판을 구하는 비상(非常) 불복신청을 말
한다.[211]

1. 재심의 청구

당사자는 확정된 심결에 대하여 재심을 청구할 수 있다.[212] 재심청구를 하려

---

206) 대법원 2006. 2. 9. 선고 2003후2690 판결; 대법원 2010. 7. 22. 선고 2010후982 판결.
207) 대법원 2002. 2. 22. 선고 2001후2474 판결; 대법원 2002. 4. 23. 선고 2000후2439 판결; 대법원 2006. 2. 9. 선고 2003후2690 판결.
208) 대법원 2008. 12. 11. 선고 2006후3434, 2006후3441(병합), 2006후3458(병합), 2006후3465(병합) 판결; 대법원 2010. 7. 22. 선고 2010후982 판결.
209) 특허심판원 심판정책과, 2017 심사편람(제12판), 2017년 3월, 471면.
210) 상표법 제121조.
211) 재심은 확정된 심결이 갖는 기판력, 형성력, 집행력 등 심결의 효력 배제를 주된 목적으로 한다(특허심판원 심판정책과, 2017 심사편람(제12판), 2017년 3월, 759면).
212) 상표법 제157조 제1항.

는 자는 「특허법 시행규칙」 별지 제31호서식의 심판청구서를 특허심판원장에게 제출하여야 한다.[213] 이 경우 대리인에 의하여 절차를 밟을 때에는 그 대리권을 증명하는 서류를 첨부하여야 한다.

(1) 청구 사유

심결이 일단 확정된 경우 법적 안정성을 위하여 그 효력은 존중되어야 한다. 따라서 재심청구는 민사소송법 제451조에 규정된 재심사유 내지 상표법 제158조에 규정된 사해심결에 대한 재심사유가 있는 경우에 한하여 허용된다.

가. 민사소송법상의 재심 사유

재심청구에 관하여는 민사소송법 제451조, 제453조 및 제459조 제1항이 준용된다.[214] 따라서 당사자는 확정된 심결이 민사소송법 제451조 제1항 각 호에서 열거하고 있는 재심사유에 해당하는 중대한 하자가 있는 경우 그 심결에 대하여 재심을 청구할 수 있다.

나. 사해심결에 대한 재심 사유

심판의 당사자가 공모(共謀)하여 속임수를 써서 제3자의 권리 또는 이익에 손해를 입힐 목적으로 심결을 하게 하였을 경우 제3자는 그 확정된 심결에 대하여 재심을 청구할 수 있다.[215] 사해심결에 대한 재심의 경우 심판의 당사자를 공동 피청구인으로 한다.[216]

(2) 청구 기간

당사자는 심결 확정 후 재심 사유를 안 날부터 30일 이내에 재심을 청구하여야 한다.[217] 대리권의 흠을 이유로 하여 재심을 청구하는 경우 재심 사유를 안 날부터 30일의 기간은 청구인 또는 법정대리인이 심결 등본의 송달에 의하여 심결이 있은 것을 안 날의 다음 날부터 기산한다.[218]

심결 확정 후 3년이 지나면 재심을 청구할 수 없다.[219] 재심 사유가 심결 확

---

213) 상표법 시행규칙 제74조.
214) 상표법 제157조 제2항.
215) 상표법 제158조 제1항.
216) 상표법 제158조 제2항.
217) 상표법 제159조 제1항.
218) 상표법 제159조 제2항.
219) 상표법 제159조 제3항.

정 후에 생겼을 경우 재심 청구의 기간은 그 사유가 발생한 날의 다음 날부터 기산한다.[220]

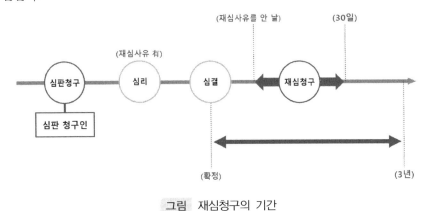

그림 재심청구의 기간

2. 재심의 절차

재심은 재심을 제기할 심결을 한 심급의 전속관할이다.[221] 재심의 절차에 관하여는 그 성질에 반하지 아니하는 범위에서 심판의 절차에 관한 규정이 준용된다.[222] 또한 재심의 본안심판은 재심청구이유의 범위 내에서 하여야 한다.[223]

Ⅲ. 소 송

상표에 관한 소송으로는 심결취소소송을 비롯하여 상표침해소송(금지청구소송, 손해배상청구소송, 신용회복조치청구소송), 특허청의 행정상 처분에 관한 소송이 있다.[224]

1. 소의 제기

심결에 대한 소와 보정각하결정 및 심판청구서나 재심청구서의 각하결정에 대한 소는 특허법원의 전속관할로 한다.[225]

---

220) 상표법 제159조 제4항.
221) 민사소송법 제453조 제1항.
222) 상표법 제161조.
223) 민사소송법 제459조 제1항.
224) 특허심판원 심판정책과, 2017 심사편람(제12판), 2017년 3월, 771면.
225) 상표법 제162조 제1항.

(1) 당사자

심결에 대한 소와 보정각하결정 및 심판청구서나 재심청구서의 각하결정에 대한 소는 당사자, 참가인 또는 해당 심판이나 재심에 참가신청을 하였으나 그 신청이 거부된 자만 제기할 수 있다.[226] 그리고 특허청장을 피고로 하여 제기하여야 한다.[227]

상표등록의 무효심판, 존속기간갱신등록의 무효심판, 상표등록의 취소심판, 전용사용권 또는 통상사용권 등록의 취소심판, 권리범위 확인심판 및 상품분류전환등록의 무효심판 또는 그 재심의 심결에 대한 소는 그 청구인 또는 피청구인을 피고로 하여 제기하여야 한다.[228]

(2) 제기 기간

심결에 대한 소와 보정각하결정 및 심판청구서나 재심청구서의 각하결정에 대한 소는 심결 또는 결정의 등본을 송달받은 날부터 30일 이내에 제기하여야 한다.[229] 이 기간은 불변기간(不變期間)이다. 다만 심판장은 도서・벽지 등 교통이 불편한 지역에 있는 자를 위하여 산업통상자원부령으로 정하는 바에 따라 직

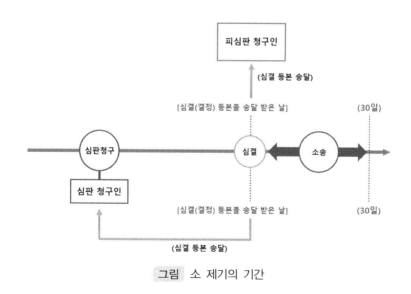

그림 소 제기의 기간

---

226) 상표법 제162조 제2항.
227) 상표법 제163조.
228) 상표법 제163조.

권으로 불변기간에 대하여 부가기간(附加期間)을 정할 수 있다.[230)]

2. 소송의 절차

심결에 대한 소와 보정각하결정 및 심판청구서나 재심청구서의 각하결정에 대한 소가 제기된 경우 법원은 지체 없이 그 취지를 특허심판원장에게 통지하여야 한다.[231)]

상표등록의 무효심판, 존속기간갱신등록의 무효심판, 상표등록의 취소심판, 전용사용권 또는 통상사용권 등록의 취소심판, 권리범위 확인심판 및 상품분류전환등록의 무효심판 또는 그 재심의 심결에 대한 소에 관하여 소송절차가 완결되었을 경우에는 지체 없이 그 사건에 대한 각 심급(審級)의 재판서 정본을 특허심판원장에게 송부하여야 한다.[232)]

3. 소송의 결과

심결 등에 대한 소가 제기된 경우에 그 청구가 이유 있다고 인정할 경우 법원은 판결로써 해당 심결 또는 결정을 취소하여야 한다.[233)] 심결 또는 결정을 취소한다는 취지의 판결이 확정되었을 경우에는 다시 심리를 하여 심결 또는 결정을 하여야 한다.[234)] 이 경우 심결 또는 결정에 대한 판결에서 그 취소의 기본이 된 이유는 그 사건에 대하여 특허심판원을 기속한다.[235)]

심결 등에 대한 소와 관련된 특허법원의 판결에 대해서는 대법원에 상고할수 있다.[236)] 심결 등에 대한 소에 관한 상고가 있는 경우 법원은 지체 없이 그취지를 특허심판원장에게 통지하여야 한다.[237)]

---

229) 상표법 제162조 제3항.
230) 상표법 제162조 제4항.
231) 상표법 제164조 제1항.
232) 상표법 제164조 제2항.
233) 상표법 제165조 제1항.
234) 상표법 제165조 제2항.
235) 상표법 제165조 제3항.
236) 상표법 제162조 제7항.
237) 상표법 제164조 제1항.

▥ 참고문헌 ▥

김재영, BRAND and BRANDING, 비·앤·앰·북스, 2007년 1월.

데이비드 아커, 이상민 옮김, 브랜드 자신의 전략적 경영, 비즈니스북스, 2006년 3월.

송영식 등, 송영식 지적소유권법(하), 육법사, 2008년 11월.

윤선희, 상표법 제6판, 법문사, 2021년 2월.

특허심판원 심판정책과, 2017 심사편람(제12판), 특허심판원, 2017년 3월.

특허청 상표심사정책과, 상표심사기준, 특허청, 2019년 1월.

특허청 정보고객지원국 출원과, 2020 출원 방식심사 지침서, 특허청, 2020년 10월.

특허청 행정법무담당관실, 조문별 상표법해설, 특허청, 2004년 4월.

특허청 행정법무담당관실, 조문별 특허법해설, 특허청, 2002년 9월.

하워드 슐츠·도리 존스 양 지음, 홍순영 옮김, 스타벅스 커피 한잔에 담긴 성공신화, 김영사, 2002년 6월.

찾아보기

저자 약력

▪ 이영훈

한양대학교 법학연구소 연구원
한양대학교 대학원 법학 박사
한양대학교 법학전문대학원, 한양사이버대학교 법·공무행정학과, 광운대학교 법과대학, 신
  한대학교 공법행정학과, 한북대학교 특허법률학과 강사

판례와 읽는 상표법

2022년 6월 15일 초판 1쇄 발행
2022년 8월 31일 초판 2쇄 발행

저 자 이   영   훈
발행인 배   효   선

도서
출판   法 文 社

주 소 10881 경기도 파주시 회동길 37-29
등 록 1957년 12월 12일/제2-76호(윤)
전 화 (031)955-6500~6 FAX (031)955-6525
E-mail (영업) bms@bobmunsa.co.kr
        (편집) edit66@bobmunsa.co.kr
홈페이지 http://www.bobmunsa.co.kr
조 판   법 문 사 전 산 실

정가 28,000원   ISBN 978-89-18-91316-2